Roswitha Ertl-Schmuck, Franziska Fichtmüller (Hrsg.)
Theorien und Modelle der Pflegedidaktik

Pflegepädagogik

Herausgegeben von
Juliane Falk

Roswitha Ertl-Schmuck, Franziska Fichtmüller (Hrsg.)

Theorien und Modelle der Pflegedidaktik

Eine Einführung

Juventa Verlag Weinheim und München 2010

Bibliografische Information der Deutschen Nationalbibliothek

Die Deutsche Nationalbibliothek verzeichnet diese Publikation in der Deutschen Nationalbibliografie; detaillierte bibliografische Daten sind im Internet über http://dnb.d-nb.de abrufbar.

Das Werk einschließlich aller seiner Teile ist urheberrechtlich geschützt. Jede Verwertung außerhalb der engen Grenzen des Urheberrechtsgesetzes ist ohne Zustimmung des Verlags unzulässig und strafbar. Das gilt insbesondere für Vervielfältigungen, Übersetzungen, Mikroverfilmungen und die Einspeicherung und Verarbeitung in elektronischen Systemen.

© 2010 Juventa Verlag Weinheim und München
Umschlaggestaltung: Atelier Warminski, 63654 Büdingen
Umschlagabbildung: Janssen, Horst: Felslandschaft, 1987 © VG Bild-Kunst, Bonn 2009
Printed in Germany

ISBN 978-3-7799-1646-8

Inhalt

Zur Einführung: Auswahl und Begründung ausgewählter
Theorien und Modelle der Pflegedidaktik 9

Ingrid Darmann-Finck
Eckpunkte einer Interaktionistischen Pflegedidaktik 13
Einleitung 13
1. Bildungstheoretische Grundannahmen 14
2. Pflegetheoretische Grundlagen 17
3. Pflegedidaktische Begründungen und Konzepte 19
   3.1 Die heuristische pflegedidaktische Matrix 19
   3.2 Pflegeberufliche Schlüsselprobleme als Ausgangspunkt
       von Bildungsprozessen 35
   3.3 Entwicklung von bildungsfördernden Curricula und
       Lernsituationen bzw. „Lerninseln". 38
4. Forschungsdesiderata 39
5. Eine interdisziplinäre Perspektive –
   Kommentar von Meinert A. Meyer 41
Literatur 49

Roswitha Ertl-Schmuck
Subjektorientierte Pflegedidaktik 55
1. Hinführung und Begründung der Überarbeitung 55
2. Theoretische Bezüge 56
   2.1 Ideen von Subjekt und Subjektentwicklung 56
   2.2 Der subjektorientierte Ansatz in der Erwachsenenbildung
       (Erhard Meueler 1993) 61
   2.3 Bildung – Leib – Einbildungskraft (Günther Holzapfel 2002) 65
   2.4 Zusammenführung 68
3. Merkmale subjektorientierter Pflegedidaktik 69
   3.1 Subjekt – Lernen – Bildung 69
   3.2 Die Vielschichtigkeit pflegerischen Handelns 70
   3.3 Die leibliche Sensibilisierung als Gegenstand
       des Lernens und Lehrens 73
   3.4 Die Lehr-Lernsubjekte in Pflegebildungsprozessen 76
4. Forschungsdesiderata 80
5. Eine interdisziplinäre Perspektive –
   Kommentar von Hartmut Remmers 80
Literatur 87

Franziska Fichtmüller und Anja Walter
Pflege gestalten lernen – pflegedidaktische Grundlagenforschung 91
1. Entstehungskontext und Forschungsdesign 91
2. Lernen in der Pflegepraxis: eine Grounded Theory 92
3. Die Lerngegenstände 96
   3.1 Aufmerksam-Sein 97
   3.2 Pflegerische Einzelhandlungen 98
   3.3 Arbeitsablaufgestaltung – Pflegearbeit organisieren 103
   3.4 Urteilsbildung 104
4. Einflussnehmende Elemente 108
   4.1 Das „Theorie-Praxis-Verhältnis" 108
   4.2 Modellpersonen oder zur Wirksamkeit erlebten Pflegehandelns ... 110
   4.3 Kondensstreifen des Wissens – Merksätze und Prinzipien
       lernen und mit ihnen lernen 110
   4.4 Die Position als Lernende 111
   4.5 Die Lernatmosphäre 112
5. „Jetzt habe ich es kapiert" – ein Fall im Licht der Theorie 113
6. Konsequenzen und Desiderata 117
   6.1 Konsequenzen für pflegedidaktische Handlungsfelder 117
   6.2 Forschungsdesiderata 118
7. Eine interdisziplinäre Perspektive –
   Kommentar von Wiltrud Gieseke 120
Literatur 121

Ulrike Greb
Die Pflegedidaktische Kategorialanalyse 124
1. Einleitung 124
2. Das Strukturgitter für die Pflege: Entstehung 126
   2.1 Der Strukturgitteransatz 126
   2.2 Erste pflegedidaktische Matrix 126
   2.3 Von der Matrix zum Strukturgitter 128
3. Das Strukturgitter für die Pflege: Aufbau 130
   3.1 Gesellschafts- und bildungstheoretische Perspektive 132
   3.2 Pflegeberufe im Bezugssystem von Tausch und Herrschaft 142
   3.3 Hermeneutische Fallkompetenz 144
   3.4 Berufliche Sozialisation und Mehrperspektivität 146
   3.5 Zusammenschau der Einzelmomente 155
4. Erweitertes Strukturgitter: Gesundheitsfachberufe 156
5. Eine interdisziplinäre Perspektive –
   Kommentar von Andreas Gruschka 158
Literatur 163

Renate Schwarz-Govaers
Bewusstmachen der Subjektiven Theorien als Voraussetzung für handlungsrelevantes berufliches Lernen. Ein handlungstheoretisch fundiertes Arbeitsmodell zur Pflegedidaktik 166
1. Einleitung 166
2. Forschungsmethoden zur Entwicklung des Modells 167
3. Das Arbeitsmodell zur Pflegedidaktik 170
   3.1 Die Lernstruktur und Lerninhalte 171
   3.2 Die Lernprozesse und Lernphasen 172
   3.3 Die Lernstrategien und Lernformen 174
4. Theoretische Grundlagen 175
   4.1 Handlungspsychologische Grundlagen zur
       Strukturkomponente des Modells 175
   4.2 Handlungspsychologische Grundlagen zur
       Prozesskomponente des Modells 178
   4.3 Handlungspsychologische Grundlagen zur
       Strategiekomponente des Modells 180
5. Pflegedidaktische Handlungsfelder 185
   5.1 Die Anwendung des Arbeitsmodells zur
       Pflegedidaktik im Unterricht 185
   5.2 Die Anwendung des Arbeitsmodells in der Pflegepraxis 188
   5.3 Die Anwendung des Arbeitsmodells in der
       Innerbetrieblichen Fortbildung 188
   5.4 Die Anwendung des Arbeitsmodells bei der
       Curriculumentwicklung für die Berufsausbildung 189
   5.5 Die Anwendung des Arbeitsmodells in der Hochschullehre 191
   5.6 Die Anwendung des Modells in der Lehrerinnenausbildung 193
6. Pflegedidaktische Forschungsfelder und Ausblick 195
7. Eine interdisziplinäre Perspektive –
   Kommentar von Diethelm Wahl 196
Literatur 199

Roswitha Ertl-Schmuck und Franziska Fichtmüller
**Theorien und Modelle der Pflegedidaktik –
Synopse, Diskussion und Resümee** 203
1. Analyse und pflegedidaktische Reflexion 203
   1.1 Eckpunkte der Interaktionistischen Pflegedidaktik –
       Analyse und Reflexion der Arbeit von Ingrid Darmann-Finck 203
   1.2 Subjektorientierte Pflegedidaktik –
       Analyse und Reflexion der Arbeit von Roswitha Ertl-Schmuck 206
   1.3 Pflege gestalten lernen – pflegedidaktische Grundlagen-
       forschung: Analyse und Reflexion der Arbeit
       von Franziska Fichtmüller und Anja Walter 209

1.4 Die Pflegedidaktische Kategorialanalyse –
    Analyse und Reflexion der Arbeit von Ulrike Greb 212
1.5 Ein handlungstheoretisch fundiertes Arbeitsmodell
    zur Pflegedidaktik – Analyse und Reflexion zum Modell
    von Renate Schwarz-Govaers 215
2. Diskussion 220
3. Zusammenfassung und Desiderata 222
Literatur 225

Anhang
Theorien und Modelle im Überblick 227
Weitere pflegedidaktische Arbeiten im Überblick 230

Die Herausgeberinnen und Autorinnen 232

Zur Einführung: Auswahl und Begründung ausgewählter Theorien und Modelle der Pflegedidaktik

Fragen nach dem Selbstverständnis der Disziplin Pflegedidaktik, dem Bezugsrahmen pflegedidaktischer Erkenntnisgenerierung und grundlegende Begriffe sind im ersten Band des Handbuchs zur als forschender und lehrender Disziplin behandelt worden. Mit diesem zweiten Band setzen wir unsere Systematisierungsversuche fort und wenden uns dem originären Wissenskorpus der Pflegedidaktik zu: den Theorien und Modellen.

Inzwischen verfügt die Disziplin Pflegedidaktik über einen qualitativ gehaltvollen – wenn auch noch kleinen – Wissensbestand. Unterschiedliche Erkenntnisinteressen und theoretische Bezugspunkte führen zu einer recht breiten inhaltlichen Differenzierung.

Im vorliegenden Band werden pflegedidaktische Theorien und Modelle von den jeweiligen Autorinnen vorgestellt und aus interdisziplinärer Perspektive kommentiert. Damit verfolgen wir weiterhin das Ziel, den pflegedidaktischen und interdisziplinären Diskurs anzureichern und anzuregen. Dem folgt eine Synopse, in der zunächst die einzelnen Denkansätze gewürdigt und einer pflegedidaktischen Reflexion unterzogen werden. Wir fragen dazu nach, wie der Gegenstand bestimmt wird und welches Spannungsgefüge aufgemacht wird. Ein Resümee zu Chancen und Grenzen des Ansatzes beendet diesen Teil. Wichtig ist uns anschließend eine Diskussion der Ansätze untereinander. Diese kann nicht vollständig erfolgen, das würde einen eigenen Band erfordern. Diskutiert werden folglich ausgewählte Aspekte, die die Theorien untereinander gleichsam in ein Gespräch bringen. Mit einem Resümee und einem Ausblick in Form von Desiderata für die Entwicklung der Pflegedidaktik schließen wir unsere Ausführungen.

In diesen Band gehen Theorien und Modelle der Pflegedidaktik ein, die entsprechend wissenschaftlicher Kriterien entwickelt wurden. Diesem Anspruch genügen vor allem die Arbeiten seit den 2000er Jahren. Zur Sprache kommen die Beiträge von Ingrid Darmann-Finck, Roswitha Ertl-Schmuck, Franziska Fichtmüller und Anja Walter, Ulrike Greb, Renate Schwarz-Govaers. Für ihre Darlegung der Theorien resp. Modelle baten wir die Wissenschaftlerinnen, neben den zentralen Aussagen ihre wissenschaftlichen Bezüge darzulegen, auf Konsequenzen ihres Denkens für pflegedidaktische Handlungsfelder einzugehen und Forschungsdesiderata aufzuzeigen. Die Beiträge sind nach alphabetischer Reihenfolge der Autorinnen geordnet. Ingrid Darmann-Finck eröffnet den Band und stellt ihr Modell der Interaktionistischen Pflegedidaktik vor. Dem folgt der Beitrag von Roswitha Ertl-Schmuck, in dem Elemente einer subjekttheoretisch begründeten Pflegedidaktik entfaltet werden. Franziska Fichtmüller und Anja Walter stellen ihre empirisch generierte Theorie über die Wirkzusammenhänge des Lehrens und Lernens in schulischen und betrieblichen Lernkontexten vor. Ulrike Greb widmet sich in ihrem Beitrag der pflegedidaktischen Kategorialanalyse im Kontext der älteren Kritischen Theorie und der daraus hervorgegangenen Bildungstheorie. Abschließend wird Renate Schwarz-Govaers über das Bewusstmachen, Verändern und Verdichten von Subjektiven Theorien in handlungsorientierten Lernformen ihren Ansatz darlegen.

Darüber hinaus baten wir Wissenschaftler und eine Wissenschaftlerin aus benachbarten Disziplinen wie der Allgemeinen Pädagogik (Andreas Gruschka und Meinert A. Meyer), der Erwachsenenbildung (Wiltrud Gieseke, Diethelm Wahl) und der Pflegewissenschaft (Hartmut Remmers), einen Kommentar zu den einzelnen Beiträgen zu schreiben. Die Wissenschaftlerin und Wissenschaftler, die die einzelnen pflegedidaktischen Theorien und Modelle kommentieren, wurden von den jeweiligen Autorinnen selbst vorgeschlagen. Wir gaben keine Kriterien für den jeweiligen Kommentar vor, wollten wir doch nicht mit vorgegebenen Kriterien die Blickrichtung schon vorgeben und einengen. Unser Anliegen ist eine Weitung des pflegedidaktischen Diskurses um die interdisziplinäre Perspektive.

Nicht alle pflegedidaktischen Theorien und Modelle werden in diesem Buch aufgenommen. Die wissenschaftliche Phase in der Entwicklung der Pflegedidaktik leitete unzweifelhaft Karin Wittneben schon 1991 mit ihrer kritisch-konstruktiven Didaktik ein.[1] Ihr Ansatz wurde nicht aufgenommen, was besonders begründet werden soll. Wittneben erweiterte ihr Modell – inzwischen liegt dieses in der fünften überarbeiteten Auflage vor – um das Lernfeldkonzept (2003). Als problematisch erwies sich ihr Festhalten an ihrem ursprünglichen „Modell der multidimensionalen Patientenorientierung". Dieses verweist auf einen Pflegebegriff in dem die inzwischen profunden und differenzierteren Wissensbestände der Pflegewissenschaft nur unzureichend eingegangen sind. Somit kann die von Wittneben entwickelte Typologie zur Patientenorientierung auch pflegedidaktisch kaum genutzt werden, da die Gefahr besteht, darüber einen zu engen Pflegebegriff zu transportieren. Diese Kritik ist unseres Erachtens so schwerwiegend, dass wir das Modell von Karin Wittneben nicht für weiterführend halten und entsprechend aufnahmen.

Die als vorwissenschaftlich einzuordnenden Modelle der 90er Jahre, das Duisburger Modell und das Aarauer Modell der Fachdidaktik Pflege, sind an anderen Stellen hinreichend gewürdigt und kritisiert worden (Ertl-Schmuck 2000, 2003; Bögemann-Großheim 2002; Fichtmüller/Walter 2007 u. a. m.).

---

[1] Vgl. die eingehende Würdigung bei Hoops im ersten Band (Ertl-Schmuck/Fichtmüller 2009: 183).

Die pflegedidaktischen Arbeiten von Holoch (2002), Kersting (2002), Keuchel (2005), Oelke/Scheller/Ruwe (2000), Roes (2002), Stemmer (2001) hingegen genügen durchweg wissenschaftlichen Kriterien, sind aber nicht der Theorie- und Modellbildung zuzuordnen. Sie fokussieren auf ausgewählte Themen spezieller pflegedidaktischer Handlungsfelder und bieten hier konzeptionelle oder der Reflexion dienende Ergebnisse. Die von uns geleistete Analysearbeit zu diesen Ansätzen wollen wir dennoch den Leserinnen nicht vorenthalten. Sie sind in einer systematischen Übersicht zusammengeführt und im Anhang einsehbar.

Mit dem vorliegenden Band werden erstmals pflegedidaktische Theorien und Modelle in ihrer Differenziertheit vorgestellt, interdisziplinär kommentiert und kritisch reflektiert. Die hier aufgenommenen Beiträge dienen der Wissenserweiterung, sind aber auch Material für Fragen, Antworten, Argumentationen und Kritik. Die Auseinandersetzung mit den Beiträgen und den Kommentaren war für uns anregend und erkenntnisreich. Wir wünschen uns viele Leserinnen und Leser, die ihre eigenen Fragen an die Beiträge stellen und aufmerksame wie kritische Resonanz von Vertreterinnen und Interessierten an der Pflegedidaktik als forschender und lehrender Disziplin.

Berlin, im Dezember 2009
Roswitha Ertl-Schmuck und Franziska Fichtmüller

Literatur

Bögemann-Großheim, Ellen (2002): Die berufliche Ausbildung von Krankenpflegekräften. Kontinuitäten, Verunsicherungen, Reformansätze und Zukunftsrisiken einer Ausbildung besonderer Art. Frankfurt/Main: Mabuse

Bögemann-Großheim, Ellen/Dielmann, Gerd/Stiegler, Ingrid (1989): Ein Beitrag zur Fachdidaktik Pflege – „Das Duisburger Modell". In: Pflege, 2. Jg., H. 1: 16-26

Ertl-Schmuck, Roswitha (2003): Pflegedidaktische Modelle – Einschätzung und Perspektiven. In: Falk, Juliane/Kerres, Andrea (Hrsg.): Didaktik und Methodik der Pflegepädagogik. Weinheim und München: Juventa: 51-72

Ertl-Schmuck, Roswitha (2000): Pflegedidaktik unter subjekttheoretischer Perspektive. Frankfurt/Main: Mabuse

Ertl-Schmuck, Roswitha/Fichtmüller, Franziska (2009): Pflegedidaktik als Disziplin. Eine systematische Einführung. Weinheim und München: Juventa

Fichtmüller, Franziska/Walter, Anja (2007): Pflegen lernen. Empirische Begriffs- und Theoriebildung zum Wirkgefüge von Lernen und Lehren beruflichen Pflegehandelns. Göttingen: V & R unipress

Holoch, Elisabeth (2002): Situiertes Lernen und Pflegekompetenz. Bern, Göttingen, Toronto, Seattle: Huber

Kaderschule für die Krankenpflege (Hrsg.) (1992): Fachdidaktikmodell Pflege. Aarau

Kersting, Karin (2002): Berufsbildung zwischen Anspruch und Wirklichkeit. Eine Studie zur moralischen Desensibilisierung. Bern, Göttingen, Toronto, Seattle: Huber

Keuchel, Regina (2005): Bildungsarbeit in der Pflege. Bildungs- und lerntheoretische Perspektiven in der Pflegeausbildung. Lage: Jacobs-Verlag

Oelke, Uta/Scheller, Ingo/Ruwe, Gisela (2000): Tabuthemen als Gegenstand szenischen Lernens. Theorie und Praxis eines neuen pflegedidaktischen Ansatzes. Bern, Göttingen, Toronto, Seattle: Huber

Roes, Martina (2004): Wissenstransfer in der Pflege. Neues Lernen in der Pflegepraxis. Bern, Göttingen, Toronto, Seattle: Huber

Schwarz-Govaers, Renate (2005): Subjektive Theorien als Basis von Wissen und Handeln: Ansätze zu einem handlungstheoretisch fundierten Pflegedidaktikmodell. Bern: Huber

Stemmer, Renate (2001): Grenzkonflikte in der Pflege. Frankfurt/Main: Mabuse

Wittneben, Karin (1991): Pflegekonzepte in der Weiterbildung zur Pflegelehrkraft – über Voraussetzungen und Perspektiven einer kritisch-konstruktiven Didaktik der Krankenpflege. Frankfurt/Main: Peter Lang

Wittneben, Karin (2003): Pflegekonzepte in der Weiterbildung für Pflegelehrerinnen und Pflegelehrer – Leitlinien einer kritisch-konstruktiven Pflegelernfelddidaktik. 5., überarb. Aufl., Frankfurt/Main: Peter Lang

Ingrid Darmann-Finck

Eckpunkte einer Interaktionistischen Pflegedidaktik

Einleitung

Die Interaktionistische Pflegedidaktik verknüpft die bildungstheoretische Didaktik (Klafki 1993) mit dem Ansatz der intergenerationellen Interaktion der Bildungsgangdidaktik (Meyer 2008). Prozesse der Interaktion stehen damit im Mittelpunkt sowohl des Pflegeunterrichts selbst, indem Lehren und Lernen als Prozesse der interaktiven Konstruktion und Dekonstruktion von Bedeutungen verstanden werden (Naujok/Brandt/Krummheuer 2004; Voigt 1990) als auch des pflegerischen Handelns, dessen Kern in einem interpersonalen Beziehungs- und Problemlösungsprozess zwischen Pflegenden und Patienten gesehen wird, der auf wechselseitiger Anerkennung des Gegenübers in seiner Einmaligkeit und Unverwechselbarkeit beruht (Friesacher 2008; Honneth 1992, 1994). In der Sicherstellung von Bedingungen wechselseitiger Anerkennung in der Ausbildung wie in der Pflege liegt der normative und zugleich kritische Maßstab des Modells.

Unter einem (fach-)didaktischen Modell werden wissenschaftlich begründete Handlungs- und Reflexionstheorien für Lehrende verstanden. Diese dienen neben der Reflexion auch der Handlungsorientierung, etwa bei der Vorbereitung von schulischem oder klinischem Unterricht. Die Interaktionistische Pflegedidaktik bietet grundsätzlich einen didaktischen Rahmen für die schulische wie für die betriebliche und sowohl für die akademische als auch für die berufsfachschulische Ausbildung. Erprobt wurde sie bislang allerdings nur im Kontext der berufsfachschulischen Ausbildung. Auf der Basis des Modells wurden mehrere Gesundheits- und Krankenpflegeschulen, eine Altenpflegeschule, eine Schule mit einem generalistischen Ausbildungsangebot sowie eine Ergotherapieschule bei der Entwicklung und Umsetzung von innovativen Curricula von der Autorin und ihren Mitarbeiterinnen vom Institut für Public Health und Pflegeforschung der Universität Bremen, Abt. Qualifikations- und Curriculumforschung, wissenschaftlich begleitet. Eine systematische Evaluation steht noch aus.

In diesem Beitrag werden zunächst die bildungstheoretischen (Kap. 1) und die pflegetheoretischen Bezüge (Kap. 2) expliziert. Im Mittelpunkt des Beitrags stehen in Kapitel drei die pflegedidaktischen Konzepte der Interaktionistischen Pflegedidaktik. Mit einem Kapitel zu Forschungsdesiderata schließt der Beitrag (Kap. 4).

1. Bildungstheoretische Grundannahmen

Die Interaktionistische Pflegedidaktik schließt sich der kritisch-konstruktiven Didaktik Klafkis (1993) zwar in Teilen an, geht aber auch weit darüber hinaus. Wie diese hebt sie auf kritisch-reflexive Identitätsbildung und damit auf ein emanzipatorisches Verständnis von Bildung ab. Dieses formale Ziel findet in einer mehrperspektivischen, gesellschafts- und ideologiekritischen Darstellung des Unterrichtsgegenstands seinen materialen Niederschlag (Klafki 1994). Auch der in der kritisch-konstruktiven Didaktik zwar erkennbare, aber theoretisch nicht untermauerte kommunikationstheoretische Rahmen, wonach sowohl Lehrende als auch Lernende im Unterricht die von ihnen unterstellten Geltungsansprüche in einem rationalen Diskurs rechtfertigen müssen (Klafki 1993: 62), wird geteilt. Die Voraussetzungen des rationalen Diskurses beschreibt Habermas (1971) mit dem Begriff der „idealen Sprechsituation", die durch die Merkmale Handlungsentlastung, Freiwilligkeit und Gleichberechtigung gekennzeichnet ist. Zwar sind diese Bedingungen im Unterricht nicht real gegeben, sie müssen aber gleichwohl kontrafaktisch unterstellt werden, um Bildungsprozesse ermöglichen zu können. Mit dem Konzept der Schlüsselprobleme löst Klafki das Problem der Definition eines Bildungskanons, indem er von einzelnen Bildungsinhalten absieht und im Unterricht eine Konzentration auf alle Menschen angehende interdisziplinäre, fächerübergreifend zu bearbeitende, multidimensionale Problemstellungen anregt, die eine Integration unterschiedlicher Sichtweisen und Lösungsansätze ermöglichen. Die Interaktionistische Pflegedidaktik nimmt zwar auf dieses Konzept Bezug, berücksichtigt aber die Kritik, dass solch universell-abstrakte Schlüsselprobleme nicht unbedingt die Bildungsanlässe der Schüler repräsentieren (M. Meyer/H. Meyer 2007: 138 f.) und baut anstelle dessen auf anhand von Schülerberichten identifizierten Schlüsselproblemen der Berufswirklichkeit (vgl. Kap. 4.2).

Die Interaktionistische Pflegedidaktik geht über Klafki hinaus, da Lernende und Lehrende als Subjekte und Objekte zugleich betrachtet werden und die prinzipielle Pluralität von Perspektiven auf den Unterrichtsgegenstand anerkannt wird. Weder bei der Bestimmung von Schlüsselproblemen noch in seinem Perspektivenschema zur Unterrichtsplanung ist eine Beteiligung der Schüler an unterrichtlichen Entscheidungen konzeptionell vorgesehen, Schüler verbleiben bei Klafki vornehmlich in der Objektposition. In der Interaktionistischen Pflegedidaktik wird Unterricht als kommunikativer Aushandlungsprozess aufgefasst, in dem sowohl Lehrende als auch Lernende Gestalter und zugleich Rezipienten sind (Meyer 2008: 121). Auch wenn Klafki (1993: 62) auf der einen Seite „unterschiedliche und kontroverse

Auffassungen" befürwortet, so will er auf der anderen Seite doch ein „Höchstmaß an Gemeinsamkeiten", etwa in der Beurteilung von Schlüsselproblemen, erreichen und argumentiert gegen einen „prinzipienlosen Pluralismus". Die Interaktionistische Pflegedidaktik schließt sich dagegen der Bildungsgangdidaktik an, die auch als „Erbschaftsanwärter" der bildungstheoretischen Didaktik bezeichnet wird (Terhart 2005: 11) und die gerade auf die Herstellung von Pluralität abzielt (Peukert 1998). Mit der Kooperationsform der intergenerationellen Kommunikation sollen Lernende und Lehrende durch wechselseitige Anerkennung der Andersartigkeit und Individualität ihrer Sinnkonstruktionen und insbesondere der intergenerationellen Unterschiede Freiräume für eigenständige Konstruktionsleistungen (Meyer 2008) und damit für die „Transformation oder bewusste Aufrechterhaltung der Welt- und Selbstverständnisse" (Hericks 2009: 61) erhalten. Der Anspruch auf die Entwicklung eigenständiger Sinnkonstruktionen steht freilich im Widerspruch zu dem Anspruch, berufliche Bildungs- und Qualifikationsanforderungen und damit festgelegte und standardisierte Leistungskategorien zu erfüllen (Meyer 2008: 127). In der Interaktionistischen Pflegedidaktik werden Chancen für die intergenerationelle Kommunikation vor allem im Rahmen des Schlüsselproblemunterrichts gesehen.

Um Bildungsprozesse vor diesem Hintergrund verstehen und modellieren zu können, greift die Interaktionistische Pflegedidaktik auf den Symbolischen Interaktionismus zurück. Unterricht und Lernen werden als Prozesse der Verständigung über Bedeutungen analysiert (Naujok/Brandt/Krummheuer 2004). Dem Symbolischen Interaktionismus zufolge handeln Menschen stets auf der Grundlage von Bedeutungen, die sie Gegenständen oder sozialen Beziehungen zuschreiben (Blumer 1973). Schüler bringen immer schon ein subjektives Vorverständnis vom Unterrichtsgegenstand mit in den Unterricht, das in der Regel von der vom Lehrer intendierten Bedeutung abweicht (Voigt 1990). Die unterschiedlichen Bedeutungen werden während der unterrichtlichen Argumentations- und Verständigungsprozesse, die methodisch sehr unterschiedlich arrangiert sein können, verändert und nähern sich einander an, d.h. nicht nur die Schülervorstellungen, sondern auch die Konstruktionen der Lehrer verändern sich. Diese Veränderung erfolgt durch die Interaktion zwischen Schüler und Lehrer bzw. dem vom Lehrer entworfenen Lehr-/Lernarrangement, indem sich Schüler und Lehrer jeweils in die Position des Gegenübers hineinversetzen, dessen Erwartungen an das eigene Verhalten antizipieren und interpretieren und mit selbst entworfenem Handeln antworten, wobei letzteres stets eine Mischung von übernommenen Erwartungen bzw. Bedeutungen und eigenen Vorstellungen darstellt. Durch die Veränderung der anfangs vorhandenen Deutungen erfolgt Lernen. Identisch werden die Bedeutungen freilich nie sein – im Gegenteil – es ist davon auszugehen, dass auch nach Abschluss einer Unterrichtseinheit mehr oder weniger große Bedeutungsdifferenzen zwischen Lehrern und Schülern, aber auch unter den Schülern bestehen. Dieser Unterschied zwischen den subjektiven Vorstellungen der Schüler und der fachlich fundierten Bedeutung des Lehrers ist dem interaktionistischen Lehr-/Lernverständnis zufolge gerade die Voraussetzung für gelingende Lehr-Lernprozesse. Aufgabe des Lehrers ist es vor dem Hintergrund dieses Lehr-/Lernverständnisses, die dynamische Spannung zwischen der von ihm intendierten Bedeutung des Unterrichtsgegenstands und den Bedeutungszuschreibungen der Schüler aufrecht zu erhalten, um dadurch die eigenständige Wissenskonstruktion zu ermöglichen (Voigt 1990).

Mit dem bildungstheoretischen Ansatz der intergenerationellen Kommunikation (Meyer 2008: 131 ff.), der eine Anerkennung der Besonderheit und Unterschiedlichkeit der Perspektive der Anderen (Lehrenden oder Lernenden) impliziert, werden die normativen Voraussetzungen der beschriebenen Interaktionsprozesse expliziert. Außerdem erhalten die unterrichtlichen Interaktionsprozesse mit der „Transformation oder bewussten Beibehaltung des Selbst- und Weltverständnisses" (Hericks 2009: 61) und dem angemessenen, produktiven Umgang mit Pluralität eine bildungstheoretisch begründete Zielbestimmung.

Um bei den Lernenden entdeckendes Lernen zu fördern, müssen die Lehrer dem interaktionistischen und konstruktivistischen Lehr-/Lernverständnis zufolge bei den mitgebrachten Schülerbedeutungen vom Unterrichtsgegenstand ansetzen und ein Lehr-/Lernarrangement konstruieren, durch das die Lernenden ermuntert werden, sich erkenntnisfördernde Fragen zu stellen sowie ihre Vorstellungen zu überprüfen und ggf. zu modifizieren. Mit den Begriffen der strukturtheoretischen Professionalisierungstheorie können die Aufgaben der Lehrenden dahingehend beschrieben werden, dass sie die Lernenden bei der eigenständigen Wissenserzeugung und bei der Transformation ihres Selbst- und Weltverständnisses unterstützen, indem sie die Bildungsprozesse der Lernenden beobachten, Hindernisse bzw. „Krisen" auf dem Weg der Aneignung von Neuem ermitteln und für die Strukturgesetzlichkeit der jeweiligen Krise passende, die Autonomie der Lernenden stärkende Impulse finden (Oevermann 2002; 1996). Damit den Lehrenden dies gelingt, müssen sie eine „hermeneutische Wahrnehmungseinstellung" (Combe/Buchen 1996: 304) habitualisieren, die sich in erster Linie auf das von den Lernenden geäußerte Verständnis vom Unterrichtsgegenstand bezieht.

Mögliche Lehrerstrategien bestehen z.B. darin, sich als Lehrer mit „richtigen" Lösungen zurückzuhalten, die Lernenden aufzufordern, selbst Bewertungen vorzunehmen, ungewöhnliche Gedanken von Lernenden zu stärken oder bei unterschiedlichen Lösungsansätzen der Schüler die Differenzen transparent zu machen und sie als Lernimpulse zu nutzen. Zu einem erkenntnisfördernden Unterricht könnten insbesondere Schülereinwände und Schülerfragen beitragen. Diese sollten weniger als Störung denn als Anregung zu neuer Erkenntnis, etwa in Bezug auf die Begründung von Handlungsregeln oder auf die mehrperspektivische Deutung von Fallsituationen, verstanden werden.

Für die Gestaltung der Prozessdimensionen des Unterrichts sind pädagogische bzw. methodische Kompetenzen erforderlich. Der Lehrer muss nicht nur Methoden anwenden können, mit denen er eine dynamische Spannung zwischen seinen intendierten Bedeutungen und den Schülerbedeutungen aufbauen kann, sondern er muss beispielsweise auch in reflexiver Weise mit den Widersprüchen pädagogischen Handelns umgehen (Helsper 2000) und zu Lernenden ermutigende, wohlwollende und unterstützende Beziehungen aufbauen können.

Die bildungstheoretische Reflexion des Unterrichtsgegenstands durch den Lehrer ist auch vor dem Hintergrund intergenerationeller Interaktion unabdingbar: Einerseits, um auf der Grundlage einer unter Bildungsgesichtspunkten reflektierten, wissenschaftlich fundierten Bedeutung vom Unterrichtsgegenstand und mit Blick auf die vermutete bzw. in der Unterrichtsinteraktion ermittelte Schülerbedeutung angemessene Unterrichtsziele setzen zu können. Und andererseits, um Schüleräußerungen hinsichtlich ihres Verständnisses vom Unterrichtsgegenstand deuten und gezielt Impulse generieren zu können, die auf eine Transformation oder eine bewusste Aufrechterhaltung der Selbst- und Weltbezüge der Lernenden angelegt sind.

Nicht der gesamte Unterricht kann auf der Ebene einer auf Pluralität abzielenden Interaktion stattfinden. Aber auch wenn Vermittlungsaspekte Vorrang haben, sollte dabei stets ein kommunikationstheoretischer Rahmen gewährleistet sein. Eine Beschränkung auf die Stufe der instrumentellen Wissensvermittlung, ohne daran einen Begründungsanspruch zu knüpfen, ist aus bildungstheoretischer Sicht nicht akzeptabel. Tatsächlich dominieren im Pflegeunterricht aber eher Unterrichtsformen direkter Wissensvermittlung, bei denen die Lernenden mit fertigen Ergebnissen konfrontiert und eigene Erkenntnisprozesse nicht gezielt angeregt werden. Der Lehrer erhält dabei den Status eines Experten, der über das „richtige" und „wahre" Wissen verfügt.

2. Pflegetheoretische Grundlagen

In der Berufsausbildung ereignen sich allgemeine Bildungsprozesse „im Medium des Berufs" (Blankertz 1982). Für die Pflege konstitutiv ist, dass sie in Interaktion mit anderen Menschen eingelassen ist, die sich oftmals in für sie existentiell bedeutsamen Lebenssituationen befinden und die in der Befriedigung ihrer Bedürfnisse und in der Umsetzung ihrer Vorstellungen vom „guten Leben" von den Pflegenden abhängig sind. In diese Interaktionen sind die Pflegenden nicht nur in ihrer Rolle als Pflegende, sondern zugleich als ganze Person – körperlich wie leiblich, kognitiv wie affektiv – involviert. Die pflegerische Versorgung selbst, aber auch das Gesundheitssystem als Ganzes sind durch ein hohes Ausmaß an Macht und Herrschaft geprägt, wobei die restriktiven Beziehungsstrukturen gegenwärtig durch Tendenzen der Ökonomisierung und Vermarktlichung noch verstärkt werden. Nicht zuletzt befindet sich die Pflege in einem Prozess der Professionalisierung, der sich u. a. an einer zunehmenden Verwissenschaftlichung der pflegerischen Wissensbasis ablesen lässt und Standardisierung und Objektivierung pflegerischer Arbeitsprozesse zur Folge hat. Da die Entwicklungen des Berufsfelds durch gesellschaftliche Interessen geprägt sind, müssen pflegedidaktische Modelle ideologiekritische Kategorien bereitstellen, anhand derer objektiv überflüssige Zwänge aufgedeckt und Emanzipationsprozesse eingeleitet werden können (Lenzen/Meyer 1975). Ein Pflegeunterricht, der ohne eine solche Analyse konzipiert wird, verbleibt häufig auf der Ebene der Anpassung an aktuelle, eher kurzfristige Anforderungen und funktional verstandene Aufgabenstellungen. Die Interaktionistische Pflegedidaktik greift für die Gewinnung von Kategorien, die diese Ansprüche erfüllen, auf den Entwurf einer kritischen Theorie der Pflegewissenschaft, der jüngst von Friesacher (2008) vorgelegt wurde, zurück. Diese bietet einerseits eine Reflexionsfolie für die Analyse von Macht- und Herrschaftsstrukturen und andererseits eine normative Orientierung für das Pflegehandeln.

Im sinnlich-leiblichen Zugang zu den zu Pflegenden und in der fürsorgenden und fürsprechenden Anteilnahme besteht Friesacher zufolge „die pflegerische Domäne" (Friesacher 2008: 236). Durch diese Einstellung gelingt es den Pflegenden, die Situation des Patienten „richtig" (ebd.: 234) und das heißt, bis in ihre Nuancen hinein zu deuten, das „Gesamtbild" (ebd.: 236) zu erfassen, das „Unerwartete" (ebd.: 236) zu erkennen und „unmittelbar und situationsspezifisch" (ebd.: 235) zu reagieren. Da sich Pflegehandeln vor allem durch diese Könnerschaft auszeichnet, charakterisiert Friesacher die Pflegewissenschaft als Praxis- und Handlungswissenschaft, wobei Praxis- bzw. Handlungswissenschaften im Unterschied zu theoretischen Wissenschaften dadurch charakterisiert sind, dass sie sich nicht allein auf theoretische Erkenntnis zurückführen lassen, sondern dass theoretische Erkenntnisse und praktisches Wissen, das in der Interaktion zwischen Pflegenden und zu Pflegenden entsteht, eine Einheit bilden (Friesacher 2008: 239 ff.). Im Anschluss an Oevermanns strukturtheoretische Handlungstheorie bestimmt Friesacher (2008) die Strukturlogik pflegerischen Handelns als widersprüchliche Einheit von Fallverstehen und Regelwissen. Zur Entfaltung eines kritisch-emanzipatorischen Begriffs pflegerischen Handelns bezieht sich Friesacher zunächst auf die Habermas'sche kritische Gesellschaftstheorie und das Paradigma des kommunikativen Handelns (Habermas 1988) und erweitert diesen kommunikationstheoretischen Rahmen um Honneths Theorie der Anerkennung (1994) und eine kritische Theorie von Natur und Technik (Böhme/Manzei 2003). Zur Analyse der Ökonomisierung des Pflegerischen bezieht sich Friesacher auf den Foucaultschen Ansatz der Gouvernementalität (Foucault 2004a, 2004b).

Der pflegetheoretische Ansatz von Friesacher ist vor allem geeignet, um Pflegesituationen ideologiekritisch auszuleuchten. Durch das strukturtheoretisch begründete Handlungsmodell lassen sich aber auch empirisch-analytische und phänomenologisch-hermeneutische Ansätze integrieren. Durch die „konstruktive Synthese" (Klafki 1993: 98) der verschiedenen wissenschaftstheoretischen Positionen und der darauf aufbauenden Forschungsergebnisse sind wichtige Voraussetzungen gegeben, um eine multiperspektivische Betrachtung von beruflichen Aufgabenstellungen und damit verbundene Bildungsziele anzubahnen.

3. Pflegedidaktische Begründungen und Konzepte

In diesem Kapitel werden die pflegedidaktische Heuristik (3.1), das Konzept der pflegeberuflichen Schlüsselprobleme (3.2) sowie das Konzept zur Entwicklung von bildungsfördernden Curricula und Lehr-/Lernsituationen bzw. „Lerninseln" (3.3) dargestellt. Die heuristische Matrix stellt fachdidaktische Kategorien bereit, anhand derer berufliche Themen und Situationen hinsichtlich ihres Bildungsgehaltes ausgelegt werden können. Pflegeberufliche Schlüsselprobleme sind komplexe und mehrdimensionale berufliche Konflikt-, Problem- und Dilemmasituationen, die auf der Grundlage von Schülerberichten gewonnen werden. Sie stellen den Ausgangspunkt für die Entwicklung von „Lerninseln" dar. Als „Lerninseln" werden im Anschluss an Dubs (2000) solche fächerintegrativen Lehr-/Lernsituationen bezeichnet, die auf pflegeberuflichen Schlüsselproblemen basieren und in besonderem Maße Bildungsziele ermöglichen. Sie bilden das Herzstück von auf der Basis der Interaktionistischen Pflegedidaktik entwickelten pflegeberuflichen Curricula.

3.1 Die heuristische pflegedidaktische Matrix

Bei der heuristischen Matrix handelt es sich um einen pflegedidaktischen Kriteriensatz, mit dessen Hilfe Bildungsziele und -inhalte für die Pflegeausbildung identifiziert, legitimiert und evaluiert sowie pflegedidaktische Entscheidungen vorbereitet werden können.[1] Sie kann sowohl für die pflegedidaktische Analyse von Fallsituationen als auch für die Ableitung curricularer Inhalte zu einem festgelegten Unterrichtsthema genutzt werden.

Grundlage für die Konstruktion der heuristischen Matrix bildeten die Ergebnisse einer von der Autorin unternommenen Untersuchung zur Interaktion im Pflegeunterricht (Darmann 2005; 2006). Anliegen der Studie war es, die Pflegeunterrichtswirklichkeit zu erhellen und alltägliche Deutungs- und Handlungsmuster im Pflegeunterricht sowie die in ihnen enthaltenen lernförderlichen Potenziale und Restriktionen zu identifizieren. Dabei war die These leitend, dass sich in der Unterrichtspraxis möglicherweise ver-

---

1 Der Schwerpunkt des vorliegenden Beitrags liegt auf der schulischen Ausbildung. Für die Ausbildung am Lernort Betrieb ist die Heuristik in der Spalte des „Pflegerischen Handelns" zu modifizieren (vgl. Darmann-Finck 2009).

schüttete pflegespezifische Bildungsansätze auffinden lassen, die als Grundlage für ein transferfähiges pflegedidaktisches Modell verwendet werden können. Um zu einem pflegedidaktischen Modell zu gelangen, wurden die Ergebnisse der Studie mit anderen Theorien in Beziehung gesetzt, die gefundenen Bildungsdimensionen zu Zieldimensionen erweitert und diese im Hinblick auf die jeweils relevanten Perspektiven ausgelegt.

Ergebnisse der Studie zur „Interaktion im Pflegeunterricht"

Durch die gesprächsanalytische Auswertung von Interaktionsprotokollen aus dem Pflegeunterricht (ausführlicher Darmann 2006) wurden drei Bildungskonzepte der Lehrer identifiziert, „Regelorientierung", „Fallorientierung" und „Meinungsorientierung". Unter einem Bildungskonzept wird die Vorstellung von Bildung verstanden, die sich aus den Lernangeboten der Lehrer herauslesen lässt. Nicht gemeint sind die Vorstellungen, die die Lehrer explizit verbalisieren, wenn sie gefragt werden. Dabei wird davon ausgegangen, dass es eine Diskrepanz gibt zwischen dem, was Lehrer tun, und dem, was Lehrer denken, dass sie tun (Euler 1996). Die drei empirisch ermittelten Bildungskonzepte werden im Folgenden vorgestellt und mit den empirisch festgestellten Potenzialen und Begrenzungen gekennzeichnet.

Regelorientierung

Im Bildungskonzept der „Regelorientierung" werden solche Kommunikationsmuster der Lehrer zusammengefasst, in denen allgemeine Handlungsregeln für typische Pflegesituationen aufgestellt werden. Die Handlungsregeln beziehen sich sowohl auf teleologische (z.B. Maßnahmen zur Reduktion von Schmerzen) als auch auf normative Handlungen (z.B. Partizipation als leitende Norm zur Gestaltung der Beziehung zum Patienten) und werden von den Lehrern als Maßstab für die berufliche Praxis verwendet. Handlungsregeln werden im Pflegeunterricht in Form von Vorträgen dargeboten oder gemeinsam mit den Schülern im Lehrer-Schüler-Gespräch oder in Gruppenarbeitsphasen erarbeitet. Die Handlungsregeln werden häufig als Ge- oder Verbote weitergegeben, d.h. es wird nicht nur Sachwissen, sondern es werden auch Richtlinien vermittelt, die die Schüler in der Pflegepraxis befolgen sollen.

Das Bildungskonzept der „Regelorientierung" ist insofern eine unabdingbare Grundlage des Pflegeunterrichts vor allem zu Beginn der Pflegeausbildung, als damit handlungsorientierendes Pflegewissen vermittelt wird (Benner/Tanner/Chesla 2000). Die Begrenzung des Bildungskonzepts besteht in der fehlenden wissenschaftlichen Fundierung der vermittelten Regeln. Dieser Mangel hat zur Folge, dass unzureichend begründete Handlungsregeln tradiert werden und eine unkritische Haltung den Regeln gegenüber aufgebaut wird. Indem die Regeln außerdem einen verbindlichen und allgemeingültigen Status erhalten, wird mit ihrer Hilfe ein rezeptartiges, patientenignorierendes Pflegeverständnis begünstigt.

Fallorientierung

Im Bildungskonzept „Fallorientierung" präsentieren die Lehrer den Schülern mehr oder weniger komplexe, problemhaltige und möglichst authentische Pflegesituationen oder „Fälle", für die Deutungen und/oder Lösungen gefunden werden sollen.

Positiv zu werten ist, dass die Schüler durch den Fallbezug Deutungen und Lösungen für mögliche oder reale Praxissituationen entwickeln, die sie auf andere, ähnliche Situationen der Berufspraxis übertragen können, d. h. das Bildungskonzept zielt auf einen verbesserten Theorie-Praxis-Transfer. Außerdem ist das Bildungskonzept geeignet, um eine Reflexion der Berufspraxis anzubahnen. Das in der Arbeit mit Fällen liegende Bildungspotenzial wird aber in diesem Bildungskonzept nicht bzw. unzureichend genutzt, um die Multiperspektivität von sozialen Situationen durch Generierung alternativer Deutungen aus unterschiedlichen sozialen Perspektiven zu erkennen und dann in Auseinandersetzung mit diesen Deutungen angemessene Handlungsmöglichkeiten zu suchen. Vielmehr werden in den meisten Fällen feststehende Verhaltensregeln vermittelt.

Meinungsorientierung

Das Konzept „Meinungsorientierung" wurde aus solchen Sequenzen gebildet, in denen Lehrer den Schülern die Gelegenheit geben, ihre Meinungen zu wertbezogenen, gesellschaftlich relevanten Fragen auszutauschen. Indem Lehrer auf eine Bewertung der Schüleräußerungen weitgehend verzichten, tragen die Schüler ihre Ansichten relativ offen und authentisch vor und trauen sich, auch unpopuläre Ansichten zu äußern.

Indem im Bildungskonzept der „Meinungsorientierung" moralische und gesellschaftliche Probleme und Konflikte sowie mögliche Problemlösungen diskutiert werden, können die Schüler eine Sensibilität für gesellschaftliche Konflikte entwickeln, lernen andere Positionen kennen und finden Argumente für ihre Ansichten. Ähnlich wie Politikstunden im allgemein- und berufsbildenden Schulwesen geht aber die Diskussion häufig über „relativierende Meinungsgirlanden" (Grammes 2002: 189f.) nicht hinaus. Der Unterricht degeneriert nicht selten zu einem Schlagabtausch mit „Polarisierung und (...) demonstrative(r) Verhärtung von Fronten", ähnlich wie Schüler dies aus Talkshows kennen (van den Daele 2001, zit. n. Grammes 2002: 193). Abgesehen davon, dass sich die Schüler auf keinerlei fachliche Begründung stützen, erhalten sie in einem solchen Unterricht weder einen Einblick in die Pluralität von möglichen Lösungen für (gesellschaftliche) Problemlagen, noch können sie sich Kriterien für die Analyse der Positionen aneignen.

Zusammenfassung und Diskussion der Ergebnisse

Anhand der Studie konnten drei Bildungskonzepte identifiziert werden, wobei die Bildungskonzepte „Fallorientierung" und „Meinungsorientierung" eher selten zu beobachten waren und das Bildungskonzept der „Regelorientierung" dominierte. Resümierend lässt sich feststellen, dass der Bildungsgehalt des untersuchten Pflegeunterrichts eher gering war. Da es sich um eine explorative Studie handelte, die auf einer Stichprobe von drei Schulen im norddeutschen Raum in den Jahren 1999 bis 2002 beruhte, kann allerdings nicht davon ausgegangen werden, dass mit den ermittelten Kategorien tatsächlich innerhalb der Bildungskonzepte alle empirischen Ausprägungen erfasst wurden. Die Verallgemeinerbarkeit der Ergebnisse ist daher begrenzt. Gleichwohl bieten die gefundenen Bildungskonzepte geeignete Kategorien zur Reflexion und Weiterentwicklung von Pflegeunterricht. In der jüngst veröffentlichten Untersuchung von Fichtmüller und Walter (2007: 479 ff.) konnten die Autorinnen insbesondere das Ergebnis bestätigen, dass vornehmlich das Bildungskonzept der Regelorientierung für die Pflegeausbildung prägend ist. Dies gilt ihren Befunden zufolge nicht nur für den schulischen Unterricht, sondern auch für das Lernen in der Pflegepraxis.

Vorstellung der heuristischen Matrix

Um von den identifizierten Bildungskonzepten zu Bildungs- und Zieldimensionen der Pflegeausbildung zu gelangen, wurden die Ergebnisse der Untersuchung mit anderen Befunden und Theorien in Beziehung gesetzt. Parallelen lassen sich etwa zu den Modellen der pflegerischen Kompetenzentwicklung von Olbrich (1999, 2001) und Benner (1994) sowie zu den Habermas'schen Erkenntnisinteressen (Habermas 1968/1973; 1965) erkennen. Da die Zieldimensionen theoretisch fundiert sein sollten, wurde für die Weiterentwicklung der Bildungskonzepte zu Zieldimensionen zunächst Habermas' Erkenntnis und Interesse (Habermas 1968/1973) rezipiert. Die Habermas'schen Erkenntnisinteressen integrieren unterschiedliche wissenschaftliche Paradigmen und gewährleisten dadurch wissenschaftstheoretische Vielfalt. Außerdem liefern sie sowohl Kriterien für eine kritische Analyse der Pflegeberufswirklichkeit als auch Anhaltspunkte für einen normativ gehaltvollen Pflegebegriff. Da aber die Habermas'sche Theorie nicht hinreichend ist, um die Spezifika des Pflegerischen zu erfassen und sie inzwischen durch jüngere Vertreter der Kritischen Theorie eine Erweiterung und Korrektur erfahren hat, bezieht sich die Interaktionistische Pflegedidaktik auf Friesachers (2008) Entwurf einer kritischen Theorie der Pflegewissenschaft, in der er zwar den Habermas'schen kommunikationstheoretischen Rahmen beibehält, ihn aber um Honneths anerkennungstheoretische Perspektive und eine kritische Theorie der Natur und Technik erweitert. Die empirisch gefundenen Bildungskonzepte wurden auf dieser Grundlage zu folgenden Zieldimensionen weiterentwickelt:

Tab. 1: Zuordnung Bildungskonzepte, Erkenntnisinteressen und Zieldimensionen

Bildungskonzepte der Pflegelehrer	Erkenntnisinteressen	Zieldimensionen
Regelorientierung	Technisches Erkenntnisinteresse	Wissenschaftsbasierte Erklärung und instrumentelle Lösung pflegerischer und gesundheitsbezogener Problemlagen
Fallorientierung	Praktisches Erkenntnisinteresse	Urteilsbildung und Verständigung in Pflegesituationen
Meinungsorientierung	Emanzipatorisches Erkenntnisinteresse	Kritische Reflexion der paradoxen und restriktiven gesellschaftlichen Strukturen der Pflege

Um neben den verschiedenen Erkenntnisebenen auch einen systematischen Perspektivenwechsel vorbereiten und anbahnen zu können, werden die Zieldimensionen in der pflegedidaktischen Heuristik mit den Perspektiven der an der Pflegesituation beteiligten Personen und Institutionen verschränkt, wobei die Zieldimensionen in der Matrix horizontal und die Perspektiven vertikal angelegt sind. Olbrich (2001: 281) bestimmt als Strukturen einer Pflegesituation die Pflegeperson mit ihren personalen Ressourcen, den Patienten mit seinem Bezug zur Pflegesituation, den (institutionellen und gesellschaftlichen) Kontext mit seinen beeinflussenden und ursächlichen Bedingungen sowie die pflegerischen Prozesse, Strategien und Ergebnisse.[2] Die Perspektiven sollen in der pflegedidaktischen Heuristik, je nachdem, welche Personen daran beteiligt sind, an die jeweilige Situation angepasst werden. Für die meisten Situationen sind dies die folgenden Perspektiven: Pflegende (hier ist ggf. zu differenzieren zwischen den Auszubildenden und examinierten Pflegenden oder unterschiedlichen examinierten Pflegenden), Patienten/Angehörige, Institution/Gesundheitssystem und Pflegerisches Handeln. Bei Bedarf können etwa Spalten für Angehörige anderer Berufsgruppen (z.B. Mediziner) ergänzt werden (Tab. 2).

Aus der Verschränkung der Zieldimensionen mit den Perspektiven ergeben sich Aufmerksamkeitsrichtungen oder offene Fragen zur Analyse von beruflichen Situationen und Aufgabenstellungen. Im Folgenden werden zunächst die theoretischen Hintergründe der Zieldimensionen erläutert und diese anschließend im Hinblick auf die Perspektiven konkretisiert.

---

2 Letzteres bezeichnet Olbrich (2001: 281) als „Konsequenzen von Kompetenz".

Tab. 2: Pflegedidaktische Heuristik

Zielebene	Pflegende	Patient / Angehörige	Institution / Gesundheitssystem	Pflegerisches Handeln
Technisches Erkenntnisinteresse	Erklären von Pflegendenverhalten und Ableiten von instrumentellen Lösungen für die Probleme/ „Krisen" der Pflegenden	Erklären des Patientenverhaltens und Ableiten von instrumentellen Lösungen für die (Selbst-)Pflegeaufgaben von Patienten bzw. die Fremdpflegeaufgaben der Angehörigen	Erklären und Ableiten von instrumentellen Lösungen für die Aufgaben der Institution und des Gesundheitssystems	Erklären und Ableiten von instrumentellen Lösungen im Hinblick auf die Unterstützung des Patienten bei seinen Selbstpflegeaufgaben
Praktisches Erkenntnisinteresse	Verstehen der und Verständigung über die eigenen biografisch geprägten Interessen, Gefühle, Motive und Werte	Verstehen der und Verständigung über die biografisch geprägten Interessen, Gefühle, Motive und Werte des Patienten	Verstehen der und Verständigung über die Interessen und Motive der Institution/des Gesundheitswesens	Fallverstehen/ Urteilsbildung und Kommunikation
Emanzipatorisches Erkenntnisinteresse	Aufdecken von gesellschaftlich geprägten inneren Konflikten der Pflegenden	Aufdecken von gesellschaftlich geprägten inneren Konflikten der Patienten	Aufdecken von gesellschaftlichen Widersprüchen in der Institution/im Gesundheitssystem	Aufdecken von widersprüchlichen Strukturgesetzlichkeiten pflegerischen Handelns

Wissenschaftsbasierte Erklärung und instrumentelle Lösung pflegerischer und gesundheitsbezogener Problemlagen

In dieser Zieldimension wird das theoretische und empirische (pflege- und gesundheitswissenschaftliche) Wissen ermittelt, das sich die Schüler anhand eines beruflichen Schlüsselproblems oder eines Themenbereichs aneignen können. Mit Hilfe dieses Wissens können in pflegerischen Situationen relevante Phänomene erklärt und untersucht werden, es können unterschiedliche Lösungsalternativen gefunden und anhand ihrer Wirksamkeit im Hinblick auf ein definiertes Ziel bewertet werden. Im Unterschied zu Habermas (1965: 155), der beim technischen Erkenntnisinteresse in erster Linie auf die empirisch-analytischen Wissenschaften abhebt, werden hier alle empirischen oder theoretischen und damit auch hermeneutisch-interpretative Studien eingeschlossen, die den Anspruch erheben, generalisierbare Erkenntnisse zu Tage zu fördern und deren Ergebnisse technisch und strategisch verwertbar sind. Ob sogenannte qualitative oder quantitative Studiendesigns angebracht sind, ist von der jeweiligen Fragestellung abhängig zu machen.[3] Die Zieldimension hebt auf Fähigkeiten zur Erzeugung externer Evidenz von pflegerischen Entscheidungen ab.[4] Unter externer Evidenz verstehen Behrens und Langer (2006: 33) die wissenschaftlich erwiesene Wirksamkeit von Interventionen und diagnostischen Verfahren. Die daraus resultierenden Aussagen geben an, mit welcher Wahrscheinlichkeit bei einer bestimmten Intervention, die auf eine bestimmte Zielgruppe angewendet wird, welche Wirkung auftritt. In Lernzielen ausgedrückt handelt es sich um kognitive Lernziele auf allen Anspruchsniveaus (Wissen/ Verstehen/Analyse/Synthese/Bewertung), einschließlich der Reflexion von Pflegesituationen aus dem Blickwinkel des fachwissenschaftlichen Regelwissens.

In der berufsfachschulischen Ausbildung ist es in erster Linie Aufgabe des Lehrers, das aktuelle Wissens (beispielsweise in Form von Forschungsberichten) zu einem Themenbereich zu recherchieren und zu bewerten, während die Studierenden im Rahmen einer akademischen Erstausbildung auch selbst die Fähigkeit dazu erwerben sollten. Über die Wissensaneignung hinaus soll in dieser Zieldimension eine skeptische Haltung gegenüber der Güte jeglichen Wissens aufgebaut werden. Dies kann gelingen, indem anhand von Beispielen nachvollzogen wird, welche Anforderungen an die Begründung und Überprüfung von Regeln, z.B. zur Wirksamkeit von Pflegeinterventionen, gestellt werden müssen und indem Schüler im Rahmen des Unterrichts zu einem Thema auch einen kurzen Einblick in den Forschungsstand und in die kontinuierliche Weiterentwicklung pflegewissenschaftlichen Wissens erhalten. Bezogen auf das Thema „Dekubitusprophylaxe" könnte dieses beispielsweise bedeuten, dass die Schüler sich mit ausgewählten wissenschaftlichen Ansprüchen an die Validität, Objektivität und Reliabilität von Assessmentinstrumenten auseinander setzen und vor dem Hintergrund dieser Kriterien zu einer kritischen Einschätzung der vorhandenen Instrumente gelangen. Bei diesem wie auch bei vielen anderen Themen resultiert aus dieser Auseinandersetzung die Erkenntnis, dass die (Pflege-)Wissenschaft zu vielen praxisrelevanten Fragen bislang noch keine befriedigenden Antworten liefern kann, dass aber gleichwohl gehandelt werden muss. Da insbesondere Anfänger ein starkes Bedürfnis nach handlungsorientierenden Regeln haben und ein Verlust dieser Sicherheit auch schnell mit Widerstand beantwortet werden kann, muss dieser Lernprozess

---

3 Einen Vorschlag für Goldstandards bezogen auf unterschiedliche klinische Fragestellungen machen Behrens/Langer (2006: 140 f.).
4 Mögliche Beurteilungskriterien zur Überprüfung des Wissens bzw. von Studien finden sich bei Behrens/Langer (2006: 133 ff.).

von den begleitenden Pädagogen mit sehr viel pädagogischer Sensibilität gestaltet werden. Verbunden mit der Einsicht in den wissenschaftlichen Fortschritt sollte zudem die Bereitschaft gefördert werden, das Handeln zu verändern, wenn sich herausstellen sollte, dass lange praktizierte Handlungsroutinen überholt sind. Der Transfer von neuen Forschungsergebnissen in die Praxis setzt allerdings eine akademische Ausbildung voraus und kann nicht von berufsfachschulisch ausgebildeten Pflegenden übernommen werden.

Aus den veränderten Zielen und Inhalten können auch methodische Konsequenzen gezogen werden. Eine Methode, die sich besonders gut eignet, um die Auszubildenden an das selbständige Recherchieren von Informationen, die kritische Bewertung von Quellen und die Überprüfung externer Evidenz heranzuführen, ist das problemorientierte Lernen (POL) (Schwarz-Govaers 2002; 2003). Damit diese Lehr-/Lernform ihre Potenziale entfaltet, sind allerdings von Seiten der Tutoren gezielte Impulse unabdingbar, da andernfalls die Auszubildenden dazu neigen, Quellen nach Verständlichkeit und intuitiver Plausibilität zu beurteilen (Darmann-Finck 2008; Darmann-Finck/ Muths 2008; Darmann-Finck/Muths/Oestreich/Venhaus-Schreiber 2007).

Bezogen auf die Perspektiven der Matrix können in dieser Zieldimension folgende Ziele differenziert werden:

Perspektive Pflegende: Die dieser Kategorie zuzuordnenden Ziele und Inhalte heben auf das Erklären und die instrumentelle Problemlösung von Problemen oder „Krisen" der Pflegenden ab. Die Gestaltung von Pflegesituationen verlangt den Pflegenden auch Fach-/Sachkompetenzen ab, die sich auf sie selbst beziehen, beispielsweise Prinzipien einer rückengerechten Arbeitsweise, der Umgang mit eigenen belastenden Gefühlen[5] oder Ansatzpunkte zur Prophylaxe eines Burnout-Syndroms. Die dafür notwendigen Kenntnisse können aus der Pflegewissenschaft, aber auch etwa aus der Medizin, der Psychologie, der Rechtswissenschaft oder der Arbeitssoziologie stammen.

Perspektive Patienten/Angehörige: Diese Kategorie beschreibt Fachkompetenzen, anhand derer (Selbst-)Pflegeprobleme der Patienten bzw. Fremdpflegeprobleme der Angehörigen oder andere pflegerelevante Phänomene erklärt und instrumentell gelöst werden können. In dieser Kategorie wird noch nicht die Perspektive des professionellen Handelns eingenommen, fokussiert werden vielmehr die dem Regelwissen zufolge durch den Patienten und sein soziales Netzwerk zu ergreifenden selbst- und fremdpflegebezogenen Handlungen. Dabei wird auf Wissen beispielsweise aus der Medizin, der Psychologie oder der Pflegewissenschaft Bezug genommen.

---

5 Zum Konzept der Emotionsarbeit vgl. Dunkel (1988).

Perspektive Institution/Gesundheitssystem: In allen Pflegesituationen, die im Rahmen professioneller Pflege stattfinden, werden institutionelle und gesundheitssystemische Aspekte berührt, sei es z. B. durch institutionell oder rechtlich vorgegebene Verfahrensregeln oder durch ökonomische Rahmenbedingungen. Die gegebenen Regeln können als instrumentelle Problemlösungen für Anforderungen auf der Meso- und der Makroebene interpretiert werden. Die in dieser Kategorie zu erwerbende Fachkompetenz bezieht sich vor allem auf betriebswirtschaftliche, managerielle, arbeitsorganisatorische und rechtliche Strukturen.

Perspektive Pflegerisches Handeln: Erst in dieser Kategorie wird das instrumentelle und strategische Wissen ermittelt, das Pflegende benötigen, um Patienten bzw. Fremdpflegepersonen bei der Lösung ihrer in der Schlüsselsituation beschriebenen Selbstpflege- oder Fremdpflegeprobleme zu unterstützen. Die Unterstützung kann dabei von Beratung und Anleitung bis hin zu einer vollständigen Kompensation der Selbstpflege reichen. Diese Kategorie ist in erster Linie dem pflegewissenschaftlich fundierten Wissen zu den verschiedenen Phasen des Pflegeprozesses vorbehalten.

Die Zieldimension der wissenschaftsbasierten instrumentellen Lösung pflegerischer und gesundheitsbezogener Problemlagen trägt dazu bei, die Begründungen für das Pflegehandeln aus dem vorwissenschaftlichen, durch Meinungen und Traditionen bestimmten Wissen herauszuführen und sie stattdessen von einer methodisch kontrollierten, nach expliziten Geltungskriterien bewährten Wissensbasis (Oevermann 1996: 124) abzuleiten. Indem allein das Regelwissen fokussiert wird, aber nicht die in pflegerischen Situationen relevanten lebensweltlichen Sinnzuschreibungen in den Blick kommen, würde eine Beschränkung allein auf diese Dimension jedoch eine Missachtung insbesondere der Patientenautonomie nach sich ziehen und zu pflegerischen Standardhandlungen in einem expertokratischen Verständnis führen.

Urteilsbildung und Verständigung in Pflegesituationen

Beim praktischen Erkenntnisinteresse erfolgt der Zugang zur Welt mittels Sinnverstehens (Habermas 1965: 155 ff.). Dieses Erkenntnisinteresse wird durch die historisch-hermeneutischen Wissenschaften repräsentiert. Wie die instrumentelle Problemlösung ist auch das Sinnverstehen nicht nur ein wissenschaftliches Erkenntnisziel, sondern auch, da wir stets auf der Grundlage von Bedeutungen handeln (Blumer 1973), eine täglich und in nahezu jeder Situation praktizierte Operation. Berufe, die, wie es Oevermann (1996) charakterisiert, auf die Unterstützung von Laien bei der Bewältigung von Krisen unter dem Primat der Autonomie der Lebenspraxis spezialisiert sind, müssen sich des Sinnverstehens im besonderen Maße bedienen, sowohl in Form von Selbst- als auch von Fremdverstehen. Ein zentraler Fokus dieser Zieldimension liegt freilich auf dem Verstehen des Klientenfalls in seiner Einzigartigkeit und in der Gestaltung von auf Anerkennung beruhenden

Beziehungen. Dabei ist stets in Rechnung zu stellen, dass dem Verstehen des Anderen Grenzen gesetzt sind (Stemmer 2001: 268ff.).

Dilthey unterscheidet elementares von höherem Verstehen (Danner 1989: 44 ff.). Pflegerisches Handeln beruht zu großen Teilen auf „elementarem Verstehen", also alltagsweltlichem Verstehen von flüchtigen Lebensäußerungen, wie gesprochener Sprache, Gestik und Mimik (Hülsken-Giesler 2008: 47). Höheres Sinnverstehen, das sich auf fixierte Lebensäußerungen (z. B. Texte oder Bilder) bezieht und durch ein systematisches, methodengeleitetes Vorgehen gekennzeichnet ist, kommt hingegen in pflegewissenschaftlichen Kontexten oder in handlungsentlasteten Situationen des „reflection-on-action" (Schön 1983) zum Tragen. Elementares Sinnverstehen erfolgt intuitiv und implizit. Böhle und Weishaupt (2003: 153) beschreiben die bei den Pflegenden stattfindenden Denkprozesse als „wahrnehmungs- und verhaltensnah". Charakteristisch seien hierfür „ein anschaulich-bildhaftes sowie ein assoziatives gegenstands- und erlebnisbezogenes Denken" (ebd.). Es werde auf Wissen rekurriert, „das auf praktischem Handeln und damit verbundenen eigenen Erfahrungen beruht" (ebd.). Der Theorie des impliziten Wissens zufolge gelangen Pflegeexperten gestalterschließend durch implizite Integration der in dem Moment nicht bewusst wahrgenommenen Einzelheiten zu einem ganzheitlichen Urteil über die Situation und zu einem Handlungsentschluss (Neuweg 1999: 168 ff.). Durch diese abgekürzten Operationen, die ohne langes Nachdenken praktiziert werden, sind Pflegeexperten in der Lage, in komplexen und einzigartigen Situationen schnell und situations- bzw. fallangemessen zu handeln (vgl. Benner 1994: 27).

Ein spezifisches Kennzeichen des Sinnverstehens in pflegerischen Situationen besteht darin, dass der Zugang zum Anderen nicht nur über Sprache, sondern vielmehr zu großen Teilen in der body-to-body-Interaktion über leibliches Verstehen erfolgt (Friesacher 2008; Hülsken-Giesler 2008; Remmers 2000). Ein Konzept pflegerischer Verständigungsorientierung muss daher über den Habermas'schen Ansatz, bei dem sich Verständigung im Medium der Sprache und auf der Basis einer kognitiv verstandenen Empathie vollzieht, hinausgehen. Mit Honneths Konzept der wechselseitigen Anerkennung werden die intersubjektivitätstheoretischen Voraussetzungen von Verständigung expliziert (Friesacher 2008: 291 ff.). Das Sinnverstehen eines konkreten Patienten sollte demnach unter der Einstellung einer „leichten Fürsorge" geschehen. Auf dieser Grundlage gelangen Pflegende zu fallspezifischen, den besonderen Bedürfnissen eines individuellen Patienten Rechnung tragenden Urteilen, die nichtsprachlichen, präreflexiven und gestalthaften Charakter haben (Friesacher 2008: 229 ff.).

Habermas (1965: 156) zufolge ist das Sinnverstehen stets auf handlungsorientierende Verständigung gerichtet. Mit dem Fallverstehen des beruflich Handelnden ist der Prozess somit nicht als abgeschlossen zu betrachten, sondern das Resultat geht in die auf Verständigung ausgerichtete Kommunikation mit dem Patienten ein. Andernfalls würde eine neue Form expertokratischen Handelns entstehen, bei der die Pflegende zwar nicht patientenignorierend das Regelwissen auf den besonderen Fall des Patienten anwendet, aber – was ebenso patientenignorierend ist – eine Fallerkundung vornimmt und dann stellvertretend für den Patienten handelt bzw. ihn entsprechend unterstützt. Bei Honneth wird der von Habermas argumentations- und sprachtheoretisch gefüllte Verständigungsbegriff abgelöst durch das Paradigma der Anerkennung. Im Falle eines moralischen Konflikts, bei dem mehrere Ansprüche kollidieren, hat Honneth (2000: 190) zufolge der Respekt vor der individuellen Autonomie der Subjekte absoluten Vorrang gegenüber den anderen Anerkennungsformen. Diese Position wird in der Pflegewissenschaft mit den Begriffen der nicht-paternalistischen Advokation bzw. Fürsorge beschrieben (Remmers 2000: 367 ff.; Rehbock 2002).

In Lernzielen ausgedrückt werden in dieser Zieldimension personale und soziale, einschließlich kommunikativer und moralischer Kompetenzen sowie reflexive Kompetenzen bezogen auf soziale Situationen angestrebt.

Sinnverstehen kann nur erlernt werden, indem den Lernenden genau das abgefordert wird, was sie lernen sollen, nämlich Sinnverstehen in komplexen Pflegesituationen (Neuweg 2000: 210). Diese Kompetenz wird damit vornehmlich am Lernort Betrieb erworben. Um allerdings zu einer reflexiven Könnerschaft und einem elaborierten Urteil zu gelangen, müssen sich Prozesse der (impliziten) Urteilsbildung und der expliziten Analyse abwechseln (Neuweg 1999: 252 ff. und 351 ff.). Die Aufgabe des Lernortes Schule besteht dabei vor allem in der handlungsentlasteten Reflexion von Pflegesituationen (vgl. Böhnke 2006) einschließlich der Erprobung von Handlungsalternativen und in einer allgemeinen Schulung der Wahrnehmungs-, Empfindungs- und Empathiefähigkeit. Methodisch kommen z. B. Ansätze aus der Gestaltpädagogik (vgl. Steiner 2008), der ästhetischen Bildung (Brater/Büchele/Fucke/Herz 1999), Fallbesprechungen (Gudjons 1977, 1995), das erfahrungsbezogene Lernen (Scheller 1993, Oelke/Scheller/Ruwe 2000), das fallrekonstruktive Lernen anhand von authentischem Datenmaterial (Darmann-Finck/Böhnke/Straß 2009; Kolbe/Combe 2008; Giebeler/Fischer/Goblirsch/Miethe/Riemann 2007; Böhnke/Straß 2006; Fischer 2004) oder andere Varianten fallbezogenen Lernens in Frage.

Im Hinblick auf die verschiedenen Perspektiven lassen sich folgende Ziele differenzieren:

Perspektive Pflegende: In dieser Kategorie rückt die Person der Pflegenden ins Blickfeld. Sie richtet sich auf das Bewusstwerden der Deutungen der Pflegenden sowie der damit verbundenen Gefühle und Impulse. Dieses Ziel ist deswegen von zentraler Bedeutung für die Pflegeausbildung, weil das innere Erleben die Interaktion mit anderen Menschen entscheidend prägt und zwar auch und gerade dann, wenn es den Handelnden selbst gar nicht bewusst ist (Darmann 2000: 195 ff.). So können beispielsweise Kommunikationsstörungen dadurch entstehen, dass Pflegende (und natürlich auch Patienten) durch unbewusste Psychodynamiken, wie Abwehrmechanismen, zu einer verzerrten Situationswahrnehmung gelangen (Darmann 2000). Die in dieser Zieldimension beabsichtigte Selbstreflexion hebt darauf ab, vor allem vorbewusste Vorstellungen bewusst zu machen, sie zu verbalisieren, sich darüber auszutauschen und sie zunächst als sinnhaft und begründet zu akzeptieren. Dies gilt beispielsweise für eigene destruktive, aggressive oder sadistische Phantasien. Ein akzeptierender Umgang mit diesen Phantasien ist gerade in der Pflege notwendig, um der Gefahr von Machtmissbrauch und Gewalt vorzubeugen (Schmidbauer 1992). Bei der Ausdeutung von Pflegesituationen können Ergebnisse theoretischer und empirischer Studien zu typischen Deutungsmustern von Pflegenden als Deutungsangebote herangezogen werden.

Perspektive Patienten/Angehörige: In dieser Kategorie stehen Kompetenzen des reflektierten klientenorientierten Fallverstehens und die Rekonstruktion der Gefühle, Interessen und Motive der Patienten oder deren Angehöriger im Mittelpunkt. Da am Lernort Schule nicht das Verstehen eines Patienten selbst angeeignet werden kann, geht es in erster Linie um eine Reflexion von gefundenen Urteilen bzw. von authentischen oder konstruierten Fallsituationen. Bei der Deutung des Patientenverhaltens hat zudem das Vorverständnis der Schüler eine erkenntnisfördernde Funktion. Das Vorverständnis kann angereichert werden, indem sich die Schüler mit Selbstdeutungen und Selbstthematisierungen von Patienten auseinander setzen. Dabei können Ergebnisse von empirischen Studien zu diesen Themen bearbeitet werden oder aber die Lernenden analysieren selbst Daten beispielsweise in Form von Tagebüchern, literarischer Verarbeitung von Krankheitserfahrungen, schriftlichen oder mündlichen Erfahrungsberichten, Filmen oder (selbst geführten) narrativ-biografischen Interviews.

Perspektive Institution/Gesundheitssystem: Diese Kategorie hebt auf die normativen Maßstäbe, auf die Motive und Interessen ab, die das institutionelle Handeln bzw. das Handeln von Entscheidungsträgern in Institutionen oder von Politikern leiten. Zunächst steht deren Beschreibung im Mittelpunkt und noch nicht die Bewertung. Dabei können auch die divergierenden Ziele von unterschiedlichen Interessengruppen innerhalb einer Institution herausgearbeitet und ggf. anhand von Organisationsaufstellungen veranschaulicht werden.

Perspektive Pflegerisches Handeln: In dieser Kategorie fließen, zumindest aus Sicht der Pflegepraxis gedacht, alle anderen Kategorien zusammen. Die Ergebnisse des instrumentellen Regelwissens, des Sinnverstehens und der kritischen Analyse der gesellschaftlichen Widersprüche werden in den auf wechselseitiger Anerkennung basierenden Interaktionsprozess mit dem zu Pflegenden (oder mit anderen Personen) eingebracht. Damit soll selbstverständlich nicht ausgesagt werden, dass auch das pflegerische Handeln in dieser Weise analytisch zu konzipieren ist. Vielmehr fallen in der Pflegepraxis Wahrnehmen und Handeln i.d.R. zusammen. Verständigungsprozesse erfolgen sowohl im Medium der Sprache als auch in den Medien von Berührung und Bewegung.

Mit der Zieldimension „Verstehen von und Verständigung über Situationen der pflegerischen und gesundheitlichen Versorgung" werden die Sinnzuschreibungen in pflegerelevanten Situationen rekonstruiert und Deutungs-, Reflexions- sowie kommunikative Kompetenzen angestrebt, die unabdingbar sind sowohl für eine subjekt- und interaktionsorientierte Pflege als auch für die Persönlichkeitsbildung der Schüler. Wenn auch die Multiperspektivität von Situationen und infolgedessen das Vorhandensein von verschiedenen Handlungsalternativen hervorgehoben werden, so bleiben aber die gesellschaftlichen Strukturen, die die Handlungsspielräume bestimmen und die pflegerischen Entscheidungen begrenzen, noch ausgeblendet. Sinnverstehen erfolgt noch im Rahmen eines „tradierten Selbstverständnisses" (Habermas 1965: 156).

Kritische Reflexion der paradoxen und restriktiven gesellschaftlichen Strukturen der Pflege

Das emanzipatorische Erkenntnisinteresse hat einen vom technischen und praktischen Erkenntnisinteresse abgeleiteten Status. Mit dieser Zieldimension ist eine Reflexion angesprochen, in der über den Einzelfall hinausgehende Erkenntnisse in Hinblick auf die das pflegerische Handeln beeinflussenden gesellschaftlich geprägten Strukturgesetzlichkeiten angeeignet werden. Strukturgesetzlichkeiten sind die „hinter den Erscheinungen operierenden Gesetzmäßigkeiten" (Oevermann 2002: 1) bzw. die dem menschlichen Handeln zugrunde liegenden bedeutungsgenerierenden Regeln (Oevermann 2002: 2), die unabhängig von der Einschätzung der handelnden Subjekte objektiv gelten. Habermas (1965) geht davon aus, dass das soziale Handeln von „ideologisch festgefrorene(n), im Prinzip aber veränderlichen Abhängigkeitsverhältnisse(n)" geprägt ist. Durch Reflexion könnten diese „zwar nicht außer Geltung, aber außer Anwendung" gesetzt werden. Mit Honneth (1992: 212) geht es um die Aufdeckung von Bedingungen, die zu Misshandlung, Entrechtung oder Entwürdigung führen. In dieser Zieldimension wird die Erkenntnis und Reflexion der Abhängigkeiten und Missachtungsformen in ihrer widersprüchlichen Struktur angestrebt.

Die Entscheidungen der professionell Pflegenden ereignen sich in Spannungsfeldern, wobei die Widersprüchlichkeit der Anforderungen i.d.R. nicht bewusst ist. In dieser Zieldimension sollen Auszubildende zum reflexiven Umgang mit widersprüchlichen Anforderungen befähigt werden, indem sie sich die in Pflegesituationen enthaltenen gesellschaftlich geprägten Widersprüche bewusst machen und sie dann nicht einseitig auflösen, sondern verschiedene Handlungsmöglichkeiten ausloten und sie hinsichtlich der damit verbundenen Folgen bewerten.

Für die Erhellung der gesellschaftlichen Widersprüche bezogen auf die Perspektiven der Heuristik werden unterschiedliche theoretische Zugänge herangezogen:

Perspektive Pflegende: Im Hinblick auf die Individuen (Pflegende und Patient) lässt sich mit Blick auf das Instanzenmodell der Psychoanalyse[6] ein Konflikt zwischen den Triebansprüchen (Es) und gesellschaftlichen Zwängen (Über-Ich) konstatieren (Freud 1972). Im Verlauf der Sozialisation lernt der Mensch, die Bedürfnisse des Es immer weiter zurück zu stellen und sich an die gesellschaftlichen Anforderungen anzupassen, was ungünstige Folgen für die psychische und physische Gesundheit haben kann, weil die verdrängten Bedürfnisse im Unbewussten weiter existieren, sich dort unkontrolliert weiter entwickeln und die Denk- und Handlungsfähigkeit beeinträchtigen. Die Erkenntnis dieser Konflikte hat somit emanzipatorische Funktion, sie kann dazu führen, dass die Lernenden ihren Wünschen und Phantasien zukünftig stärkere Geltung verschaffen (Darmann 2000: 219 ff.). In dieser Kategorie sollen solche Konflikte zwischen Es und Über-Ich ermittelt werden, die sich aus der Pflegesituation herauslesen lassen bzw. die für ein bestimmtes Handlungsfeld typisch sind.

Ziel des Pflegeunterrichts ist es in diesem Kontext, die inneren Konflikte bewusst zu machen und durch deren Reflexion beispielsweise eine Abschwächung von starren Über-Ich-Vorstellungen oder auch ein kritisches Verhältnis gegenüber von anderen gesetzten, feststehenden Regeln zu erreichen. Häufig werden in der Pflegeausbildung z.B. unrealistische Ideale, wie Geduld, Hingabe, psychische Belastbarkeit, Selbstlosigkeit und Freundlichkeit vermittelt. Die Identifikation mit diesen Normen kann starre und intolerante Über-Ich-Positionen bewirken, die die Verdrängung solcher Wünsche, Bedürfnisse und Impulse zur Folge haben, die sich mit den Über-Ich-Erwartungen nicht vereinbaren lassen, wie z.B. Ekel oder Lustlosigkeit (Darmann 2000: 218 f.).

Perspektive Patienten: Pflegebedürftige Menschen, die alt, krank und behindert sind, können einen Konflikt mit dem eigenen Über-Ich haben, indem sie zu dem Verhalten, das von einem erwachsenen Menschen erwartet wird, nämlich seine Ausscheidungen kontrollieren, sich selbst waschen, eigenständig auf Toilette gehen zu können usw., nicht mehr in der Lage sind (Gröning 2003). Situationen, in denen Menschen mit eigener Schwäche konfrontiert werden, führen zu dem Gefühl der Scham. „Das eigentlich Unerträgliche der Scham entsteht in der Angst vor Verachtung durch andere oder auch in der Wahrnehmung der Verachtung der anderen, die gleichzeitig Selbstverachtung ist." (Gröning 1998: 48) In dieser Kategorie werden innere Konflikte der Patienten mit dem Ziel ermittelt, dass Pflegelernende sich die bei der psychischen Verarbeitung von Pflegebedürftigkeit und

---

6 Alternativ kann auch die Transaktionsanalyse herangezogen werden (Berne 1967).

Krankheit wirksamen gesellschaftlichen Normen bewusst machen und sie nicht noch zusätzlich beispielsweise durch unsensible Kommunikation verstärken.

Perspektive Institution/Gesundheitssystem: Zur Bestimmung von institutionellen Widersprüchen können Anleihen bei verschiedenen gesellschaftskritischen pflegewissenschaftlichen Arbeiten gemacht werden, beispielsweise bei Friesachers Analyse der Ökonomisierung des Pflegerischen mittels Foucaults Konzept der Gouvernementalität (Friesacher 2008: 93 ff.; Foucault 2004 a, 2004 b). Vor diesem Hintergrund lassen sich Konzepte der Gesundheitsversorgung wie auch Ansätze zur Qualitätssicherung anhand des Widerspruchs von erhöhter Eigenverantwortung auf der einen und Disziplinierung/Kontrolle auf der anderen Seite analysieren (Friesacher 2008: 112 ff.). Mit Honneths Theorie der Anerkennung lassen sich verschiedene Missachtungsformen aufdecken, im Hinblick auf die Anerkennungsform des Rechts z. B. der Widerspruch zwischen Fürsorge und Entrechtung bzw. Verlust der individuellen Autonomie des Patienten bei der Etablierung von Betreuungsverhältnissen. Auf der Basis einer dialektisch-kritischen Betrachtung auf der Grundlage der Kritischen Theorie Adornos konstatiert Greb (2003) für die Pflege den zentralen und unaufhebbaren objektiven Widerspruch zwischen Pflege und Markt (die Pflege soll sowohl dem hilfsbedürftigen Menschen dienen als auch dem Markt) bzw. zwischen Professionalisierung und Vergleichgültigung (die Akademisierung und Verwissenschaftlichung der Pflege, die auf der einen Seite die Qualität der Pflege anheben soll, führt auf der anderen Seite dazu, dass die Individualität der Beteiligten und die sozialen Beziehungen in den Hintergrund treten). Weitere Widersprüche, die sich unter diese Perspektive einordnen lassen, sind: Bedürfnis und Verwaltung, Humanisierung und Sozialtechnologie, Marktliberalität und soziale Gerechtigkeit (Greb 2003: 69).

Perspektive Pflegerisches Handeln: Das pflegerische Handeln ist neben den innerpsychischen Konflikten der Akteure und den institutionellen Widersprüchen auch noch durch eine eigene, ihm inhärente Widersprüchlichkeit geprägt, die mit dieser Kategorie aufgedeckt werden soll. Mit Oevermann (1996) lässt sich argumentieren, dass jeglicher Lebenspraxis der Widerspruch von Entscheidungszwang und Begründungsverpflichtung zugrunde liegt. Dieser Widerspruch resultiert daraus, dass zu jeder Zeit verschiedene Handlungsoptionen bestehen, aus denen eine Auswahl getroffen werden muss, – und zwar auch dann, wenn die Folgen und Nebenfolgen der zur Wahl stehenden Handlungsalternativen (noch) nicht bekannt sind. Gleichwohl soll die Entscheidung vernünftig und begründet sein. Diese von Oevermann so bezeichnete potenzielle Krisenhaftigkeit der Lebenspraxis spitzt sich in beruflichen bzw. professionalisierten Zusammenhängen noch zu, da von den Professionellen erwartet wird, dass sie einerseits ihre Entscheidungen auf ein gesichertes und nachprüfbares Begründungswissen stützen und andererseits die Entscheidung so treffen, dass die Autonomie der Klienten weitestgehend wiederhergestellt oder erhalten wird. Aus dieser Konstellation leitet Oevermann ein antinomisches Theorie-Praxis-Verhältnis und weitere für professionelles Handeln konstitutive und nicht aufhebbare antinomische Figuren, wie z.B. die Antinomie zwischen Fallverstehen und Regelwissen, ab (Oevermann 1996). Helsper (2000: 37) unterscheidet bei den konstitutiven, nicht aufhebbaren Antinomien zwischen Antinomien, die auf dem Widerspruch von Fallverstehen und Regelwissen beruhen und solchen, die in den widersprüchlichen Rollen des Pflegehandelns zwischen universalistisch-distanzierten, spezifisch-rollenförmigen und diffus-affektiven Beziehungen begründet sind. In Bezug auf das Lehrerhandeln nennt er beispielsweise die Begründungsantinomie, die Praxisantinomie, die Subsumtionsantinomie, die Ungewissheitsantinomie sowie die Symmetrie- und Machtantinomie.

Die Symmetrie- und Machtantinomie beispielsweise besteht darin, dass die Beziehung zwischen Pflegenden und zu Pflegenden asymmetrisch ist und die Pflegenden über Möglichkeiten verfügen, die Patienten zu etwas zu zwingen oder ihnen die Befriedigung von Pflegebedürfnissen zu verweigern (Darmann 2000). Trotz der vorhandenen Machtstrukturen müssen die Pflegenden aber kontrafaktisch von einer symmetrischen Beziehung ausgehen, wenn sie ihre Unterstützungsleistung tatsächlich so anlegen wollen, dass die Autonomie der zu Pflegenden gewahrt bleibt bzw. wiederhergestellt wird. Bei unreflektierter Handhabung der Symmetrie- und Machtantinomie können Machtmissbrauch und Missachtung existentieller Patientenbedürfnisse die Folge sein (ebd.). Eine Systematik der Widersprüche professionellen pflegerischen Handelns steht bislang noch aus, Anregungen liefern die im Kontext der Lehrerbildung entstandenen Überlegungen von Helsper (2000) oder die von Schütze (1992, 1996) ermittelten Paradoxien sozialarbeiterischen Handelns.[7] Die genannten Widersprüche sind noch zu ergänzen bzw. erhalten ihre spezifische Ausrichtung durch Widersprüche, die um die für das pflegerische Handeln konstitutiven sinnlich-leiblichen Dimensionen kreisen und sich beispielsweise in den Begriffen des körperlichen Leibes oder Leibkörpers ausdrücken (Friesacher 2008: 319 ff.).

---

7 Schütze (1992) nennt z.B.
 - die Paradoxie zwischen der Notwendigkeit professioneller Prognosen über soziale und biografische Prozesse der Fallentfaltung und ihrer schwankenden unpräzisen empirischen Basis,
 - die Paradoxie zwischen dem geduldigen Zuwarten und der sofortigen Intervention,
 - die Paradoxie zwischen dem professionsspezifischen Mehrwissen und der Bedrohlichkeit dieses Mehrwissens für die KlientInnen einerseits und der Untergrabung der Vertrauensgrundlage zwischen KlientInnen und Professionellen durch das Verschweigen dieses Mehrwissens andererseits,
 - die Paradoxie zwischen den professionellen Ordnungs- und Sicherheitsgesichtspunkten und der Eingrenzung der Entscheidungsfreiheit von KlientInnen.

3.2 Pflegeberufliche Schlüsselprobleme als Ausgangspunkt von Bildungsprozessen

Das Konzept der pflegeberuflichen Schlüsselprobleme gibt Anhaltspunkte für die empirische Gewinnung und Auswahl von bildungsermöglichenden Fallsituationen. Die Identifikation beruflicher Schlüsselprobleme lässt sich als Aufgabe der berufswissenschaftlichen Qualifikationsforschung beschreiben. Diese zielt auf die Ermittlung von Qualifikationsanforderungen für einen Beruf ab und stellt einen wesentlichen Input und die empirische Basis für die Curriculumentwicklung dar. Bei der berufswissenschaftlichen Qualifikationsforschung lassen sich vier Forschungsebenen unterscheiden, nämlich die Ebene der Berufs- und Sektorstrukturen, die Ebene der Organisationsstrukturen beruflicher Arbeitsprozesse, die Ebene der Kompetenzen in Geschäfts- und Arbeitsprozessen sowie die Ebene der Bedeutung identifizierter Kompetenzen und Arbeitsaufgaben für den Beruf (Becker/Spöttl 2006, 2008). Während eine Reihe von Dokumenten und Studien existiert, die für eine Berufs- und Sektoranalyse des Pflegeberufs herangezogen werden könnten, gibt es auf der Ebene der Organisationsstrukturen pflegeberuflicher Arbeitsprozesse noch erhebliche Forschungslücken (Darmann-Finck/ Foth 2010). Die empirische Ermittlung beruflicher Schlüsselprobleme lässt sich der Ebene der Kompetenzen in Geschäfts- und Arbeitsprozessen zuordnen.

Der Anspruch, berufliche Situationen zum Ausgangspunkt von Lehr-/Lernprozessen zu machen, lässt sich curriculumtheoretisch, lehr-/lerntheoretisch und bildungstheoretisch begründen. Um zu Curricula zu gelangen, in denen sich die Anforderungen der Berufswirklichkeit widerspiegeln, wird in der Berufs- und Wirtschaftspädagogik auf den situationsorientierten Ansatz Robinsohns zurückgegriffen, wonach Berufsausbildung als „Ausstattung zur Bewältigung von Lebenssituationen" bzw. Berufssituationen verstanden wird (Robinsohn 1969: 45). Robinsohn schlägt vor, von empirisch identifizierten (Lebens-)Situationen die in ihnen geforderten Funktionen sowie Qualifikationen und schließlich die Bildungsinhalte, anhand derer diese Qualifikationen erworben werden können, abzuleiten. Aus lehr-/lerntheoretischer Perspektive wird konstatiert, dass Lernende, die ihr Wissen durch die Bearbeitung von bedeutungshaltigen, authentischen Problemstellungen erwerben, dieses bereits im Prozess des Erlernens mit der Anwendungssituation verknüpfen. Dadurch ist das Wissen in der späteren Handlungssituation besser abrufbar und „träges" Wissen wird vermieden (Mandl/Gruber/ Renkl 1993: 67). Schließlich kann aus bildungstheoretischer Perspektive argumentiert werden, dass sich in der Berufsausbildung allgemeine Bildungsprozesse „im Medium des Berufs" ereignen (Blankertz 1982).

In der Berufs- und Wirtschaftspädagogik hat sich in den letzten Jahrzehnten das situationsorientierte Prinzip der Curriculumentwicklung verknüpft mit dem Prinzip des handlungsorientierten Lernens zunehmend durchgesetzt, was nicht zuletzt an den lernfeldorientierten Rahmenlehrplänen ablesbar ist. Dieser Trend wurde auch in den Pflegecurricula aufgegriffen, die neuen Berufsgesetze von 2003 und 2004 ermöglichen entsprechende Gestaltungsspielräume. Im Zuge der veränderten Curricula werden vermehrt fallorientierte Lehr-/Lernarrangements eingesetzt, Anregungen für die Unterrichtsgestaltung können inzwischen aus zahlreichen pflegedidaktischen Publikationen gewonnen werden (z. B. Hergesell/Lüke/Duwendag/Haehner 2006; Hundenborn 2006; Hergesell 2005). Aber auch wenn mit diesen Lehr-/Lernarrangements der Anspruch erhoben wird, umfassende berufliche Handlungskompetenz sowie emanzipatorische Bildungsziele zu fördern, so stoßen sie doch häufig an Grenzen, weil sie erstens ein technokratisches Verständnis vom Theorie-Praxis-Transfer implizieren und zweitens die verwendeten Fallsituationen nicht genügend Bildungspotenzial beinhalten.

Wegen der Vernachlässigung des Bildungsanspruchs zugunsten von Qualifikationen und wegen eines daraus resultierenden technokratischen, auf bildungsökonomische Effizienz abzielenden Verständnisses von Unterricht erfuhr der Robinsohnsche Ansatz breite Kritik (u. a. Blankertz 1975: 204). Auch wenn der Anspruch auf eine empirische Ermittlung und anschließende Analyse von (beruflichen) Anforderungssituationen anerkannt wird, so müsse diese aber von pädagogischen Maßstäben und nicht von Verwertungsinteressen geleitet werden (ebd.). Diese in den 1970er Jahren erhobene Forderung ist mit Blick auf lernfeldorientierte Curricula nach wie vor aktuell. In der Interaktionistischen Pflegedidaktik wird der situationsorientierte Ansatz daher mit einer fachdidaktischen und schülerorientierten Modifikation des Konzepts der Schlüsselprobleme von Klafki verknüpft. Klafki (1993: 56ff.) möchte Allgemeinbildung dadurch erzielen, dass sich Schüler der allgemeinbildenden Schulen mindestens zwei Unterrichtsstunden täglich mit ausgewählten epochaltypischen Schlüsselproblemen beschäftigen. Durch ihre Komplexität und Multidimensionalität ermöglichen die Schlüsselprobleme die Aneignung und ideologiekritische Bewertung von unterschiedlichen Lösungen, die Einsicht in die Mitverantwortlichkeit aller und die Multiperspektivität der Betrachtungsweisen, die Befähigung zur rationalen Argumentation mit Mitschülern oder anderen Gesprächspartnern u.v.m. als Bedingungen für Selbstbestimmungs-, Mitbestimmungs- und Solidaritätsfähigkeit. Als Beispiele für epochaltypische Schlüsselprobleme nennt Klafki zentrale Probleme der Gegenwart und Zukunft, etwa die Friedensfrage, Umweltfrage oder die gesellschaftlich produzierte Ungleichheit.

Während Klafki den universell-abstrakten Schlüsselproblemen ein hohes Bildungspotenzial zuweist, lenkt die Bildungsgangdidaktik den Fokus auf die individuellen Anlässe für Bildungsprozesse von unterschiedlichen Lernenden und Lehrenden (Meyer 2008; Meyer 2005) und beschreibt diese im Anschluss an Havighurst als Entwicklungsaufgaben. Exemplarisch konkretisiert Meyer (2008) als Entwicklungsaufgaben von Schülern allgemeinbildender Schulen das Lernen des Lernens, die Berufsvorbereitung, die Identitätsstabilisierung und den Aufbau eines sozialen Netzes. Aber auch Entwicklungsaufgaben können nicht abstrakt angeeignet werden, sondern anhand von konkreten (beruflichen) Situationen. Die Interaktionistische Pflegedidaktik bezieht sich daher auf den fachdidaktischen und zugleich schülerorientierten Ansatz von Wittneben (1993, 2002, 2009). Wittneben (ebd.) gelangt zu Fallsituationen, die Ausgangspunkt von Lernsituationen sind, anhand von Schülererzählungen über Situationen der pflegerischen Berufswirklichkeit, die sie nachhaltig positiv oder negativ beeindruckt haben. Während die berufswissenschaftliche Qualifikationsforschung berufliche Situationen hinsichtlich des darin enthaltenen Wissens und Könnens analysiert (Rauner 2002), heben Wittneben und im Anschluss daran auch die Interaktionistische Pflegedidaktik auf die Ermittlung pflegerischer Problemsituationen einschließlich der darin wirksamen widersprüchlichen Anforderungen und der möglichen sowie der gewählten Handlungsalternativen ab und integrieren damit ein emanzipatorisches Erkenntnisinteresse (Darmann/Keuchel 2005; Wittneben 2003; 2002). Die empirisch identifizierten, für ein bestimmtes Handlungsfeld typischen, interdisziplinär und multidimensional angelegten, strukturell bedingten Problem-, Konflikt- oder Dilemmasituationen können in Anlehnung an Klafki als berufliche Schlüsselprobleme oder als Schülerhandlungsprobleme bezeichnet werden (Wittneben 2009; Wittneben 1993; Darmann 2000). Die darauf basierenden Unterrichtseinheiten werden in der Interaktionistischen Pflegedidaktik „Lerninseln" genannt. Bezogen auf die pflegedidaktische Heuristik handelt es sich um berufliche Situationen, anhand derer Ziele auf allen drei Zieldimensionen und insbesondere emanzipative Ziele (3. Zieldimension) angeeignet werden können.

In der curricularen Arbeit mit Schulen orientieren wir uns an den Methoden der qualitativen Sozialforschung, wobei die Datenerhebung im Anschluss an Wittneben (2002) in erster Linie anhand von Berichten Auszubildender zu selbst erlebten beruflichen Situationen in bestimmten Handlungsfeldern, die sie nachhaltig negativ beeindruckt haben, vorgenommen wird. Befragt werden außerdem u. a. Lehrer, beruflich Pflegende, Praxisanleiter, Patienten, Angehörige oder sonstige Experten für ein Handlungsfeld. Die so gesammelten Daten werden in einem gemeinsamen Auswertungsprozess mit den beteiligten Lehrern und Praxisanleitern systematisiert und geordnet und es werden solche Situationen gewonnen, die nach Ansicht der Beteiligten typisch sind und zentrale Strukturen, Konflikte und Widersprüche aufweisen. Dieser Prozess entspricht natürlich nicht den strengen Kriterien der empirischen Sozialforschung. Vielmehr fließen bei der Gewinnung von problemhaltigen Situationen bereits die didaktischen Wertentscheidungen der Beteiligten ein.

Auch wenn bei diesem Vorgehen von Schülern beschriebene problematische Situationen ermittelt und manche Situationen von den Schülern durchgängig benannt werden, so heißt das aber nicht, dass diese tatsächlich auch für den einzelnen Lernenden problematisch sind und ihn zu einer Transformation des Selbst- und Weltbezugs anregen. Es wäre daher wünschenswert, wenn es im Unterricht einen fest eingeplanten Zeitraum gäbe für eine Bearbeitung von aktuellen und sie beunruhigenden Erlebnissen der Schüler.

Eine Systematik aller beruflicher Schlüsselprobleme existiert derzeit noch nicht. In vielen pflegerischen Handlungsfeldern relevant sind die von Darmann (2000) ermittelten Schlüsselprobleme in der Kommunikation zwischen Pflegenden und Patienten „Macht der Pflegenden" mit den Varianten der „zwingenden" und der „verweigernden" Macht sowie „Entscheidungsfreiheit der Patienten". In Situationen, in denen Bedingungen der Entscheidungsfreiheit der Patienten bestehen, können Patienten z.B. Pflegehandlungen, die aus pflegerischer Sicht sinnvoll wären, verweigern. Daraus resultieren Widersprüche in den vier Perspektiven, von denen diejenigen im Pflegeunterricht aufgegriffen werden sollten, die jeweils den Kern des Problems bilden. Häufig von Schülern beschriebene problematische Situationen berühren außerdem z.B. Themen, wie Scham und Ekel, knappe Ressourcen (vor allem bezogen auf Zeit), das Ausbalancieren von Nähe und Distanz, Tod und Sterben unter inhumanen Bedingungen, Überforderungssituationen und Kooperieren in hierarchischen Strukturen. Das Schlüsselproblem „Macht der Pflegenden" wird in erster Linie aus der Perspektive der zu Pflegenden genannt, weil den Pflegenden selbst ihr Machtpotenzial und die damit verbundene Möglichkeit des Machtmissbrauchs oftmals nicht genügend bewusst ist. In der Bewusstmachung der Machtbedingungen sollte daher ein wesentliches Ziel bei der Bearbeitung dieses Schlüsselproblems liegen.

3.3 Entwicklung von bildungsfördernden Curricula und Lernsituationen bzw. „Lerninseln"

Die pflegedidaktische Heuristik und das Konzept der pflegeberuflichen Schlüsselprobleme können als Orientierungsrahmen sowohl für die Entwicklung ganzer Curricula als auch von einzelnen Lehr-/Lernsituationen herangezogen werden. Durch Anwendung der Heuristik können für einen curricularen Gegenstandsbereich, z.B. ein Lernfeld, zunächst mögliche Bildungsziele und -inhalte identifiziert werden, die im zweiten Schritt anhand von Analysen der Berufswirklichkeit, der Lernvoraussetzungen der Lernenden und fachwissenschaftlichen Analysen spezifiziert und aufgefüllt werden. Daraus entsteht eine systematische Grundlage für die anschließende Auswahl und Anordnung von Zielen, Inhalten und Methoden.

An jedem der im Folgenden beschriebenen Schritte zur Entwicklung von sog. Lerninseln[8] können Schüler in unterschiedlichem Ausmaß beteiligt werden,

---

8 Beispiele für Lerninseln finden sich in Darmann (2005); Müller/Muths (2005); Welling (2007); Darmann-Finck (unter Mitarbeit von Muths) (2009) und in Darmann-Finck/Muths (2009).

je nach Entwicklungsstand von Schülern und Lehrern. Die im ersten Schritt empirisch ermittelten beruflichen Schlüsselprobleme bzw. die für ein bestimmtes Handlungsfeld typischen Problem-, Konflikt- und Dilemmasituationen werden im zweiten Schritt einer pflegedidaktischen Reflexion auf der Grundlage der pflegedidaktischen Heuristik mit der Absicht unterzogen, Bildungsziele und -inhalte zu ermitteln, die auf der Grundlage der Situation angeeignet werden können. Die Heuristik gibt allgemeine Ziele vor, anhand derer gezielt nach möglichen Inhalten in Form von empirischen und theoretischen Studien, Erfahrungsberichten, Filmen, Datenmaterial u.Ä. recherchiert werden kann, die dann eine Konkretisierung der allgemeinen Ziele erlauben. Im dritten Schritt werden die gefundenen, für die Situation spezifischen Ziele und Inhalte unter Berücksichtigung der Exemplarität, der Lernendenvoraussetzungen und der curricularen Verortung reduziert und zu Sinneinheiten zusammengefasst, aus denen jeweils Lernsequenzen hervorgehen. Lerninseln integrieren alle drei Zieldimensionen, in jeder Lerninsel sollten exemplarisch ein oder zwei gesellschaftliche Widersprüche aufgegriffen werden, um darüber emanzipative Ziele zu fördern. Für die Lernsequenzen erfolgt eine Feinplanung mit Zielen, Inhalten und Methoden sowie ein Abgleich mit der Stundentafel. Bei der Ermittlung von Zielen wird u.a. auf das von Krüger und Lersch (1993) entwickelte Modell der Ontogenese allgemeiner Handlungskompetenz Bezug genommen. Die Schülerpartizipation sollte schrittweise erweitert werden und bis hin zu sehr fortgeschrittenen Formen der Schülerbeteiligung, wie dem Projektunterricht, gehen.

In der curricularen Arbeit mit Schulen empfehlen wir i.d.R., dass pro Lernfeld (ca. 100 Unterrichtsstunden) ein bis zwei Lerninseln integriert werden. Lerninseln stellen ein zentrales, wenngleich nicht hinreichendes curriculares Element dar. Weitere curriculare Elemente sind z.B. fachsystematisch strukturierte sowie erfahrungs- und handlungsorientierte Lehr-/Lernsituationen, die nur auf die Zieldimensionen des technischen oder des praktischen Erkenntnisinteresses abzielen.

4. Forschungsdesiderata

Die pflegedidaktische Forschung steckt bislang noch in den Kinderschuhen, so dass im Folgenden lediglich mögliche Schwerpunkte skizziert werden.

Die pflegedidaktischen Modelle sind kontinuierlich an den pflegewissenschaftlichen Fortschritt und an die Weiterentwicklung des Berufsfelds anzupassen. Bislang beschränken sich die Modelle vornehmlich auf die fachschulische Erstausbildung. Im Zuge der Ausdifferenzierung unterschiedlicher Qualifikationsniveaus sind außerdem Modelle für die hochschulische Erstausbildung und für die Ausbildung auf Helfer- und Assistenzebene erforderlich. Auch müssten sich die fachdidaktischen Modelle (und damit auch die Interaktionistische Pflegedidaktik) stärker der empirischen Forschung öffnen, wobei beispielsweise zu untersuchen wäre, wie sich Lernende mit unterschiedlichen Bildungsgegenständen auseinandersetzen und welchen Gewinn sie daraus ziehen.

Ein Großteil der gegenwärtig vorhandenen pflegedidaktisch akzentuierten empirischen Forschungsprojekte bezieht sich auf die Evaluation von curricularen Reformen und Modellvorhaben struktureller und inhaltlicher Art, wobei die Datenerhebung in erster Linie durch schriftliche und mündliche Befragung von Ausbildungsteilnehmern und/oder Lehrenden erfolgt. Diese Studien geben wichtige Hinweise hinsichtlich der Zufriedenheit der Lernenden und Lehrenden, die Wirksamkeit und die Wirkhintergründe der untersuchten Lehr-/Lernangebote können darüber aber nur ansatzweise erforscht werden. Wünschenswert wären sowohl Wirksamkeitsanalysen auf der Basis feldexperimenteller Studiendesigns als auch ethnographische Studien zu Wirkhintergründen von Lehr-/Lernangeboten. Erforderlich sind zukünftig auch umfangreichere Projekte wie Längsschnittstudien, Multicenterstudien und komplexe Studiendesigns, die qualitative und quantitative Ansätze verknüpfen.

Um Effekte von Curricula und Unterrichtsmethoden differenziert untersuchen zu können, sind zunächst Fortschritte auf dem Gebiet der Kompetenzentwicklung und -modellierung für die Fachrichtung Pflege anzustreben. Diese Instrumente könnten außerdem als Grundlage für internationale Vergleichsstudien dienen, die Informationen zur Leistungsfähigkeit der jeweiligen Bildungsprogramme und -systeme sowie für die Gleichstellung und Herstellung von Transparenz der beruflichen Abschlüsse liefern können.

In der Interaktionistischen Pflegedidaktik wird Lernen als Prozess der Aushandlung von Bedeutungen betrachtet. Wie Schüler mit bestimmten Methoden und Lerngegenständen interagieren, ist stark von der individuellen Lebens- und Lerngeschichte sowie den zuvor angeeigneten Kenntnissen und Fähigkeiten abhängig. Die Schülerperspektive wird allerdings insbesondere von den bildungstheoretisch begründeten Pflegedidaktiken bislang noch weitgehend vernachlässigt. Auch ist über die Bildungsgeschichten von in der Berufsausbildung befindlichen Jugendlichen grundsätzlich noch wenig bekannt. In der Pflegeausbildung werden die Schüler mit für sie und andere Menschen existentiellen Themen konfrontiert und das in einer Entwicklungsphase, in der der Übergang zum Erwachsenwerden i.d.R. noch nicht abgeschlossen ist. Um beispielsweise Hinweise darüber zu erhalten, welche Problemlagen für die Schüler tatsächlich Anlass für Bildungsprozesse sind und wie sich ihr Selbst- und Weltverständnis im Verlauf der Ausbildung weiterentwickelt, könnte die bildungstheoretische Biografieforschung für die Pflegedidaktik fruchtbar gemacht werden (Koller 2005).

Gegenwärtig fehlen die finanziellen Ressourcen, um überhaupt eine ernstzunehmende pflegedidaktische Bildungsforschung zu etablieren. Substanzielle Fortschritte können nur erzielt werden, wenn die pflegedidaktische Bildungsforschung zukünftig von Forschungsförderungsinitiativen stärker bedacht wird.

5. Eine interdisziplinäre Perspektive – Kommentar von Meinert A. Meyer

Ich beginne meinen Kommentar mit einer Spekulation über das, was inhaltlich auf der Basis einer Deutung des Titels Thema des Beitrags von Ingrid Darmann-Finck sein könnte:

Ich erwarte erstens eine Ausgangsdefinition von „Didaktik" und zweitens natürlich auch die fachdidaktische Fokussierung auf Pflege.

Da die Pflegedidaktik noch keine lange Tradition hat, erwarte ich, dass oft analogisch argumentiert wird: Was in einer benachbarten Didaktik so und so gelöst wird, kann bei uns so und so bearbeitet werden.

Ich erwarte eine Klärung der Bedeutung des Adjektivs „interaktionistisch", wobei der Begriff zunächst für mich etwas unklar ist, denn beim Lehren und Lernen geht es zwangsläufig und immer um Interaktion. „Interaktionistisch" wäre eine Fachdidaktik also dann, wenn sie ein *besonderes* Gewicht auf die Darstellung und Bewertung der sprachlichen und nicht-sprachlichen Interaktionen der beteiligten Akteure legt. Beim Objektbereich dieser Didaktik, der Pflege kranker und alter Menschen, ist ein solcher Fokus nicht abwegig: Interaktionen sind Handlungen, die auf *andere* Handlungen bezogen sind oder es sind *gleichzeitige/gemeinsame/abgestimmte* Handlungen.

Wenn es in der Ausbildung der zukünftigen Pflegerinnen und Pfleger um die Befähigung zur beruflichen Interaktion geht, müsste es eigentlich zugleich um *lifelong learning* gehen. Denn die alten, der Pflege bedürftigen Menschen müssen hinzu lernen, sie müssen lernen, alt und gebrechlich zu sein. Und die jungen Berufsanfänger müssen lernen, obwohl sie selbst noch weit weg sind vom Alt- und Gebrechlich-Sein, mit den Alten zu kommunizieren, zu interagieren.

Dass mit „Eckpunkten" tatsächlich, wenn auch metaphorisch, Ecken gemeint sein könnten, zwischen denen sich ein räumliches Modell mit einer Vielzahl von Feldbegriffen eröffnet, ist eher unwahrscheinlich. Gemeint sein wird so etwas wie „wichtige Punkte".

Für die Würdigung des Beitrags von Ingrid Darmann-Finck werde ich meine eigene Perspektive einbringen. Ich beschäftige mich mit Bildungsgangdidaktik, mit dem *Prozess* der Bildung. Wie beeinflusst also Interaktion den Bildungsprozess der Handelnden? – Schon ein schneller Blick auf die Kapitelüberschriften des Beitrags von Ingrid Darmann-Finck zeigt, dass meine zentrale Erwartung – es geht *auch* um Bildung – erfüllt wird. Eigentlich spannend ist für mich deshalb die Frage, ob in der Pflegedidaktik, in der junge Menschen, die Pflegerinnen/Pfleger werden wollen, lernen sollen, beruflich mit alten Menschen zurecht zu kommen, *Entwicklungsaufgaben* der Pflegenden und der Gepflegten identifiziert werden können:

Genug der Spekulation! Was steht im Text?

Die Gestaltung der *Einleitung* entspricht, wie ich meine, den Regeln der Kunst. Es geht um die Ausbildung der zukünftigen Pfleger im Pflegeunterricht, um didaktische Interaktion und, über das hinausgehend, was ich eben vermutet habe, um wechselseitige *Anerkennung* der Ausbilder und der Auszubildenden. Zugleich eröffnet sich in der Ausbildung der Blick auf die zu Pflegenden.

Wie Interaktion verstanden wird und was das Spezifische der Interaktion im Pflegeberuf ist, erfahren wir noch nicht. Wir lesen nur, dass es schon praktische Erfahrungen mit der „interaktionistischen" Pflegedidaktik gibt. Gut so! Nachfolgend wird deutlich, dass mit dem Adjektiv „interaktionistisch" ein Bezug auf den Forschungsansatz des *Symbolischen Interaktionismus* intendiert ist, wie er von George H. Mead, Erving Goffman, Herbert Blumer und anderen populär gemacht worden ist. Dieser Bezug ist m. E. angesichts der beruflichen Anforderungen in der Pflege mehr als naheliegend. Der Begriff hat sich aber im Beitrag von Ingrid Darmann-Finck erkennbar verselbständigt.

Die nachfolgende Gliederung des Beitrags ist klar und verständlich; Angekündigt werden der theoretische Rahmen, die pflegedidaktischen Konzepte und ein offener Schluss.

Kommen wir also zum *Theorierahmen*! Er ist wohltuend kurz geraten. Die Kürze fordert aber natürlich dazu auf, weiter zu fragen, nach dem, was (noch) nicht gesagt ist.

Der erste Theorieteil, *Abschnitt 1*, verspricht und liefert in vorbildlicher Klarheit, aber zwangsläufig auf hohem Abstraktionsniveau „bildungstheoretische Grundannahmen" für die Pflegedidaktik. Ich sage noch einmal: Gut so! Die Grundannahmen werden mit Hinweisen auf Wolfgang Klafki und auf Meinert und Hilbert Meyer (2007) abgesichert. Wir würdigen das Werk Klafkis, kritisieren es aber auch. Ingrid Darmann-Fincks Darstellung ihrer eigenen Position ist überzeugend hierauf bezogen: Man kann mit Klafki und der Bildungsgangdidaktik die Pflegedidaktik bildungstheoretisch fundieren.

Dabei ist zu beachten, dass Klafki in seiner kritisch-konstruktiven Didaktik ein *Allgemeinbildungs*programm entwickelt, das *Schlüsselprobleme* ausweist, die von den beruflichen Anforderungen ausdrücklich abgesetzt werden: ökologische Gefahren, Krieg und Frieden, Arbeit und Arbeitslosigkeit, neue Kommunikationstechnologien, Ich-Du-Beziehungen und so weiter. Passen würde dieses letzte Feld, Ich-Du-Beziehungen, aber Ingrid Darmann-Finck will ja eine *berufsbezogene* Didaktik entwickeln. Die Lösung, die sie vorschlägt, leuchtet deshalb ein: Man kann konstruktiv über Klafki hinausgehen, sich dafür auf die Bildungsgangdidaktik stützen und ein Feld *beruflicher* Schlüsselprobleme bestimmen, für die die Subjektivität der Lernenden nicht als Störfaktor ausgeblendet werden muss. Vielmehr haben die „Bildungsanlässe" der Schüler und Studierenden, anders als Klafki es sieht, ihr Eigenrecht. Sie verweisen auf „Schlüsselprobleme der Berufswirklichkeit".

In der Interaktionistischen Pflegedidaktik wird Unterricht als kommunikativer Aushandlungsprozess verstanden, in dem sowohl Lehrende als auch Lernende Gestalter und zugleich Rezipienten sind. Die Lernenden können in diesem Rahmen mit geeigneten hermeneutischen Verfahren dazu ermuntert werden, erkenntnisfördernde Fragen zu stellen. Dies unterstützt die wünschenswerte *Transformation ihres Selbst- und Weltverständnisses*. Korrespondierend können die Lehrer eine bildungstheoretische Reflexion der Unterrichtsthemen und der Unterrichtsplanung leisten, also das, was Klafki mit seiner „didaktischen Analyse" intendiert hat, dies aber auf dem eben beschriebenen Reflexionsniveau im Rahmen des interaktionistischen Lehr-/Lernverständnisses. Es ist zu hoffen, dass die Auseinandersetzung mit diesen Problemen – wie bei den allgemeinbildenden Problemen von Wolfgang Klafki – Selbstbestimmung, Mitbestimmung und Solidarität fördert. Dafür ist dann nach den Sinnkonstruktionen der Auszubildenden/Studierenden und der Ausbilder/der Lehrenden zu fragen, nach Sinnkonstruktionen, die nicht immer miteinander harmonisieren und die letztlich auf eine Pluralität der Weltdeutungen und Selbstkonzepte verweisen, die nicht einfach so wegharmonisiert werden können.

Ich stelle jetzt fest, dass Ingrid Darmann-Finck in aller Kürze, aber sehr überzeugend skizziert hat, was die allgemeindidaktischen Grundlagen für die Didaktik der Pflegeausbildung sind. Sie bezieht sich dabei, auch das ist einleuchtend, nicht nur auf die bildungstheoretische Didaktik und die Bildungsgangdidaktik, sondern auch auf den Symbolischen Interaktionismus, dem zufolge Menschen stets auf der Grundlage von Bedeutungen handeln, die sie Gegenständen oder sozialen Beziehungen zuschreiben. Der Symbolische Interaktionismus eignet sich also als soziologisch-kommunikationstheoretische Hintergrundtheorie zum Programm der kritisch-konstruktiven Didaktik Klafkis, ihrer bildungsgangdidaktischen Ausbaustufe und der Pflegedidaktik. Für diese dreifach gestaffelte Aufgabe erweitert und aktualisiert Ingrid Darmann-Finck das Programm des Symbolischen Interaktionismus mit Bezug auf den Mathematikdidaktiker Götz Krummheuer und seine Mitarbeiter: Lernen ist die Veränderung von Ausgangsbedeutungen. Der Unterricht muss den Lernenden hierfür die eigenständige Wissenskonstruktion ermöglichen.

Ich komme zu *Abschnitt 2*, zur pflegetheoretischen Grundlegung der Pflegedidaktik. Ab jetzt bewege ich mich in der Analyse und Bewertung der Interaktionistischen Pflegedidaktik in mir fremdem Revier. Dies ist bei den nachfolgenden Kommentaren immer im Auge zu behalten.

Es leuchtet ein, dass Ingrid Darmann-Finck die bestehende Praxis des Pflegeunterrichts kritisiert. Er sei zu sehr an Wissensvermittlung und Könnensschulung orientiert. Gleich zu Beginn des Abschnitts kommt deshalb eine wichtige Theorieerweiterung: Ingrid Darmann-Finck weist darauf hin, dass Herwig Blankertz gefordert hat, *allgemeine* Bildungsprozesse „im Medium des *Berufs*" zu ermöglichen. Einverstanden! Allgemeinbildung kann nur *durch* die berufliche Bildung *hindurch* in den Blick kommen. Bildung im Medium des Berufs ist deshalb die primäre Zielsetzung.

Was Ingrid Darmann-Finck nachfolgend entfaltet, passt sehr gut zum Modell einer wechselseitigen Beeinflussung der Arbeit an Entwicklungsaufgaben durch Pfleger und zu Pflegende: Die Pflegenden werden als ganze Personen gefordert, von den Alten, die sich in „existenziell bedeutsamen Situationen" befinden. Man könnte auch schärfer formulieren: Zu betreuen sind in der Regel Alte, deren Leben sich dem Ende zuneigt. Im sinnlich-leiblichen Zugang zu den zu Pflegenden und in der fürsorgenden und fürsprechenden Aneilnahme sind, so Ingrid Darmann-Finck, diese Alten existenziell von den Pflegern abhängig.

Es geht deshalb auch um Macht und Herrschaft, und dies macht es notwendig, die Vorbereitung auf die Berufsrolle *kritisch* zu konzipieren: Der Pflegeberuf verweist auf gesellschaftliche Veränderungen, die nicht nur positiv sind. Er wird gegenwärtig, was die Anforderungen an die Pflege betrifft, verwissenschaftlicht; zugleich steigt aber der gesellschaftliche Druck auf die Pflegenden. Sie sollen besser und zugleich billiger arbeiten. Deshalb muss die Kritikfähigkeit der Pfleger im Hinblick auf die gesellschaftlichen Verhältnisse gefördert werden.

Auch wenn ich ein fachdidaktischer Laie bin: Ich stelle fest, dass Ingrid Darmann-Finck hiermit ein stimmiges fachtheoretisches Pendant zum bildungstheoretisch-bildungsgangdidaktischen Zugriff vorlegt. Sie kann jetzt zur curricularen Gestaltung übergehen.

Ingrid Darmann-Finck entwickelt in ihrem *Abschnitt 3* auf 21 langen Seiten ein von vorne bis hinten spannendes fachdidaktisches Programm auf der Basis der theoretischen Grundannahmen und ihrer eigenen empirischen Forschungsarbeit. Sie hat in einer Feldstudie typische, alltägliche didaktische Gestaltungen des Pflegeunterrichts identifiziert, die sie in einer „heuristischen pflegedidaktischen Matrix" klassifiziert: Sie hat eine alltäglich dominante *Regelorientierung* der Unterrichtsgestaltung gefunden, der die wissenschaftliche Fundierung fehlt. Die Regeln werden rezeptartig gelehrt. Daneben gab es, wenn auch nur selten, *fallorientierten Unterricht*, der einen besseren Theorie-Praxis-Transfer ermögliche. Drittens fand Ingrid Darmann-Finck, gleichfalls nur selten, eine *Meinungsorientierung*, die wiederum die wünschenswerte wissenschaftliche Fundierung vermissen ließ und – parallel zu dem, was Tilman Grammes für den Politikunterricht festgestellt hat – über „relativierende Meinungsgirlanden" nicht hinaus kam.

Hinweise zur Methodik der Datenerhebung und -auswertung für die empirischen Untersuchungen fehlen, sind an dieser Stelle aber auch entbehrlich.

Auf der Basis ihrer Darstellung der eigenen empirischen Arbeit kann Ingrid Darmann-Finck nun konstruktiv werden. Sie entwickelt im Anschluss an Jürgen Habermas und an den Pflegetheoretiker Heiner Friesacher ein *didaktisches Strukturgitter*, das sie als „heuristische Matrix" bezeichnet: Man kann für das Feld der Pflege, das nach vier Inhaltsbereichen – Pflegende, Patient/Angehörige, Institution/Gesellschaft und pflegerisches Handeln – ausdifferenziert wird, ein *technisches*, ein *praktisches* und ein *emanzipatorisches* Erkenntnisinteresse ausweisen (Tab. 2). Diese Strukturierung nach Niveaustufen, die überzeugend die Trias Regel – Fall – Meinung aufnimmt und zugleich überschreitet, ist aus meiner Sicht ein ausgezeichnetes didaktisches Instrumentarium.

Die Ausdifferenzierung des Strukturgitteransatzes nach Schlüsselproblemen wird von Ingrid Darmann-Finck auf den nachfolgenden Seiten ihrer Arbeit stimmig auf die beruflichen Felder – Pflegende, Patient/Angehörige, Institution/Gesellschaft und pflegerisches Handeln – bezogen. Dabei wird deutlich, dass die drei Niveaustufen, das technologische, das praktische und das emanzipatorische Niveau schlüssig voneinander unterschieden werden können. Dass auf dem mittleren, dem praktischen Niveau „elementares" und „höheres" Sinnverstehen zu Schlüsselkonzepten werden, leuchtet ein. Sinnverstehen ermöglicht im Rahmen des Symbolischen Interaktionismus und mit Bezug auf Axel Honneth wechselseitige Anerkennung der Akteure, und dies ist, wie zuvor ausgewiesen, eine wesentliche Bestimmung des Praxisfelds Pflege. Als ausgesprochen interessant betrachte ich dabei die kritische These, dass eine wissenschaftsbasierte instrumentelle Lösung pflegerischer Probleme nicht das Niveau „lebensweltlicher Sinnzuschreibungen" erreichen könne. Dies heißt, dass wissenschaftliche Erkenntnisse technologisch deformiert praxiswirksam werden können, während sie bei Blankertz entscheidend für die Befähigung zu Urteil und Kritik gewesen sind.

Das dritte, das emanzipatorische Strukturgitter-Niveau wird ausführlich und einleuchtend entfaltet. Zwei Kommentare dazu:

Ich bin überrascht, wie Ingrid Darmann-Finck das emanzipatorische Erkenntnisinteresse *konkretisiert*. Mir leuchtet sehr ein, dass die Pflegenden – mit Jürgen Habermas – kontrafaktisch davon ausgehen sollten, dass das Verhältnis der Pflegenden zu den Gepflegten symmetrisch ist. Ob man aber wirklich mit Sigmund Freuds Unterscheidung von Über-Ich, Ich und Es diesem Erkenntnisinteresse von Habermas entspricht? Ich habe da Zweifel, die vor allem dadurch gespeist sind, dass man das „Über-Ich" und das „Es" nur sehr schwer empirisch fassen kann. Nachfolgend führt Ingrid Darmann-Finck dann aber aus, dass es vor allem darauf ankomme, den Lernenden zu vermitteln, dass gesellschaftliche Strukturen immer wieder *paradox* und *restriktiv* sind. Mit Wolfgang Klafki seien eine *konstruktive Synthese* der verschiedenen wissenschaftstheoretischen Positionen und eine *multiperspektivische Betrachtung* von beruflichen Aufgabenstellungen möglich. Mit Ulrich Oevermann sei die Lebenspraxis „potenziell krisenhaft"; deshalb müsse die Dimension/Beziehung Pfleger/Gepflegter als paradox, widersprüchlich und restriktiv definiert werden. Ich meine, dass diese Ausgestaltung der Problemebene mit Klafki und Oevermann komplex genug ist und dass man nicht zusätzlich noch Sigmund Freuds Modell braucht.

Ich finde es beachtenswert, dass das emanzipatorische Erkenntnisinteresse der *Menschen*, die ihre gesellschaftliche Situation verbessern wollen, auf Robert J. Havighursts Konzept der Entwicklungsaufgaben bezogen werden kann: In Ingrid Darmann-Fincks Strukturgitter sind auf dem dritten Niveau die gesellschaftlichen Anforderungen zu thematisieren, und zwar kritisch. Diesen Anforderungen entsprechen bei Havighurst die *societal demands, die* immer in einem Spannungsverhältnis zu den entwicklungsbezogenen Bedürfnissen der Lernenden, hier der Pflegenden stehen, zu deren *individual needs.*

Nach der Ausdifferenzierung des Feldes der Pflege auf den drei Ebenen und bezüglich der Dimension der Pfleger, der Gepflegten/Angehörigen, der Gesellschaft und des pflegerischen Handelns nimmt sich Ingrid Darmann-Finck in Abschnitt 3.2 vor, „pflegeberufliche Schlüsselprobleme als Ausgangspunkt von Bildungsprozessen" auszuweisen. Das ist einleuchtend, spannend, es entspricht meiner eingangs geäußerten Erwartung. Es hätte für mich als Nicht-Fachmann noch viel ausführlicher sein können.

Entscheidend ist dann in Abschnitt 3.2, dass man mit Bezug auf das Curriculum-Modell Saul B. Robinsohns berufliche Alltagssituationen zum Ausgangspunkt der Unterrichtsplanung nehmen und dann die drei Niveaustufen des Strukturgitters darauf beziehen kann, das technische, das praktische und das emanzipatorische Niveau. Besonders überzeugend ist dabei die Parallelisierung der fachlich umdefinierten Klafkischen Schlüsselprobleme mit den Entwicklungsaufgaben, wie wir sie im Rahmen der Bildungsgangdidaktik beschrieben haben. Auch der Bezug auf Herwig Blankertz leuchtet ein, etwas verwirrend ist dabei eigentlich nur, dass Blankertz jetzt zum Repräsentanten des bildungstheoretischen didaktischen Modells wird, während dafür auf den vorausgegangenen Seiten Wolfgang Klafki gestanden hat. Blankertz und Klafki waren beide Schüler von Erich Weniger!

Ingrid Darmann-Fincks Darstellung ist ein guter Ansatz zum Weiterdenken:

Wie lässt sich die These Klafkis, dass die Bearbeitung der Schlüsselprobleme – Frieden, Umwelt/Ökologie, gesellschaftlich produzierte Ungleichheit usw. – die Selbstbestimmungs- und Mitbestimmungsfähigkeit der Lernenden und ihre Solidaritätsbereitschaft fördere, auf die beruflichen Pflegesituationen übertragen?

Wie lässt sich das bildungstheoretische Konzept von Herwig Blankertz – Bildung ist die Befähigung zu Urteil und Kritik – mit Klafkis Ansatz verbinden?

Wie müssen die pflegeberuflichen Schlüsselprobleme – Ingrid Darmann-Finck nennt zwei, „Macht der Pflegenden" und „Entscheidungsfreiheit der Patienten" – auf die vier zuvor ausgewiesenen Felder – Pflegende, Patienten/Angehörige, Institution/Gesellschaft und pflegerisches Handeln – insgesamt bezogen werden?

Wie kann man von Saul B. Robinsohns Lebenssituationen über die Zielsetzungen der Lehre zu den Unterrichtsinhalten kommen? Wie löst man heute das ungelöste Deduktionsproblem (Hilbert Meyer 1972) der Curriculumforschung? Hierfür könnte Ingrid Darmann-Fincks Modell ein ausgezeichnetes Exempel sein.

Für die Beantwortung dieser und weiterer Fragen müsste die von Ingrid Darmann-Finck entwickelte Heuristik, das Strukturgitter mit den drei Ebenen und vier Feldern aus meiner Sicht ein ausgezeichnetes Werkzeug sein. Die Schlüsselprobleme (bzw. die geschilderten Situationen) werden anhand der Heuristik analysiert; die in den Problemen deutlich werdenden zentralen Widersprüche, aber auch natürlich die zur Problemlösung und zum Fallverstehen erforderlichen Kompetenzen können zum Thema des Pflege-Unterrichts gemacht werden.

Ich merke an, dass die Curriculumkonstruktion derzeit in der Allgemeinen Didaktik ein Schattenleben führt. Es ist wohltuend, dass dies in der Pflegedidaktik, wie Ingrid Darmann-Finck in ihrem Aufsatz demonstriert, ganz anders aussieht! Ich vermute, dass dabei die „Lerninseln" ein ähnliches (ähnlich gutes) Potential für den Pflegeunterricht wie die Lehrstücke haben, die in der Lehrkunstdidaktik von Hans-Christoph Berg, Wolfgang Klafki, Theodor Schulze, Andreas Petrik und anderen entwickelt worden sind, für den allgemeinbildenden Unterricht (vgl. Petrik 2007).

Dass die junge Pflegedidaktik tatsächlich vor einem breiten, weitgehend noch nicht erforschten Feld beruflicher Anforderungen, curricularer Konstruktionen und unterrichtlicher Interaktionen steht, stellt Ingrid Darmann-Finck im abschließenden *Abschnitt 4* heraus. Ich schlage vor, den Aufgabenkatalog um die Frage zu ergänzen, wie tragfähig das Robinsohn-Modell der Curriculumkonstruktion ist, wenn man es auf Ingrid Darmann-Fincks Heuristik bezieht. Für die zukünftige Forschung wird ihr von mir jetzt kommentierter Beitrag, wenn ich mich nicht irre, „Eckpunkte" markieren. Dabei sollte man von ihrer Forderung, für die Pflegedidaktik die bildungstheoretischen Fragestellungen mit den lehr-lerntheoretischen Perspektiven zu verbinden, nicht ablassen.

Ich füge hinzu, dass die fachdidaktische Forschung für die Bestimmung des Verhältnisses der Pflegenden zu den Gepflegten vom Konzept des lebenslangen Lernens (vgl. Jarvis 2009) profitieren könnte. Ohne Frage stehen die pflegebedürftigen Alten vor Schlüsselproblemen, die für sie im bis dahin geführten Erwachsenenleben keine oder nur sekundäre Bedeutung hatten.

Da wir Menschen aber, wie schon Jan Amos Comenius (1592–1670) festgestellt hat, unser ganzes Leben lang lernen, könnte man das Leben als eine Abfolge von Schulen konzipieren. Auch das Lebensende wäre dann, wenn es zur institutionalisierten Pflege kommt, so etwas wie eine Schule. Beide Seiten der hierauf bezogenen Interaktion, die Pfleger und die Alten, müssten in dieser Schule ihre Entwicklungsaufgaben bearbeiten, sehr unterschiedliche, aber doch direkt aufeinander bezogene Aufgaben.

Ich komme zu meiner *Eingangsspekulation* zurück:

Die Pflegedidaktik verfügt erkennbar über ihre eigene junge und gut vernetzte Tradition. Dazu gehört auch der – für mich überzeugende – Bezug auf mein eigenes Forschungsfeld, die Bildungsgangdidaktik.

Ingrid Darmann-Finck definiert die Pflegedidaktik *en passant*. Ich schließe daraus, dass die Disziplin schon fest etabliert ist. Man muss sich nicht mehr von anderen Fachdidaktiken abgrenzen. Meine Vermutung, dass *umfangreich* aus anderen Fachdidaktiken Anleihen übernommen werden, hat sich nicht bewahrheitet, es gibt aber einen einleuchtenden Bezug auf die Allgemeine Didaktik, die Berufs- und Wirtschaftspädagogik usw.

Die Wiederbelebung der didaktischen Strukturgitter in Ingrid Darmann-Fincks „Heuristik" und ihr Bezug auf Wolfgang Klafkis Schlüsselprobleme ist m. E. perspektivenreich und weitere curriculare Arbeit wert.

Die Antwort auf die bildungstheoretisch und bildungsgangdidaktisch bedeutsame Frage, wie die Lehrer-Schüler-Interaktion den Bildungsprozess der Handelnden beeinflusst, ist vergleichsweise geradlinig und knapp. Ich vermute, dass hier die empirischen Arbeiten aus der Bildungsgangforschung (z.B. Meyer/Kunze/Trautmann 2007) anregend wirken können. In ihnen werden die realen Bildungsprozesse beschrieben, die Lehrer und Schüler im Fachunterricht gestalten.

Offensichtlich in der Pflegedidaktik etabliert ist Ingrid-Darmann-Fincks Konzept der „interaktionistischen" Pflegedidaktik. Dies macht verständlich, warum die Autorin nur auf den Symbolischen Interaktionismus hinweist, seine Begrifflichkeit aber in das eigene Modell überführt.

Anders als von mir erwartet hat Ingrid Darmann-Finck tatsächlich „Eckpunkte" ihrer Interaktionistischen Pflegedidaktik identifiziert, indem sie ihre Strukturgitter-Heuristik entworfen hat. Nicht gefunden habe ich den Bezug auf das Forschungsfeld „lebenslanges Lernen". Auch hier sehe ich günstige Ansatzpunkte für weitere Arbeiten.

Alles in allem: Dies war eine spannende Reise in die mir bis jetzt unbekannte Pflegedidaktik! Wir könnten in der Allgemeinen Didaktik von der Pflegedidaktik lernen, wie man Curriculumarbeit nach der Jahrtausendwende gestalten kann. Dass die Pflegedidaktik in Umkehr von der Allgemeinen Didaktik lernen kann, hat Ingrid Darmann-Finck überzeugend dargelegt.

Literatur

Becker, Matthias/Spöttl, Georg (2008): Berufswissenschaftliche Forschung. Ein Arbeitsbuch für Studium und Praxis. Frankfurt/Main: Lang

Becker, Matthias/Spöttl, Georg (2006): Berufswissenschaftliche Forschung und deren empirische Relevanz für die Curriculumentwicklung. Online verfügbar unter: http://www.bwpat.de/ausgabef11/becker_spoettl_bwpat11.pdf, 14.8.2009

Behrens, Johann/Langer, Gero (2006): Evidence-based Nursing and Caring. 2., vollständig überarb. und ergänzte Auflage, Bern: Huber

Benner, Patricia (1994): Stufen zur Pflegekompetenz. From novice to expert. Bern: Huber

Benner, Patricia/Tanner, Christine A./Chesla, Catherine A. (2000): Pflegeexperten. Pflegekompetenz, klinisches Wissen und alltägliche Ethik. Bern: Huber

Berne, Eric (1967): Spiele der Erwachsenen. Reinbek bei Hamburg: Rowohlt

Blankertz, Herwig (1982): Die Geschichte der Pädagogik. Wetzlar: Büchse der Pandora

Blankertz, Herwig (1975): Analyse von Lebenssituationen unter besonderer Berücksichtigung erziehungswissenschaftlich begründeter Modelle: Didaktische Strukturgitter. In: Frey, Karl (Hrsg.): Curriculum-Handbuch, Band II. München: Piper: 202-214

Blumer, Herbert (1973): Der methodologische Standpunkt des symbolischen Interaktionismus. In: Arbeitsgruppe Bielefelder Soziologen (Hrsg.): Alltagswissen, Interaktion und gesellschaftliche Wirklichkeit, Band 1. Reinbek: Rowohlt: 80-146

Böhle, Fritz/Weishaupt, Sabine (2003): Unwägbarkeiten als Normalität – die Bewältigung nichtstandardisierter Anforderungen in der Pflege durch subjektivierendes Handeln. In: Büssing, André/Glaser, Jürgen (Hrsg.): Dienstleistungsqualität und Qualität des Arbeitslebens im Krankenhaus. Göttingen u. a.: Hogrefe: 149-162

Böhme, Gernot/Manzei, Alexandra (Hrsg.) (2003): Kritische Theorie der Technik und der Natur. München: Wilhelm Fink Verlag

Böhnke, Ulrike (2006): Reflexive Lehr-/Lernprozesse in der Pflegebildung als zentrale Voraussetzung für eine professionelle Pflegepraxis. In: Görres, Stefan/Krippner, Antje/Stöver, Martina/Bohns, Stefanie (Hrsg.): Pflegeausbildung von morgen – Zukunftslösungen heute. Lage: Jacobs-Verlag: 43-53

Böhnke, Ulrike/Straß, Katharina (2006): Die Bedeutung der kritisch-rekonstruktiven Fallarbeit in der LehrerInnenbildung im Berufsfeld Pflege. In: www.PR-INTERNET.info, 8. Jg., H. 4: 197-205

Brater, Michael/Büchele, Ute/Fucke, Erhard/Herz, Gerhard (1999): Künstlerisch handeln. Die Förderung beruflicher Handlungskompetenz durch künstlerische Prozesse. 2. Aufl., Gräfelfing: RECON, 2

Combe, Arno/Buchen, Sylvia (1996): Belastung von Lehrerinnen und Lehrern. Weinheim: Juventa

Danner, Helmut (1989): Methoden geisteswissenschaftlicher Pädagogik: Einführung in Hermeneutik, Phänomenologie und Dialektik. München, Basel: Reinhardt

Darmann, Ingrid (2006): „Und es wird immer so empfohlen" – Bildungskonzepte und Pflegekompetenz. In: Pflege, 19. Jg., H. 3: 188-196

Darmann, Ingrid (2005): Pflegeberufliche Schlüsselprobleme als Ausgangspunkt für die Planung von fächerintegrativen Unterrichtseinheiten und Lernsituationen. In: www.PR-INTERNET.com für die Pflege, 7. Jg., H. 6: 329-335

Darmann, Ingrid (2002): Bewegung als Interaktion – Systemisch-konstruktivistische Sichtweise von Bewegung und Konsequenzen für die Pflege. In: Pflege, 15. Jg., H. 5: 181-186

Darmann, Ingrid (2000): Kommunikative Kompetenz in der Pflege. Stuttgart: Kohlhammer

Darmann, Ingrid/Keuchel, Regina (2005): Gesundheit/Pflege. In: Rauner, Felix (Hrsg.): Handbuch Berufsbildungsforschung. Bielefeld: Bertelsmann: 175-181

Darmann-Finck, Ingrid/Foth, Thomas (2010): Bildungs-, Qualifikations- und Sozialisationsforschung in der Pflege. In: Schaeffer, Doris/Wingenfeld, Klaus (Hrsg.): Handbuch der Pflegewissenschaft. 2. Auflage, Weinheim und München: Juventa. Im Erscheinen

Darmann-Finck, Ingrid (2009): Fallbezogenes Lernen zur Anbahnung von reflexiver Könnerschaft und verantwortlichem Handeln – Unterrichtsmethoden für personenbezogene Dienstleistungsberufe. In: Pahl, Jörg-Peter (Hrsg.): Handbuch der Beruflichen Fachrichtungen. Berufspädagogische, berufswissenschaftliche, didaktische und methodische Ausformungen und Entwicklungen unter Berücksichtigung der Berufsfelder und Berufe. Im Erscheinen

Darmann-Finck, Ingrid/Muths, Sabine (2009): Curriculumentwicklung. In: Ministerium für Arbeit, Gesundheit u. Soziales des Landes NRW (Hrsg.): Handbuch Qualitätsentwicklung in Schulen des Gesundheitswesens. Berlin: Cornelsen. Im Erscheinen

Darmann-Finck, Ingrid (unter Mitarbeit von Muths, Sabine) (2009): Interaktionistische Pflegedidaktik. In: Olbrich, Christa (Hrsg.): Modelle der Pflegedidaktik. München: Elsevier: 1-21.

Darmann-Finck, Ingrid/Böhnke, Ulrike/Straß, Katharina (Hrsg.) (2009): Fallrekonstruktives Lernen in den Berufsfeldern Pflege und Gesundheit. Frankfurt/Main: Mabuse

Darmann-Finck, Ingrid (2008): Was müssen Tutoren können? Zur Professionalität von Tutoren. In: Darmann-Finck, Ingrid/Boonen, Angela (Hrsg.): Problemorientiertes Lernen auf dem Prüfstand. Hannover: Schlütersche: 97-110

Darmann-Finck, Ingrid/Muths, Sabine (2008): Rezeption und Beurteilung des POL durch die Lernenden. In: Darmann-Finck, Ingrid/Boonen, Angela (Hrsg.): Problemorientiertes Lernen auf dem Prüfstand. Hannover: Schlütersche: 77-95

Darmann-Finck, Ingrid/Muths, Sabine/Oestreich, Jens/Venhaus-Schreiber, Barbara (2007): Beratung und formative Prozessevaluation an der Bremer Krankenpflegeschule (BKS) – Unveröffentlichter Abschlussbericht

Dubs, Rolf (2000): Lernfeldorientierung. Löst dieser neue Ansatz die alten Probleme der Lehrpläne und des Unterrichts an Wirtschaftsschulen? In: Lipsmeier, Antonius/Pätzold, Günter (Hrsg.): Lernfeldorientierung in Theorie und Praxis. Stuttgart: Steiner: 15-31

Dunkel, Wolfgang (1988): Wenn Gefühle zum Arbeitsgegenstand werden. Gefühlsarbeit im Rahmen personenbezogener Dienstleistungstätigkeiten. In: Soziale Welt, 39. Jg., H. 1: 66-85

Euler, Dieter (1996): Denn Sie tun nicht, was sie wissen. In: ZBW. 92. Jg., H. 4: 350-365

Fichtmüller, Franziska/Walter, Anja (2007): Pflegen lernen. Empirische Begriffs- und Theoriebildung zum Wirkgefüge von Lernen und Lehren beruflichen Pflegehandelns. Göttingen: V&R unipress

Fischer, Wolfgang (2004): Fallrekonstruktion im professionellen Kontext: Biographische Diagnostik, Interaktionsanalyse und Intervention. In: Homfeldt, Hans G./Merten, Roland/Schulze-Krüdener, Jörgen (Hrsg.): Grundlagen der Sozialen Arbeit. Baltmannsweiler: Schneider Verlag: 62-85

Foucault, Michel (2004a): Geschichte der Gouvernementalität I. Sicherheit, Territorium, Bevölkerung. Vorlesung am Collège de France 1978-1979. Frankfurt/Main: Suhrkamp

Foucault, Michel (2004b): Geschichte der Gouvernementalität II. Die Geburt der Biopolitik. Vorlesung am Collège de France 1978-1979. Frankfurt/Main: Suhrkamp

Freud, Sigmund (1972): Abriss der Psychoanalyse. In: Ders.: Gesammelte Werke, Band 17. 5. Aufl., Frankfurt/Main: Fischer: 63-138

Friesacher, Heiner (2008): Theorie und Praxis pflegerischen Handelns. Begründung und Entwurf einer kritischen Theorie der Pflegewissenschaft. Göttingen: V&R unipress

Giebeler, Cornelia/Fischer, Wolfgang/Goblirsch, Martina/Miethe, Ingrid/Riemann, Gerhard (Hrsg.) (2007): Fallverstehen und Fallstudien. Opladen und Farmington Hills: Barbara Budrich

Grammes, Tilmann (2002): Ethische und politische Urteils- und Entscheidungsfindung in Lernprozessen. In: Martin, Hans-Joachim (Hrsg.): Am Ende (-) die Ethik? Münster: Litverlag: 189-213

Greb, Ulrike (2003): Identitätskritik und Lehrerbildung. Frankfurt/Main: Mabuse

Gröning, Katharina (2003): Das zerbrochene Ideal – Über Ethik und Gewalt in der Pflege. In: Wiesemann, Claudia/Erichsen, Norbert/Behrendt, Heidrun/Biller-Andorno, Nicola/Frewer, Andreas (Hrsg.): Pflege und Ethik. Leitfaden für Wissenschaft und Praxis. Stuttgart: Kohlhammer: 139-152

Gröning, Katharina (1998): Entweihung und Scham. Frankfurt/Main: Mabuse

Gudjons, Herbert (1995): Spielbuch Interaktions-Erziehung. 6., überarb. Aufl., Bad Heilbrunn/Obb.: Klinkhardt

Gudjons, Herbert (1977): Fallbesprechungen in Lehrergruppen. In: Westermanns Pädagogische Beiträge, 29. Jg., H. 9: 373-379

Habermas, Jürgen (1988): Theorie des kommunikativen Handelns, Band I und II. Frankfurt/Main: Suhrkamp (folgt dem Text der 4. durchgesehenen Aufl. 1987)

Habermas, Jürgen (1972): Wahrheitstheorien. In: Ders.: Vorstudien und Ergänzungen zur Theorie des kommunikativen Handelns. Frankfurt/Main: Suhrkamp: 127-183

Habermas, Jürgen (1971): Vorbereitende Bemerkungen zu einer Theorie der kommunikativen Kompetenz. In: Habermas, Jürgen/Luhmann, Niklas: Theorie der Gesellschaft oder Sozialtechnologie – Was leistet die Systemforschung? Frankfurt/Main: Suhrkamp: 101-141

Habermas, Jürgen (1968/1973): Erkenntnis und Interesse. Frankfurt/Main: Suhrkamp

Habermas, Jürgen (1965): Erkenntnis und Interesse. In: Müller, Armin (Hrsg.) (1983): Erkenntnis- und Wissenschaftstheorie. Münster: Aschendorffsche Verlagsbuchhandlung: 149-161

Helsper, Werner (2000): Zur Bedeutung der Fallrekonstruktion und Fallarbeit in der LehrerInnenbildung. In: Beck, Christian/Helsper, Werner/Heuer, Bernhard/Stelmaszyk, Bernhard/Ullrich, Heiner: Fallarbeit in der universitären LehrerInnenbildung. Opladen: Leske+Budrich: 13-50

Hergesell, Sandra/Lüke, Marion/Duwendag, Bettina/Haehner, Kerstin (2006): 50 (+9) Fallbeispiele für den Pflegeunterricht. München: Elsevier

Hergesell, Sandra (2005): Fallbeispiele in der Pflegeausbildung (m. DVD). München: Elsevier

Hericks, Uwe (2009): Bildungsgangforschung und die Professionalisierung des Lehrerberufs – Perspektiven für die Allgemeine Didaktik. In: Meyer, Meinert/ Hellekamps, Stephanie/Prenzel, Manfred (Hrsg.): Perspektiven der Didaktik. Wiesbaden: VS Verlag für Sozialwissenschaften: 61-75

Honneth, Axel (2000): Das Andere der Gerechtigkeit. Aufsätze zur praktischen Philosophie. Frankfurt/Main: Suhrkamp

Honneth, Axel (1994): Das Andere der Gerechtigkeit. Habermas und die ethische Herausforderung der Postmoderne. In: Deutsche Zeitschrift für Philosophie, 42. Jg., H. 2: 195-220

Honneth, Axel (1992): Kampf um Anerkennung. Frankfurt/Main: Suhrkamp

Hülsken-Giesler, Manfred (2008): Der Zugang zum Anderen. Zur theoretischen Rekonstruktion von Professionalisierungsstrategien pflegerischen Handelns im Spannungsfeld von Mimesis und Maschinenlogik. Göttingen: V&R unipress

Hundenborn, Gertrud (2006): Fallorientierte Didaktik in der Pflege. München: Elsevier

Jarvis, Peter (Ed.) (2009): The Routledge International Handbook of Lifelong Learning. Routledge, London and New York: Taylor and Francis Group

Klafki, Wolfgang (1994): Zum Verhältnis von Allgemeiner Didaktik und Fachdidaktik – Fünf Thesen. In: Meyer, Meinert A./Plöger, Wilfried (Hrsg.): Allgemeine Didaktik, Fachdidaktik und Fachunterricht. Weinheim und Basel: Beltz: 42-64

Klafki, Wolfgang (1993): Neue Studien zur Bildungstheorie und Didaktik. 3. Aufl., Weinheim und Basel: Beltz

Kolbe, Fritz-Ulrich/Combe, Arno (2008): Lehrerbildung. In: Helsper, Werner/ Böhme, Jeanette (Hrsg.): Handbuch der Schulforschung. 2., durchgesehene und erweiterte Aufl., Wiesbaden: VS Verlag für Sozialwissenschaften: 877-901

Koller, Christoph (2005): Bildung und Biographie. Zur Bedeutung der bildungstheoretisch fundierten Biographieforschung für die Bildungsgangforschung. In: Schenk, Barbara (Hrsg.): Bausteine einer Bildungsgangtheorie. Wiesbaden: VS Verlag für Sozialwissenschaften: 47-66

Krüger, Heinz-Hermann/Lersch, Rainer (1993): Lernen und Erfahrung. Perspektiven einer Theorie schulischen Handelns. 2., aktualisierte und erweiterte Aufl., Opladen: Leske+Budrich,

Lenzen, Dieter/Meyer, Hilbert (1975): Das didaktische Strukturgitter – Aufbau und Funktion in der Curriculumentwicklung. In: Lenzen, Dieter (Hrsg.): Curriculumentwicklung für die Kollegschule: Der obligatorische Lernbereich. Frankfurt/Main: Athäneum Fischer Taschenbuch Verlag: 185-251

Mandl, Heinz/Gruber, Hans/Renkl, Alexander (1993): Das träge Wissen. In: Psychologie heute, 20. Jg., H. 9: 64-69

Meyer, Hilbert (1972): Einführung in die Curriculum-Methodologie. München: Kösel-Verlag

Meyer, Meinert A. (2008): Unterrichtsplanung aus der Perspektive der Bildungsgangforschung. In: Meyer, Meinert/Hellekamps, Stephanie/Prenzel, Manfred (Hrsg.): Perspektiven der Didaktik. Wiesbaden: VS Verlag für Sozialwissenschaften: 117-137

Meyer, Meinert A. (2005): Die Bildungsgangforschung als Rahmen für die Weiterentwicklung der allgemeinen Didaktik. In: Schenk, Barbara (Hrsg.): Bausteine einer Bildungsgangtheorie. Wiesbaden: VS Verlag für Sozialwissenschaften: 17-46

Meyer, Meinert A./Kunze, Ingrid/Trautmann, Matthias (Hrsg.): Schülerpartizipation im Englischunterricht. Eine empirische Untersuchung in der gymnasialen Oberstufe. Opladen und Farmington Hills: Barbara Budrich

Meyer, Meinert A./Meyer, Hilbert (2007): Wolfgang Klafki. Eine Didaktik für das 21. Jahrhundert? Weinheim, Basel: Beltz

Müller, Andreas C./Muths, Sabine (2005): Gesundheitspflege als Gegenstand der Pflegeausbildung – Entwicklung einer Unterrichtseinheit im Rahmen des Lernfeldkonzepts. In: Hasseler, Martina/Meyer, Martha (Hrsg.): Prävention und Gesundheit als originäre Aufgabe der Pflege. Hannover: Schlütersche: 161-185

Muths, Sabine (unter Mitarbeit von Darmann, Ingrid/Frederichs, Doris/Oestreich, Jens/Venhaus-Schreiber, Barbara) (2004): Mit Lernfeldern und POL zu beruflicher Kompetenz – Praktische Umsetzung im schulischen Alltag. Unveröffentlichtes Manuskript

Naujok, Natascha/ Brandt, Birgit/ Krummheuer, Götz (2004): Interaktion im Unterricht. In: Helsper, Werner/Böhme, Jeanette (Hrsg.): Handbuch der Schulforschung. Wiesbaden: VS Verlag für Sozialwissenschaften: 753-773

Neuweg, Georg H. (2000): Mehr lernen, als man sagen kann. Konzepte und didaktische Perspektiven impliziten Lernens. In: Unterrichtswissenschaft, 28. Jg., H. 3: 197-217

Neuweg, Georg H. (1999): Könnerschaft und implizites Wissen. Münster: Waxmann

Oelke, Uta/Scheller, Ingo/Ruwe, Gisela (2000): Tabuthemen als Gegenstand szenischen Lernens in der Pflege. Bern: Huber

Oevermann, Ulrich (2002): Klinische Soziologie auf der Basis der Methodologie der objektiven Hermeneutik – Manifest der objektiv hermeneutischen Sozialforschung. In: www.ihsk.de/ManifestWord.doc, 24.3.2004

Oevermann, Ulrich (1996): Theoretische Skizze einer revidierten Theorie professionalisierten Handelns. In: Combe, Arno/Helsper, Werner (Hrsg.): Pädagogische Professionalität. Frankfurt/Main: Suhrkamp: 70-182

Olbrich, Christa (2001): Kompetenz und Kompetenzentwicklung in der Pflege – Eine Theorie auf der Grundlage einer empirischen Studie. In: Kriesel, Petra/ Krüger, Helga/Piechotta, Gudrun/Remmers, Hartmut/Taubert, Johanna (Hrsg.): Pflege lehren – Pflege managen. Frankfurt/Main: Mabuse: 271-287

Olbrich, Christa (1999): Pflegekompetenz. Bern: Huber

Petrik, Andreas (2007): Von den Schwierigkeiten, ein politischer Mensch zu werden. Konzepte und Praxis einer genetischen Politikdidaktik. Opladen und Farmington Hills: Barbara Budrich

Peukert, Helmut (1998): Zur Neubestimmung des Bildungsbegriffs. In: Meyer, Meinert A./Reinartz, Andrea (Hrsg.): Entwicklungsaufgaben im Bildungsgang. Wiesbaden: VS Verlag für Sozialwissenschaften: 17-29

Rauner, Felix (2005): Qualifikations- und Ausbildungsforschung. In: Ders. (Hrsg.): Handbuch Berufsbildungsforschung. Bielefeld: Bertelsmann: 240-246

Rauner, Felix (2002): Qualifikationsforschung und Curriculum. In: Fischer, Martin/ Felix Rauner (Hrsg.): Lernfeld: Arbeitsprozess. Baden-Baden: Nomos: 317-339

Rehbock, Theda (2002): Autonomie – Fürsorge – Paternalismus. Zur Kritik (medizin-)ethischer Grundbegriffe. In: Ethik in der Medizin, Jg. 14, H. 3: 131-150

Remmers, Hartmut (2000): Pflegerisches Handeln. Wissenschafts- und Ethikdiskurse zur Konturierung der Pflegewissenschaft. Bern: Huber

Robinsohn, Saul B. (1969): Bildungsreform als Revision des Curriculum. Neuwied und Berlin: Luchterhand

Scheller, Ingo (1993): Wir machen unsere Inszenierungen selbst (I). Szenische Interpretation von Dramentexten. 3..Aufl., Oldenburg: Zentrum für pädagogische Berufspraxis der Carl-von-Ossietzky-Universität

Schmidbauer, Wolfgang (1992): Gewalt in der Pflege. Entstehung und Gegenmaßnahmen aus psychoanalytischer Sicht. In: Ders. (Hrsg.): Pflegenotstand – das Ende der Menschlichkeit. Reinbek bei Hamburg: Rowohlt: 108-118

Schön, Donald A. (1983): The reflective practitioner. How professionals think in action. New York: Basic Books, Inc., Publishers

Schütze, Fritz (1996): Organisationszwänge und hoheitsstaatliche Rahmenbedingungen im Sozialwesen: Ihre Auswirkung auf die Paradoxien professionellen Handelns. In: Combe, Arno/Helsper, Werner (Hrsg.): Pädagogische Professionalität. Frankfurt/Main: Suhrkamp: 183-275

Schütze, Fritz (1992): Sozialarbeit als bescheidene Profession. In: Dewe, Bernd/Ferchhoff, Wilfried/Radtke, Frank-Olaf (Hrsg.): Erziehen als Profession. Opladen: Leske+Budrich: 132-170

Schwarz-Govaers, Renate (2003): Problemorientiertes Lernen – neuer Wein in alten Schläuchen oder eher alter Wein in neuen Schläuchen?
In: www.PRINTERNET.info, 5. Jg., H. 1: 36-45

Schwarz-Govaers, Renate (2002): Problemorientiertes Lernen in der Pflegeausbildung. In: www.PRINTERNET.info, 4. Jg., H. 2: 30-45

Steiner, Christine (2008): Berühren lernen. Möglichkeiten und Unmöglichkeiten einer Grenzerfahrung in der Pflegeausbildung. Unveröffentlichte Diplomarbeit, Universität Bremen

Stemmer, Renate (2001): Grenzkonflikte in der Pflege. Frankfurt/Main: Mabuse

Terhart, Ewald (2005): Über den Umgang mit Traditionen und Innovationen oder: Wie geht es weiter mit der Allgemeinen Didaktik. In: Zeitschrift für Pädagogik, 51. Jg., H. 1: 1-13

Voigt, Jörg (1990): Die interaktive Konstitution fachlicher Themen im Unterricht. Zum Einfluss von Alltagsvorstellungen. In: Wiebel, Klaus H. (Hrsg.): Zur Didaktik der Physik und Chemie. Alsbach/Bergstr.: Leuchtturm: 74-88

Welling, Karin (2007): Verstehen Lernen. Schlüsselprobleme der Pflege von Menschen mit Demenz als Basis für Lernsituationen. In: Padua, 2. Jg., H. 2: 6-11

Wittneben, Karin (2009): Leitlinien einer kritisch-konstruktiven Pflegelernfelddidaktik. In: Olbrich, Christa (Hrsg.): Modelle der Pflegedidaktik. München: Urban&Fischer: 105-121

Wittneben, Karin (2003): Pflegekonzepte in der Weiterbildung für Pflegelehrerinnen und Pflegelehrer. 5., überarb. Aufl., Frankfurt/Main: Lang

Wittneben, Karin (2002): Entdeckung von beruflichen Handlungsfeldern und didaktische Transformation von Handlungsfeldern zu Lernfeldern – Ein empirischer Zugriff für Bildungsgänge in der Pflege. In: Darmann, Ingrid/Wittneben, Karin (Hrsg.): Gesundheit und Pflege: Bildungshaltigkeit von Lernfeldern. Wissensbestände und Wissenstransfer. Bielefeld: Bertelsmann: 19-36

Wittneben, Karin (1993): Perspektiven einer kritisch-konstruktiven Didaktik der Krankenpflege. In: Geldmacher, Vera/Neander, Klaus-Dieter/Oelke, Uta/Wallraven, Klaus-Peter (Hrsg.): Beiträge zum 1. Göttinger Symposium „Didaktik und Pflege". Basel: Recom: 78-86

Roswitha Ertl-Schmuck

Subjektorientierte Pflegedidaktik

1. Hinführung und Begründung der Überarbeitung

Die Rede vom „Subjekt" als dem selbstbestimmten und selbstorganisierten (Arbeits- und Lern-)Subjekt ist in der berufspädagogischen Diskussion zur Floskel geworden und erweist sich in Bezug auf neue Bildungsstandards und schulische Kontrollformen als höchst problematisch. Vor dem Hintergrund der für den Einzelnen gravierenden und in sich ambivalenten gesellschaftlichen Veränderungen und bildungspolitischen Entscheidungen ist es geboten, inne zu halten und danach zu fragen, wie der Subjektbegriff – als anthropologische Chiffre – für die Theorieentwicklung der jungen Disziplin Pflegedidaktik rekonstruiert werden kann.

Im vorliegenden Beitrag werden Grundideen meiner veröffentlichten Dissertation mit dem Titel „Pflegedidaktik unter subjekttheoretischer Perspektive" (2000) aufgenommen und um Elemente der Leiblichkeit in Bildungsprozessen erweitert. Inspiriert wurde diese Weiterentwicklung durch die seit der Jahrtausendwende veröffentlichten pflegedidaktischen Monografien, Beiträge in Sammelbänden und Fachzeitschriften. Anregungen erhielt ich durch die Lektüre der empirisch-qualitativen Forschungsstudie von Fichtmüller/Walter (2007), in der das Wirkgefüge von Lehren und Lernen erforscht wurde. Die beiden Forscherinnen nahmen in ihren Theoriebezügen u. a. den theoretischen Ansatz von Holzapfel (2002) auf, in dem „das Andere der Vernunft" in den Blick genommen wird. Diese Perspektive kommt zwar in meiner ursprünglichen Fassung an einigen Stellen zum Ausdruck, jedoch fehlt dazu eine theoretische Fundierung. Darüber hinaus beeinflusste der stetig wachsende Wissensbestand in den zentralen Bezugswissenschaften[1] der Pflegedidaktik, insbesondere der Pflegewissenschaft, meine theoretische Sensibilität. Mit dem folgenden Beitrag nutze ich die Gelegenheit, meinen ursprünglichen Ansatz zu erweitern.

Ausgangspunkt der vorliegenden Ausarbeitung sind Ideen vom Subjekt, die sich im Laufe der Geschichte in vielfältige Facetten ausdifferenzierten. Fragen nach den Wesensmerkmalen des Subjektbegriffs und den Entwick-

---

[1] Zentrale Bezugsdisziplinen der Pflegedidaktik sind die Pflegewissenschaft und Erziehungswissenschaft mit den für die berufliche Bildung relevanten Teildisziplinen der Erwachsenenbildung und Berufspädagogik.

lungsmöglichkeiten des handelnden Subjekts sind zentral. Um Subjektentwicklung in beruflichen Bildungsprozessen begrifflich fassen zu können, wird als Argumentationsfigur der subjektorientierte Ansatz von Meueler (1993, 2009) aufgenommen. Meueler arbeitet in seinem Buch „Die Türen des Käfigs. Subjektorientierte Erwachsenenbildung" die Ambivalenz der Bedeutung des Subjektbegriffs systematisch heraus und entfaltet Elemente einer subjektorientierten Erwachsenenbildung. Zentral steht für Meueler die kritisch reflexive Ebene im Kontext der Kritischen Theorie. Eine Erweiterung dazu bieten Holzapfels (2002) Überlegungen zum Leib, zur Einbildungskraft und Bildung. Auf der Grundlage dieser Erkenntnisse werden spezifische Merkmale eines Subjektkonzepts für die Pflegebildung erarbeitet.

Für die Pflegedidaktik[2] ist das hier entwickelte Subjektkonzept in zweifacher Hinsicht relevant: Zum einen geht es in Lehr-Lern-Bildungsprozessen um die Lernsubjekte, die Pflegen lernen, und zum anderen um zu pflegende Menschen in den zu verhandelnden Lerngegenständen. In den Blick gelangen der zu pflegende Mensch als Subjekt seines Leidens, seiner Hoffnungen, seiner Ängste, seiner Genesung sowie die Pflegenden als Subjekte von fachlicher Expertise, ihre Sorge für den Anderen und ihre Kommunikation mit den zu pflegenden Menschen als Dialog. Ebenso werden die Lernsubjekte, die in Lehr-Lern-Bildungsprozessen auf das pflegeberufliche Handeln vorbereitet werden und die Lehrenden, die die Lernenden in ihrer beruflichen Ausbildung begleiten, in den Blick genommen. Die Aufmerksamkeit richtet sich damit auf die Beteiligten, die in den jeweiligen Lehr-Lern- und Pflegeprozessen vor dem Hintergrund ihrer jeweiligen Biografie handeln und von den aktuellen gesellschaftlichen Strukturen beeinflusst werden.

2. Theoretische Bezüge

2.1 Ideen von Subjekt und Subjektentwicklung

Der Subjektbegriff weist eine lange und wechselvolle Ideengeschichte auf.[3] Keineswegs klang immer das an, was heute mit diesem Begriff verbunden wird, nämlich den Menschen als denkendes und autonom handelndes Subjekt zu begreifen. Etymologisch leitet sich der Begriff aus dem lateinischen Wort „subiectum", „das Daruntergeworfene, das Zugrundegelegte", ab (Duden, Herkunftswörterbuch 2001: 827). Aristoteles verstand darunter sowohl

---

2 Der Begriff „Pflegedidaktik" bezieht sich auf die pflegeberufliche Bildung in der Ausbildung zur Altenpflege, Gesundheits- und Kinderkrankenpflege sowie Gesundheits- und Krankenpflege und lehnt sich an die Definition von Ertl-Schmuck/Fichtmüller an (vgl. dazu Ertl-Schmuck/Fichtmüller 2009: 45 f.). In dieser wird Pflegedidaktik als Berufsfelddidaktik verstanden.
3 Die in diesem Beitrag referierten Ideen von Subjekt und Subjektentwicklung werden knapp in ihren Grundzügen skizziert. Diese sind an anderer Stelle ausführlicher dargelegt (vgl. dazu Ertl-Schmuck 2000; Meueler 2009).

das logisch denkende Subjekt als auch die Substanz als Eigenschaftsträger, in der Bedeutung des Zugrundegelegten (Klaus/Buhr 1987: 1189). Nach dem Sprachgebrauch der Antike ist ein „subiectum" eine Substanz, die nicht nur auf den Menschen bezogen ist, sondern auf alle Gegenstände, die dem Erkennen zugrunde liegen. In dieser Bedeutung erfolgte noch keine Subjekt-Objekt-Gegenüberstellung. Die Substanz in der Bedeutung des „Zugrundegelegten" wurde zum Mittelpunkt der Betrachtung. Eine weitere Bedeutung wird mit dem lateinischen Wort „sub-icere" („darunter werfen, unterlegen") und „subiectus" („unten, untergeben, unterwürfig, untergeordnet sein") zum Ausdruck gebracht (Menge-Güthling 1950, zit. n. Meueler 2009: 9). Inwieweit diese verschiedenen Verständnisweisen sich in Subjektideen wieder finden, wird der nachstehende Beitrag zeigen.

Noch im 17. Jahrhundert war mit dem Subjektbegriff eine Person in „abhängiger, untergeordneter Position" oder eine „anrüchige" Person gemeint, die aus der gesellschaftlichen Ordnung fiel (Etymologisches Wörterbuch 1995, zit. n. Hopfner 1999: 13). Die Selbstthematisierung des Menschen begann mit den Ideen von René Descartes (1596–1650). Er stellt die These auf, das denkende Ich sei eine Substanz, die nichts außer ihrer selbst bedürfe, um existieren zu können. Der Mensch wird hier definiert als ein denkendes Wesen mit eigener Vorstellungskraft. Die Subjektivität wird an das Prinzip des Erkennens geknüpft (Descartes [1641] 1953). Descartes Vorstellungen führten zur gedanklichen Trennung von Geist und Materie. Der denkenden Substanz stellt er die ausgedehnte Substanz, die Außenwelt gegenüber. Auch den Körper betrachtet Descartes als eine ausgedehnte, nicht denkende Substanz. Der „cartesianische Dualismus" entstand, indem Geist und Materie als zwei grundsätzlich verschiedene Substanzen begriffen wurden (Ertl-Schmuck 2000: 40).

Bei Immanuel Kant (1724–1804) erhält der Subjektbegriff aus der Perspektive der Mündigkeit des Menschen eine neue Qualität. Kant entwickelt keine explizite Subjekttheorie, setzt jedoch in seinen Schriften das Subjekt als autonom denkendes und handelndes Wesen voraus. Er verweist auf die Rolle der Vernunft im Entwicklungsprozess des Menschen. Die Vernunft ist für ihn eine autonome Kraft, die den Menschen potentiell in die Lage versetzt, das jeweils Vorfindbare reflexiv zu durchdringen und kritisch zu prüfen, um so zu einem begründeten Urteil zu kommen und danach sein Handeln ausrichten zu können (Kant [1781] 1990). Freiheit ist für Kant eine Grundbedingung für die Entwicklung und Selbstentfaltung des Subjekts. Sie ist zuallererst die Freiheit der Vernunft, der Reflexion und der Erkenntnis. Allerdings ist diese Freiheit nicht absolut. Sie ist dort begrenzt, wo die eines anderen eingeschränkt wird. „Handle so, dass Du die Menschheit, sowohl in Deiner Person als in der Person eines jeden anderen, jederzeit zugleich als Zweck, niemals bloß als Mittel brauchest." (Kant, zit. n. Böhme/Böhme 1992: 350) Mit dem „kategorischen Imperativ" setzt Kant einen grundlegenden Rahmen subjektiven Denkens und Handelns (Kant [1795] 1979). Damit ist auch die Freiheit der Vernunft an Gesetze gebunden.

Das Autonomiekonzept von Kant wird von vielen Autoren als besondere Leistung herausgestellt. Verbunden ist damit die Emanzipation des Menschen von äußeren Autoritäten und dogmatischen Handlungszwängen (vgl. u.a. Böhme/Böhme 1992). Kant setzt auf ein heroisches Subjekt. Auch wenn er die Barrieren zum selbständigen, freiheitlichen Denken beschreibt, so fehlt ein Zugang „zu einer weniger heroischen Problembewältigung, sowohl aufgrund seines Menschenbildes, aber auch wegen des noch nicht vorhandenen Wissens über das Unbewusste, was uns seit Freud zur Verfügung steht." (Holzapfel 2002: 98)

Die Ideen Kants prägten die weitere Geschichte, auch wenn zu Kants Zeiten der Absolutismus als Staatsform noch eine dominierende Rolle einnahm. Das souveräne Vernunftsubjekt wurde schließlich zum Leitbild des sich entwickelnden Bürgertums.

Das Ideal eines übergroßen Vernunftsubjekts scheint in Theorien, die sich mit dem komplexen Wirkgefüge gesellschaftlicher und psychischer Strukturen auseinandersetzen, äußerst fragwürdig. Auf die Defizite des bürgerlichen Subjektbegriffs verweisen Karl Marx (1818–1883) und Friedrich Engels (1820–1895) in ihren Arbeiten zur politischen Ökonomie. Sie thematisieren den Aspekt der Verinnerlichung von Gesellschaft und arbeiten den Widerspruch heraus, dass die Gesellschaft zwar in der Summe der Beziehungen der Menschen zueinander zum Ausdruck kommt, die Menschen jedoch ihre Geschichte nur unter Bedingungen gestalten können, die sie sich selbst nicht ausgesucht haben. In Ihren Schriften verweisen sie darauf, dass der Mensch sich selbst bestimmen kann und auch über Fähigkeiten verfügt, gesellschaftlich kritisch zu denken und zu handeln. In arbeitsteiligen Gesellschaften werde er jedoch, bedingt durch die Autorität kapitalistischer Systeme, im Arbeitsprozess zunehmend von der Arbeit[4] entfremdet. Denn die gesellschaftliche Teilung der Arbeit stellt unabhängige Warenproduzenten einander gegenüber, die keine andere „Autorität anerkennen als die der Konkurrenz, den Zwang, den der Druck ihrer wechselseitigen Interessen auf sie ausübt" (Marx [1867] 1972: 377). Nur durch eine Veränderung der gesellschaftlichen Verhältnisse sei es möglich, diese Strukturdefizite zu überwinden. In den Schriften von Marx und Engels steht die Dialektik von Subjekt und Objekt zentral: „Das Subjekt ist der Mensch als Ensemble gesellschaftlicher Verhältnisse bzw. die vergesellschaftete Menschheit auf bestimmter gesellschaftlicher Entwicklungsstufe, mit ihren produktiven, intellektuellen und sonstigen Kräften und Fähigkeiten. Dieses Subjekt entwickelt sich in der praktischen gesellschaftlichen Tätigkeit, indem es immer

---

4 „Arbeit" wird in den Schriften von Marx und Engels als zentraler Lebensbereich aufgefasst. Der Mensch erfährt sich durch die Arbeit als wertschöpfend. Mit der Welt der Objekte, die der Mensch schafft, entstehen neue Bedürfnisse, die wiederum Einfluss auf sein Handeln nehmen. Dadurch wird der Mensch zugleich Subjekt und Objekt seines Handelns. Diese Dialektik wird zum zentralen Gegenstand der marxistischen Philosophie (vgl. Marx-Engels-Werke 1972).

neue Bereiche der Welt zum Objekt seiner Tätigkeit und Erkenntnis macht, indem es seine Kräfte und Fähigkeiten vergegenständlicht, objektiviert und auf diese Weise eine sich geschichtlich entwickelnde objektive gesellschaftliche Welt schafft." (Klaus/Buhr 1987: 1190) Marx und Engels stellen das Vernunftsubjekt in den Zusammenhang historisch vermittelter Lebens- und Arbeitsbedingungen. Vernachlässigt werden die individuellen Beziehungen der Subjekte untereinander.

Max Horkheimer (1895–1973) und Theodor W. Adorno (1903–1969), Vertreter der Kritischen Theorie, knüpfen an diese Erkenntnisse an. Ebenso wie Marx und Engels geht es ihnen um eine Veränderung der unzulänglichen gesellschaftlichen Verhältnisse hin zu vernünftigeren Verhältnissen, „wenngleich die Zuversicht geschwunden ist, dass die Arbeiterklasse als historisches Subjekt eine vernünftigere Gesellschaftsordnung herbeiführen könne." (Meueler 2009: 30) Sie erweitern die Erkenntnisse von Marx und Engels um psychologische Dimensionen, um dadurch die Folgen der kapitalistischen Marktgesellschaft bis in die „Verästelungen der menschlichen Seele" hinein analysieren und verstehen zu können (vgl. Schroer 2001: 49). Sie konstatieren, dass das Handeln in Marktgesellschaften nur noch instrumentell ausgerichtet sei. Vernunft werde instrumentalisiert und für die jeweiligen Herrschaftszwecke genutzt. Im Zeichen der Optimierung von Leistungen bewirken die Ideen der Aufklärung einen erheblichen sozialen Zwang und wirken totalitär. „Aufklärung ist totalitär." (Horkheimer/Adorno 1995: 12) Diese ist immer auch Herrschaft über die Natur, die Individuen und ihre Bedürfnisse. Was bleibt, ist ein beschädigtes Subjekt, das die gesellschaftlichen Normen und Werte bis in seine Bedürfnisstruktur hinein integriert hat.[5] Es bleibt ein „subjektloses Subjekt", das Selbsterhaltung ohne Selbst betreibt und sich gezwungen sieht, seine Individualität eigens zu inszenieren" (Adorno 1970, zit. n. Meueler 2009: 34). Adorno und Horkheimer zeichnen ein düsteres Bild der Totalität der Marktgesellschaft, das nur wenig Raum für Subjektentwicklung lässt. Dennoch setzen sie positive Akzente. Diese liegen in der kritischen Reflexion gesellschaftlicher Widersprüche und in der „Parteinahme für die Residuen von Freiheit, für Tendenzen einer realen Humanität, selbst wenn sie angesichts des großen historischen Zuges ohnmächtig erscheinen" (Horkheimer/Adorno 1995: IX).

Während Adorno und Horkheimer die gesellschaftlichen Verhältnisse und deren Auswirkungen auf die psychischen Strukturen analysieren, richtet Sigmund Freud (1856–1939), der Begründer der Psychoanalyse, den Blick auf die psychischen Strukturen und deren Spannungsverhältnis zueinander. Freud macht darauf aufmerksam, welches Konfliktpotenzial im Menschen vorhanden ist. Mit seinem Modell der psychischen Instanzen unterscheidet er zwischen „Es", „Ich" und „Über-Ich". Während das „Es" als Instanz des

---

5 Adorno und Horkheimer nehmen in ihren Arbeiten Bezug zu der Persönlichkeitstheorie von Sigmund Freud (vgl. Horkheimer/Adorno 1995).

Unbewussten bestrebt ist, die Triebbedürfnisse zu befriedigen, wird dem „Ich" die Aufgabe zugewiesen, zwischen den Anforderungen des „Es" und den im Sozialisationsprozess verinnerlichten Normen und Werten des „Über-Ichs" (dem Gewissen) zu vermitteln. Dieser Vermittlungsprozess gelingt dann, wenn eine Handlung des „Ichs" „gleichzeitig den Anforderungen des Es, des Über-Ichs und der Realität genügt, also deren Ansprüche miteinander zu versöhnen weiß." (Freud [1941] 1972: 10) In dieser Perspektive bedeutet Subjektentwicklung durch den Einsatz der Vernunft einen Ausgleich zwischen den Trieben des Individuums und den Erwartungen der Gesellschaft herzustellen.

Für Freud ist das Zulassen von Gefühlen, Empfindungen wesentlich, um der immensen Energie der Verdrängung, die zu Persönlichkeitsstörungen führen kann, entgegenzuwirken. In der Methode der Psychoanalyse sieht Freud eine Möglichkeit der Selbstaufklärung. Auch bei Freud sind die Aussichten für Subjektentwicklung schlecht. Insbesondere in seinen Ausführungen zum „Unbehagen in der Kultur" (Freud 1972) wird ein Kultur-Pessimismus zum Ausdruck gebracht, in dem dargelegt wird, wie wenig die Gesellschaft für den Einzelnen glücksverheißend ist. Das Subjekt flüchtet sich demnach immer wieder in Abhängigkeit oder gar Destruktivität.

Freud erweitert das Spektrum des Subjektbegriffs um Elemente unbewusster psychischer Prozesse. Dennoch bleibt bei Freud die Vernunft zentral, da mit ihr die Hoffnung verbunden ist, das in Chaos geratene Seelenleben immer wieder von Neuem zu ordnen.

Der Begriff Subjekt wird im Kontext poststrukturalistischer Positionen in Frage gestellt. Die Vertreter dieser Denkrichtungen[6] argumentieren, die gesellschaftlichen Strukturen seien so mächtig, diese hätten das autonome Subjekt ausgelöscht. Auch in systemtheoretischen Ansätzen ist die Rede davon, dass die Gesellschaft keineswegs als „Gesellschaft der Subjekte" beschrieben werden könne. Niklas Luhmann greift auf den Begriff Individuum zurück und wendet sich gegen den Begriff Subjekt. Er verortet die Individuen nicht mehr als Bestandteil der Gesellschaft in einem Teilsystem, sondern diese werden als „extrasozietal" gedacht (Luhmann 1993: 160). In diesem Verständnis kann die Gesellschaft auf Individuen zurückgreifen, sie bspw. in der Rolle der Wählerinnen[7], der Patientinnen, der Hartz IV-Empfängerinnen wahrnehmen. Jedes Individuum hat damit Zugang zu Teilsystemen, ohne jedoch einem dieser Systeme anzugehören. Welche Leistungen

---

6 Poststrukturalistisches Denken ist u. a. mit Namen wie Jean-Francois Lyotard, Michel Foucault, Jacques Derrida, Jacques Lacan verbunden. Bei aller Unterschiedlichkeit dieser Ansätze besteht die Gemeinsamkeit darin, dass sie grundlegende Denkansätze der Modernen wie Vernunft und Subjekt einer radikalen Kritik unterziehen. Zur Subjektkritik bei Foucault (vgl. Ertl-Schmuck/Fichtmüller 2009: 49 f.).
7 Aus Gründen der besseren Lesbarkeit wird in der vorliegenden Ausarbeitung ein Genus im Wechsel verwendet. Das jeweils andere Geschlecht ist stets mitgemeint.

das Individuum in Anspruch nehmen kann, hängt von sachlichen Kalkülen der funktional spezialisierten Organisationen ab, die darüber entscheiden, wie viele Individuen jeweils einbezogen oder ausgegrenzt werden. (Stichwort: Gesundheitssystem als Teilsystem, in dem definiert wird, wer welche Leistungen bekommt). Für Luhmann stellt die Individualisierung ein Funktionserfordernis dar, denn die Individuen – so Luhmann – können sich immer wieder auf neue Situationen einlassen und damit das System aufrechterhalten (Luhmann 1993). Brüche, Diskontinuitäten in Lebensläufen und deren Folgen für Subjektentwicklung werden nicht in den Blick genommen.

Aus diesen Überlegungen muss die Rede vom selbstbestimmten und selbstorganisierten Subjekt in berufspädagogischen und pflegedidaktischen Publikationen als Selbsttäuschung erscheinen. In diesen wird weitgehend das Unterworfensein verschleiert.[8] Mit den Stichworten Globalisierung, Individualisierung und Wissensmanagement geht es weitgehend um spezifisch anpassungsfähige Arbeitskräfte, die mobil sind und flexibel auf gesellschaftliche Verhältnisse reagieren können. Die Verwobenheit des berufsbildenden Systems mit Mechanismen des Marktes und deren Einflussnahme auf den Einzelnen wird hier offensichtlich zu wenig in den Blick genommen, wenn das intellektuell variable Subjekt gefragt ist, das in der technologischen Sprache des „Humankapitals" zum Ausdruck gebracht wird.

2.2 Der subjektorientierte Ansatz in der Erwachsenenbildung (Erhard Meueler 1993)

In seinem Buch „Die Türen des Käfigs" führt Meueler (1993/2009) die vielfältigen Verständnisweisen des Subjektbegriffs zusammen. Er entwickelt für die Erwachsenenbildung einen subjektorientierten Ansatz, in dem deutlich Bezüge zur Kritischen Theorie zum Ausdruck gebracht werden. Meueler nimmt die jüngsten gesellschaftlichen Entwicklungen in den Blick und verweist auf den derzeitigen Zeitgeist, in dem alle gesellschaftlich für wichtig erachteten Maßstäbe am Markt orientiert sind. „Der Markt bestimmt als Weltmarkt ebenso die internationalen Beziehungen der Länder und ihrer

---

8 In der Berufspädagogik gibt es durchaus kritische Ansätze, diese werden im gegenwärtigen berufspädagogischen Diskurs jedoch nur marginal aufgegriffen und in bildungspolitischen Entscheidungen kaum aufgenommen. Bspw. generierten Lisop/Huisinga die Theorie der Arbeitsorientierten Exemplarik im Kontext kritischer Bildungstheorien. In dieser werden Zusammenhänge von Bildung, Ökonomie und Technik auf der neuen Stufe der Vergesellschaftung in den Blick genommen (vgl. Lisop/Huisinga 1994). Auch in pflegedidaktischen Veröffentlichungen bekommt unter den programmatischen Begriffen das selbstbestimmte Subjekt einen hohen Rang. Dabei wird der Autonomie als Unabhängigkeit vom Einfluss anderer und als Gegenbegriff zur Fremdbestimmung eine hohe Bedeutung zugewiesen. Verschleiert wird jedoch vielfach das Unterworfensein des Subjekts. Die Arbeiten von Ertl-Schmuck (2000) und Greb (2003) verweisen darauf, dass es eine absolute Autonomie im gesellschaftlichen Leben nicht geben kann.

Volkswirtschaften untereinander wie er die jeweiligen innerstaatlichen Machtstrukturen, die Prozesse des sozialen Wandels und unser aller beruflichen und familiären Alltag samt arbeitsfreier Zeit bedingt. (…) Der Markt (…) bestimmt unser Handeln ebenso wie unser Fühlen, Denken und Wollen samt zugrunde liegenden Einstellungen, Selbstbildern, Deutungsmustern und Bedürfnissen." (Meueler 2009: 45 f.)

Auch Bildung werde – so Meueler – zur Ware und *lebenslängliches Lernen* ist längst keine Kür mehr, sondern ist zur ständigen Pflicht geworden. Das Konstrukt „Individualisierung" der Postmodernen erscheint daher ambivalent. Die Auflösung von Traditionen, Pluralisierung von Lebensformen, die vielfältige Nutzung von Medien erweitern zum einen die individuellen Entscheidungs- und Handlungsmöglichkeiten. Zum anderen erzwingt der gesellschaftliche Wandel die Verinnerlichung von Marktanforderungen. „Eine wirkliche Selbstverfügung kommt so nicht zustande, denn der Einzelne ist gezwungen, seine Existenz unter Inanspruchnahme der kulturellen Muster, Waren, Dienstleistungen, die der Markt als kommerziellen Service für Identitätsarbeit und -darstellung bereithält, zu standardisieren." (Meueler 2009: 51) Die Vernunft werde hier, um mit Adorno zu argumentieren, instrumentalisiert. Das Subjekt ist in der Warentauschgesellschaft zur „Gänze im abverlangten Objekt" aufgegangen (Meueler 2009: 66). Die Folge ist eine neue Form von Vergesellschaftung der Individuen.

Für Meueler impliziert der Begriff des Subjekts stets Erfahrungen und Strukturen des Objektseins im Sinne der ursprünglichen Wortbedeutung des Unterworfenseins:

- Der Mensch unterliegt der äußeren Natur. Er hat alle Launen der Natur auszuhalten, wie bspw. Hitze, Kälte, Naturkatastrophen etc.. Er ist genetisch programmiert und sterblich.
- Der Mensch ist Objekt der inneren Natur. Die Arbeiten von Freud machen darauf aufmerksam, dass der Mensch nicht „Herr im eigenen Haus" ist. Die Ideen der Psychoanalyse schmälern die Vorstellung vom Menschen, der über die Kontrolle seiner Lebensbedingungen verfügt. Das Unbewusste ist nicht nur Teil der eigenen Person, sondern dieses ist auch angefüllt von gesellschaftlich vermittelten Normen und Werten.
- Der Mensch ist Objekt der sozialen Welt. Hineingeboren und hineingewachsen in ein Geflecht von wirtschaftlichen, politischen, sozialen und kulturellen Strukturen ist er gesellschaftlichen Anforderungen, Zumutungen und Systemzwängen ausgesetzt. In der Auseinandersetzung mit gesellschaftlichen Werten und Normen entstehen soziale Deutungsmuster, die als verinnerlichte Sinnzusammenhänge unsere Wahrnehmung der Welt und die Selbstwahrnehmung vorprägen und das Handeln mitbestimmen.

Das hier beschriebene Unterworfensein ist über den „menschlichen Leib, den ich habe und der ich bin (…) unauflöslich miteinander vermittelt."

(Meueler 2009: 75) Die leibliche Dimension wird später für pflegedidaktische Zusammenhänge von zentraler Bedeutung sein, wenn es darum geht, den zu pflegenden Menschen als Lerngegenstand der pflegeberuflichen Bildung zu thematisieren.

Meueler verbleibt jedoch nicht bei der nur scheinbar umfassenden Bestimmung des Menschen. Er spürt den „bisweilen fragilen biografischen Möglichkeiten des Subjektes" zur Selbstentfaltung durch Bildung nach (Arnold 2009: IX). Das Unterworfensein bleibt für Meueler nicht total. Der Mensch ist nicht in Gänze Objekt äußerer und innerer Bedingungen und diese Überzeugung schließt an den älteren Bildungsbegriff an. Das selbstbewusste Subjekt sieht Möglichkeiten, seine Lebenswelt zu gestalten und damit Einfluss auf die Umwelt zu nehmen. „Geprägt durch seine Geschichte, zur Gänze angewiesen auf eine Vielzahl lebenserhaltender Bedingungen des gegenwärtigen Lebens, geht der Einzelne nicht ganz in ihnen auf. Er ist nicht autonom, aber im selbstbewussten, widerständigen und erneuernden Handeln widersetzt er sich produktiv der bedrückenden Welt des Vorgegebenen. Die Freiheit, die er sich handelnd nimmt, ist keine absolute Freiheit. Sie in Anspruch zu nehmen, ist Ergebnis seiner Selbstreflexivität und der sie bestimmenden Bildung." (Meueler 2009: 76) Der Mensch „reagiert nicht nur, sondern er agiert auch, er ist erkenntnis- und handlungsfähig. Das Individuum ist potentiell lernfähig. (…) Es entwickelt in Auseinandersetzung mit gesellschaftlichen Zwängen und Möglichkeiten Kräfte, sein Leben eigensinnig und selbstverantwortlich zu gestalten. Es lernt, Krisen auszuhalten und für seine weitere Entwicklung zu nutzen." (Meueler 2009: 75)

Meuelers Überlegungen sind der Kritischen Theorie verbunden, ohne jedoch deren pessimistische Haltung zu teilen. Als Pädagoge setzt Meueler auf Subjektentwicklung, auf die Aktivitäten des Subjekts, das sich nicht blind den Abhängigkeiten unterwirft und das „Unbehagen in der Kultur" nicht einfach hinnimmt, sondern kreativ und kritisch dagegenhält.

Die Aktivität des Subjekts verweist auf Aneignung, auf ein Tätigsein des Lernsubjekts. Mit dem Begriff Aneignung beschreibt Meueler, „wie ich mir als Betrachter und Benutzer meine räumliche und materielle Umwelt zu eigen mache, wie ich materiell und geistig in Beziehung zu ihr trete und fremde Erfahrungen, Kenntnisse, Fertigkeiten, Gewohnheiten, Anschauungen und vieles mehr übernehme und mir anverwandle" (Meueler 2009: 112). Aneignung ist Subjektleistung und wird nicht als Produkt der „Vermittlungskunst" des Lehrenden verstanden, wie das weitgehend in gängigen Didaktikkonzepten zum Ausdruck gebracht wird. Aneignung gelingt – so Meueler – besonders dann, wenn die Lernenden den Aneignungsgegenständen einen Sinn zuschreiben können.[9] Damit dies in Lehr-Lernprozessen zur Sprache

---

9 Meueler nimmt hier Bezug auf die Arbeiten von Leontjew (1903-1979). Der Aneignungsbegriff stellt für Leontjew das „wichtigste ontogenetische Entwicklungsprinzip des Menschen" dar (Leontjew 1971, zit. n. Meueler 2009: 113). Denn die „Welt als

gebracht werden kann, wird das dialogische Prinzip eingefordert. In Aushandlungsprozessen können Lehrende und Lernende gemeinsam ihre Interessen und von Dritten gesetzten curricularen Anforderungen einbringen und ein pädagogisches Arbeitsbündnis aushandeln. Die didaktischen Folgerungen dieser Verständnisweise für Pflegebildungsprozesse werden in Kapitel 3.4 skizziert.

Aus den referierten Ideen von „Subjekt" und dem Ansatz von Meueler lässt sich ein Ineinander verschränktes Doppeltes herauslesen. Die durchgehende Linie ist das „dialektische Verständnis des Subjektbegriffs: der Mensch als Zweiheit in der Einheit – Objekt und Subjekt zugleich, untrennbar ineinander verflochten über den menschlichen Leib – ‚unterworfen und doch frei', sich gegen das Unterworfensein in seinen vielfältigen Gestalten zu wehren." (Meueler 2009: 72) In der Argumentation von Meueler wird stets diese Dialektik zum Ausdruck gebracht. Damit steht der Subjektbegriff im dialektischen Spannungsfeld zwischen Autonomie und Fremdbestimmung und ist in der Interaktion mit Menschen und ihrem gemeinsamen Handeln angesiedelt. Die angestrebte Autonomie werde erst dann zum mitmenschlichen Wert, wenn ihr Gegenbegriff, das Angewiesensein auf andere, mitgedacht werde (Meueler 1993. 91). Eine ethische Bezugnahme des Subjekts auf den Anderen ist damit unabdingbar.

Wenngleich in Meuelers Arbeiten eine Wertschätzung gegenüber Leiblichkeit und den vielfältigen Emotionen, Phantasien und „Flow-Aktivitäten"[10] in Lehr-Lernprozessen zum Ausdruck gebracht wird, so fehlt dennoch ein phänomenologischer Theorierahmen. Bei der Suche nach diesem Theorierahmen erhielt ich Anregungen über die Lektüre der Qualifikationsarbeit von Fichtmüller/Walter (2007), die für ihre theoretische Sensibilität der empirischen Daten u. a. den Ansatz von Holzapfel kurz streifen.

Aufgabe ist materialisiert in Erfahrungen und Bedeutungen, die sich der einzelne Mensch im Prozess der Entwicklung aneignen muss. Ebenso wie alle anderen Organismen lebt der Mensch in einer Umwelt, deren Elemente alle Träger von Bedeutungen sein können. Sie werden es im konkreten Sinne nur dann, wenn ihnen Sinn zugeschrieben wird." (Meueler 2009: 113)

10 Der Begriff „Flow" geht auf den ungarisch-amerikanischen Psychologen Mihaly Csikszentmihalyi (1985) zurück. Er versteht darunter Aktivitäten, die einen erheblichen Aufwand von Zeit und Anstrengung erfordern. Derartige Aktivitäten werden dennoch durchgeführt, weil sie ein besonders intensives Erleben versprechen, was Csikszentmihalyi als „Flow" bezeichnet. Diese Aktivitäten bieten Möglichkeiten zu Handlungen in einem Bereich jenseits der Langeweile und Angst (Csikszentmihalyi 1985, indirekt zit. n. Meueler 2009: 119).

2.3 Bildung – Leib – Einbildungskraft (Günther Holzapfel 2002)

Mit der Rückbesinnung auf den Leib in Bildungsprozessen erfährt das Subjektkonzept eine Erweiterung.[11] In Holzapfels Buch: „Leib, Einbildungskraft, Bildung. Nordwestpassagen zwischen Leib, Emotion und Kognition in der Pädagogik" (2002) wird das „Andere der Vernunft" in den Blick genommen. Für Holzapfel gilt es, „das Andere", d. h. den Leib, die Triebe, das Begehren konstruktiv als eigene Lernebenen in Bildungsprozessen zu beachten, damit selbständiges Denken und Handeln gelingen kann, ohne dabei einem neuen Machbarkeitsglauben zu erliegen. Mit der Metapher „Nordwestpassagen" charakterisiert Holzapfel den schwierigen Verbindungsweg zwischen Sinnen, Emotionen, der Einbildungskraft und Kognition. Sein theoretischer Begründungsrahmen ist interdisziplinär angelegt, in dem „nach der *Bedeutung der Sinne, Einbildungskraft und Emotionen in Bildungsprozessen*" gefragt wird (Holzapfel 2002: 13, Hervorhebung im Original). Er wählt einen kultursoziologischen, philosophischen, anthropologischen, psychologischen, neurowissenschaftlichen und therapeutischen Zugang im Kontext pädagogischer Fragestellungen.

In Anlehnung an die kultursoziologischen Analysen von Kamper (1990) reflektiert Holzapfel den Begriff Einbildungskraft für Bildungsprozesse. Einbildungskraft sei nach Kamper eine Macht der Phantasie, eine Kompetenz, „sich Dinge auch in ihrer Abwesenheit so vorzustellen, als ob diese gegenwärtig wären" (Kamper, zit. n. Holzapfel 2002: 45). Sie wird als Erkenntnisform konzipiert, „deren Struktur im Wechsel von Äußersten und des Innersten besteht" (Kamper, zit. n. Holzapfel 2002: 46) und als intermediäre Potenz verstanden wird, die zu beiden Polen ausstrahlt: „zum Rationalen und zum Emotionalen" (Holzapfel 2002: 47). Im Bildungsbegriff sieht Kamper die Notwendigkeit, die beiden Pole näher zusammen zu führen. Holzapfel verweist hier auf die tradierte Vernunftkonzeption im Bildungsbegriff, die den Keil in diese Intermediarität getrieben habe, „bis zur endgültigen Spaltung von Emotionalität, Körperlichkeit, Sinnlichkeit und Vernunft." (Holzapfel 2002: 47) Das Modell von Kamper setzt auf die Verbindung von Subjekt und Objekt als dem zu erkennenden Subjekt. Damit wird der Kant'sche Begriff der Vernunft relativiert.

Die Bemühung von Kamper um eine Rehabilitierung der Einbildungskraft in Bildungsprozessen könne – so Holzapfel – existentielle Themen und die damit verbundenen Gefühle freilegen, wie bspw. Sehnsucht nach Freiheit, Glück, sinnvolles Leben, Ängste vor Versagen, Ausschluss aus der Gemeinschaft, Krankheit oder sinnloses Leben, Ohnmacht etc., die lange Zeit keine Beachtung mehr in Bildungstheorien fanden. Diese Gefühle können

---

11 In den folgenden Ausführungen werden zentrale Eckpunkte der Überlegungen von Holzapfel aufgenommen. Eine umfangreiche Analyse und Reflexion der vielfältigen theoretischen Grundlagen kann in diesem Beitrag nicht geleistet werden (vgl. Holzapfel 2002).

wiederum Einbildungskräfte beflügeln und umgekehrt. Die Einbildungskräfte können den Gefühlen Namen und Bedeutungen geben. In den Religionen, sozialen wie politischen Utopien nahmen diese Phantasien Gestalt an und fügten sich zu großen Erzählungen (Holzapfel 2002: 16). In der gegenwärtigen Zeit wird jedoch – so Holzapfel – das Ende großer Erzählungen festgestellt. Holzapfel zieht hier Fäden zur gegenwärtigen Erlebnis-, Konsum- und Medienwelt, in der sich Fiktion und Realität durchkreuzen. Bilder aus der inszenierten Lebenswelt, die teilweise nur Surrogate sind, die nur kurzfristig Emotionen befriedigen, fördern die Verschmelzung von Emotionen mit Phantasien. „Wenn die Emotionalität der Menschen erst einmal in diesen Surrogat-Bildern eingefangen ist, kann man eben dagegen nicht nur mit einem rationalistischen Aufklärungsmodell arbeiten, weil dieses dann die Menschen nur einer Fokussierung ihrer Emotionalität beraubt, d.h. die Emotionalität wirkt richtungslos. (…) Erfolgreicher ist eine Bildung, die nicht gegen die Phantasie arbeitet, sondern mit ihr. *Das bedeutet die Bewusstwerdung von Gefühlen und Phantasien durch Vergegenwärtigung.*" (Holzapfel 2002: 52 f., Hervorhebung im Original)

Im weiteren Argumentationsgang stützt sich Holzapfel auf Arbeiten von Böhme/Böhme (1992) und zur Lippe (1987), die ebenso die Gegensätze zwischen Ratio und Emotionalität aufheben wollen. Böhme/Böhme führen den Begriff das „Andere der Vernunft" ein. Ihnen gehe es nicht um eine Ablehnung der Aufklärung, sondern um eine Erhellung über das durch sie verdrängte „Andere der Vernunft" und die damit verbundenen Friktionen. Holzapfel schlussfolgert daraus, dass Bildung ohne die Berücksichtigung der Leib-, Emotions- und Phantasiedimensionen nicht erfolgreich sein werde (Holzapfel 2002: 98).

Zur Lippe (1987) verfolgt die körperliche Seite der Sinnenentstehung und des Sinnenbewusstseins. Seine Intention liegt in der Suche nach einem erweiterten Ästhetikbegriff, der alles umfasst, „was unsere Sinne beschäftigt, in uns Empfindungen und Gefühle entstehen lässt und auf solchen Wegen unser Bewusstsein prägt." (zur Lippe 1987, zit. n. Holzapfel 2002: 105) Es geht ihm um ein Lebensverständnis und einen Lebensbegriff, der „sich gegen die Starrheit, Unbeweglichkeit, das Eingefrorensein, die Desensibilisierungen und falsche Prioritätensetzung im Gesamtarrangement unserer Sinne und Wahrnehmung wehrt." (Holzapfel 2002: 105) Zur Lippe ist auf der Suche nach der körperlichen Seite der Sinnenentstehung, nach der Einheit von Natur und Geist. Durch Sinnenerfahrung sei es möglich, zum Sinn zu kommen. Er verweist auf die Tiefendimensionen des Ästhetischen, woran klarer untersucht werden könne, was Lebensentzug sei (Holzapfel 2002: 129). Holzapfel bezweifelt jedoch, dass man automatisch auf induktivem Wege von der Sinnen- und Erfahrungsebene zum Begreifen von komplexen Theorie- und gesellschaftlichen Zusammenhängen kommen kann. Wenngleich diese Überlegungen ein dualistisches Menschenbild überwinden, so sieht Holzapfel die Gefahr, mikrosoziologische und psychologische Dimensionen auf Biologisches und Naturerfahrungen zu reduzieren. Diese Kritik gelte auch für Bereiche der Sinnenpädagogik, in der Sinnenerfahrungen vorrangig über Begegnungen mit der Natur ermöglicht werden. Eine Verkürzung besteht in der Vernachlässigung des Spürens und Wahrnehmens der Lernenden in ihren sozialen Bezügen (Holzapfel 2002: 20f.). Somit bleiben diese Ansätze für Holzapfel unbefriedigend, da sie den Zusammenhang von Körperlichkeit, Emotionalität und Verstand für Bildungsprozesse unzureichend fundieren.

Auf der Suche nach weiteren Ansätzen rezipiert Holzapfel theoretische Grundlagen der Integrativen Bewegungs- und Leibtheorie von Petzold (1996). Dieser geht von einer Gratwanderung zwischen Biologismus und Idealismus aus und bestimmt eine Emergenz, wonach der Geist nicht Seelisches, und Geist-Seele nicht den Körper überwindet, sondern in allen Dimensionen des menschlichen Seins stecken ähnliche Grundqualitäten (Holzapfel 2002: 167). Petzold nimmt in seinem Leibkonzept Bezug zu Merleau-Ponty und verweist auf die soziale Dimension und das Eingebundensein des individuellen Leibes in die Lebenswelt. „Der Leib ist die ultimative Subjektivität und im letzten kann ich einen anderen Menschen über seine Körperlichkeit hinaus nur als Leib erfahren, in dem ich aus der Erfahrung meines eigenen Leib-Seins ihn als Leib-Subjekt empathiere (…) seine Realität als leibliches und darüber hinaus unsere gemeinsame Realität als Zwischenleiblichkeit (z.B. in der nonverbalen Kommunikation) erfahre und erfasse." (Petzold 1996, zit. n. Holzapfel 2002: 165f.)

Petzold thematisiert das „Leibsubjekt als handelndes, tätiges, kreatives Subjekt mit den Sinnen- und Handlungsorganen des Leibes, mit der Befähigung zu Gedächtnis und Bewusstsein, nämlich perzeptiver, memorativer, reflexiver und expressiver Leib" (Petzold, indirekt zit. n. Holzapfel 2002: 176). Die Dualität wird durch die Ambiguität dieser Verhältnisse aufgehoben. Holzapfel leitet daraus Konsequenzen für Lernen und Bildungsprozesse ab: „Die Richtung, um die es geht, ist die Beachtung der *Einheit* der Ebenen von Fühlen, Wahrnehmen, Ausdrücken und reflexiven Verstehens und Begreifens, aber zugleich auch die Respektierung und Berücksichtigung der *eigenständigen ‚Natur'* (Differenz) der jeweiligen Ebenen von Lernen und Bildung." (Holzapfel 2002: 184, Hervorhebung im Original) Diese Lernebenen müssen nicht in jedem Bildungsprozess in den Blick genommen werden. Vielmehr gehe es darum, die Gleichbedeutsamkeit von Körperlichkeit, Emotionalität, Phantasie und Kognitionen in den je didaktischen Konzeptionen differenziert zu bestimmen und zu begründen. Das „Andere der Vernunft" wird damit in den Lern- und Bildungsbegriff aufgenommen. Denn die Wirkungen des Vernunft-Ichs setzen eine Verankerung „im perzeptiven, expressiven und memorativen Leib" voraus. Wenn dies ausbleibt, ist die Vernunft ohne Wurzeln, dieses Vernunft-Ich bleibt – weil unterernährt aus den emotionalen Energiequellen und Wurzeln – wankelmütig, instabil, mut- und energielos. Ihm fehlt die Kraft und der Mut zum freien Denken und Handeln." (Holzapfel 2002: 191)

2.4 Zusammenführung

Abschließend wird das diesem Beitrag zugrunde gelegte Subjektkonzept expliziert. Etymologisch betrachtet ist der Subjektbegriff ein grundlegender Begriff („subiectum", das „Zugrundegelegte"). Gleichzeitig wird ein Verständnis des Unterworfenseins zum Ausdruck gebracht. Mit den Ideen der Aufklärung wird das Unterworfensein des Menschen radikal in Frage gestellt. Die Vernunft ist eine autonome Kraft, die den Menschen in die Lage versetzt, Abhängigkeiten zu durchschauen und sich von äußeren Autoritäten zu emanzipieren. Das übergroße Vernunftsubjekt erscheint jedoch in Subjektkonzepten, in denen gesellschaftliche Verhältnisse und deren Einfluss auf den Menschen thematisiert werden, äußerst fragwürdig.

In der Zusammenführung dieser Verständnisweisen wird ein dialektisch begründeter Subjektbegriff entfaltet, der als grundlegender Begriff in die Pflegedidaktik eingeführt wird. In Anlehnung an Meueler impliziert der Begriff des Subjekts Erfahrungen und Strukturen des Objektseins. Damit wird zum Ausdruck gebracht, dass der Mensch im Wirkungsfeld biologischer, gesellschaftlicher und sozialer Belange steht, er ist damit abhängiges Subjekt, eingebunden in eine Lebensgeschichte. Aber nicht nur: Der Mensch kann gestaltenden Einfluss auf diese Bedingungen nehmen, sich gegen einengende Herrschaftsverhältnisse stellen und relative Autonomie erwerben, und zwar in der wertenden Auseinandersetzung mit der äußeren und inneren Natur sowie der Gesellschaft. In dieser Perspektive wird der Optimismus der Aufklärungsphilosophen in den Blick genommen. Dabei geht es nicht um ein heroisches einsames Vernunftsubjekt, wie dieses noch bei Kant aufscheint, sondern um ein Subjekt in der Linie der Kritischen Theorie, in der die Gründe für die negativen Folgen von Vernunft und Aufklärung durch anthropologische Analysen erhellt werden. In diesem Verständnis wird der Subjektbegriff als normativer verstanden. Aufschlüsse über das „Andere der Vernunft" geben die Überlegungen Holzapfels. Mit der Rückbesinnung auf den Leib, die Emotionen und Einbildungskraft werden einseitig rationalistische Positionen in Lehr-Lern-/Bildungsprozessen in Frage gestellt. Diese Überlegungen geben wesentliche Hinweise für die Subjektentwicklung in pflegeberuflichen Bildungsprozessen.

3. Merkmale subjektorientierter Pflegedidaktik

3.1 Subjekt – Lernen – Bildung

Eingebettet in einen anthropologischen Diskurs verweist der in diesem Beitrag entfaltete dialektisch begründete Subjektbegriff zugleich auf die Begriffe Bildung und Lernen, konkret auf Subjektentwicklung. Mit dem Bildungsbegriff wird ein gesellschaftlich-normativer Bezugspunkt gesetzt.

Subjektorientierung ist in diesem Verständnis nicht gleich zu setzen mit konstruktivistischen Ansätzen.[12] Subjektorientierte Pflegedidaktik grenzt sich von diesen ab. Begriffe wie „Autopoiesis" können nur bedingt auf Bildungsprozesse bezogen werden. Die Gefahr besteht in einer biologischen Verkürzung von Lernprozessen und einer Verschleierung gesellschaftlicher Machtverhältnisse. Denn Lehrende und Lernende sind in institutionalisierten Lehr-Lernzusammenhängen keineswegs autonom, wie dies konstruktivistische Modelle nahe legen. Die Lernenden stehen immer in gesellschaftlichen Sinnzusammenhängen, welche sie sich aneignen und sind in vielfältige Abhängigkeiten verstrickt. In dem hier entfalteten Subjekt-, Lern- und Bildungsbegriff verständigen sich die Beteiligten in Lehr-Lernprozessen im Kontext der zu verhandelnden Lerngegenstände mit jenen Deutungen[13], die ihnen biografisch in ihrem sozialen und gesellschaftlichen Eingebundensein als Alltagstheorien und Erfahrungswissen gegeben sind. Sie erwerben dann relative Autonomie, wenn es ihnen gelingt, sich ihrer als unzureichend erlebten Deutungen bewusst zu werden und diese auf der Grundlage der kritischen Auseinandersetzung mit gesellschaftlich verfügbaren Wissensbeständen zu reflektieren und sich selbst, in ihrem Leibsein sowie in ihren sozialen Lebens- und Arbeitsbedingungen, zu begreifen. Handeln wird kompetenter, wenn Lernsubjekte sich der Strukturen des Objektseins bewusst sind. Darüber können Gestaltungsspielräume ausgelotet werden. In dieser Perspektive nehmen Lernen und Bildung ihren Ausgangspunkt nicht in der Konstruktion selbstbestimmter Lernenden, „sondern in der gesellschaftlichen Formiertheit der Lernenden sowie in der individuell eigensinnigen Verarbeitung dieser Formiertheit, die sich in differenten Bedeutungshorizonten festmacht." (Ludwig 2008: 123)

---

12 Konstruktivistische Ansätze werden gegenwärtig in der Erwachsenenbildung, Berufspädagogik und Pflegepädagogik rezipiert (vgl. dazu u. a. Arnold/Siebert 1995, Schwarz-Govaers 2009). Trotz Unterschiedlichkeit besteht die Gemeinsamkeit in der Annahme, dass es keine objektive Wirklichkeit gibt. Der Mensch als Beobachter der Welt bildet demnach diese nicht einfach ab, sondern konstruiert und erschafft das, was er zu erkennen glaubt.

13 Mit dem Begriff „Deutungen" sind in diesem Kontext soziale Deutungsmuster gemeint, die als verinnerlichte Sinnzusammenhänge unsere Wahrnehmung der Welt und Selbstwahrnehmung vorprägen. Sie entstehen in der Auseinandersetzung mit gesellschaftlichen Normen und Werten sowie bewährten Problemlösungen und ermöglichen im täglichen Handeln Orientierung (Meueler 2009: 74).

Damit ist der theoretische Rahmen für die Entwicklung einer subjektorientierten Pflegedidaktik vorläufig abgesteckt. Eine grundlegende Gestalt erhält dieser erst im Kontext der Verständnisweisen pflegerischen Handelns. Somit wird in einem nächsten Schritt die Vielschichtigkeit pflegerischen Handelns unter subjekttheoretischer Perspektive dargelegt. Darüber ergeben sich Implikationen für pflegeberufliche Bildungsprozesse.

3.2 Die Vielschichtigkeit pflegerischen Handelns

Remmers definiert berufliche Pflege „als eine Dienstleistung professioneller Hilfe für Menschen, die, bedingt durch – möglicherweise nur episodische oder sich weit erstreckende – Erkrankungen, Behinderungen, Leiden oder Gebrechen, Einschränkungen bis hin zum Verlust ihrer bio-psychosozialen Integrität erleben." (Remmers 2006: 185) Unter subjekttheoretischer Perspektive wird das jeweilige Handeln von den an der Pflege beteiligten Subjekten, ihren biografischen Erfahrungen, ihrem Erleben, ihren Emotionen und lebensgeschichtlich erworbenen Deutungsmustern bestimmt. Zentrales Merkmal ist das Angewiesensein auf Andere. Das Angewiesensein ist für das zu pflegende Subjekt besonders dann fühlbar, wenn eigene Kräfte nicht mehr ausreichen, um die Selbstpflege allein bewältigen zu können. Im pflegerischen Interaktionsprozess treten situative Befindlichkeiten der zu pflegenden Menschen in den Mittelpunkt der Aufmerksamkeit. Entscheidend dabei ist die Problemsicht des zu pflegenden Menschen und seine Deutung der ihm zugänglichen Bearbeitungs- und Bewältigungsmöglichkeiten. Dies erfordert von den Pflegenden fallverstehende, reflexive und kommunikative Fähigkeiten. Darüber können die vielfältigen Interaktionsprozesse, die zwischen dem zu Pflegenden und den Pflegenden stattfinden, immer wieder neu gedeutet werden, um so die individuellen Potenziale und Deutungen der zu pflegenden Subjekte in den Pflegeprozess nicht nur einzubeziehen, sondern diesen auch danach auszurichten (Ertl-Schmuck/Fichtmüller/Böhnke 2007: 23).

Die in der Pflegewissenschaft diskutierte „doppelte Handlungslogik"[14] mit der Verschränkung von wissenschaftlichem Wissen und hermeneutischem Fallverstehen verweist auf einen hermeneutischen Prozess, der sich zwischen einem wissenschaftlich generalisierten fallübergreifenden Erklärungs-, Begründungs- und Regelwissen und einem fallbezogenen, kasuistischen „gleichsam in einem praktischen Erfahrungsspeicher geronnenen Handlungswissen" (Remmers 2000: 380) bewegt. Die diesen Handlungslogiken innewohnenden Spannungen sind pflegedidaktisch höchst relevant.

---

14 Zum Begriff „doppelte Handlungslogik" vgl. den strukturtheoretischen Professionalisierungsansatz nach Oevermann (1996). In der Pflegewissenschaft wird dieser Ansatz von Weidner (1995); Remmers (2000); Raven (2007); Friesacher (2008) und in der Pflegedidaktik u. a. von Darmann (2005) und Böhnke/Straß (2006) eingeführt.

Daraus können Bildungsinteressen als Frage nach der Anerkennung dieser Spannungen entstehen.

Mit dem theoretischen Konstrukt der doppelten Handlungslogik lässt sich jedoch die inhaltliche Komplexität pflegerischen Handelns nur unzureichend begrifflich fassen. Ausgeblendet bleiben leibliche Elemente,[15] die in der Dimension des körperzentrierten Handelns (Remmers 2000) eine bedeutsame Rolle einnehmen. Hier liegt die spezifische Leibgebundenheit von Pflege, in der Fragen des Verhältnisses von Selbst- und Fremdbemächtigungen auf der körperlichen Ebene beantwortet werden müssen. So fragt Remmers danach, wie sich „die Norm zwangloser Intersubjektivität gleichsam in Strukturmerkmale körperlicher Austausch- und Anerkennungsverhältnisse übersetzen lässt. Die Gefahr einer subtilen Fremdbemächtigung ist zum einen durch einen krankheitsbedingten Verlust der Macht des Patienten über sich und seinen Körper, zum anderen durch Vorstellungskomplexe eines *Maschinenkörpers* gegeben" (Remmers 2000: 173, Hervorhebung im Original).

Somit bedarf es, Remmers folgend, eines Körperverständnisses, in dem der Körper nicht als „cartesianischer Sinnesdatenträger" gesehen wird. Remmers definiert den Körper in Anlehnung an Merleau-Ponty als Empfindungseinheit, verstanden als Leib, der „Funktionen einer Symbolik besitzt, die sich über eine frühe motorische Intentionalität aufbaut und diese nach und nach ersetzt" (Merleau-Ponty 1966, indirekt zit. n. Remmers 2000: 173).

Die Funktionen einer Symbolik sind eingebettet in eine soziale Welt mit all den jeweiligen Kulturpraktiken und Moden. Wir agieren stets in diesem Rahmen, in dem der Leib lernt und gelernt hat und Schicksalsschlägen ausgesetzt ist. Uzarewicz/Uzarewicz (2005) verweisen darauf, dass wir aus unserem leiblichen Wissen heraus die Möglichkeiten des Pflegens, des Heilens, der Zuneigung, aber auch der Ablehnung kennen. Das leibliche Wissen ist in Zeit und in einer Geschichte lokalisiert und in spezifischen sozialen Zusammenhängen verwurzelt. Die Vielfalt dieses leiblichen Wissens geht in pflegerischen Situationen ein und nimmt Einfluss auf das Handeln der am Pflegegeschehen beteiligten Menschen. In diesem Handeln ist immer *etwas zwischen* den Interaktionspartnern, das nur unzureichend in Worte gefasst werden kann. In der Sprache von Waldenfels ist dies die „Sphäre des Zwischen" (Waldenfels 2000: 286). Damit wird eine soziale Atmosphäre bezeichnet, in der wir schon gegenwärtig sind, bevor sich bestimmte Personen und Konkretes herauskristallisieren. Diese Sphären sind jeweils durch einen Selbst- und Fremdbezug charakterisiert, der in beide Richtungen läuft. Auch Uzarewicz/Uzarewicz sprechen in Anlehnung an Schmitz von

---

15 Der Begriff „Leib" wird von Remmers unter Rückgriff auf Merleau-Ponty, Plessner und Schmitz eingeführt, um eine „phänomenologische Theorie der Subjektivität, die den Körper als Grundlage des Handelns einbezieht", zu entfalten (Remmers 2000: 331).

Atmosphären als Gefühlsmächten, die „räumlich randlos ergossen" sind und die Menschen ergreifen (Uzarewicz/Uzarewicz 2005: 105).

Subjektorientierung nimmt Bezug auf leibbezogenes Handeln im Pflegeverlauf. Der Blick richtet sich damit auf die leibliche Kommunikation, auf das Aufmerksamwerden von Atmosphären, auf die Erfahrungen der zu pflegenden Menschen im Zusammenhang von Kranksein und Pflegebedürftigkeit, die in eine Lebensgeschichte eingebettet sind. Das Potenzial für Subjektentwicklung liegt u. a. in den Ambivalenzen, in denen Entfremdungen und schmerzhafte Auseinandersetzungen mit dem eigenen Leib phänomenal einbezogen werden. Die Ambivalenz wird deutlich in der Verschränkung von Selbstbestimmung und Fremdbestimmung, von Vertrautheit und Fremdheit. Ambivalenzen zeigen sich darin, dass bspw. gewohnte Bewältigungsmuster nicht wirksam werden, da ein Zustand der eingeschränkten schmerzhaften Beweglichkeit im bisherigen Leben nicht durchlebt wurde. Der Körper, der bislang funktionierte, mit dem der Mensch vertraut war, fühlt sich plötzlich fremd an. Die erlebte Entfremdung wird verstärkt durch die Fachsprache der Pflegenden, denn das Erleben wird in eine Sprache gefasst, entäußert und zum Gegenstand der professionellen Helfer. Und doch entzieht es sich in seinem Erleben dem Anderen, der von diesem Erleben in vielfältiger Art und Weise berührt werden kann. Der Andere bleibt ein Anderer. In dem Zustand der erlebten Einschränkung und Fremdbestimmung kann der Patient Neues erlernen und in seine Lebenswelt integrieren, um so das Gefühl der Integrität allmählich wieder rückzugewinnen.

Pflegende können den Patienten auf dem oftmals mühsamen Weg der Genesung durch pflegerische Interventionen unterstützen und begleiten. In diesem interaktiven Pflegeprozess bleibt jedoch vieles im Verborgenen. Damit scheint ein weiterer Aspekt für pflegerisches Handeln relevant zu sein: das ‚Nichtwissen'. Um das Nichtwissen zu wissen bedarf es einer intensiven Auseinandersetzung mit dem Wissen und setzt ein verändertes Verständnis von Intersubjektivität voraus, denn der Andere bleibt für das Wissen unendlich anders (Wimmer 1996: 432). Unbestimmtheit als konstitutives Element pflegerischen resp. pädagogischen Handelns ist durch kein Wissen und keine normativen Setzungen auflösbar. Professionelles Handeln bleibt demnach „in einem unauflösbaren Knoten verstrickt, den (…) immer nur der Handelnde selbst lösen kann" (Wimmer 1996: 447) und kann als offenes Projekt der Subjektentwicklung verstanden werden.

In diesem offenen Prozess wird pflegerisches Handeln von vielfältigen Emotionen begleitet. Pflegende verrichten vielfach intimste Arbeiten bei Patienten, wie das Waschen des Intimbereichs, das Umgehen mit Ausscheidungen, Schleim, Erbrochenem. Sie versorgen eitrige Wunden und berühren einen erschlafften Körper. All das sind Bereiche des menschlichen Lebens, die mit gesellschaftlichen Tabus belegt sind und starke Gefühle des Ekels, der Scham, der Peinlichkeit aber auch der Angst und des Zorns auslösen können, nicht nur bei Patientinnen, sondern auch bei den Pflegenden.

Pflegende dürfen zwar von Berufs wegen diese Schranken durchbrechen, sind jedoch keineswegs gegen die dadurch ausgelösten Gefühle geschützt (Overlander 1994). Auf der Ausdrucksebene scheinen diese Emotionen voneinander unterscheidbar zu sein. „Zorn wird repräsentiert durch Reizbarkeit, Ekel durch Widerwillen und Geringschätzung durch Entfernung und Distanz." (Overlander 1994: 87) Diese Mechanismen werden von der Emotionsforschung bestätigt. Izard (1999) verweist darauf, dass bspw. Ekel eine einschränkende Wirkung auf Wahrnehmung und Kognition haben kann. Wenn Emotionen nicht verbalisiert, sondern ausgeklammert werden und zudem ein funktionales Verständnis des Handelns im Vordergrund steht, dann fördere dies die nicht aktive Nutzung von Wissen und rationalen Überlegungen für den Pflegeprozess, sondern im Gegenteil, eine Verschränkung von Wissen und Fallverstehen werde dadurch eher verhindert (Gieseke 2009: 195). Darüber hinaus können krankhafte Emotionszustände entstehen. Hier werden die Wechselwirkungen zwischen Emotionen, Leib und Vernunft konkret, denn Emotionen haben eine neurophysiologische Ebene, werden von gesellschaftlichen Normen bestimmt und beeinflussen unser Denken, Fühlen, Wollen und Handeln.

Die hier nur knapp dargelegten Merkmale pflegerischen Handelns sind in ihrer Vielschichtigkeit vor dem Hintergrund gesellschaftlicher Strukturen zu reflektieren. Die gegenwärtige Orientierung im Gesundheitswesen an ökonomischen Kriterien führt zu Standardisierungen und Normierungen pflegerischer Leistungen. Damit wird „der Kern der Pflege – die an den Grundbedürfnissen ansetzende Beziehungsarbeit in existentiellen, die Integrität bedrohenden Lebenssituationen – verdrängt und verzerrt." (Friesacher 2008: 333) Professionell Pflegende bewegen sich damit in einem Spannungsfeld von Hilfe und Kontrolle. Gesellschaftliche Vorstellungen von Normalität wirken bis in die Mikroebene pflegerischen Handelns hinein und werden in dieser *(re)produziert*. In diesem Wirkgefüge können Bildungsinteressen entstehen, „als Frage nach der Angemessenheit der Praktiken vor dem Hintergrund jener Eigenstruktur" (Gruschka 2007: 729) und als Frage – im Verständnis der Kritischen Theorie – nach einer vernünftigeren Pflegepraxis.

3.3 Die leibliche Sensibilisierung als Gegenstand des Lernens und Lehrens

Leibliches Handeln

Die Beantwortung der Frage nach den Implikationen der hier dargelegten subjektorientierten Verständnisweisen pflegerischen Handelns für Bildungsprozesse ist zentral. In den Blick kommen als Lehr-Lerngegenstände das leibliche Pflegehandeln und die damit verbundenen Emotionen sowie ein Verständnis von Handeln, in dem einseitig rationalistische Verkürzungen abgelehnt werden. Für Pflegebildungsprozesse steht das leibliche Handeln zentral. Dem „Leibsein" kommt – so meine These – nach wie vor in Pflegebildungsprozessen eine geringe Aufmerksamkeit zu. Obwohl inzwischen einige Arbeiten zum Leibsein vorliegen, nimmt das funktionale Körpermodell der naturwissenschaftlich ausgerichteten Medizin eine dominante Stellung ein.[16] Der eigene und erfahrbare Körper, den wir als leibliche Selbstvorgegebenheit unhinterfragt in unserer Existenz annehmen, der uns im Kranksein resp. Pflegebedürftigkeit seiner Unverfügbarkeit gewahr wird und uns an die Grenzen unserer Selbstverfügung erinnert, erhält im pflegedidaktischen Blick eher eine geringe Bedeutung. Leibliches Handeln ist jedoch im pflegerischen Alltag allgegenwärtig. Denn pflegerisches Handeln findet weitgehend auf der körperlichen Ebene statt. Dies bedeutet die Nähe zu einem anderen Körper und ein Einlassen auf die jeweilige Situation. In diesem Prozess wird von den Pflegenden eine hohe Konzentration und Aufmerksamkeit auf das leibliche Handeln gefordert, damit die feinsinnigen leiblichen Abstimmungen zwischen dem zu pflegenden Menschen und dem Pflegenden zustande kommen (Sieger/Ertl-Schmuck/Harking, im Erscheinen). Lernen bedeutet in dieser Perspektive, dass die Lernsubjekte den eigenen Körper wahrnehmen und diesen als Empfindungseinheit vergegenwärtigen und verstehen, wie wirkmächtig kulturelle Praktiken und gesellschaftliche Diskurse sind. Gegenwärtig ist der Leib, genauer der Körper, längst nicht mehr nur unser Schicksal, der Körper wird verjüngt und verändert. Mit der Entschlüsselung des genetischen Codes wachsen auch die Möglichkeiten, der Zukunft des werdenden Leibes vorzugreifen. Das wirft ethische Fragen auf, die zentral für Pflegebildungsprozesse sind.

Damit ist eine leibliche Sensibilisierung als Gegenstand des Lehrens und Lernens unabdingbar. Denn die Art und Weise, wie Lehrende am Lernort Schule resp. Betrieb über den Körper sprechen und mit diesem „umgehen", hat Auswirkungen auf den Zugang zu bestimmten Wissensformen und Pflegehandlungen und präformiert die Wahrnehmung der Lernenden, die Pflegen lernen. Die Folgerungen für die Pflegebildung sind curriculare Neujustierungen. Ethische Fragen, anthropologische Inhalte, leiborientierte Pflegekonzepte[17], Gestalt- und Ausdrucksmittel des perzeptiven, expressiven und memorativen Leibes können die Lehr-Lernprozesse bereichern. Erfahrungsorientierte Methoden des Szenischen Spiels, wie sie von Oelke (2000, 2009) für die Pflege entwickelt wurden und leiborientierte Methoden sowie reflexive Arbeit mit Fallgeschichten aus dem Pflegealltag können eine leibliche Sensibilisierung am Lernort Schule in Bewegung bringen.

---

16 Es gibt bereits einige Arbeiten, die Zugänge zu den Phänomenen der Leiblichkeit eröffnen (vgl. dazu Friesacher 2008; Böhnke/Straß 2006; Uzarewicz/Uzarewicz 2005; Greb 2003; Remmers 2000). Explizite Forschungen zum Leibverständnis in der Pflegebildung stehen noch aus.

17 Exemplarisch steht hier das Konzept der Basalen Stimulation, das von Fröhlich für die Behindertenpädagogik entwickelt und von Bienstein in die Pflege eingeführt wurde (vgl. Bienstein/Fröhlich 1995; Werner 2002).

Mit dem phänomenologischen Leibbegriff kann Handeln nicht ausschließlich über rationale Handlungstheorien begründet werden, denn diese unterstellen mindestens dreierlei, und zwar unabhängig davon, ob sie Rationalität enger oder weiter, utilitaristisch oder normativistisch fassen. Sie unterstellen den Handelnden (1) als fähig zum zielgerichteten Handeln, (2) als seinen Körper beherrschend und (3) als autonom gegenüber seinen Mitmenschen und seiner Umwelt (Joas 1996: 216f.). Diese unterstellten Voraussetzungen sind gerade im pflegerischen Handeln nicht immer gegeben. Diesem Handlungsmodell inhärenten Annahmen können auf pflegerisches Handeln nur bedingt angewandt werden.

Joas versucht das Zweck-Mittel-Schema zu überwinden, indem er eine nicht-teleologische Deutung der Intentionalität des Handelns ausweist. In diesem ist die Wahrnehmung und Erkenntnis als Phase des Handelns aufzufassen, durch welche das Handeln in seinen situativen Kontexten geleitet wird. Die Setzung von Zwecken geschieht „nicht in einem geistigen Akt vor der eigentlichen Handlung, sondern ist Resultat einer Reflexion auf die in unserem Handeln *immer schon wirksamen, vor-reflexiven Strebungen und Gerichtetheiten*" (Joas 1996: 232, Hervorhebung im Original). Der Ort der Strebungen ist „unser Körper: seine Fertigkeiten, Gewohnheiten und Weisen des Bezugs auf die Umwelt stellen den Hintergrund aller bewussten Zwecksetzung, unserer Intentionalität dar" (Joas 1996: 232). In dieser Perspektive sind die Ziele nicht dem Handeln vorgelagert, sondern Situations- und Zielbezug sind von vornherein miteinander verschränkt und die Wahrnehmung der Situation ist in unseren Handlungsfähigkeiten und aktuellen Handlungsdispositionen vorgeformt (Joas 1996: 232). Im Handeln gehen unbewusste Momente ein, die über die „Sprache des Leibes" die Handlungssituationen bestimmen (Böhnke/Straß 2006: 197).

Dieses Verständnis setzt auf die Verbindung von Subjekt und Objekt und unterstützt den dialektisch begründeten Subjektbegriff. Kognitive und sprachliche Verständigungen zwischen Patientin und Pflegeperson reichen danach nicht aus. Wichtig ist darüber hinaus „wie sich die Form einer Handlung der Wahrnehmungswelt, dem über Empfindungen und Bewegungen ontogenetisch aufgebauten Selbst-Bild des Patienten durch körperlichen Nachvollzug integrieren lässt" (Remmers 1997: 281).

In diesem dynamischen Verständigungsprozess können Aushandlungsprozesse nicht nur auf verbaler Ebene ablaufen. Darüber hinaus gibt es vielfältige feinsinnige Abstimmungsprozesse im leiblichen Handeln zwischen Patientin und Pflegeperson. Diese finden bspw. über Berührung, Bewegung, leibliches Spüren, Blickkontakt statt. Den Pflegenden wird in derartigen Interaktionsprozessen eine hohe Konzentration und Aufmerksamkeit auf den eigenen und fremden Körper abverlangt.

Emotionen

Begleitet werden pflegerische Interaktionsprozesse von Emotionen, die sich – so Remmers – als schwer verfügbar erweisen (Remmers 2000: 358). Werden diese in Bildungsprozessen ausgeklammert und stehen funktionelle Dimensionen pflegerischen Handelns im Vordergrund, fördere dies – so Gieseke – die nicht aktive Nutzung von Wissen und rationalen Überlegungen für den Pflegeprozess. Von Bedeutung ist die Erkenntnis, dass mit mehr Wissen, wenn es reflexiv genutzt wird, ein wissendes Mitgefühl freigesetzt werden kann. „Ohne professionelles Wissen ist die Perspektive der Pflegenden die der Verhärtung; ein im echten Sinn professioneller Umgang mit Pflege würde dagegen die Steuerung der Gefühle über Wissen und Rationalität, also Interpretationskraft, beinhalten. (…) Um erweiterte Wahrnehmungen und Kognitionen zu entwickeln, sind hier selbstreflexive Orte zu sichern, damit sich keine Gefühlsstaus entwickeln, aber auch keine latenten Attacken gegen Patienten, die sich in hilflosen Situationen freie Bahn schaffen können." (Gieseke 2009: 194; 196) Gefühle bedürfen zwar der Artikulation und der Begleitung einer angeleiteten Reflexion. Dennoch manifestieren sich Gefühlsäußerungen unterhalb kognitiver Rationalität und lassen sich nicht so ohne weiteres im Diskurs aufklären oder gar verändern. Nach Ciompi ist der „Körper geradezu der primäre Sitz, das primäre ‚Organ' und Ausdrucksfeld der Gefühle" (Ciompi 1999: 304).

In Anlehnung an Holzapfel könnte mit dem Einsatz von körperorientierten Methoden in Lernprozessen auch der präreflexiven Ebene, die sich in Auseinandersetzung mit anderen und dem Lerngegenstand vollzieht, Rechnung getragen werden.

Die leibliche Sensibilisierung als Gegenstand des Lehrens und Lernens mit den Lernebenen des leiblichen Handelns, der Emotionen, des Wissens kann als Orientierungs-, Reflexions- und Begründungsrahmen für die Bestimmung von konkreten Inhalten, Zielen und Methoden genutzt werden. Die pädagogische Anstrengung gilt dann dem Versuch, die Gleichbedeutsamkeit dieser Lerngegenstände in den je didaktischen Konzeptionen differenziert zu bestimmen und pflegedidaktisch zu begründen. Wenn eine Ebene unberücksichtigt bleibt, dann bedarf dies der didaktischen Begründung. Das „Andere der Vernunft" wird damit in den Lern- und Bildungsbegriff aufgenommen.

3.4 Die Lehr-Lernsubjekte in Pflegebildungsprozessen

War bislang der Blick auf zentrale Lerngegenstände in Pflegebildungsprozessen gerichtet, so werden in den folgenden Ausführungen die Lehr-Lernverhältnisse zwischen den am Lehr-Lernprozess beteiligten Subjekten verhandelt. Das Konzept der Subjektorientierung ist geprägt von der Achtung vor der Würde des Anderen. Daher werden die Lernsubjekte nicht von ihren Defiziten, sondern vielmehr von ihren mitgebrachten Stärken und Fähigkeiten her in den Blick genommen (vgl. dazu und im Folgenden Ertl-Schmuck 2000).

Die nicht erzwingbare Vermittlung von Subjekt und Objekt
Die Erkenntnis, dass die Aneignung der Lerninhalte durch die Lernenden deren von außen nicht erzwingbare Subjektleistung ist, bleibt für die Gestaltung des Lehr-Lernprozesses von besonderer Bedeutung. Subjektorientierung bedeutet Abschiednehmen vom traditionellen Lehr-Lernverständnis, in dem der Lehrende der Allwissende ist. Die traditionelle Rede von Lehrerinnen, die „Lehrinhalte vermitteln", wird damit obsolet. Die Lehrenden wollen erreichen, dass es auf Seiten der Lernsubjekte zu einer sachgerechten wie einer erfolgreichen Vermittlung zwischen Subjekt und Objekt (Lerngegenständen) kommt. In dieser Vermittlung wird die Distanz zwischen dem Wahrnehmungs- und Erkenntnissubjekt und den von ihm getrennten Objekten der Wahrnehmung und Erkenntnis überwunden oder doch zumindest verringert, was als Aneignung der Lernsubjekte (lernen) beschrieben werden kann. Dieser Strom der Vermittlung zwischen Subjekt und Objekt fließt immer dann besonders gut, wenn die Lernsubjekte den bislang fremden Gegenständen ihres Interesses eine Bedeutung der eigenen Lebenswelt, also einen Sinn zuschreiben können (vgl. Meueler 2009: 974).

Aneignung ist damit an die Lernsubjekte, ihren Sinnzuschreibungen und Erfahrungen und ihrer gegenwärtigen sozialen Situiertheit gebunden. Somit gehört zum pädagogisch-praktischen Handeln nicht zuletzt das Bewusstsein von einem offenen Ausgang sowie das Wissen und die Akzeptanz, dass auf der anderen Seite ein eigensinniges Subjekt steht, von dessen Selbsttätigkeit das Resultat der pädagogischen Bemühungen abhängt.

Die entscheidende Leistung wird vom Subjekt selbst erbracht, denn Subjekte im emanzipatorischen Sinne können sich nur – unterstützt durch andere – selbst entwickeln. Unter subjekttheoretischer Perspektive können die Verantwortlichen für die Pflegeausbildung Bildungsgelegenheiten vorbereiten, wobei die potentiellen Lernenden zunächst nicht mehr als Objekte ihrer Planungen sind. Ob die angestrebten Bildungsprozesse realisiert werden, bleibt offen und hängt von den beteiligten Subjekten im Lehr-Lernprozess unter den je geltenden Bedingungen ab. Subjektorientierung ist somit ein offenes Projekt und steht zwischen zwei Welten: „Die Unausweichlichkeit der Bestimmung und die letzte Unverfügbarkeit des Subjekts zeichnen [sich, E.-S.] gemeinsam dafür verantwortlich, dass alles praktische Bemühen um die konkrete Realisierung der Selbstermächtigung des Subjekts sich bewegt auf einer Skala, die von ‚magischen Momenten' des Gelingens bis zu Situationen des Scheiterns reicht." (Ruppert 2003: 84)

Aushandlungsprozesse
Zur Vorbereitung von Lehr-Lernprozessen sind die systematische Analyse und die reflexive Auseinandersetzung mit wissenschaftlichen Wissensbe-

ständen und praktischen Handlungsregeln, die zur Bewältigung und Begründung der berufsspezifischen Handlungen erforderlich sind, zentral. Um die Frage nach dem jeweiligen pflegerischen Handeln beantworten zu können, sind eine Fülle unterschiedlicher, die jeweilige Handlungssituation bestimmenden Faktoren, Regeln, Erkenntnisse, Interessen und Bedürfnisse zueinander in Bezug zu setzen. Dabei kann es durchaus auch um funktionale Lerngegenstände gehen, bei denen zunächst eine Handlungssicherheit angestrebt wird, wie bspw. das Versorgen einer Wunde. Diese ist jedoch nur ein Teilaspekt einer Handlung und bedarf der sukzessiven Erweiterung um die Perspektive des pflegebedürftigen Menschen und der am Pflegeprozess beteiligten Berufsgruppen.

Zu Beginn einer umfangreichen Lernsituation werden Ziele und Inhalte der angestrebten Lernprozesse nicht ausschließlich durch die Lehrenden festgelegt, sondern zum Gegenstand von Lehr-Lernvereinbarungen gemacht. Hier erhalten Lehrende und Lernende die Chance, ihre Deutungsmuster in Bezug auf die zu verhandelnden Lerngegenstände, zumindest teilweise, zum Ausdruck zu bringen. Dabei geht es um das Aushandeln von curricular vorgegebenen Lernanforderungen und subjektiven Interessen, Bedürfnissen und individuellen Erfahrungen im Kontext der zu verhandelnden Lerngegenstände. Die curricularen Anforderungen sowie die eingebrachten subjektiven Interessen der Lernsubjekte sind wiederum nur im Zusammenhang verschiedener Argumentationen zu verstehen, mit denen bestimmte Gruppen der Gesellschaft die Verhältnisse interpretieren. Diese Interpretationen der sozialen Realität waren und sind immer interessengeleitet und spiegeln sich in Lehr-Lernprozessen wieder.

Im Lehr-Lernprozess wird eine Verschränkung verschiedener Perspektiven in Bezug auf die zu verhandelnden Lerngegenstände angestrebt. In Anlehnung an die Theorie des Kommunikativen Handelns nach Habermas wird in Verständigungsprozessen zwischen Lehrenden und Lernsubjekten nicht eine Verdrängung der einen oder anderen Sichtweise angestrebt, sondern vielmehr sind Verständigungsversuche als Überprüfung von Geltungsansprüchen zentral (Habermas 1995). In den Blick kommen (1) bislang unhinterfragte Selbstverständlichkeiten und Routinen sowie (2) Prozesse der argumentativen Rede und (3) Verständigung mit dem Ziel des begründeten Einverständnisses. Für pflegeberufliche Bildungsprozesse wird hier eine Einschränkung vorgenommen. Denn es geht nicht in jedem Fall um begründete Einverständnisse, sondern vielfach um Selbstverständigung[18] mit dem Versuch, „in Differenz zu anderen Bedeutungshorizonten Rahmungen

---

18 Hier wird in Anlehnung an Ludwig Bezug auf den subjektwissenschaftlichen Selbstverständigungsbegriff nach Holzkamp genommen (vgl. dazu Ludwig 2008: 124). An dieser Stelle kann keine ausführliche Reflexion über diesen Begriff erfolgen. Er wird lediglich genutzt, um den Verständigungsbegriff von Habermas zu relativieren.

und Spielräume je meiner Subjektivität zu reflektieren und zu anderen ins Verhältnis zu setzen" (Ludwig 2008: 124).

Dieser Verstehensprozess weist Spannungsverhältnisse auf, in dem das Andere als Anderes mit den Mitteln, die mir zur Verfügung stehen, begriffen werden muss. Dies erfordert von den Lehrenden eine Distanzierungsleistung und ist an die Anerkennung des Anderen, des Fremden gebunden. Die pädagogische Kompetenz des Lehrenden ist damit an eine hermeneutische Kompetenz und einer Anerkennung dieser Spannung gebunden, die während der gesamten Lehr-Lernarbeit erhalten bleibt. Der Lehrende muss in diesem Interaktionsprozess die verschiedenen Perspektiven deuten und diese an sein Professionswissen im Kontext der zu verhandelnden Lerngegenstände rückbinden. Über die „dialogisch-diskursive Verschränkung der differenten Bedeutungshorizonte können die personalen und die gesellschaftlichen Lernmöglichkeiten und -behinderungen erkennbar werden, wie sie dem Lernenden subjektiv gegeben sind. Über die Gegenhorizonte kommen auch jene Bedingungen ins Spiel, die dem Lernenden in seiner Handlungsproblematik nicht verfügbar waren" (Ludwig 2008: 126).

Genau darin zeigt sich der dialektische Prozess subjektorientierter Bildung, in dem die Lernenden die Möglichkeit erhalten, die vielfältigen Perspektiven in ihren gesellschaftlichen und subjektiven Strukturbedingungen analytisch zu erfassen und eigene Fähigkeiten in der Lernarbeit zu erweitern und zu vertiefen. Dennoch bleibt die Spannung erhalten, denn der *Eigensinn* der Lernsubjekte ist konstitutives Merkmal in Lehr-Lernsituationen.

Ein Blick nach vorn

Mit den hier entfalteten subjektorientierten Verständnisweisen sind wesentliche Merkmale subjektorientierter Pflegedidaktik vorläufig entfaltet. Diese bieten einen Orientierungs-, Begründungs- und Reflexionsrahmen für die curriculare Arbeit der Lehrenden. Der dialektisch begründete Subjektbegriff verweist auf Lernen und Bildung. Zentral in Pflegebildungsprozessen sind Lerngegenstände, in denen Elemente der Leiblichkeit aufgenommen werden. Damit verbunden ist zugleich ein erweitertes Handlungsverständnis, in dem ein einseitig ausgerichtetes rationales Verständnis überwunden wird.

Auf der Ebene der Lehr-Lern- und Pflegeprozesse lebt Subjektorientierung von der Differenz, von den Besonderheiten der am Lehr-Lern- und Pflegeprozess beteiligten Subjekten, deren Fähigkeiten und unbegrenzten Einbildungskräften und Erfahrungen wechselseitig genutzt werden können, um die jeweiligen pädagogischen resp. pflegerischen Aufgaben bewältigen zu können. Dazu bedarf es einer kritischen Reflexivität, um einschränkende Bedingungen in den Blick zu nehmen und Gestaltungsmöglichkeiten ausloten zu können. Ein spannendes und offenes Projekt der Subjektentwicklung, in der die Vielfalt an Deutungen und Einbildungskräften zugelassen und das leibliche Handeln in Bildungsprozessen aufgenommen werden.

4. Forschungsdesiderata

Das hier dargelegte dialektische Subjektverständnis bezieht sich auf Lehr-Lern- und Pflegeprozesse, in denen Bildungsgelegenheiten angeregt und begleitet werden. Der dialektisch begründete Subjektbegriff sensibilisiert für die vielfältigen Bedingungen, denen wir unterworfen sind und verweist zugleich auf die Begriffe Bildung und Lernen, konkret auf Subjektentwicklung. Das dialogische Prinzip in Lehr-Lern- und Pflegeprozessen steht zentral, auch wenn damit asymmetrische Interaktionsmuster nicht überwunden werden. Das Spannungsverhältnis bleibt. Damit verbunden ist eine Haltung der Pädagoginnen, in der das „Andere der Vernunft" aufgenommen wird. Weitgehend ungeklärt ist, wie sich derartige professionelle Haltungen, Einstellungen und Kompetenzen in den verschiedenen Phasen der Pflegelehrerinnenbildung einüben lassen und welche Wirkung diese auf Bildungsprozesse der Lernsubjekte haben. Notwendig wird eine Bildungsforschung, in der gelingende wie auch misslingende Bildungsgänge in den Blick genommen werden. Die darin enthaltenen Möglichkeiten, Irritationen, erlebten Einschränkungen und Kränkungen sowie Brüche und Diskontinuitäten in der Bildungspraxis könnten dabei erforscht werden.

Des Weiteren wären empirische Forschungen drängend, Emotionen und leibliches Handeln in Pflegebildungsprozessen auszudifferenzieren.

5. Eine interdisziplinäre Perspektive – Kommentar von Hartmut Remmers

Neuhumanistische Bildung, Subjektphilosophie und Pflege

Es dürfte inzwischen Einigkeit innerhalb der Berufspädagogik wie auch der beruflichen Didaktiken darüber bestehen, dass ihre Prinzipien nicht mehr utilitaristisch auf die wissens- und fertigkeitsbasierte „Einübung" in Rollen und Funktionen späterer beruflicher Tätigkeiten zu beschränken sind, vielmehr ebenso den gesellschaftlichen und politischen Anforderungen an einen aufgeklärten und mündigen Bürger zu genügen haben. Diese selbstverständlichen Ansprüche werden auch von Ertl-Schmuck in ihrem Beitrag mit Verweis auf Kants politisch-philosophisches Postulat der Mündigkeit unterstrichen (57)[19]. Aber was besagt das schon für eine substantiell begründete

---

19 Es scheint mir in diesem Zusammenhang eine Metakritik der gegenwärtig florierenden Vernunftkritik, der sich in einigen Passagen auch Ertl-Schmuck gewogen fühlt, angezeigt: Erstens sollten philosophisch Informierte wissen, dass Kant seinerseits sich als ein Kritiker überzogener Leistungsansprüche der Vernunft versteht. Zweitens erscheint mir die Rede vom „heroischen Subjekt" (60) insofern problematisch, als es Kant schlichtweg darum geht klar zu machen, was ich vernünftigerweise denken muss, wenn ich mich nicht in die unauflöslichen Widersprüche der Annahme einer durchgängig determinierten Welt (heteronomer Zwänge) verstricken will. Die-

Idee beruflicher Bildung? Wer heute auf den Gedanken verfiele, ihr als eines der wichtigsten Ziele die freie, unbeschränkte Entfaltung menschlicher Wesenskräfte zuzuweisen, würde sich leicht dem Verdacht der Verstiegenheit oder Weltvergessenheit aussetzen.[20] Roswitha Ertl-Schmuck zeigt sich davon, wenn ich recht sehe, wenig beeindruckt, indem sie Fragen pflegeberuflicher Bildung mit solchen der klassischen Subjektphilosophie verknüpft. Und diese Verknüpfung ist sachlich zutiefst begründet – wenn man die (berufliche bedeutsame) Sache selbst einmal in ihrer Doppelaspektivität betrachtet: die (späteren) pflegeberuflichen Akteure ihrerseits als Subjekte und damit zugleich als Gegenstand einer berufswissenschaftlichen wie auch einer erziehungswissenschaftlichen Analyse; und den spezifischen Gegenstand beruflichen Handelns, dessen Besonderheiten sich ebenso durch den Subjekt-Charakter in der Regel hilfsbedürftiger Menschen auszeichnen, wie auch Ertl-Schmuck geltend macht (56).

Betrachten wir einmal den geradezu klassischen Fall von Klienten-Beziehungen als intersubjektives Handeln unter Bedingungen nicht-reziproker Erwartungshaltungen, so besteht ein Moment von Intersubjektivität auch unter asymmetrischen Handlungsvoraussetzungen darin, dass sich Hilfe leistende Personen (auch als professionelle Akteure) in ihrem Bewusstsein (motivational) stets von der Hilfsbedürftigkeit ihnen anbefohlener Personen affizieren lassen müssen als eine stets zu gewärtigende Möglichkeit auch des eigenen Lebens. Ebenso ließe sich hier ein klassischer Topos der Reflexionsphilosophie bemühen, demzufolge der handelnde Umgang mit einem Gegenüber Erkenntnis bildende Funktion dergestalt hat, dass er unauflöslich verschränkt ist mit einem Umgang mit mir selbst als einem simultanen Akt der Selbsterschließung. Man kann deshalb auch sagen, dass umgängliche Erfahrungen auf Grund von Strukturbedingungen der Wechselseitigkeit stets an simultan verlaufende Selbst-Vergegenständlichungen qua Selbstreflexion gekoppelt sind. Damit würde sich die Frage stellen: Was an mir, in meiner persönlichen Wesensart, ist es, das ein Gefühl der inneren Anteilnahme auslöst? Denn nur auf diese Weise der Bewusstmachung Identität stiftender, biografisch und bildungsgeschichtlich bedeutsamer Anteile, die gleichermaßen Anschluss fähig sein müssen als Handlung motivierende Voraussetzungen, kann ich mich als zurechnungsfähiges und selbstverantwortliches Subjekt begreifen. Insoweit möchte ich meinen Beitrag als eine theoriegeschichtliche Vergegenwärtigung essentieller Traditionsbestände

---

ses Anliegen Kants, in einem der zentralen Kapitel der *Kritik der reinen Vernunft*, der „Dritten Antinomie", sollte man erst einmal argumentativ ernst nehmen – weil sich nämlich anders ein Kampf um Freiheit, Kants Pathos der Rechtsbehauptung, in einer empirischen Welt wechselseitiger (kausaler) Abhängigkeiten, gar nicht anders begründen (!) und selbst bei Würdigung unterschiedlichster Handlungsmotive auch nicht verstehen (!) lässt.

20 Dieser Verdacht trifft seit Längerem auch die Gefilde „höherer", universitärer Bildung (vgl. Liessmann 2006).

im Hinblick auf die Frage Ertl-Schmucks verstehen, in welcher Weise der – in emphatischer Weise erst mit der neuzeitlichen Philosophie inaugurierte – Subjektbegriff für die weitere Theoriebildung pflegedidaktischer Modelle rekonstruiert werden kann (55). Zu einer solchen Rekognition originärer Gehalte der Theoriegeschichte fühle ich mich vor allem aus Gründen einer heutzutage nur mehr aus zweiter oder gar dritter Hand gespeisten Aneignung bildungsphilosophischer Traditionsbestände veranlasst.

Wer nun die Ausführungen von Ertl-Schmuck aufmerksam liest, fühlt sich in dem darin ausgebreiteten Panorama geistes- und kulturgeschichtlicher Begriffe sowie in einigen zentralen Argumentationsfiguren sogleich in die Gedankenwelt und Atmosphäre des Neuhumanismus im ausgehenden 18. und beginnenden 19. Jahrhundert versetzt. Vernunft, Leiblichkeit (hier als Synonym für eine nicht domestizierte Natur), Entfremdung, Freiheit, Selbsttätigkeit usw. – all diese Begriffe gehören bereits zum Arsenal einer sehr deutschen, aber keineswegs allein auf Deutschland beschränkten Bildungsphilosophie namentlich Herders, Schillers, Humboldts, Schleiermachers etc.[21] Freilich weisen ihre Traditionslinien zurück bis in die klassische Antike, auf einen vorzugsweise bei Cicero angelegten, dem Entelechie-Prinzip folgenden Bildungsgedanken. Diesem Prinzip zufolge ist die Vollendung einer als Entwicklung des Menschenwesens verstandenen Bildung (erst im Zeitalter der Aufklärung kommt der Gedanke einer Perfektibilität auf) bereits am Anfang angelegt. Und insofern sie eine naturgemäße ist, umschließt sie Geist *und* Körper: „Denn das Wesen des Menschen ist von Natur so angelegt, dass es zur Aneignung alles Vortrefflichen geschaffen zu sein scheint, und hierin liegt der Grund, warum die Kinder durch Vorbilder von Tugenden, deren Keime sie in sich tragen, auch ohne allen Unterricht ergriffen werden; es sind das nämlich die ersten Urstoffe der Natur, durch deren Steigerung gleichsam das Keimen der Vollkommenheit zustande gebracht wird."[22] Substantielle Bestimmungsmerkmale des Menschen ergeben sich dem antiken Verständnis zufolge daraus, welche Form der Mensch als Potentialität seinem Leben im Zuge seiner Entwicklung gibt – und im Aristotelischen Denken heißt das perspektivisch: durch Erschließung der Welt in zwei Gestalten des Lebens, der vita activa und der vita contemplativa. Subjektsein des Menschen versteht sich hier als Verwiesenheit auf die Polis im Sinn der tugendethischen Eingewöhnung institutionalisierter und in dieser Weise bindender Lebensformen – φύσει πολιτιχόν ό άνδρωπος.[23] Diesem Aspekt der klassisch-antiken Subjektphilosophie hätte Ertl-Schmuck in ihren Ausführungen (56f.) im Sinne

---

21 Vgl. zum Folgenden die noch immer lesenswerte wissenssoziologische Studie von Weil (1930).
22 Cicero, M. T.: De finibus bonorum et malorum libri quinque (Vom höchsten Gut und vom größten Übel). Buch 5, 43. Übers. v. O. Büchler. Berlin: Aufbau Verlagsgruppe. Nachdruck Anaconda: Köln 2008: 218.
23 Aristoteles, Eth. Nic., 1097b. Vgl. dazu auch die immer noch instruktiven Ausführungen von Ritter (1977).

einer stärkeren Kontrastierung von Tradition und Moderne vielleicht etwas mehr Aufmerksamkeit schenken können.

Den in der Antike lebendigen Gedanken, dass die menschlichen Wesenskräfte aus sich heraus zu ihrer Vollendung streben, hatte sich Herder zu eigen gemacht in der Ausformulierung eines Bildungsprinzips, das ebenso Anleihen macht bei Shaftesbury wie auch bei Rousseau. Dem französischen Spätaufklärer fühlte sich Herder wegen der vegetabilischen Analogie seines Prinzips künstlichen Bildens verbunden, dem englischen Frühaufklärer dagegen wegen der von ihm am Vorbild des *cortigiano* gewonnenen Harmoniephilosophie. Bildung sollte Herder zufolge so verstanden werden, dass zu der natürlichen Ausbildung des Menschen, zu der Ausformung eines immanenten „Keimes" das Prinzip der Ausformung einer harmonischen „Blüte" hinzu käme.

Es war dabei vor allem Rousseau, der in der Ausbildung und Verfeinerung des *sinnlichen* Vermögens einen Weg der Vervollkommnung des Menschen erblickte. In seinem *Émil* finden wir einen ersten modernen Diskurs über die pädagogische Bedeutung und Funktion der Sinne: „Die Sinne sind die ersten Fähigkeiten, die sich in uns ausbilden und vervollkommen. Sie sollten am ersten gepflegt werden. Dennoch vergisst man gerade sie und vernachlässigt sie am meisten." (Rousseau [1762] 1998: 119) Wir finden bei Rousseau nicht nur Ansätze einer „gesundheitspädagogisch motivierte(n) Sinneserziehung"; die Ausbildung der Sinne erfolgt vielmehr auch im Kontext wissenschaftlicher Disziplinen in eine bestimmte Richtung, ablesbar an der Verfeinerung des Tastsinnes in Form einer seit dem Ende des 18. Jahrhunderts insbesondere an die Ärzte adressierten „Kunst des Fühlens" (Jütte 2000: 188, 191).

Herders Bildungskonzept selbst, erwachsen aus dem Geist einer stark pietistisch gefärbten Innerlichkeit, war indessen beschränkt auf eine „Charakterbildung", die Idee einer sich „besondernden persönlichen Individualität", die im politisch zeitgeschichtlichen Zusammenhang eher resignative Züge trug. Sozial- und mentalitätsgeschichtlich hatte sich nämlich die bereits in der Aufklärungspädagogik ankündigende, deren Prinzipien jedoch ablehnende frühbürgerliche Bildungsbewegung eher als eine Oppositionsbewegung verstanden, gerichtet gegen das bereits herauf ziehende Maschinenzeitalter ebenso wie gegen die Träger eines absolutistischen Staates, in dem sich die mechanische Kälte eines rationalistischen Geistes zu manifestieren schien.[24] Ihren Niedergang erfährt die neuhumanistische Bildungsidee im Laufe des 19. Jahrhunderts durch Einschränkung eines nur mehr auf sich gerichteten Willens, eines sich gegenüber gesellschaftlichen Belangen indifferent zeigenden, ausschließlich „seiner eigenen Formung lebende(n) In-

---

24 Eine kritische literarische Reflexion des heraufziehenden Maschinen- und Industriezeitalters mit seiner Entwertung lebensgeschichtlicher Erfahrung und Bildung findet sich in Goethes „Wilhelm Meisters Wanderjahre". Vgl. zur Kultur- und Mentalitätsgeschichte auch Bollenbeck (1994).

dividuum(s)" (Horkheimer [1952] 1972: 168). Dagegen ist es vornehmlich Hegel, der den Bildungsgedanken seiner Zeit begrifflich in einer Engführung von Geist- und Geschichtsphilosophie, vor allem aber durch Kombination mit einer Philosophie der Arbeit „realistisch" auszubuchstabieren vermochte und dabei zu einer originären Subjektphilosophie gelangte.

Bedauerlicherweise hat sich Ertl-Schmuck zur Bildungsphilosophie Hegels nicht weiter vernehmen lassen. Das ist insofern beklagenswert, als sich zentrale Gehalte und Impulse der Kritischen Theorie namentlich Horkheimers und Adornos[25], an die Ertl-Schmuck via Erhard Meueler anknüpft, ohne Hegels in erster Linie dialektische Gesellschaftsphilosophie gar nicht zureichend verstehen lassen. Völlig zu recht fordert Ertl-Schmuck einen „dialektisch begründeten Subjektbegriff" (79) ein. Zur Substanziierung dieses Postulats werden wir im Folgenden der Hegel'schen Philosophie in aller gebotenen Kürze größere Beachtung schenken.

Bekanntlich hat Hegel in seiner „Phänomenologie des Geistes" den Stufengang einer sich in unterschiedlichen Gestalten des Bewusstseins und des Wissens realhistorisch ausdifferenzierenden Bildung nachgezeichnet. Während Herder und etliche seiner Zeitgenossen das formierende Prinzip menschlicher Bildung aus der Innerlichkeit des Geistes heraus zu begründen suchten, lassen sich Hegel zufolge Bildungsprozesse nur durch das formierende Prinzipien einer mit dem Begriff des Geistes systematisch verschmolzenen Arbeit erläutern. Arbeit ist das Prinzip, kraft dessen der Mensch seine Wesenskräfte in Gestalt selbstgeschaffener Produkte entäußert. Sie ist das Prinzip der Befreiung aus einer Welt der Natur und der ihr immanenten Gewalt. Die geschaffene Welt als Objektivation seiner Arbeit, und das ist ein Prinzip der Subjektivierung, ist eine Welt der Entfremdung, die für Hegel zugleich – und darin unterscheidet er sich in seiner dialektischen Auslegung philosophischer Traditionsbestände fundamental von neuhumanistischen Zeitströmungen – eine Welt der Bildung ist (Hegel [1807] 1970a: 359ff.).

Unter dem Titel einer „Philosophie des Geistes" begegnet uns bei Hegel eine dialektisch konzipierte Bildungsphilosophie, die auf zwei zentralen Voraussetzungen beruht: (1) Von seiner philosophischen Ursprungsidee aus versteht sich Geist als ein Synonym für das Andere der Natur, nämlich Freiheit. Geschichte lässt sich für Hegel von daher nicht anders verstehen als ein Prozess der bewussten Befreiung aus den Zwängen der Natur durch Arbeit als Bildung. (2) Dieser Prozess kann nur als einer des Hindurcharbeitens durch die Welt der Entfremdung begriffen werden. Entäußerung und Wiederaneignung sind die Pole, zwischen denen sich die Arbeit des Geistes im Stufengang der

---

25 Herbert Marcuses Variante einer durch Freud inspirierten, an den libidinösen Kräften des Individuums ansetzenden kritischen Theorie der Befreiung, die bildungstheoretisch kaum fruchtbar gemacht worden ist, haben die älteren Frankfurter Kollegen im Banne ihrer zur Totalität aufgespreizten Gesellschaftsanalyse nicht folgen wollen (vgl. Marcuse [1955] 1970).

Bildung des Bewusstseins bewegt. Daher vollziehen sich Bildungsprozesse in der Welt der Entfremdung im Bewusstsein der Zerrissenheit und des in solcher Zerrissenheit erfahrbaren Schmerzes. Aus diesem Grund entsagt Hegel allen harmonistischen Vorstellungen einer Bildung wie noch bei Herder. Allein weil Bildung bewusst erfahrener Schmerz ist, versetzt sie uns in die Lage, uns über uns selbst hinaus zu bewegen. Nimmt man schließlich die kritischen, insbesondere von Marx ([1844] 1973: 574) erhobenen Einwände ernst, in Hegels Philosophie des Geistes träte uns eigentlich eine Philosophie des bürgerlichen Subjekts unter Realbedingungen gesellschaftlicher Entfremdung und politisch-sittlicher Entzweiungen entgegen, dann eignet allen im Zeichen der Befreiung von naturhaftem Zwang stehenden Bildungsprozessen stets etwas „Subversives" (Heydorn 1973: 120).

Im Vergleich mit Herder scheint in Hegels Theorie die bildnerische Funktion des sinnlichen Vermögens von untergeordneter Bedeutung zu sein. Dabei wird man allerdings im Auge behalten müssen, dass auch Bildung, wie alle Kategorien des Hegelschen Systems, eine Verhältnisbestimmung des Geistes zu seinem Anderen ist: zur Natur. Sie verdankt sich bei Hegel keiner abstrakten Negation von Natur, sondern einer Formung und Entfaltung vorgefundener Anlagen. Die Sinne sind für Hegel, und das ist gewissermaßen der dialektische Witz seiner Philosophie, von Bedeutung stets unter dem Aspekt ihrer Vergegenständlichung. Erst in dieser Form kann ich mir ihrer bewusst werden. Und darauf liegt das ganze Gewicht der Hegelschen *Philosophie des Subjekts*, mit der der Anspruch erhoben wird, alles Substanzielle in Bestimmungen eines sich in seinen gegenständlichen Produkten verlierenden und darin zugleich bewusst werdenden Subjekts aufzulösen. Die Entfaltung des Bewusstseins als Bildung vollzieht sich in einem Prozess der wechselseitigen Vermittlung von Subjekt und Objekt. Diese Vermittlung legt Hegel noch im Anschluss an zeitgenössische Spielarten der Reflexionsphilosophie aus, das heißt jener Selbstbezüglichkeit eines Subjekts, das sich sein eigenes (epistemisches und praktisches) Vermögen zum Gegenstand macht. Freilich soll diese Selbstbezüglichkeit dadurch überwunden werden, dass sich das Subjekt erst dadurch selbst zu begreifen vermag, indem es das Gestaltenreich eigener Objektivationen abarbeitet. Der dabei erhobene Anspruch der Auflösung alles Natürlichen in Bestimmungen des Geistes ist freilich das proton pseudos des Hegel'schen Idealismus.

Demgegenüber sei daran erinnert, dass Bildung im Sinne des Geformten dem Begriff der Kultur verwandt ist, der seinerseits wortgeschichtlich im Verbum *colere* (pflegen) auf einen naturhaften Ursprung verweist und in diesem Sinne bereits bei Cicero als eine *cultura animi* verstanden wird.[26] An diesen Zusammenhang knüpft sehr plastisch Horkheimer an: „In der

---

26 Cicero, M. T., Tusculanae Disputationes (Gespräche in Tusculum). Buch II, 13. Übers. v. O. Gigon. In: Ders.: Ausgewählte Werke, Bd. 1, Düsseldorf: Artemis & Winkler, 2008: 257-487, hier: 324.

Bildung besteht Natur als solche fort; doch sie trägt die Züge der Arbeit, der menschlichen Gemeinschaft, der Vernunft. Je mehr eine Natur durch die Bedürfnisse der menschlichen Gemeinschaft geformt war und sich zugleich als Natur in dieser Form erhielt, wie im Brot der Geschmack des Korns, die Traube im Wein, der bloße Trieb in der Liebe, der Bauer im Bürger und Städter, desto mehr scheint der Begriff der Bildung im ursprünglichen Sinn erfüllt." (Horkheimer [1952] 1972: 165)

Ich habe mich in meinem Kommentar auf die in der Reformbewegung um die Wende des 18. zum 19. Jahrhundert entwickelte Bildungsphilosophie beschränkt, in der Auffassung, dass sie für berufspädagogische Zwecke der Pflege auch heute noch fruchtbar gemacht werden könne und solle. Dies dürfte auch der Intention Ertl-Schmucks nicht fern liegen, die im Einklang mit Meueler partikularistische Tendenzen einer „Individualisierung" unter gleichzeitigen Bedingungen sich auflösender Traditionspolster sowie zunehmender Schutzlosigkeit des Leibes und seiner Sinne vor ökonomisch-technischen Verfügungs- und Disziplinarmächten beklagt (62 ff.). Die verlebendigende Aneignung von Bildungstraditionen im Berufsfeld Pflege aber wird abhängen von ihrem Selbstverständnis, ihrem Proprium. Pflege gehört zum anthropologischen Monopol des Menschen und zu seiner kulturell entwicklungsfähigen Ausstattung. Ihr Gelingen, professionell oder nicht-professionell, ist an das Entwicklungsniveau auch unserer fünf Sinne gebunden. Mit gutem Grund hat Ertl-Schmuck dieser Sphäre der Subjektkonstituierung und des zwischenmenschlichen Verhaltens, der „Leib-, Emotions- und Phantasiedimension" der Bildung (66) eine theoretisch bedeutsame Funktion zuerkannt im Sinne der Bewusstmachung und Aneignung. Der alteuropäische Bildungsgedanke einer Verfeinerung des Geistes und der Sinne ist schon mit Blick auf elementare Anforderungen der sensiblen Wahrnehmung des geistigen, psychischen und physischen Status Hilfe bedürftiger Menschen professionstheoretisch und -politisch zu verlebendigen. Diese Forderung könnte sogar mit Blick auf den Umgang mit und die Beherrschung von hochentwickelten medizintechnischen Apparaten im Kontext pflegerischen Handelns erhoben werden.[27]

Bildungstheoretisch könnte sich sogar Hegels Subjektphilosophie auch darin als anschlussfähig erweisen, dass er Lebensprozesse au fond als Stoffwechselprozesse des Menschen mit äußere und innere Natur begreift, die wiederum durch Arbeit vermittelt und dadurch Form verändernd sind und deshalb zugleich als Lernprozesse betrachtet werden müssen. Dialektisches Denken bewahrt uns schließlich auch davor, bei theoretischen Erklärungen sowohl von Bildungsprozessen als auch von körperlich-emotional vermittelten zwischenmenschlichen Austauschprozessen auf einen kruden Naturalismus/Biologismus zu verfallen, wie Ertl-Schmuck konstatiert (69). Es gibt keine Emotionen, ohne dass wir uns ihrer als verbalisierte, rekognizierte bewusst wür-

---

27 Vgl. dazu insbes. Hülsken-Giesler 2007: 159 ff.

den (73), kein Verstehen nicht-verbalisierter Zustände ohne ein – emotions- bzw. kognitionspsychologisch durchaus erschließbares – „leibliches Wissen" (71). Das wäre eine meiner Antworten auf die von Ertl-Schmuck aufgezeigten Forschungsdesiderata in bildungstheoretischer Hinsicht (80).

Pflegerische Arbeit bleibt in letzter Instanz auf natürliches Sein verwiesen. Sie ist verklammert mit einer gewissen Eigensinnigkeit der leiblichen Sphäre volitionaler Akte und Strebungen (75). Sie ist bedürfnisorientiert und in dieser Weise „konkrete Arbeit", bleibt aber dennoch auf Abstraktionen angewiesen. Unmittelbare Handlungs- wie auch darauf bezogene Bildungsprozesse sind insoweit stets mit einer dialektischen Herausforderung konfrontiert, zwischen der „Betätigung der Form des Allgemeinen" (Hegel 1970b: 496) als Modus der Distanzierung ebenso wie der Rechtfertigung und der persönlichen Zuwendung zu individuell konkretem, natürlichem Sein zwanglos zu vermitteln. Diese Intention scheint auch Ertl-Schmuck, freilich noch unter Fragestellungen einer klassischen Subjekt-Objekt-Dialektik, zu verfolgen (77). Mit der analytischen Wende der älteren Bewusstseinsphilosophie stellt sich nunmehr die Frage, inwieweit sich Vermittlungsprobleme zwischen Allgemeinem und Besonderem als solche des Konflikts zwischen unterschiedlichen, ihrerseits jedoch jeweils legitimen Ansprüchen traktieren lassen und die versöhnende Kraft einer (dem jungen Hegel noch vor Augen stehenden) kommunikativen Vernunft in Situationen, in denen subjektive Bedürfnisse und Wünsche der sprachlichen Ausdrucksfähigkeit entbehren, in Form der Rücksichtnahme als Modus des Selbstverständlichen zur Geltung gebracht werden kann. Roswitha Ertl-Schmuck hat, nach einem weit verzweigten theoretischen Durchgang durch die leibliche Konstituiertheit und „Vielschichtigkeit pflegerischen Handelns", auf diesen sublimen Vernunftanspruch in pflegebezogenen Lehr-/Lernprozessen glücklicherweise nicht verzichten wollen (insbes. 78 ff.). Sie wird den Widerspruch der von ihr rezipierten Vernunftkritiker, ohne dass sie ihre Argumentation von Inkonsistenzen reinigen müsste – mit denen wir als Spiegel auch unserer conditio humana offenbar zu leben haben – ertragen können.

Literatur

Arnold, Rolf (2009): Einleitung. In: Die Türen des Käfigs. Subjektorientierte Erwachsenenbildung. Völlig überarb. und akt. Neuauflage. Baltmannsweiler: Schneider Verlag Hohengehren: IX-XI

Arnold, Rolf/Siebert, Horst (1995: Konstruktivistische Erwachsenenbildung. Baltmannsweiler: Schneider Verlag Hohengehren

Bienstein, Christel/Fröhlich, Andreas (1995): Basale Stimulation in der Pflege. Pflegerische Möglichkeiten zur Förderung von wahrnehmungsbeeinträchtigten Menschen. Düsseldorf: Verlag Selbstbestimmtes Leben

Böhme, Hartmut/Böhme, Gernot (1992): Das Andere der Vernunft. Zur Entwicklung von Rationalisierungsstrukturen am Beispiel Kants. Frankfurt/Main: Suhrkamp

Böhnke, Ulrike/Straß, Katharina (2006): Die Bedeutung der kritisch-rekonstruktiven Fallarbeit in der LehrerInnenbildung. In: PrInterNet, 8. Jg., H. 4: 187-205

Bollenbeck, Georg (1994): Bildung und Kultur. Glanz und Elend eines deutschen Deutungsmusters. Frankfurt/Main und Leipzig: Insel

Ciompi, Luc (1999): Die emotionalen Grundlagen des Denkens. Entwurf einer fraktalen Affektlogik. 2., durchges. Aufl., Göttingen: Vandenhoeck & Ruprecht

Darmann, Ingrid (2005): Pflegeberufliche Schlüsselprobleme als Ausgangspunkt für die Planung von fächerintegrativen Unterrichtseinheiten und Lernsituationen. In: PrInterNet, 7. Jg., H. 6: 329-335

Descartes, René ([1641] 1953): Meditationen über die Grundlagen der Philosophie. Berlin

Duden. Das Herkunftswörterbuch (2001), Bd. 7, 3., völlig neu bearb. und erweiterte Aufl., Mannheim u. a.

Ertl-Schmuck, Roswitha (2000): Pflegedidaktik unter subjekttheoretischer Perspektive. Frankfurt/Main: Mabuse

Ertl-Schmuck, Roswitha/Fichtmüller, Franziska (2009): Pflegedidaktik als Disziplin. Eine systematische Einführung. München und Weinheim: Juventa

Ertl-Schmuck, Roswitha/Fichtmüller, Franziska/Böhnke, Ulrike (2007): Reflexionen zur LehrerInnenbildung im Berufsfeld „Gesundheit und Pflege". In: Pflege &Gesellschaft, 12. Jg., H. 1: 20-33

Fichtmüller, Franziska/Walter, Anja (2007): Pflegen lernen. Empirische Begriffs- und Theoriebildung zum Wirkgefüge von Lernen und Lehren beruflichen Pflegehandelns. Göttingen: V&R unipress

Friesacher, Heiner (2008): Theorie und Praxis pflegerischen Handelns. Begründung und Entwurf einer kritischen Theorie der Pflegewissenschaft. Göttingen: V&R unipress

Freud, Sigmund ([1941] 1972): Abriss der Psychoanalyse. Das Unbehagen in der Kultur. Frankfurt/Main: Fischer

Gieseke, Wiltrud (2009): Lebenslanges Lernen von Emotionen. Wirkungen von Emotionen auf Bildungsprozesse aus beziehungstheoretischer Perspektive. 2., unveränd. Aufl., Bielefeld: Bertelsmann

Greb, Ulrike (2003): Identitätskritik und Lehrerbildung. Ein hochschuldidaktisches Konzept für die Fachdidaktik Pflege. Frankfurt/Main: Mabuse

Gruschka, Andreas (2007): Bildung: unvermeidbar und gemieden. In: PrInterNet, 9. Jg., H. 12: 725-731

Hegel, Georg Wilhelm Friedrich ([1807] 1970a): Phänomenologie des Geistes, Kap. VI.B: Der sich entfremdete Geist. Die Bildung. In: Werke, Bd. 3. Frankfurt/Main: Suhrkamp

Hegel, Georg Wilhelm Friedrich (1970b): Vorlesungen über die Philosophie der Geschichte. Werke, Bd. 12. Frankfurt/Main: Suhrkamp

Heydorn, Heinz-Joachim (1973): Bildungstheorie Hegels. In: Heydorn, Heinz-Joachim/Koneffke, Gernot: Studien zur Sozialgeschichte und Philosophie der Bildung. Bd. II: Aspekte des 19. Jahrhunderts in Deutschland. München: List: 85-131

Holzapfel, Günther (2002): Leib, Einbildungskraft, Bildung. Nordwestpassagen zwischen Leib, Emotion und Kognition in der Pädagogik. Bad Heilbrunn/Obb.: Julius Klinkhardt

Hopfner, Johanna (1999): Das Subjekt im neuzeitlichen Erziehungsdenken. Ansätze zur Überwindung grundlegender Dichotomien bei Herbert und Schleiermacher. Weinheim und München: Juventa

Horkheimer, Max ([1952] 1972): Begriff der Bildung. In: Horkheimer, Max: Sozialphilosophische Studien. Frankfurt/Main: Fischer: 163-172

Horkheimer, Max/Adorno, Theodor W. (1995): Dialektik der Aufklärung. Philosophische Fragmente. Frankfurt/Main: Fischer

Hülsken-Giesler, Manfred (2007): Der Zugang zum Anderen. Zur theoretischen Rekonstruktion von Professionalisierungsstrategien pflegerischen Handelns im Spannungsfeld von Mimesis und Maschinenlogik. Bd. 3 der Schriftenreihe *Pflegewissenschaft und Pflegebildung*, hrsg. v. H. Remmers. Osnabrück, Göttingen: V&R unipress, Universitätsverlag Osnabrück

Izard, Caroll E. (1999): Die Emotionen des Menschen. Eine Einführung in die Grundlagen der Emotionspsychologie. 4. Aufl., Weinheim: Beltz

Joas, Hans (1996): Die Kreativität des Handelns. Frankfurt/Main: Suhrkamp

Jütte, Robert (2000): Geschichte der Sinne. Von der Antike bis zum Cyberspace. München: C. H. Beck

Kamper, Dietmar (1990): Zur Geschichte der Einbildungskraft. Reinbek bei Hamburg: Rowohlt

Kant, Immanuel ([1781] 1990): Werkausgabe in 12 Bänden. Hrsg. von Weischedel, W. Bd. 3: Kritik der reinen Vernunft. 11. Aufl., Frankfurt/Main

Kant, Immanuel ([1795] 1979): Zum ewigen Frieden. Hrsg. von Valentiner Theodor. Stuttgart

Keuchel (2005): Bildungsarbeit in der Pflege. Bildungs- und lerntheoretische Perspektiven in der Pflegeausbildung. Lage: Jacobs-Verlag

Klaus, Georg./Buhr, Manfred (1987) (Hrsg.): Philosophisches Wörterbuch. Bd. 1 und Bd. 2. 14. Aufl., Leipzig

Liessmann, Konrad Paul (2006): Theorie der Unbildung. Die Irrtümer der Wissensgesellschaft. Wien: Paul Zsolnay

Lippe, Rudolf zur (1987): Sinnenbewusstsein. Grundlegung einer anthropologischen Ästhetik. Reinbek bei Hamburg: Rowohlt

Lisop, Ingrid/Huisinga, Richard (1994): Arbeitsorientierte Exemplarik. Theorie und Praxis subjektbezogener Bildung. Frankfurt/Main: Gesellschaft zur Förderung arbeitsorientierter Forschung und Bildung

Luhmann, Niklas (1993): Gesellschaftsstruktur und Semantik. Studien zur Wissenssoziologie der modernen Gesellschaft. Bd. 3. Frankfurt/Main: Suhrkamp

Ludwig, Joachim (2008): Vermitteln – verstehen – beraten. In: Faulstich, Peter/ Ludwig, Joachim (Hrsg.): Expansives Lernen. 2., unveränd. Aufl., Baltmannsweiler: Schneider Verlag Hohengehren: 112-126

Marcuse, Herbert (1970): Triebstruktur und Gesellschaft [Org.: Eros and Civilization, Boston 1955]. Frankfurt/Main: Suhrkamp

Marx, Karl ([1867] 1972): Das Kapital. Kritik der politischen Ökonomie. 1. Bd., Buch 1: Der Produktionsprozess des Kapitals. In: Marx-Engels-Werke, Bd. 23. Berlin: Dietz

Marx, Karl ([1844] 1973): Ökonomisch-philosophische Manuskripte. In: Marx-Engels-Werke, Erg.-Bd. 1. Berlin: Dietz

Meueler, Erhard (2009): Die Türen des Käfigs. Subjektorientierte Erwachsenenbildung. Völl. überarb. u. akt. Neuaufl.. Baltmannsweiler: Schneider Verlag Hohengehren

Meueler, Erhard (2009): Didaktik der Erwachsenenbildung – Weiterbildung als offenes Projekt. In Tippelt, Rudolf/Hippel, Aiga von (Hrsg.): Handbuch Erwachsenenbildung/Weiterbildung. 3., überarb. und erweiterte Aufl., Wiesbaden: Verlag für Sozialwissenschaften: 973-987

Meueler, Erhard (1993): Die Türen des Käfigs. Wege zum Subjekt in der Erwachsenenbildung. Stuttgart: Klett-Cotta

Oelke, Uta/Scheller Ingo/Ruwe, Gisela (2000): Tabuthemen als Gegenstand szenischen Lernens. Theorie und Praxis eines neuen pflegedidaktischen Ansatzes. Bern: Huber

Oelke, Uta/Scheller, Ingo (2009): Szenisches Spiel in der Pflege. In: Olbrich, Christa (Hrsg.): Modelle der Pflegedidaktik. München: Elsevier: 45-61

Oevermann, Ulrich (1996): Theoretische Skizze einer revidierten Theorie professionalisierten Handelns. In: Combe, Arno/Helsper, Werner (Hrsg.): Pädagogische Professionalität. Untersuchungen zum Typus pädagogischen Handelns. Frankfurt/Main: Suhrkamp: 70-182

Overlander, Gabriele (1994): Die Last des Mitfühlens. Aspekte der Gefühlsregulierung in sozialen Berufen am Beispiel der Krankenpflege. Frankfurt/Main: Mabuse

Petzold, Hilarion (1996): Integrative Bewegungs- und Leibtherapie: ganzheitliche leibbezogene Psychotherapie. Bd. I/1 und Bd. I/2, 3., überarb. Aufl., Paderborn: Junfermann

Raven, Uwe (2007): Zur Entwicklung eines „professional point of view" in der Pflege. Auf dem Weg zu einer strukturalen Theorie pflegerischen Handelns. In: PrInterNet, 9. Jg., H. 4: 196.209

Remmers, Hartmut (2006): Zur Bedeutung biografischer Ansätze in der Pflegewissenschaft. In: Zeitschrift für Gerontologie und Geriatrie, H. 3: 183-191

Remmers, Hartmut (2000): Pflegerisches Handeln. Wissenschafts- und Ethikdiskurse zur Konturierung der Pflegewissenschaft. Bern u. a.: Huber

Remmers, Hartmut (1997): Normative Dimensionen pflegerischen Handelns. Zur ethischen Relevanz des Körpers. In: Pflege, 10. Jg., H. 5: 279-284

Ritter, Joachim (1977): ‚Politik' und ‚Ethik' in der praktischen Philosophie des Aristoteles. In: Ritter, Joachim: Metaphysik und Politik. Studien zu Aristoteles und Hegel. Frankfurt/Main: Suhrkamp: 106-132.

Rousseau, Jean-Jacques ([1762] 1998): Emile oder Über die Erziehung, 13., unveränd. Aufl. Paderborn: Schöningh

Ruppert, Matthias (2003): Erwachsenenbildung zwischen zwei Welten. Eine Skizze. In: Höffer-Mehlmer, Markus (2003): Bildung: Wege zum Subjekt. Baltmannsweiler: Schneider Verlag Hohengehren: 81-84

Schroer, Markus (2001): Das Individuum der Gesellschaft. Synchrone und diachrone Theorieperspektiven. Frankfurt/Main: Suhrkamp

Schwarz-Govaers (2009): Fachdidaktikmodell Pflege. In: Olbrich, Christa (Hrsg.): Modelle der Pflegedidaktik. München: Elsevier: 87-104

Sieger, Margot/Ertl-Schmuck, Roswitha/Harking, Martina (2010): Gestaltung pflegerischer Interaktion in der Rehabilitation – am Beispiel der Pflege querschnittgelähmter Menschen im Krankenhaus. In: Pflege, Im Erscheinen

Uzarewicz, Charlotte/Uzarewicz, Michael (2005): Das Weite suchen. Einführung in eine phänomenologische Anthropologie für Pflege. Stuttgart. Lucius und Lucius

Waldenfels, Bernhard (2000): Das leibliche Selbst. Vorlesungen zur Phänomenologie des Leibes. Frankfurt/Main: Suhrkamp

Weidner, Frank (1995): Professionelle Pflegepraxis und Gesundheitsförderung. Eine empirische Untersuchung über Voraussetzungen und Perspektiven des beruflichen Handelns in der Krankenpflege. Frankfurt/Main: Mabuse

Weil, Hans (1930): Die Entstehung des deutschen Bildungsprinzips. Bonn: Cohen

Werner, Birgit (2002): Konzeptanalyse Basale Stimulation. Bern: Huber

Wimmer, Michael (1996): Zerfall des Allgemeinen – Wiederkehr des Singulären. Pädagogische Professionalität und der Wert des Wissens. In: Combe, Arno/Helsper, Werner (Hrsg.): Pädagogische Professionalität. Untersuchungen zum Typus pädagogischen Handelns. Frankfurt/Main: Suhrkamp: 404-447

Franziska Fichtmüller und Anja Walter

Pflege gestalten lernen – pflegedidaktische Grundlagenforschung

1. Entstehungskontext und Forschungsdesign

Die empirische Wissensbasis der Disziplin Pflegedidaktik war Anfang der 2000er Jahre noch recht wenig entwickelt. So mussten diejenigen, die Didaktik der Beruflichen Fachrichtung Pflege an den Universitäten und Fachhochschulen vertraten, überwiegend Erkenntnisse der Bezugsdisziplinen rezipieren und für die Lehre aufbereiten. Sofern dies, neben dem vergleichsweise reicheren Angebot an pflegedidaktischen Modellen und Curricula, noch für nötig erachtet wurde.

Unser Anliegen war, die empirische Wissensbasis der Pflegedidaktik zu erweitern. Insbesondere interessierten wir uns dafür, was Lehrende der Pflege in Schule und beruflicher Pflegepraxis in ihrem beruflichen Handeln leitet, wie sie lehren, und wie Lernende diesen hochkomplexen und anspruchsvollen Beruf lernen. Mit Antworten auf diese Fragen ließen sich die berufsspezifischen Aspekte von Lernen und Lehren nicht nur besser verstehen, sondern zunächst einmal mit einem angemessenen Vokabular begrifflich einfangen. Auch wenn, und das soll an dieser Stelle betont werden, begriffliche und damit theoretische Konstrukte die jeweilige Praxis immer nur begrenzt, immer nur annäherungsweise einfangen können.

Zentrales Anliegen der Forschungsarbeit war die Beschreibung der Lehr-Lern-Prozesse in Pflegeausbildungen. Dazu gingen wir der Frage nach, welche Phänomene Lernen und Lehren beruflicher Pflege kennzeichnen. Uns ging es um die Beschreibung von Wirkzusammenhängen und der sie bestimmenden Bedingungen (vgl. Fichtmüller/Walter 2007a: 37).

Dem geringen Forschungsstand in diesem Feld entsprechend und unserer Fragestellung gemäß, wählten wir einen qualitativen Forschungsansatz. Da es uns um eine in der Empirie gegründete Begriffs- und Theoriebildung ging, entschieden wir uns für die Grounded Theory Methodology (GTM). Implikationen der Forschungsmethode mussten im Einklang mit unserem Forschungsgegenstand stehen, insbesondere die handlungstheoretischen. Unserem Gegenstand angemessen erschien uns die Grounded Theory nach Strauss/Corbin, eine der Strömungen in der GTM. Zudem war für den Forschungsgegenstand ein Vorgehen in Perspektivverschränkung konsequent

(Gieseke 2001, 2007; Fichtmüller/Walter 2007a: 47f.). Dies fand Niederschlag sowohl in der Datenanalyse als auch in der Datenerhebung.

Beobachtungen in der Pflegepraxis und im Pflegeunterricht, Interviews mit Lernenden und Lehrenden in Schule, Pflegepraxis und Lernwerkstatt sowie Lerntagebücher boten uns eine breite Datenbasis. Die Daten erhoben wir zum größten Teil in Deutschland, zu einem kleineren Teil in der Schweiz. Die Stichprobe entstand – annähernd – als theoretisches Sampling. Unsere Datenanalyse erfolgte in einer modifizierten Weise nach Strauss/Corbin: Wir arbeiteten abweichend mit Schlüsselsituationen (Fichtmüller/Walter 2007a: 68) und vor die Codierverfahren setzten wir den *Nachvollzug der inneren Selbstauslegung* der Interviewpartnerinnen (ebd.: 69).

Unsere Arbeit ordnet sich als Lehr-Lernforschung in die pflegedidaktische Grundlagenforschung ein. Sie ist interdisziplinär ausgerichtet, insofern die theoretische Sensibilität der Forscherinnen sich unter anderem aus der Erwachsenenbildung, Beruflichen Bildung, Lernpsychologie und Pflegewissenschaft speiste (ebd.: 68, 79ff.).[1]

Entstehungskontext und das Forschungsdesign sind damit skizziert. Der Schwerpunkt unseres Beitrags liegt auf der Darstellung der generierten Theorie und wesentlicher pflegedidaktischer Begriffe. Folgerungen für die Pflegedidaktik als Disziplin und Praxis bilden den Abschluss unserer Darstellung.

2. Lernen in der Pflegepraxis: eine Grounded Theory

Eine grounded theory ist induktiv generiert. Sie erhebt den Anspruch, in der Empirie verankert zu sein, d.h. aus Datenmaterial in einem mehrstufigen methodisch systematischen Analyseprozess gleichsam herauspräpariert worden zu sein. Mit der Theorie wird der rote Faden, welcher sich verborgen durch die Daten zieht, sichtbar; sichtbar in der Abstraktion von der je konkreten Situation. Im Unterschied zu den weiteren in diesem Band vorgestellten Theorien, stellen wir eine deskriptive Theorie vor. Für die pflegedidaktische Praxis bietet diese Theorie entsprechend keine normativen Horizonte, wohl aber ein Hilfsmittel, pädagogische Situationen zu analysie-

---

[1] Eine Rezeption der pflegedidaktischen Forschung und Theorieentwicklung (insbes. Wittneben (1991, 2003), Darmann (2000, 2004, 2005a, b), Ertl-Schmuck (2000), aber auch Greb (2000, 2003), Holoch (2002) u.a.m.) diente sowohl der Erhöhung unserer theoretischen Sensibilität als auch der Einordnung unserer Arbeit. Aus der Pflegewissenschaft wurden insbes. Olbrich (1999), Remmers (2000), Benner (1994) und Carper (1997) diskutiert, neben den einschlägigen Erwachsenen- und berufspädagogischen Konzepten (u.a. Ludwig 2000) zogen wir im Forschungsprozess datengeleitet die Lerntheoretischen Positionen von Holzkamp (1995) und Neuweg (2001) hinzu sowie Holzapfels (2002) Überlegungen zur Rolle des Leibes und der Einbildungskraft für Bildungsprozesse.

ren und zu verstehen, zum Bewusstwerden und Benennen dessen, was ist bzw. war und damit einen Ansatzpunkt zur Reflexion und Planung von didaktischem Handeln.

Die Schwerpunktsetzung auf das Lernen in der Pflegepraxis ist begründet über eine sich schon früh im Forschungsprozess abzeichnende hohe Relevanz des Lernens in der Pflegepraxis für die Lehr-/Lernprozesse beruflichen Pflegehandelns.

Unsere Theorie erfasst drei Lernmodi, die die Lernprozesse in der Pflegepraxis charakterisieren. Die drei Lernmodi sind:

- Lernen über integrierendes Handeln,
- Lernen über Handlungsproblematiken mit der Antwort Lernstrategien und
- Lernen über Handlungsproblematiken mit der Antwort exkludierendes Weiterhandeln.

Die Lernmodi stehen in einem komplexen Wirkgefüge, welches durch die Begriffe[2] *Erwartungshorizont*[3], *Pflege gestalten* und *Gegenstandsaufschluss*, *Handlungsproblematik*, *Antworten*, *Reflektieren* sowie weiteren Begriffen für die einflussnehmenden Elemente beschreibbar wird.[4]

Zum Erwartungshorizont

Lernende in der Pflegepraxis haben es mit Pflegesituationen zu tun, in denen sie handeln müssen. Mit dem *Erwartungshorizont* wird beschrieben, wie die Lernende der jeweiligen Situation begegnet. Er umfasst jegliches (Vor-)Wissen, und damit sowohl bspw. in der Pflegeschule Erlerntes, als auch Erfahrungswissen. Der Erwartungshorizont enthält aber auch das *Selbstbild der Lernenden*, sieht sie sich mehr als Arbeitende oder mehr als Lernende, ihre *Transfervorstellung* oder die Verfügbarkeit von *Lernstrategien* u.a.m. Deutlich ist damit der Subjektstandpunkt eingenommen, der mit dem Erwartungshorizont letztlich eine Konkretisierung erfährt.

Pflege gestalten

Der vielleicht etwas sperrig wirkende Begriff nimmt all die Anforderungen auf, die den Lernenden in der Pflegepraxis begegnen. Und er unterstreicht,

---

2 In unserer Arbeit haben wir dem Wort „Konzept" das deutsche Wort „Begriff" vorgezogen (vgl. auch Band 1, Kap. 1 des Handbuchs, Ertl-Schmuck/Fichtmüller 2009).
3 Die empirisch generierten Begriffe setzen wir i. d. R. kursiv.
4 Die Trennlinie zwischen einflussnehmenden Elementen und den anderen Begriffen ist nicht scharf zu ziehen. In einem komplexen Gefüge wirken schließlich alle Elemente aufeinander ein und beeinflussen sich entsprechend. Und doch lässt sich analytisch eine Abstufung vornehmen, die wir mit den Worten Kernkategorie, Kategorien mittlerer Ebene und querliegende Kategorien vorgenommen haben (vgl. Fichtmüller/Walter 2007b: 81).

wie über die Bewältigung der Anforderungen das berufliche Handeln, die Pflege, ausgestaltet wird – also eine Form, eine Gestalt annimmt. *Pflege gestalten* beschreibt Lerngegenstände. In der Pflegepraxis lassen sie sich – auf einer hohen Abstraktionsebene – in *Aufmerksam-Sein, Urteile bilden, pflegerische Einzelhandlungen* und *Arbeitsabläufe bewältigen* ausdifferenzieren (s. u.).

Handlungsproblematik

Die Handlungen der Lernenden laufen nicht immer flüssig ab. Häufig geraten sie ins Stocken; es treten Unsicherheiten darüber auf, wie die Handlung korrekt auszuführen ist oder Vorstellungen und Wissen über eine korrekte Pflegehandlung lassen sich in der Situation nicht realisieren. So formuliert bspw. eine Lernende „Im Kopf ist es da, aber die Durchführung ist letztendlich immer noch chaotisch" (ebd.: 241). Für diese Schwierigkeiten und Unsicherheiten steht der Begriff *Handlungsproblematik*. Neben diesen von den Lernenden selbsterlebten Problemen können durch den Einfluss von Lehrenden Handlungsproblematiken auftreten. Diese – fremdinduzierten – Handlungsproblematiken gehen auf *Interventionen* der Lehrenden oder auf gezielte Aufmerksamkeitslenkung zurück und können auch nach einer bereits durchgeführten Handlung auftreten (*Reflektieren*).

Das Auftreten oder Induzieren von Handlungsproblematiken hängt eng mit den Eigenschaften der Handlungsanforderungen – der potentiellen Lerngegenstände – zusammen. Auf diesen Zusammenhang gehen wir weiter unten ein.

Einflussnehmende Elemente

Neben den Eigenschaften der Lerngegenstände haben wir einige wesentliche einflussnehmenden Elemente herausgearbeitet: das *Selbstbild der Lernenden*, die *Lernatmosphäre*, die Verfügbarkeit von geschützten Lernkontexten, das *bei Modellpersonen erlebte Pflegehandeln, Merksätze* und *Prinzipien* sowie das *Verständnis und die Anerkennung expliziten Wissens*. Ein Beispiel soll den Einfluss verdeutlichen. Wird explizites Wissen als *Anwendungswissen* verstanden und *latent abgewertet*, werden seltener Handlungsproblematiken erlebt. *Stationsinterne Gepflogenheiten* und das diesen innewohnende implizite Wissen reichen zur Handlungssicherheit. Diskrepanzen, die durch explizites Wissen ausgelöst werden könnten, erscheinen irrelevant und lösen in der Folge keine Handlungsproblematiken aus.[5]

---

[5] Typisch dafür ist das „Zwei-Varianten-Lernen", eine sogenannte Schulvariante neben der stationsinternen Ausführungsweise (vgl. Fichtmüller/Walter 2007a: 246, 464, 504).

Antworten

Antworten sind direkte Reaktionen der Lernenden auf Handlungsproblematiken. Wir unterscheiden zwei Antwortweisen: *Lernstrategien* und *exkludierendes Weiterhandeln*. Für die – zumeist unbewusste Wahl – der Antwort sind wiederum die bereits für das Auftreten von Handlungsproblematiken benannten Einflüsse relevant. Mit Lernstrategien auf Handlungsproblematiken zu antworten bedeutet, sich um einen angemesseneren *Gegenstandsaufschluss* – eine korrektere und situationsangemessenere Handlungsfähigkeit zu bemühen. Lernstrategien sind vielfältig. *Fragen stellen* gehört ebenso dazu wie bspw. das Aufsuchen eines *geschützten Lernkontextes* um zu *üben*. Exkludierendes Weiterhandeln bedeutet hingegen, die Handlungsproblematik zu ignorieren oder zu übergehen. Darin liegt ein Bedürfnis nach Sicherung der pflegerischen Handlung. So arbeiten die Lernenden gleichsam über ihre Unsicherheiten hinweg oder sie geben eine Aufgabe an andere Pflegende ab, ohne ihre Unsicherheiten in den Blick zu nehmen.

Integrierendes Handeln

Integrierendes Handeln finden wir häufig bei sich wiederholenden Handlungen. Situative Anforderungen werden von den Lernenden handelnd integriert. Damit ist nicht gesagt, dass die Handlung auch korrekt oder angemessen ausgeführt wird, sondern lediglich, dass während der Handlung keine Unsicherheiten, also keine Handlungsproblematiken, auftreten. Lernende können wiederholt bestimmte Anforderungen bewältigen, sie bilden möglicherweise *Routinen* oder *Gewohnheiten* aus, die sich erst im Spiegel einer Praxisbegleitung oder Prüfungsvorbereitung als an- oder unangemessen erweisen. Neben den Eigenschaften der *pflegerischen Einzelhandlungen*, insbesondere ihrer zugeschriebenen *Wertigkeit*, ist es vor allem das Vorhandensein von Lehrenden, Praxisanleitenden oder Pflegepädagogen, die hier Einfluss nehmen. Auch sind bestimmte *Komponenten* pflegerischer Einzelhandlungen oder der *Komplexitätsgrad der Urteilsbildung* starke Einflussfaktoren (s. u.).

Gegenstandsaufschluss

Mit *Gegenstandsaufschluss* wird bezeichnet, welches Verständnis, Wissen und welche Handlungsmöglichkeiten Lernende bezogen auf einen konkreten Lerngegenstand, hier pflegerische Anforderungen, haben. Die drei Lernmodi wirken sich je charakteristisch auf den Gegenstandsaufschluss aus. Bezugspunkt ist der Gegenstandsaufschluss vor der Handlung, also als ein Aspekt des Erwartungshorizonts, mit dem die Lernende in die Situation hineingeht. Der Lernmodus *Lernstrategien* vertieft, der durch *integrierendes Handeln* festigt oder vertieft einen Gegenstandsaufschluss. Beim *exkludierenden Weiterhandeln* wird der Gegenstandsaufschluss gleichsam eingefroren.

Reflektieren

Mit *Reflektieren* ist hier eine Betrachtung *nach* einer Handlung beschrieben. Die Reflexion kann *selbst-* oder *fremdinduziert* erfolgen aber auch ausbleiben. Die Reflexion wirkt sich auf den *Erwartungshorizont*, mithin den *Gegenstandsaufschluss* aus. Reflektieren tritt entschieden häufiger auf, wenn Lernende durch Lehrende begleitet werden. Einfluss haben die *Eigenschaften der Lerngegenstände*. Das *Selbstverständnis der Lernenden* wirkt hinein. Die *Wertschätzung expliziten Wissens* als Reflexionshilfe sowie eine *lernförderliche Atmosphäre* befördern bspw. Reflektieren.

Der Wirkzusammenhang

In der Darlegung der Bausteine der Theorie sind die Wirkzusammenhänge bereits angeklungen, ohne jedoch systematisch sichtbar geworden zu sein. Mit der folgenden Abbildung werden die Zusammenhänge zwischen den Begriffen visualisiert und damit der Wirkzusammenhang auf abstrakter Ebene in einer Theorie gebündelt (Abb. 1). Anhand eines konkreten Falls werden die Zusammenhänge darüber hinausgehend konkretisiert.

Abb. 1: Pflege gestalten lernen in der Pflegepraxis[6]

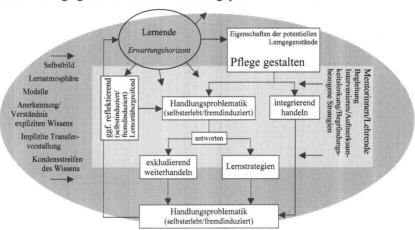

3. Die Lerngegenstände

Die Theorie *Pflege gestalten lernen in der Pflegepraxis* bildet die mehrgleisigen Lernprozesse in der pflegerischen Praxis ab. Deutlich wird ein Geflecht informeller und formeller Lernprozesse. Was dabei in welcher Weise zum *Lerngegenstand* wird, legen wir in diesem Kapitel dar. Vereinzelt werden dabei Spezifika in den Lehr-Lernprozessen aufgezeigt, die wegen des hohen Abstraktionsgrades in der Theorie unsichtbar bleiben.

---

6 Fichtmüller/Walter 2007 a: 660.

Die empirisch vorgefundenen Lerngegenstände sind:

- Aufmerksam-Sein,
- Pflegerische Einzelhandlungen,
- Arbeitsablaufgestaltung und
- Urteilsbildung.

Der „Rote Faden" oder der diese Lerngegenstände umfassende Begriff ist „Pflege gestalten".

3.1 Aufmerksam-Sein

Sind Lernende durch eine gerichtete oder ungerichtete Wahrnehmung achtsam für Situationen oder Ausschnitte der inneren oder äußeren Umwelt, haben wir diese Phänomene als *Aufmerksam-Sein* konzeptualisiert (vgl. Fichtmüller/Walter 2007 a: 361 ff.). Aufmerksam-Sein ist eine Voraussetzung für die Wahrnehmung situativer Bedingungen und damit für die *Urteilsbildung* und das *Pflege gestalten*. In folgenden Dimensionen haben wir Aufmerksam-Sein vorgefunden: fixiert, gerichtet, fluktuierend und freischwebend.

Ist die Aufmerksamkeit stark auf einen Gegenstand – bspw. auf die Technik einer pflegerischen Einzelhandlung – konzentriert, sprechen wir von *fixiertem* Aufmerksam-Sein. Weitere Aspekte der Situation werden in diesem Modus nicht wahrgenommen. Routinenbildung hingegen setzt Aufmerksamkeit frei. Fixiertes Aufmerksam-Sein stellt sich somit als ein Zwischenschritt auf dem Weg zu einem tieferen Gegenstandsaufschluss von Aufmerksam-Sein dar. Im Modus des *gerichteten* Aufmerksam-Seins sind die Lernenden mit ihrer Aufmerksamkeit bei einer Sache, können Geschehnisse daneben jedoch wahrnehmen – bspw. wenn mehrere Vorgänge gleichzeitig zu überwachen sind. Zwischen fixiertem und gerichtetem Aufmerksam-Sein bestehen nur graduelle Unterschiede – die Aufmerksamkeit ist enger oder etwas weiter. *Fluktuierendes* Aufmerksam-Sein zeichnet sich durch ein Hin- und Herschweifen aus. Lernende berichten bspw. von dem Phänomen des Sich-abgelenkt-Fühlens. Wache Achtsamkeit bzw. Geistesgegenwart bezeichnen wir als *freischwebendes* Aufmerksam-Sein. Aspekte einer Situation werden hier wie nebenbei wahrgenommen.

Lehrende und Anleitende sind sich mehr oder weniger darüber bewusst, dass die Dimensionen des Aufmerksam-Seins einen Lernprozess erfordern, selten rückt Aufmerksam-Sein explizit als Lerngegenstand in den Mittelpunkt. Praxisanleitende und Lehrende verfolgen häufig das Lernziel *freischwebend* Aufmerksam-Sein (bspw. in Form des geforderten „Rundumblicks"). In der Schule wird explizit das Lernziel *Sensibilisiert-Sein* verfolgt. Ein Thema wird hierbei mit subjektiver Bedeutung belegt und die Lernenden können in der Pflegepraxis *freischwebend* die mit Bedeutung versehenen Aspekte von Situationen wahrnehmen. Die *Strategien* der Lehrenden und Anleitenden sind *Aufmerksamkeitslenkung* und *Sensibilisierung*. Aufmerksamkeitslenkung erfolgt durch verbale oder nonverbale Hinweise (bspw. über Abfragen, Auffordern, Fingerzeige geben) bestimmte Dinge entweder aufmerksamer oder überhaupt erst zu beachten. Sensibilisierung erfolgt über ein methodisches Arbeiten, das ein Erleben der subjektiven Bedeutsamkeit von Themen ermöglicht. Die *Aneignung* von Aufmerksam-Sein der Lernenden geschieht aufgrund von Erlebnissen aus Rollenübernahmen, durch das Reflektieren von Erfahrungen, über Wissensbestände, wie z.B. die Übernahme von *Merksätzen* oder über *Modelle*, deren Pflegehandeln sie erleben.

3.2 Pflegerische Einzelhandlungen

Die Empirie zeigt auf, dass Pflegen über die Isolierung einzelner recht eng abgegrenzter Pflegehandlungen erfolgt. Den Begriff *Einzelhandlungen* wählten wir, weil er gegenüber ähnlichen Begriffen – Tätigkeit, Verrichtung, Pflegeleistung oder auch Pflegehandlung – den Vorteil bietet, weder zu eng noch zu weit zu sein. Der Wortteil *Einzel* evoziert ein Bild kürzerer Handlungsstränge, die aus dem Handlungsfluss gleichsam herausgeschnittenen sind. „Pflegerische Einzelhandlungen sind definiert als innerhalb eines Handlungsflusses abgegrenzte pflegerische Tätigkeiten." (ebd.: 228) Sie sind ein empirisch-analytisches Konstrukt, welches es gestattet, die empirisch gefundenen Anteile (*Komponenten*) und damit die *Komplexität* von pflegerischen Einzelhandlungen nachzuzeichnen. Von dort aus können dann die Konzeptualisierungen der Lernenden und Anleitenden resp. Lehrenden ausdifferenziert werden. *Komplexität, Intention, Wertigkeit* und *Auftretenseigenarten* kennzeichnen pflegerische Einzelhandlungen.

Komplexität

Das Lernen von *Einzelhandlungen* in der Pflege unterscheidet sich wesentlich darin, ob sie mit oder ohne *Patientenbeteiligung* erfolgen. Patientenbeteiligung fasst begrifflich das Phänomen, ob und in welcher Weise pflegebedürftige Menschen am pflegerischen Handeln teilhaben. Einzelhandlungen ohne *Patientenbeteiligung* sind vorwiegend durch die Komponente *Technik* gekennzeichnet. Sobald an Einzelhandlungen direkt Patienten beteiligt sind, umfassen sie neben der Technik, *Wahrnehmen* und *Beurteilen* der je singulären Situation, das *situative Ausgestalten, Informieren* der Patienten und *Aushandeln* sowie die *Kontaktgestaltung* mit dem Patienten (vgl. Abb. 2). Kontaktgestaltung bietet als Begriff die Möglichkeit, qualitative Ausdifferenzierungen, wie bspw. *Beziehung* oder *einseitig bestimmende Kontaktgestaltung* vorzunehmen. Auffallend ist eine relative Sprachlosigkeit oder Begriffsarmut für die Kontaktgestaltung. Dies ist mit darin begründet, dass hier Phänomene angeschnitten werden, die sich einer analytisch-exakten begrifflichen Fassung entziehen. Diese relative Sprachlosigkeit wirkt sich direkt auf Lehren und Lernen dieser Aspekte pflegerischen Handelns aus. Werden sie überhaupt lernrelevant, bleibt es häufig bei einem *Hinweis* auf die Bedeutung dieser Anteile.

Abb. 2: Zur Komplexität pflegerischer Einzelhandlungen[7]

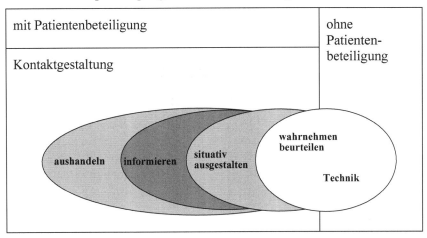

Wir gehen hier knapp auf die *lernrelevanten Konzeptualisierungen* der Einzelhandlungen ein, d.h. auf die Frage, welche der Komponenten in welcher Weise lernend und lehrend aufgegriffen werden. Diese differieren zum Teil erheblich, was sich in zwei Tendenzen bündeln lässt: Eine Tendenz ist die Fokussierung auf die *technische* Komponente, die mit einer *Kontaktgestaltung* einhergeht, die sich durch *einseitig bestimmende Gestaltung* über *tätigkeitsbegleitende Interaktion* – hier werden die einzelnen Handlungsschritte verbal unterlegt – bis hin zu *unterlassener Kontaktaufnahme* ausweist. Die zweite Tendenz liegt in einer *umfassenden Konzeptualisierung*. Bei der umfassenden Konzeptualisierung pflegerischer Einzelhandlungen besteht eine Sensibilität für alle Komponenten der Einzelhandlungen, alle Komponenten sind (potentiell) lernrelevant.

Wertigkeit

Kennzeichen pflegerischer Einzelhandlungen ist weiterhin, dass ihnen und den Komponenten unterschiedliche Bedeutung beigemessen wird. Diese *Wertigkeit* drückt sich beispielsweise in der Entscheidung darüber aus, ob Lernende bei der Durchführung einer Einzelhandlung begleitet werden oder zu welchen Tätigkeiten oder Komponenten der Einzelhandlung eine Rückmeldung erfolgt. Kriterien über die Wertigkeitszuschreibung bleiben überwiegend implizit. Herauskristallisiert hat sich, dass die Wertigkeit tendenziell an den *betroffenen Organsystemen*, der *Hausarbeits- oder Arztnähe* der Tätigkeit und der *erlebbaren Folgenlastigkeit* gemessen wird. Beispielsweise wird einer pflegerischen Einzelhandlung, die invasiv in den Körper der Patientin eindringt (bspw. eine Injektion), ein hoher Wert zuge-

---

[7] Fichtmüller/Walter 2007a: 233.

messen. Das Anlegen von medizinischen Antithrombosestrümpfen wird entsprechend weniger wertgeschätzt und seltener begleitet (ebd.: 208 ff.).

Auftretenseigenarten

Pflegerische Einzelhandlungen unterscheiden sich nach der *Häufigkeit* ihres Auftretens und der *Planbarkeit*. Eine weitere Auftretenseigenart sind die *Varianten*, in denen pflegerische Einzelhandlungen empirisch zu finden sind. Es existieren die *schulische Variante*, hierbei wird versucht „streng nach schulischen Richtlinien" zu handeln, die *stationsinterne Variante* (*Gepflogenheit*), eine Ausführung nach den im jeweiligen Team eingeschliffenen Durchführung, und die Variante eines *subjektiv begründbaren Umgangs mit Standards*. In dieser Variante werden Handlungsausführungen nach eigenen Kriterien vorgenommen.

Exkurs: Pflege gestalten lernen in Lernwerkstatt und Schule

Auch in der Lernwerkstatt wird nach *pflegerischen Einzelhandlungen* gelernt. Dabei stehen die Komponenten *Technik*, *Wahrnehmen*, B*eurteilen* und *situatives Ausgestalten* zentral. Die *Aufmerksamkeit* wird dabei immer auch auf die Patienten gelenkt, auf ihr Erleben pflegerischer Interventionen sowie auf individuelle Umgangsweisen mit den Folgen der Erkrankung. *Patientenbeteiligung* wird darüber, über die methodische Gestaltung sowie das Lernen anhand authentischer Situationen als *unverfügbare Teilhabe* präformiert. Medizinisch-naturwissenschaftliches Wissen wird ebenso gewichtet wie genuines Pflegewissen, Nicht-Wissen um Patientenerleben und -umgangsweisen mit Erkrankungen, Interventionen bzw. Einschränkungen.

Auch wenn am Lernort Schule Einzelhandlungen ebenfalls Lerngegenstand sind; mit einer Betrachtung aus der Perspektive der Forschungsergebnisse für den Lernort Pflegepraxis bleiben einige Phänomene schulischen Lehrens und Lernens von Einzelhandlungen lernen unbeachtet. Wir werden knapp auf Phänomene im Kontext des Lernortes Schule eingehen.

Für den Lernort Schule ist bezeichnender, dass Pflege gestalten als *Ableitung* gelernt wird. Abgeleitet wird Pflege gestalten von verschiedenen Wissensbeständen, in deren Folge Perspektiven auf Menschen, die gepflegt werden, auf die *pflegerischen Einzelhandlungen* und auf die Organisation pflegerischen Handelns präformiert werden. Darüber hinaus sind es bestimmte Unterrichtsmethoden, die über die mit ihnen vermittelte symbolische Präsenz des Patienten, das Lernen von *Pflege gestalten* prägen. Zwei ausgewählte Aspekte können wir hier darstellen, *Fallbeispiele* und *Wissensdimensionen*.

Anhand der Verwendung von Fallbeispielen lässt sich, wie auf einem Aushängeschild, die symbolische Präsenz von Patienten im Unterricht aufzeigen. Folgende Formen haben wir herausgearbeitet:

- Die symbolische Präsenz von Patienten als Träger medizinisch relevanter Informationen/Symptomträger und als passiver Pflegeempfänger – Fallbeispiele dienen hier als Aufhänger für Unterrichtsinhalte.
- Die symbolische Präsenz von Patienten als relevante und nicht gänzlich verfügbare Teilhaber pflegerischen Handelns – Fallbeispiele sind hier der Unterrichtsinhalt an sich.

Diese Verwendung von Fallbeispielen korrespondiert mit den für relevant erachteten Wissensdimensionen. Auch hier sind zwei Tendenzen nachzuzeichnen:

Die dominante Tendenz ist, *Pflege gestalten* aus medizinisch-naturwissenschaftlichem Wissen abzuleiten. Für pflegerisches Handeln ist dieses Wissen geeignet, die aus körperbezogenen Phänomenen abzuleitenden Handlungserfordernisse zu identifizieren. Pflegehandeln bleibt damit zunächst beschränkt auf körperbezogene Aspekte, d.h. *Patientenbeteiligung* sowie *Wahrnehmen* und *Beurteilen*[8] reduziert sich in der Folge auf die beim kranken Menschen wahrgenommenen körperlichen Symptome. Dabei entsteht eine Restkategorie, die unterschiedlich begrifflich gefasst wird. Lehrende und Lernende verwenden dafür den Terminus das „Gefühl für den Menschen" oder das „Psychosoziale". Diese Aspekte sind aus Lehrenden- und Lernendensicht ebenso wichtig, erhalten jedoch in ihren Ausführungen den Status eines Appendix. Darauf bezogene Wissensbestände erscheinen als nachrangig und werden selten benannt. Auffallend wird darüber zunächst die zweigeteilte Wissensbasis, welche für das Lernen resp. Lehren von Pflege gestalten angegeben wird.[9] In der Zweiteilung wird übereinstimmend medizinisch-naturwissenschaftliches Wissen als primär zu Lernendes resp. zu Lehrendes angesehen. Einerseits weil – wie es in Selbstauslegungen der Lernenden deutlich wird – „dann verstehe ich die Pflege, die ich mache" und andererseits, weil medizinisch-naturwissenschaftliche Wissensbestände relativ erfahrungsunabhängig sind und relativ neu gelernt werden müssen. Beide Wissensbestände scheinen losgelöst voneinander. In der Folge wird *Patientenwahrnehmung und -beteiligung* präformiert in einer Zweiteilung des Menschen: In einen körperlichen Symptomträger und ein psychosoziales Wesen, welches diffus bleibt.

Daneben finden wir eine weitere Tendenz, in der *Pflege gestalten* ebenfalls als Ableitung aus medizinisch-naturwissenschaftlichem Wissen gelehrt und gelernt wird. Parallel dazu wird Pflege gestalten auf die Basis genuin pflegerischen Wissens gestellt. Auch wenn Pflegephänomene und -konzepte auf dem Weg von der Pflegewissenschaft in die Unterrichtspraxis in den

---

8 Komponenten der Pflegerischen Einzelhandlung (s.o.).
9 Vgl. die Abbildungen 10, 11 und 14, die diese Teilungen augenfällig machen in Fichtmüller/Walter 2007a: 313, 342.

Curricula gleichsam „stecken geblieben" sind,[10] wird die Pflegeplanung im theoretischen Rahmen pflegewissenschaftlicher Theoriebildung gleichrangig neben die anderen Wissensgrundlagen gestellt. Explizites Nicht-Wissen, als ein Wissen um die Grenzen des vorliegenden Wissens, ist dem genuin pflegerischen Wissen inhärent. Der pflegebedürftige Mensch erscheint in der Folge als historisch-konkrete Person, die letztlich im Unterricht unverfügbar bleibt. Auch hier fällt die oben genannte Restkategorie an, erscheint jedoch weniger umfangreich.

Vor allem in den Daten, welche wir in der Schweiz erhoben haben, zeichnet sich ab, dass Pflege gestalten im Rahmen umfassender *Patientenbeteiligung* erlernt wird. Wie lässt sich das begreifen?

Folgende Thesen lassen sich aufstellen:

Auf der Wissensebene werden explizites Nichtwissen, d.h. Wissen um Nicht-Wissen können, und genuin pflegerisches Wissen neben medizinisch-naturwissenschaftlichem Wissen gelehrt und gelernt.

Die unterrichtsmethodische Gestaltung, insbesondere die sich darin ausdrückende symbolische *Patientenbeteiligung* sowie die Eigenverantwortung der Lernenden für ihr Lernen und ihr pflegerisches Handeln wirken hier fördernd.

In der Schweiz bewirkt zudem der systematisch verankerte dritte Lernort einerseits eine Aufwertung von Lernen und Reflexion, was mit einer erhöhten Wertschätzung expliziten und impliziten Wissens einhergeht, andererseits existieren Lernräume für die Routinisierung technischer Komponenten pflegerischen Handelns – in deren Folge Aufmerksamkeit freigesetzt wird für direkte *Kontaktgestaltung* bei angebahnter Aufmerksamkeit für das Erleben der Pflegebedürftigen und dessen Relevanz für pflegerisches Handeln.

Zusammenfassende Diskussion

Pflegerische Einzelhandlungen (und *Arbeitsablaufgestaltung*) erscheinen im Spiegel pflegewissenschaftlicher Erkenntnisse als obsolete Strukturierung pflegerischen Handelns. Empirisch betrachtet lernen Lernende *Pflege gestalten* noch zu selten in der Form einer an der Person des Patienten ausgerichteten Pflege, welche sich auch als Beziehungsarbeit versteht. Die sich in den Daten abzeichnende Schlüsselstellung der Kontaktgestaltung in ihrer Verschränkung mit Patientenbeteiligung weist jedoch darauf hin, dass eine Orientierung an Einzelhandlungen nicht zwingend einer personenorientierten Pflege und einer entsprechenden Arbeitsablaufgestaltung entgegensteht.

---

10 So finden sich Pflegephänomene und Konzepte im Curriculum, in den von uns beobachteten Unterrichten aber keine Erwähnung (vgl. Fichtmüller/Walter 2007a: 310, 341).

Unseres Erachtens spiegelt sich in der Strukturierung nach *Einzelhandlungen* eine pflegedidaktisch höchst relevante Erscheinung. Es geht sowohl um die Abhängigkeit des Lernens von der Möglichkeit begrifflicher Fassung des potentiellen Lerngegenstandes, als auch um die generelle Un- bzw. Verfügbarkeit des Lerngegenstandes. Dabei muss von einer wechselseitigen Verschränkung ebenso ausgegangen werden, wie von Illusionen der Verfügbarkeit und begrifflichen Fassbarkeit. Wir werden dies im Folgenden etwas konkretisieren.

Insbesondere die Komponente *Technik* ist begrifflich gut darstellbar. Es gibt Handlungsschemata, die Unterteilung in Vorbereitung, Durchführung, Nachbereitung einer Pflegeverrichtung. Patientenbeteiligung und die damit einhergehende Unverfügbarkeit des Handlungsverlaufs[11] kann – mit dem Fokus auf Technik – weitgehend ignoriert werden.

Hinzu kommt, dass die Komponente Technik für die meisten pflegerischen Handlungen (relativ) neu erlernt werden muss und bis zu dem Gefühl sicherer Ausführung zahlreiche Übungsmöglichkeiten benötigt. Handlungsunsicherheiten werden hier besonders deutlich erlebt, Lernbedürfnisse eher ausgebildet und artikuliert. In abgeschwächter Form gilt dies auch für die Komponente *Informieren*.

Wahrnehmen und *Beurteilen*, mithin die zahlreichen pflegerisches Handeln durchwirkenden Urteilsbildungsprozesse, situatives Ausgestalten, Aushandeln und Kontaktgestaltung erscheinen demgegenüber begrifflich nicht befriedigend fassbar und darüber hinaus aufgrund der im alltagsweltlichen Kontext erworbenen Fähigkeiten als nachrangig. Sie sind zudem auf aktive Patientenbeteiligung verwiesen und zeichnen sich in der Folge durch eine elementare Offenheit der Situation und der Handlungsverläufe aus.

Somit stellt sich die Strukturierung pflegerischen Handelns in unserem Forschungsfeld als wesentlich über die Aneignung und Vermittlung hergeleitet, nicht aber als pflegedidaktisch und -wissenschaftlich begründet dar. Pflegedidaktische Reflexionen und Konzeptionen sollten hier ansetzen.

3.3 Arbeitsablaufgestaltung – Pflegearbeit organisieren

Arbeitsablaufgestaltung ist ein sog. in-vivo Kode, also eine Formulierung, die wir von unseren Interviewpartnerinnen übernommen haben. Es geht um den Lerngegenstand Arbeitsprozessgestaltung oder auch Organisation der Pflegearbeit über den Arbeitstag in einer mehr oder weniger eng begrenzten Arbeitseinheit. Dabei kann der Begriff *Ablauf* als Metapher verstanden werden, der an Linearität und Zwangsläufigkeit denken lässt. Arbeitsab-

---

11 Hier zeigt sich die hohe Bedeutung einer handlungstheoretischen Fundierung der Pflegedidaktik, die einem weiten umfassenden Handlungsbegriff Raum schafft (vgl. Ertl-Schmuck/Fichtmüller 2009: 69 ff.; Fichtmüller/Walter 2007a, Fichtmüller 2006).

laufgestaltung wird gelernt und gelehrt, und sie tritt darüber gleichzeitig in Erscheinung und lässt sich näher bestimmen (vgl. ebd.: 266 ff.).

Der *Arbeitsablauf* ist gekennzeichnet durch bestimmte *Anforderungen, Inhalte* und *lernrelevante Ausprägungen*. Die *Gestaltung* erfolgt in zwei Formen: *implizit* oder *explizit*.

Spezifika der Anforderungen sind

- „Nichts zu vergessen" – Komplexität bewältigen,
- Gleichzeitigkeit der Anforderungen,
- „dann machen wir es später" – mit situativen Barrieren umgehen und
- die Kontaktgestaltung zum Patienten über Einzelhandlungen hinweg aufrechterhalten (ebd.: 281 ff.).

Daneben sind die *Inhalte*, resp. welche Anforderungen und Handlungen in die Arbeitsablaufgestaltung einbezogen werden, kennzeichnend. Hier stehen *pflegerische Einzelhandlungen* im Mittelpunkt.

Die Gestaltung des Arbeitsablaufs erfolgt empirisch in den Formen:

- Entlang eingeschliffener Reihenfolgen arbeiten – Gewohnheiten als implizite Gestaltungsmittel (Zeit als Normierung), und
- Explizites Gestalten – Prioritäten setzen, Koordinieren, Planen (ebd.: 285 f.).

Dabei spielt *Zeit – als reales Phänomen und Chiffre* (Piechotta 2000) und *Aufmerksam-Sein* eine große Rolle. Es hat sich gezeigt, dass die Art der *Kontaktgestaltung* mit den Patienten der *Ablauforganisation* ein je charakteristisches Aussehen gibt (Fichtmüller/Walter 2007 a: 278 ff.).

3.4 Urteilsbildung

Einführung

Jede situative Ausgestaltung pflegerischen Handelns durch Lernende basiert auf Urteilsbildungen. Wenn Lernende eigene Einschätzungen zu ihren Wahrnehmungen vornehmen, diese ggf. begründen und vor anderen vertreten können, haben wir dies als *Urteilsbildung* konzeptualisiert (Fichtmüller/ Walter 2007 a: 381 ff.). Wesentliche kennzeichnende Aspekte der Kategorie *Urteilsbildung* sind:

- Erscheinungsweisen der Urteilsbildung,
- Urteilsbildungsprozess mit Urteilskriterien und Komplexitätsgraden,
- Handlungsrelevanz der Urteile,
- Strategien der Anleitenden zum Lernen von Urteilsbildung und die Aneignung der Lernenden.

Erscheinungsweisen der Urteilsbildung
Sowohl bei geplanten Handlungen, als auch in unvorhergesehenen Situationen sind Lernende zur Bildung von Urteilen herausgefordert.[12] Bei der situativen Ausgestaltung geplanter pflegerischer Einzelhandlungen unterscheiden wir bezüglich der *Urteilsnotwendigkeit* und der *Erwartbarkeit der Urteilssituation* zwei Arten. Eine *zwingende* Urteilsnotwendigkeit besteht, wenn ohne Urteil nicht weiter gehandelt werden kann. Innerhalb geplanter Handlungen sind die Urteilsanlässe *erwartbar* oder *unvorhersehbar*. Die zweite Art ist durch ein *plötzliches Ereignis* unabhängig von einer pflegerischen Einzelhandlung gekennzeichnet, das einer Urteilsbildung bedarf – eine Urteilsnotwendigkeit im Hinblick auf das Weiterhandeln liegt jedoch überwiegend nicht vor.

Urteilsbildungsprozess mit Urteilskriterien und Komplexitätsgraden
Urteilsbildung kann ein bewusster Prozess oder eine intuitive Entscheidung sein, über die anschließend berichtet werden kann oder nicht. Neben der kriteriengeleiteten Urteilsbildung bzw. der Rekonstruktion derselben im Interview, fassen wir demnach auch Prozesse als Urteilsbildung, über die kaum Auskunft gegeben werden kann, die aber gleichwohl beobachtet werden können. Bewusster Urteilsbildung geht ein von den Lernenden wahrgenommener Urteilsanlass – eine Handlungsproblematik in der Urteilsbildung – voraus. Das Explizieren einer Urteilsbildung in der Situation kann aber auch durch Anleitende induziert sein, wenn sie Lernende zur Rechtfertigung ihrer Urteile herausfordern. Intuitive Urteilsbildung konzipieren wir in Anlehnung an Polanyi und Neuweg als implizites Integrieren, gleich, welchen Komplexitätsgrad die Urteilsbildung aufweist (vgl. ebd.: 136).

Als *Urteilskriterien* haben wir alle Wissensdimensionen (vgl. ebd.: 183 ff.) identifiziert. Explizites empirisch-systematisches Wissen (bspw. Prinzipien) und persönliches Wissen (bspw. über die eigene emotionale Verfasstheit) wird ebenso zur Begründung von Urteilen hinzugezogen wie explizites Erfahrungswissen. Lernende geben in den Interviews auch Wissensbestände an, die sich in ihrer *gezeigten* Urteilsbildung nicht durchsetzen konnten – ihr Wissen bleibt somit träge. Dies verweist auf einen bestimmten *Gebrauch expliziten Wissens* (vgl. ebd.: 510 ff.). Des Weiteren haben wir *Wissen über Patienten*, den *Kontext* und *eigene Beobachtungen und Deutungen* als Kriterien identifiziert. Annähernd alle Lernenden erwähnen zudem das *Sich-Hineinversetzen* in den Patienten als Kriterium für ihre Urteilsbildung bei der Ausgestaltung pflegerischen Handelns.[13] Lernende fällen Urteile darüber hinaus

---

12 Werturteile – also Meinungsurteile aufgrund persönlicher Überzeugungen, des Deutungsrahmens der Lernenden – wirken ebenso auf situatives Urteilen ein, werden hier jedoch nicht ausdrücklich betrachtet.

13 Paradigmatisch für dieses Kriterium der Urteilsbildung ist der Satz: „Pflege so, wie du selbst gepflegt werden möchtest".

aufgrund der kurz- oder langfristig *antizipierten Konsequenzen*. Die Urteilsbildung erfolgt hier vor dem Hintergrund der von außen an sie herangetragenen Erfordernisse (bspw. Prüfungsanforderungen). Eine Abwägung der Konsequenzen erfolgt ebenso zugunsten unkorrekten Arbeitens, nämlich dann, wenn die Folgen – berechenbar bspw. in Form der zu erwartenden Beurteilung – der Durchsetzung eines korrekten Arbeitens abgewogen werden.[14]

Zur Gewichtung der Kriterien haben wir Folgendes erschlossen: Liegt zu einer Situation Erfahrungswissen vor, leitet dieses das Urteil bzw. die Begründung. Urteile, die sich auf empirisch-systematisches Wissen stützen, können eher verunsichert werden. Gefühle können sich als Urteilskriterien gegen Prinzipien durchsetzen. Liegt zu einer Situation kein empirisch-systematisches und kein Erfahrungswissen vor, wirken sich stationsinterne Deutungsmuster und Gefühle nahezu ungebrochen aus (ebd.: 419 f.).

Der Urteilsbildungsprozess ist durch seinen *Komplexitätsgrad* gekennzeichnet. *Geringe Komplexität* kommt in Situationen der Ausgestaltung geplanter pflegerischer Einzelhandlungen vor. Hier geht es oft um das Urteil, welches Prinzip bzw. welche Regel angewandt werden soll. Können in der Situation die angeeigneten Prinzipien relativ unabhängig vom Kontext verwendet werden, zeigen Lernende kaum Unsicherheiten. Die geringe Komplexität der Urteile geht damit einher, dass auf wenige Wissensdimensionen als Urteilskriterium zurückgegriffen wird. Die Urteile unterliegen jedoch der Gefahr, „verhindert" (vgl. ebd.: 402) zu werden, weil situative Nuancen geglättet werden und komplexe Urteilsbildung somit unterbleibt.

Bei der *komplexen Urteilsbildung* bedienen sich Lernende vielfältiger Wissensdimensionen, eigener Beobachtungen, Deutungen und Gefühle; verschränken diese mit situativen Bedingungen und gewichten die Kriterien. Urteilsfordernde Situationen sind oft mehrdeutig, was zu Problemen bei der Urteilsbildung führen kann, die – genauer betrachtet – damit zusammenhängen, dass

- „notwendige (Teil-)Kriterien zur Urteilsbildung von den Lernenden noch nicht angeeignet wurden,
- gelernte Einzelmerkmale nicht wiedererkannt werden – bspw. weil sie sich in der Situation nicht wie gelernt präsentieren, bis zur Unkenntlichkeit verschränkt oder unspezifisch sind,
- keine Prinzipien bzw. Regeln für diese Situation zur Verfügung stehen (…) oder die Geltungsbedingungen von Prinzipien bzw. Regeln ungenügend ausdifferenziert sind (…)[15],

---

14 Vgl. auch die Strategien der Lernenden aufgrund ihrer *Position als Lernende*.
15 Dominantes Datenbeispiel für Urteilsungewissheiten aufgrund mangelnder Erkennung der Geltungsbedingungen von Prinzipien bzw. ungenügender Ausdifferenzierung derselben sind Verbandwechselsituationen (vgl. Fichtmüller/Walter 2007a: 432 ff.).

- kein Gefühl für die Angemessenheit eines Urteils entwickelt ist." (ebd.: 409)

Komplexe Urteilsbildungen sind demnach überwiegend *Angemessenheitsurteile*, die sich – da selten bewusst – als implizites Integrieren darstellen. Dies bedeutet: „Es wird nicht auf Merkmale fokussiert und mit gelernten Definitionen abgeglichen, sondern in einem synthetischen Akt von einverleibten Erfahrungen auf die gemeinsame Bedeutung geblickt. Erfahrungen werden hierbei als Einverleibtes funktional wirksam, aber überwiegend nicht bewusst." (ebd.: 410).[16]

Zur Handlungsrelevanz der Urteile

Das gebildete Urteil der Lernenden führt nicht immer dazu, dass urteilsgemäß gehandelt wird – das Urteil kann *handlungsunwirksam* bleiben. Die Handlungswirksamkeit ist unter anderem von der Art der verwendeten Urteilskriterien, von deren Umfang und Tiefe beeinflusst. Handlungswirksamer werden Urteile, die Lernende aufgrund eigener Beobachtungen, Deutungen oder Erfahrungen gefällt haben. Rekurrieren sie ausschließlich auf empirisch-systematisches Wissen, wird oft eine Diskrepanz zwischen Urteil und Handeln sichtbar. Weitere Gründe für diese Diskrepanz finden sich in situativen Barrieren – wenn bspw. eine Pflegende einer Lernenden das Material für eine pflegerische Intervention zureicht, die Lernende sich den Ablauf aber anders vorgestellt hat. Viele Gründe für die Handlungsunwirksamkeit von Urteilen lassen sich unter die Kategorie *Position als Lernende* subsumieren: Das Urteil kann bspw. schlichtweg nicht gefragt sein, nicht ernstgenommen werden oder Lernende befürchten Konsequenzen, wenn sie ihrem Urteil gemäß handeln. In den Interviews – als Ort der Reflexion des Handelns – wird deutlich, dass auch stationsinterne Gepflogenheiten die Handlungsrelevanz beeinflussen können.

Strategien der Anleitenden zum Lernen von Urteilsbildung und die Aneignung der Lernenden

Urteilsbildung gerät als Lerngegenstand selten explizit in den Blick. Folgende *Strategien* zur Anregung und Unterstützung des Lernens von Urteilsbildung konnten wir identifizieren:

- Erfahrungswissen (bspw. Tipps) zur Verfügung stellen,
- eigene Begründungen geben und dafür als Modell zur Verfügung stehen,
- zum Begründen auffordern, Begründungen erfragen,
- gemeinsame Begründungssuche,
- Lernende Erfahrungen machen lassen und eigene Handlungsweisen erklären,

---

16 Diese Urteile unterliegen der Gefahr, dass implizite Blindheit zu Fehlurteilen führt (vgl. Fichtmüller/Walter 2007a: 141).

- Sich-Hineinversetzen-Lassen in die Patienten und zur Begründungsableitung anregen und
- Kontextgestaltung – bspw. können Lernende in der Bereichspflege ein umfangreicheres Wissen über ihre Patienten erlangen, was Urteile beim situativen Ausgestalten der Körperpflege vereinfachen kann (vgl. ebd. 421 f.).

Lernende drücken auf verschiedene Weisen aus, dass sie diese Strategien als Anregung und Unterstützung empfinden. Sichtbar wird das Angeeignete, wenn ihre Urteilskriterien bzw. Begründungen im Prozess der Urteilsbildung aufscheinen oder wenn sie im Interview darüber berichten. Am deutlichsten ist die Aneignung bei der Strategie *Sich-Hineinversetzen und zur Begründungsableitung anregen* hervorgetreten: Das Kriterium bzw. die Begründung wird von nahezu allen Lernenden hoch geschätzt und angewendet. Angemerkt werden soll noch: Urteilskriterien und ihre Beziehung zueinander werden maßgeblich in der Schule gelernt. [17]

4. Einflussnehmende Elemente

Ein weiteres Ergebnis unserer empirischen Forschung sind Begriffe und Zusammenhänge für die den Lehr-Lernprozess beeinflussenden Elemente. Nur mit diesen lässt sich das komplexe Wirkgefüge zutreffend beschreiben. Zu den von uns identifizierten und begrifflich gefassten Phänomenen zählen:

- das „Theorie-Praxis-Verhältnis" – oder eine Formel für den als problematisch erlebten Wissenstransfer und das verkürzt wahrgenommene Verhältnis von Wissen und Handeln,
- Kondensstreifen des Wissens – Prinzipien und Merksätze lernen und mit ihnen lernen,
- Modellpersonen oder zur Wirksamkeit erlebten Pflegehandelns,
- die Position als Lernende und
- die Lernatmosphäre.

Merksätze und Prinzipien sowie das „Theorie-Praxis-Verhältnis" nehmen dabei eine Zwitterstelle ein. Sie sind sowohl selbst ein gleichsam begleitender Lerngegenstand als auch die Lehr-Lernprozesse beeinflussendes Element. Aufgrund des stärkeren Gewichts auf letzterem Aspekt haben wir sie den beeinflussenden Elementen zugeordnet.

4.1 Das „Theorie-Praxis-Verhältnis"

Lernende und Lehrende sprachen immer wieder von Schwierigkeiten, die sie in die Kurzform Theorie-Praxis-Verhältnis oder auch Theorie-Praxis-

---

17 Die Ergebnisse dieses Abschnittes wurden bei Fichtmüller/Walter u.a. mit dem Begriff „klinisches Urteilsvermögen" von Benner et al. (2000) und den Bildungskonzepten von Darmann (2005 a, b) diskutiert (Fichtmüller/Walter 2007a: 475 ff.).

Problem brachten. Dieses würde das Lehren und Lernen mitbestimmen. Dahinter verbergen sich Phänomene des Verhältnisses von explizitem Wissen und Handeln resp. Können aber auch von den Praxisfeldern Schule und Pflege. Genauer betrachtet geht es um:

- die dem expliziten Wissen beigemessene Bedeutung,
- das Verständnis von und den Gebrauch expliziten Wissens und
- um Konklusionen und Strategien der Lernenden, sowie ihr Erleben (Fichtmüller/Walter 2007a: 486ff.).

Die *dem expliziten Wissen beigemessene Bedeutung* nimmt Vorstellungen vom Wert und der Bedeutung solch eines Wissens im Lernprozess auf. Sie drückt sich in drei Aspekten aus: (A) der *Anerkennung expliziten Wissens* – diese reicht von *latenter Abwertung* bis zur *Wertschätzung* –, (B) in der *Platzierung dieses Wissens im Lernprozess* und (C) in der *impliziten Transfervorstellung*. Überwiegend wird explizites Wissen im Lernprozess als Hinführung oder Voraussetzung für das Erlernen pflegerischen Handelns angesehen. Es existiert die Vorstellung einer *„richtigen Reihenfolge"*, nach der vor dem Lernen in der Pflegepraxis eine Vermittlung am Lernort Schule erforderlich ist (B). Die dem immanente aber *implizite Transfervorstellung* (C) ist die eines ungebrochenen Transfers von explizitem Wissen in Handeln (ebd.: 490). Daneben existieren Ansichten eines *eingeschränkt notwendigen Transfers*. Vorrangig bleibt jedoch die andere Transfervorstellung, weshalb wir auch von einer *Dominanz der „richtigen Reihenfolge"* sprechen.

Das *Verständnis vom expliziten Wissen* reicht von *Anwendungswissen* über *Reflexionswissen* bis hin zu *Grundlagenwissen*, der *Gebrauch*[18] entsprechend von *Irritieren* und *Bestärken*, *Bewerten* und *Anwenden*, um nur einige zu nennen.

Neben diesen Kennzeichen zum „Theorie-Praxis-Verhältnis" haben wir beschrieben, welche *Strategien* Lernende einsetzen, bspw. versuchen sie *Bezüge herzustellen* oder mit explizitem Wissen zu *argumentieren*, aber auch das *„Zwei-Varianten-Lernen"*[19] ist eine Strategie mit dem als problematisch erlebtem Verhältnis einen Umgang zu finden. Im Unterschied zu Strategien sind *Konklusionen* eher unreflektierte Schlüsse, die Lernende aus ihrem Erleben ziehen. Dazu zählt die *Abwehr der dominanten Transfervorstellung* (Wissen vor Handeln), aber auch ein *Durchsetzen eigenen Wissens*

---

18 Eine Tabelle gibt einen knappen aber aussagekräftigen Überblick über die wichtigsten Begriffe zur Differenzierung des Gebrauchs expliziten Wissens und Erläuterungen (Fichtmüller/Walter 2007a: 525).
19 Hierbei lernen Schülerinnen eine pflegerische Einzelhandlung in zwei verschiedenen Ausführungen, eine sog. „Schulvariante" und eine „Stationsvariante". Es kommen je unterschiedliche Wissensbestände zum Tragen (Fichtmüller/Walter 2007a: 504).

gegenüber kollektiven Wissensbeständen oder das *Aufnehmen expliziten Wissens ins Hintergrundwissen* (ebd.: 519 ff.).

Zwischen den aufgezeigten einzelnen Aspekten (Subkategorien) bestehen vielfältige Zusammenhänge. Zwei wesentliche Muster des Zusammenhangs lassen sich benennen:

- die Integration von Wissen und Handeln, Lernort Schule als die „bessere Praxis" und
- die Anerkennung der Differenz von Wissen und Handeln sowie der Lernorte.

Bei ersterem besteht ein enges Verständnis von *Wissen als Anwendungswissen*, welches einhergeht mit der *dominierenden Transfervorstellung („richtige Reihenfolge")* und der *latenten Abwertung expliziten Wissens* – und ebenso von Erfahrungen, ein Zusammenhang der überraschen mag. Als Strategien finden wir hier das *„Zwei-Varianten-Lernen"* und den Versuch, *Bezüge zwischen explizitem Wissen und den erlebten Situationen herzustellen*. Bei diesem Muster wird das Theorie-Praxis-Verhältnis als problematisch erlebt. Anders im zweiten Muster. Ein Erleben als weitgehend unproblematisch steht im Zusammenhang eines *breiten Verständnisses* von explizitem Wissen, von Lernortdifferenzierung und *vielfältigen Transferrichtungen* sowie einer *Wertschätzung expliziten Wissens* und von Erfahrungen (ebd.: 529).

4.2 Modellpersonen oder zur Wirksamkeit erlebten Pflegehandelns

Der von anderen Pflegenden, von Praxisanleiterinnen, Lehrenden und anderen Lernenden beobachteten und erlebten Pflege kommt eine hohe Bedeutung im Lernprozess zu. Wir unterscheiden bestimmte Inhalte von Formen erlebter Pflege und konnten Umgangsweisen der Lernenden beschreiben. Zu den Inhalten zählt u. a. auch das Verhältnis von Wissen und Handeln, wie es sich im Pflegehandeln zeigt, die Konzeptualisierung der pflegerischen Handlung, die Kontaktgestaltung mit den Pflegebedürftigen oder Verstöße gegen pflegerische Prinzipien. Es finden sich zwei Formen, *Gepflogenheiten* – das sind sowohl stationsinterne eingeschliffene Ausführungen als auch die sog. Schulvariante – und *individuelle Handlungsweisen*. Die Umgangsweisen sind unterschiedlich und reichen von Abgucken bis Abgrenzen, Anpassen und Reflektieren.

4.3 Kondensstreifen des Wissens – Merksätze und Prinzipien lernen und mit ihnen lernen

Lernende eignen sich in der Pflegepraxis scheinbar mühelos verdichtete Wissensbestände in Form von *Prinzipien* und *Merksätzen* an. Oft sind es einfache, formelhaft verdichtete Sätze, die das pflegerische Handeln leiten oder rechtfertigen. Prinzipien und Merksätze unterscheiden sich hinsichtlich ihrer *Reichweite* und ihrer *Herkunft*.

Merksätze sind entweder situationsbezogen und haben eine geringe Reichweite, oder sie sind situationsübergreifend und werden mit allgemeiner Gültigkeit versehen. Sie zeigen sich in den Daten als aufmerksamkeitslenkende Leitsätze, Hinweise oder Tipps von Anleitenden und Lehrenden. Merksätze beinhalten vor allem Hinweise zur Ausgestaltung pflegerischer Handlungen und entspringen oft dem Erfahrungswissen der Anleitenden. Prinzipien sind dagegen universell gültig und stellen Normen pflegerischen Handelns dar. Überwiegend werden sie aus empirisch-systematischem Wissen abgeleitet. Beide Kondensstreifen werden bei der Ausgestaltung pflegerischer Einzelhandlungen als Urteilskriterium herangezogen. Stehen Merksätze aufgrund ihrer Konkretheit oft nebeneinander, können Prinzipien untereinander konkurrieren.

Lernende und Lehrende messen Merksätzen und Prinzipien eine hohe Bedeutung bei. Die Kondensstreifen werden explizit gelehrt und gelernt oder beiläufig erwähnt und implizit angeeignet. Die Vermittlung geschieht überwiegend durch Modellpersonen in pflegerischen Situationen. Die Aneignung wird vermutlich durch die Kompaktheit dieser Wissensbestände begünstigt. Merksätze entfalten aufgrund der persönlichen Herkunft ihrer Begründungen und im Falle von pflegepraktischen Tipps aufgrund des unmittelbaren Erlebens der Hilfestellung ihre enorme Wirkmacht.

4.4 Die Position als Lernende

Alle Lernenden sprechen in den Interviews über ihre *Position als Lernende* in der pflegerischen Praxis. Wir haben die *Kennzeichen dieser Position* und die *Strategien* der Lernenden im Umgang damit identifiziert. Lehrende verfolgen im Zusammenhang mit der Position das Lernziel *Selbstbehauptung*.

Zu den Kennzeichen gehört das *Selbstbild der Lernenden*. Sprechen Lernende über ihren Stand in der Pflegepraxis, stellen sich einige als *untergeordnete Arbeitskraft* dar. Seltener verweisen die Äußerungen auf das Selbstbild *selbstverständlich Lernende sein*. Fühlen sich Lernende als untergeordnete Arbeitskraft, fällen sie Urteile eher aufgrund von antizipierten negativen Konsequenzen. Ein weiteres Kennzeichen der Position sind die *empfundenen Auswirkungen*: Chancen und Geringschätzungen, die emotionale Verfasstheit und die Einschätzung der eigenen Wirksamkeit (Fichtmüller/Walter 2007a: 570 ff.). Lernende berichten überwiegend *entweder* von Vorzügen im Zusammenhang mit ihrer Position *oder* von Geringschätzungen. Die emotionale Verfasstheit der Lernenden im Zusammenhang mit ihrer Position ist von empfundener Machtlosigkeit und Zwiespältigkeit oder von Lernfreude geprägt. Die eigene Wirksamkeit wird überwiegend als gering eingeschätzt.

Aus der Position erwachsen *Paradoxe* (ebd.: 573 ff.), die von den Lernenden mit bestimmten *Strategien* beantwortet werden. Es sind bewusste und unbewusste Handlungsweisen, die sich überwiegend auf stationsinterne Gepflogenheiten beziehen, die von den Lernenden als unkorrekt eingeschätzt werden. Die Strategien lassen sich in die Richtungen *Anpassung* und *Abgrenzung* differenzieren und stellen sich als eher aktive oder eher passive, nach außen oder innen gerichtete Handlungsweisen dar. Beispiele für Anpassungsstrategien sind: selbstverständliche Anpassung an stationsinterne Gepflogenheiten, Gründe für als unkorrekt empfundenes Arbeiten suchen und pflegerische Techniken differenzieren. Abgrenzungsstrategien sind: sich an verschiedene Pflegekräfte wenden, weggucken und sich emotional abgrenzen, gedanklicher Mitvollzug der gelernten Handlungsweise und die entäußerte Abgrenzung (ebd.: 575, Tab. 33). Mehrheitlich verfolgen Lernende situationsbezogen verschiedene Strategien – maßgeblich bestimmt durch ihr Selbstbild und das Erleben ihrer Position. Sie tarieren ihr Handeln jeweils über das Abwägen von Konsequenzen und das Bedürfnis nach Wahrung der eigenen Integrität aus.

4.5 Die Lernatmosphäre

Die Kategorie wird über Aspekte der *pädagogischen Beziehung* zwischen Lehrenden und Lernenden bzw. Anleitenden und Lernenden näher gekennzeichnet – die *Lernatmosphäre*[20] ergibt sich aus der perspektivverschränkenden Abstraktion. Die Beteiligten sprechen im Hinblick auf ihre Beziehungen darüber, wie sie ihr Verhältnis zueinander empfinden; sie beschreiben, welche Gestaltungsmöglichkeiten sie diesbezüglich wählen und welche Auswirkungen dies auf ihr Handeln hat. Diese Aspekte korrespondieren mit weiteren Merkmalen des Lehr-Lern-Handelns – bspw. mit der Auswahl bestimmter Lehrstrategien –, die zusammen eine bestimmte Atmosphäre bedingen (vgl. Fichtmüller/Walter 2007a: 612 ff.).

Eine Lernatmosphäre kann als *lernförderlich* oder *lernblockierend* empfunden werden. Sie bestimmt in hohem Maße die *emotionale Bereitschaft zum Lernen*. Lehrende und Anleitende sprechen kaum über die Auswirkungen der Atmosphäre auf das Lehren. Sie kommt jedoch in ihrem *Lehrhandeln* zum Ausdruck (vgl. ebd.: 619). Lernförderliches Handeln zeigt sich bei Lehrenden darin, dass sie Unterstützung und Rückhalt geben, ein Arbeitsbündnis schließen, Lernende ernst nehmen, Selbstvertrauen fördern und bestimmte Lehrstrategien wählen. Die Lernenden nehmen sich unter diesen Bedingungen Worte der Lehrenden „zu Herzen" und „fühlen sich wohl" (ebd.: 653).

---

20 Mit *Atmosphäre* schließen wir an die Diskussion in der Neuen Phänomenologie an. Schmitz (1998a, b) hat den Atmosphärenbegriff näher bestimmt, Uzarewicz und Uzarewicz (2005) haben seine Ausführungen für die Pflegepraxis aufgegriffen.

5. „Jetzt habe ich es kapiert" – ein Fall im Licht der Theorie[21]

„Jetzt habe ich es kapiert", sagt eine Lernende und fasst damit ihren Lernprozess zusammen. *Einfrieren und Auftauen eines Gegenstandsaufschlusses* über Lernen und Lehren in der pflegerischen Praxis ist das Thema des jetzt vorgestellten Falles. Mit diesem Fall illustrieren wir einerseits die Theorie Pflege gestalten lernen in der Pflegepraxis anderseits kann so ein Fall zur Evaluation der Theorie dienen (vgl. Fichtmüller/Walter 2007a: 679).

Die Personen und der Kontext

Frau Felder ist eine 19-jährige Lernende im zweiten Ausbildungsjahr. Vor Beginn ihrer Ausbildung absolvierte sie ein pflegerisches Vorpraktikum. Seit zehn Tagen wird sie erstmalig während ihrer Ausbildung auf einer chirurgischen Station eingesetzt. Wir beobachten sie an einem Anleitungsvormittag. Ihre Anleiterin Frau Günther arbeitet seit neun Jahren in der Pflege. Seit über drei Jahren trägt sie Anleitungsverantwortung, verfügt jedoch über keine pädagogische Weiterbildung. In diesen Ausführungen setzen wir den Fokus auf das Lernen einer *pflegerischen Einzelhandlung* – insbesondere auf die Urteilsbildung beim situativen Ausgestalten.

Frau Felders Erwartungshorizont

Frau Felder verfügt über Wissen in Form von *Prinzipien* zum Verbandwechsel. Diese hat sie in der Schule erlernt, kennt sie vom „Hinschauen" oder leitet sie „vom Logischen her". Somit verfügt sie über einige *Urteilskriterien* zur *situativen Ausgestaltung*. Ihr bisheriger Gegenstandsaufschluss zum Verbandwechsel ist von der *erlebten Pflege der Modellpersonen*, von der *schulischen Variante* und von pflegerischen Standards geprägt. Über Erfahrungen mit dem selbständigen Ausführen eines Verbandwechsels bei operierten Patienten verfügt Frau Felder nicht. Sie lernt diese Art Verbandwechsel neu und kann nicht auf Erfahrungswissen zurückgreifen. Bezüglich der *Technik* stellt die Lernende Anschluss zum Verbandwechsel bei einer Ernährungssonde her. Zur pflegerischen Einzelhandlung Verbandwechsel gehört das *Wahrnehmen* und *Beurteilen* pflegerischer Phänomene – hier die Wundbeurteilung. Die Lernende verfügt über Wundbeurteilungskriterien, die sich aus empirisch-systematischem Pflegewissen speisen.

Die Lernende hat Modellpersonen mit individuellen Handlungsweisen erlebt, die gegen pflegerische Prinzipien verstoßen. Ihnen begegnet Frau Felder mit den Abgrenzungsstrategien *weggucken* und *gedanklicher Mitvollzug der Handlung*. Sie berichtet auch von Modellpersonen, die sie als positiv

---

21 Dieser Abschnitt ist annähernd identisch mit dem Kapitel *Frau Felder – „Jetzt habe ich es kapiert" – Einfrieren und Auftauen eines Gegenstandsaufschlusses* (Fichtmüller/Walter 2007a: 669ff.).

einschätzt: „Es gibt ja auch welche, die machen es richtig." Entsprechend verfügt Frau Felder über die Strategie *sich an verschiedene Pflegekräfte wenden*. Zugleich zeigt sie die Anpassungsstrategie *Gründe für als unkorrekt empfundenes Arbeiten suchen*.

Im Interview legt die Lernende ihre implizite Transfervorstellung offen. Sie hat ein integrierendes Verständnis von Wissen und Handeln und sucht für die erlebte problematische Nichtübereinstimmung Gründe.

Frau Felder zeigt primär ein *Selbstbild als Lernende*, die Selbstverständlichkeit dieses Selbstbildes wird jedoch von dem Gefühl des Untergeordnet-Seins untergraben – sie fühlt sich als „kleiner Schüler". Frau Felder sieht die Chancen der Position als Lernende und fühlt sich gut begleitet. Zugleich fühlt sie sich machtlos und schätzt die eigene Wirksamkeit als gering ein. Sie erlebt Paradoxe ihrer Position. Ihre Selbstbehauptungsfähigkeiten sind wenig ausgeprägt und deren Reichweite bezieht sich auf das Wahren der eigenen Integrität. Ihr Umgang mit erlebtem Pflegehandeln ist insofern reflexiv, als sie es wahrnehmen und einschätzen kann.

Pflege gestalten

Auf der chirurgischen Station zieht sich die pflegerische Einzelhandlung Verbandwechsel als regelmäßig auftretende und planbare Handlung durch beide Vormittage. Die Einzelhandlung zeichnet sich dadurch aus, dass sie mit *Patientenbeteiligung* stattfindet. Potentiell stehen damit die verschiedenen *Komponenten* pflegerischer Einzelhandlungen als Anforderung vor Frau Felder. Dem Verbandwechsel wird eine hohe *Wertigkeit* beigemessen. Die Handlung fordert eine situative Ausgestaltung, somit *Urteilsbildung*, und setzt *gerichtete Aufmerksamkeit* voraus. Sowohl Urteile über Prinzipienanwendungen als auch Angemessenheitsurteile können erforderlich werden.

Handlungsproblematiken, die Antworten darauf und die beeinflussenden Elemente

Frau Felder und Frau Günther müssen mehrere Verbandwechsel durchführen. Die Anleiterin entscheidet sich für eine durchgängige Begleitung der Lernenden. Beim ersten Verbandwechsel *induziert* Frau Günther eine *Handlungsproblematik*, indem sie eine *Lehrstrategie* zum Lernen von pflegerischen Einzelhandlungen anwendet – sie demonstriert einen Verbandwechsel. Die Lernende schweift mit ihrer Aufmerksamkeit ab. Sie spricht mit einer anderer Patientin und wendet dabei ihren Blick vom Geschehen ab – sie ist *fluktuierend aufmerksam*. Für sie erwächst daraus keine Problematik. Nach der Demonstration besprechen beide, dass die Lernende den nächsten Verbandwechsel selbständig durchführen soll. Vor der Tür des Patientenzimmers schaltet die Anleiterin erneut eine *Handlungsproblematik* vor. Frau Felder erlebt eine *fremdinduzierte* Problematik. Die Anleiterin verfolgt die Lehrstrategien *Aufmerksamkeitslenkung* und *begründungsbezogene Strategien* in Bezug auf die Komponente Technik der Einzelhandlung und auf Urteilsbildung, wenn sie fragt, welches Material die Lernende benötigen wird, wie der Verbandwechsel bei einem männlichen Patienten nach einer Leistenbruchoperation durchgeführt wird und warum. Die Anleiterin gibt sich schnell mit den Antworten zufrieden. Wir erkennen bei ihr eine Tendenz zum Phänomen *Begründung als Selbstzweck*. Die Begründungen bleiben in ihrem Umfang partiell und in ihrer Tiefe eher flach.

Beim Verbandwechsel ist Frau Felder unsicher, ob sie nach der Abnahme des alten Verbandes die Handschuhe anlassen soll oder nicht. Sie erlebt ein Nicht-Urteilen-Können. Ihr bisheriger Gegenstandsaufschluss, die Wertigkeit der pflegerischen Einzelhandlung, der Komponente Technik und die beträchtliche Komplexität des Urteilsbildungsprozesses befördern das Auftreten dieser *selbsterlebten* Handlungsproblematik. Auch ihre Antwort darauf wird durch diese Einflüsse mitbestimmt. Aufgrund der Tatsache, dass es ihr erster Verbandwechsel ist, sie sich als Lernende fühlt, sie keine weiteren Urteilskriterien hinzuziehen kann bzw. sie unsicher ob deren Gewichtung ist, ihr die Anleiterin zur Seite steht und sie sich in einer komplexen Ernstsituation befindet, handelt sie exkludierend weiter, indem sie das Urteilen an die Anleiterin abgibt. Die Anleiterin ist seit dem Praxisprojekt mit der Lehrerin aus der Schule „verwirrt" und delegiert das Problem ihrerseits an die Beobachterin, indem sie diese auffordert:: „Nun sagen Sie doch mal!".[22] Hier wird sichtbar, dass die Anleiterin vor dem Hintergrund ihres Gegenstandsaufschlusses agiert und damit das Lernen der Lernenden beeinflusst. Die Handlungsproblematik im Urteilsprozess wird somit von beiden übergangen. Ein *Reflektieren* der Handlungsproblematik erfolgt nicht. Zur Technik und zum Informieren erhält die Lernende knappe Rückmeldungen.

Bei der Durchführung des nächsten Verbandwechsels ist die Lernende *fixiert aufmerksam*. Diese Fixierung spiegelt sich so deutlich in ihrem Gesicht, dass die Patientin besorgt fragt: „Ist etwas nicht in Ordnung?". Die Lernende erwidert: „Nein, ich muss mich nur so konzentrieren". Im Verlauf berührt die Lernende mit kontaminierten Handschuhen einen Becher mit unsterilen Tupfern, der auf dem Verbandwagen steht. Die Anleiterin interveniert nicht und lenkt keine Aufmerksamkeit – die Lernende handelt integrierend mit der Möglichkeit der Routinenbildung bzw. des Festigens ihres Gegenstandsaufschlusses.

Neben den bereits einbezogenen einflussnehmenden Elementen wird hier eine *kumpelhafte* Lernatmosphäre wirksam. Anleitende und Lernende begegnen sich fachlich wertschätzend, das Anleitungshandeln wird punktuell an sachbezogenen Zielen ausgerichtet; nicht an Zielen, die der persönlichen

---

22 Durch diese Handlungsweise verfestigt die Lernende über die Wahrnehmung ihrer Modellperson womöglich ihren Umgang mit Handlungsproblematiken.

Entwicklung zuträglich sind. Im Vordergrund steht das gemeinsame „Hand-in-Hand-Arbeiten". Auch die Atmosphäre im Zimmer der männlichen Patienten, in dem die selbsterlebte Handlungsproblematik auftritt, ist freundlich-kumpelhaft.

Das Sichtbarwerden des Gegenstandsaufschlusses beim Reflektieren
Vor der Tür des Patientenzimmers, in dem die Handlungsproblematik aufgetreten ist, konstatiert die Lernende: „Jetzt habe ich es kapiert". Im Interview erzählt Frau Felder zunächst, dass sie „nichts Neues" gelernt hat. Dies verweist bezüglich der Urteilsbildungsprozesse im Rahmen der pflegerischen Einzelhandlung auf ein *Einfrieren* des Gegenstandsaufschlusses durch exkludierendes Weiterhandeln. Eine Nachfrage der Interviewerin zur erlebten Unsicherheit induziert jedoch eine nachträgliche Handlungsproblematik. Frau Felder sagt: „Ob ich sie (die Handschuhe, d. V.) dann ausziehe oder nicht, ne? Ja, da bin ich mir immer unsicher." Der Einfrierungsgrad scheint ein „Auftauen" zuzulassen. Bei der Suche nach Urteilskriterien identifiziert die Lernende Selbstschutzargumente. Eine Kenntnis weiterer Regeln verneint sie. Die Interviewerin konfrontiert die Lernende mit ihrer Aussage „Jetzt habe ich es kapiert." und fragt, was ihr klargeworden sei. Die Lernende bewegt sich daraufhin in den weiteren Bedeutungshorizont der pflegerischen Einzelhandlung und betritt eine „sichere Wissensinsel", indem sie über Prinzipien verschiedener Verbandwechselarten spricht. Danach gelangt sie zurück zur Ausgangssituation und bemerkt: „Und mit den Handschuhen bin ich mir, wie gesagt, immer unsicher." Sie fokussiert die Problematik auf die Urteilsbildung, indem sie nach der *Angemessenheit* des Anbehaltens oder Ausziehens der Handschuhe fragt. In ihren weiteren Ausführungen verweist sie auf den Lernort Schule, den sie als nicht geeignet für das Lernen pflegerischer Einzelhandlungen bewertet.

Reflektieren erfolgt über knappe Rückmeldungen im Arbeitsablauf. Das primäre Ziel der Anleiterin im Zusammenhang mit Verbandwechseln ist das selbständige Handeln, das *Festigen* der *Routine*. Die Lernende soll „nicht mehr so unsicher" sein. Sie fokussiert dabei auf die Technikkomponente. Knapp erwähnt sie, dass auch das Informieren gefestigt werden müsse. Ihr Lehrverständnis fasst die Anleiterin in die Worte: „Ich sag immer: Ran an die Front und dann lernt ihr, weil dann seht ihr und habt es selber gemacht, und das festigt sich mehr, als wenn man das in der Schule durchspricht".

Zusammenfassung
Frau Felder erlebt eine Handlungsproblematik in der Urteilsbildung. Es geht um ein Angemessenheitsurteil, zu dessen Bildung ihr Urteilskriterien fehlen. Ihr „Jetzt habe ich es kapiert" verweist auf einen flachen und eingefrorenen Gegenstandsaufschluss. Im Interview zeigt sich die unaufgelöste Unsicherheit. Wir erleben Frau Felder an einem bedeutsamen Schnittpunkt des (Neu-)Lernens einer pflegerischen Einzelhandlung. Mit schulisch Gelerntem und er-

lebtem Pflegehandeln im Erwartungshorizont erlebt sie eine Handlungsproblematik in der Urteilsbildung – droht den Gegenstandsaufschluss einzufrieren, taut ihn im Interview wieder an und berichtet drei Wochen später in einer weiteren Beobachtungssituation, dass sie diese Handlung nun gut beherrsche. Sollte Frau Felder von Modellpersonen wiederholt Verstöße gegen pflegerische Prinzipien erleben und dass diese verantwortet werden, wird sich im integrierenden Handeln vermutlich eine Routine festigen und vertiefen. Gerade weil sich Frau Felder als Lernende – aber eben machtlos – fühlt, ist sie auf Lehrstrategien angewiesen. Frau Felder differenziert die Modellpersonen und verfügt über Abgrenzungsstrategien. Stehen positive Modelle zur Verfügung, wird sie sich vermutlich an ihnen orientieren.

6. Konsequenzen und Desiderata

6.1 Konsequenzen für pflegedidaktische Handlungsfelder

Aus den von uns empirisch generierten pflegedidaktischen Begriffen und der Theorie *Pflege gestalten lernen in der Pflegepraxis* ergeben sich Konsequenzen für verschiedene pflegedidaktische Handlungsfelder. Ausgewählte sollen hier umrissen werden.

Zum Einen lenken die Begriffe die Aufmerksamkeit auf das, was in der Wirklichkeit des Lehrens und Lernens tatsächlich *ist*. Lehrende und Anleitende werden darüber für eine differenziertere Wahrnehmung und neue Deutungen pflegedidaktisch relevanter Phänomene sensibilisiert; Begriffe werden ihnen angeboten. Diese sollten entsprechend in der Aus- und Fortbildung von Lehrenden und Praxisanleitenden Eingang finden.

Zum Anderen leisten unsere Ergebnisse zur Entwicklung und Begründung pflegedidaktischer Modelle und Curricula für schulische und betriebliche Bildungsprozesse in vielfacher Hinsicht einen Beitrag. Zu betonen ist, dass diese deskriptive Forschung keine *Bildungs*inhalte hervorbringen oder begründen kann. Zur Begründung von pflegespezifischen Bildungsinhalten und entsprechenden berufsspezifischen Didaktisierungen sollte an den vorliegenden Ergebnissen jedoch nicht vorbeigegangen werden. Ein Ignorieren derselben hieße, die Dignität der Praxis zu vernachlässigen. Die Aufgabe besteht also darin, vor dem Hintergrund dieses Wissens normative Horizonte zu entwickeln, die dem so dringend erforderlichen Bildungsanspruch der Pflegeausbildung näher zu kommen geeignet sind.

Für lernfeldorientierte Curriculumprozesse können die Ergebnisse bspw. mit pflegewissenschaftlichen Erkenntnissen verschränkt werden und zur Ausdeutung beruflicher Handlungssituationen dienen.[23] Es ist angezeigt, *allen* von uns identifizierten Lerngegenständen einen Platz in pflegedidakti-

---

23 Dies ist bereits im Falle eines Curriculumprozesses geschehen (vgl. Walter 2006: 389-397).

schen Modellen und Curricula einzuräumen. Für das Lernen *pflegerischer Einzelhandlungen* haben wir bspw. aufgedeckt, dass die Komponenten *Kontaktgestaltung* und *Aushandeln* gegenüber *Technik* und *Informieren* in den Hintergrund treten. In pflegedidaktischen Modell- und Curriculumentwicklungen müssen *alle* Komponenten explizit aufgenommen und begründet werden. Nur so können Lernende bspw. lernen, die unterschiedlichen Anteile pflegerischer Einzelhandlungen situativ zu gewichten und ihre Schwerpunktsetzung zu begründen.

Zum Lernen *pflegerischer Einzelhandlungen* hat sich ebenso herauskristallisiert, dass der Erwerb von *Routinen* für die *technische Komponente* ein notwendiges Lernziel darstellt. Für den deutschen Kontext muss die Didaktisierung des Erwerbs pflegetechnischer Kompetenzen stärker an diesem Ergebnis ausgerichtet werden. Die in der Schweiz etablierte Lernortdifferenzierung hat sich hier als tragfähiges Konzept erwiesen.

Für das Lernen von *Urteilsbildung* haben wir herausgestellt, dass in der Pflegepraxis zu wenig Wert auf Urteils*begründungen* gelegt wird. In den Daten offerieren sich hierzu vielfältige ungenutzte Möglichkeiten, die in curricularen Überlegungen für alle Lernorte stärker beachtet werden müssen.

Bei der Entwicklung und Begründung pflegedidaktischer Modelle und Curricula muss darüber hinaus der immensen Bedeutung von *Reflektieren* Rechnung getragen werden. Wir haben aufgezeigt, wie stark in der Pflegepraxis implizit gelernt wird – Reflexion stellt sich als Schlüssel zum kritischen Verarbeiten des implizit Angeeigneten dar. Wird Reflexion konzeptionell überdacht, sollten Erfahrungswissensbestände von Anleitenden ebenso einbezogen werden wie (pflege-)wissenschaftliche Bestände.

Strukturelle Konsequenzen unserer Ergebnisse betreffen vor allem die Lernortdifferenzierung (bspw. die Schaffung betriebsnaher Lernorte) und die Notwendigkeit einer pflegepädagogischen Begleitung als Bedingung für eine betriebliche Ausbildung.

6.2 Forschungsdesiderata

Ein gewichtiges Desiderat der Studie stellt die lerngegenstandsbezogene Lernortdifferenzierung dar. Forschend muss erschlossen werden, welche Lerngegenstände mit welchen Zielen und Methoden an welchem Lernort nachhaltig und (lern-)ökonomisch gelernt werden können.

Weiterhin ist es notwendig darüber zu forschen, welche Lerngegenstände fremdinduzierter Handlungsproblematiken bedürfen und welche sich über selbsterlebte Handlungsproblematiken erschließen lassen.

Desiderat unserer Forschung ist auch, dass Prozesse der *Routinenbildung* detaillierter in den Blick genommen werden müssen. Hierzu sollten Spezifika des Bewegungslernens und Ansätze aus der Sportpädagogik auf ihre Bedeutung für die Pflegebildung hin stärker reflektiert werden. Es muss konzeptionell angelegt werden, dass Lernende gegenständliche Bedeutungen in Körperbewegungen transformieren können. Dieser körperliche Zugang zu den Lerngegenständen ermöglicht die Erlangung eines tieferen Bewegungswissens.

Weiterführend soll zudem untersucht werden, inwiefern die Lebensphase und die Biographie der Lernenden deren Auseinandersetzung mit spezifischen Lerngegenständen beeinflusst. Im Zusammenhang mit *Urteilsbildung lernen* und der *Position als Lernende* haben wir Strategien aufgedeckt, die auf einen biografischen Hintergrund verweisen. Biografische Ansätze der Erwachsenenbildung sollten dazu für die Pflegebildung zugänglich gemacht werden.

In unseren Daten scheinen *Genderphänomene* auf, die wir nicht hinreichend untersucht haben. Es sind überwiegend Phänomene, die unter den Begriff *doing gender* gefasst werden können. Der Begriff bezeichnet die komplexe Wechselwirkung, unter deren Bedingungen Geschlechter „gemacht werden". Geschlechtsspezifisches Verhalten wird demnach „jeweils situativ als Rolle eingenommen und ‚gespielt' bzw. durch das Geschlecht anderer konstellativ aktiviert" (Gahleitner 2003: 78). Die Wechselwirkung der spezifischen Geschlechterkonstellation in der Pflege und beim Lernen derselben muss weiteren Forschungsarbeiten vorbehalten bleiben.

Um Impulse für nachhaltige Ausbildungskonzepte zu erlangen, sollten zukünftige Forschungsarbeiten als ländervergleichende Studien angelegt werden. Hier ist ein enormer Erkenntnisgewinn zum Lernen und Lehren beruflichen Pflegehandelns zu erwarten.

Nicht zuletzt sollte an den Phänomenen weitergearbeitet werden, die wir aus den Schuldaten emporgehoben haben, ohne sie durchdringend zu bearbeiten, bspw. zur Wissensverwendung und zur Wirkung spezieller Lehrstrategien.

Als zwingend sehen wir die Ausweitung der empirischen Grundlagenforschung auf die Berufsfelder Pflege und Gesundheit an. Nur mit einer solchen auch berufswissenschaftlich motivierten Forschung können die notwendigen konzeptionellen Entwicklungen insbes. in der Lehrerinnenbildung auf eine solide Grundlage gestellt werden. Unsere Forschung bietet hier forschungsmethodisch einen vielversprechenden Ansatz. Daneben können schon jetzt die generierten Begriffe und die Theorie auf ihre Aussagekraft für die Ausbildung in der Alten- und Heilerziehungspflege untersucht werden.

Insgesamt plädieren wir eindringlich für weitere *empirische* pflegedidaktische Forschungsarbeiten, die neue Aspekte des Wirkgefüges von Lernen und Lehren in der Pflege erschließen bzw. die vorliegenden ausdifferenzieren. Neben notwendiger Evaluationsforschung darf die Grundlagenforschung nicht vernachlässigt werden.

7. Eine interdisziplinäre Perspektive – Kommentar von Wiltrud Gieseke

Fichtmüller und Walter legen den Einstieg in eine Forschung zur Pflegedidaktik vor, die sich zentral auf das Lernen in der pflegerischen „Ernstsituation", auf das Lernen in der Lernwerkstatt und auf das Transferhandeln konzentriert.

Mit dem Konzept „Pflege gestalten" wird der professionelle Anspruch formuliert, die Vorgehensweisen, Haltungen und Kompetenzen für optimale Pflege zu beschreiben, zu analysieren und dabei zentrale Begrifflichkeiten auszuarbeiten. Da diese Arbeit sich auf die Wirklichkeit der Pflege und der vorhandenen Ausbildung einlässt, ist man nicht konfrontiert mit allgemeinen Sollsetzungen und ihrer Evaluierung. Berufliches Lernen wird sichtbar als vernetztes System. Im Besonderen die Kategorienbildung verbessert sich über die empirisch offene Erschließung nach der grounded theory. Diese Kategorienbildung eröffnet den Zugang zu pädagogischem, speziellem Wissen. Dabei wird aber ebenso die Prozessierung des Wissens sichtbar. Damit ist gemeint, dass systematisches Wissen unabdingbar für die pflegerische Ausbildung ist, sich aber nicht ohne Gestaltung transferiert, in der ein Nutzungsprozess nachvollziehbar ist und zusätzliche Kompetenzen gefragt sind. Bisher waren diese Kompetenzen zwar im Einsatz, aber nur implizit wirksam. Grundlagenforschung macht sie sichtbar, so dass wir mit Begriffen wie „Aufmerksam-Sein", „Gegenstandsaufschluss", „Reflektieren", „Urteilsbildung" und „Arbeitsablaufgestaltung" konfrontiert sind, die vielleicht durch weitere Forschung in einen engeren theoretischen Zusammenhang zu bringen wären. Besondere Aufmerksamkeit hat die Einzelhandlung als pflegerisch-technisches bzw. kommunikatives Handeln und das dabei begleitend wirkende Deutungshandeln hervorgerufen. Dabei werden analytisch-pflegerische und eingeschliffene routineabhängige Varianten in handelnden Teams unterschieden. Hilfreich ist es, dass dabei von der fachlichen Seite kein Theorie-Praxiskonflikt beschworen wird, der die faktischen Problemlagen oder Modi des Handelns zu global beschreibt oder gar verdeckt.

Sehr vorsichtig beschreiben die Autorinnen noch, dass sich die Strukturierung pflegerischen Handelns „als wesentlich über die Aneignung und Vermittlung hergeleitet, nicht als pflegedidaktisch und -wissenschaftlich begründet" darstellt.

Danach sind weiterhin empirische Untersuchungen, begleitet von theoretischen Erörterungen, für die pädagogische Forschung in diesem Feld unerlässlich.

In diesem Text sind die Befunde gegenüber der umfangreichen Darstellung in dem Untersuchungsband begrifflich knapp dargestellt. So könnte z.B. die „Kontaktgestaltung" zwischen Pflegenden und Patienten und die Folgewirkungen analysiert werden.

Alle in der Studie dargestellten Begriffe können Ausgangspunkt für weitere Untersuchungen sein. Ein Forschungsfeld wird neu eröffnet.

An der Darstellung zum Urteilsbildungsprozess wird ebenso deutlich, dass das Pflegehandeln keineswegs durch eine Praxeologie vor Ort bestimmt ist, sondern empirisch-systematisches Wissen, persönliches Wissen, Erfahrungswissen und Empathiefähigkeit die Arbeit mit den Patienten leitet. Auch Wissen, dass sich nicht durchsetzen lässt, wird sichtbar. Letztlich vollzieht sich die Urteilsbildung vor den herangetragenen Erfordernissen. Interessant ist aber die Gewichtung der Wissensebene, die die Urteilsbildung am weitestgehenden beeinflusst.

In den genannten Befunden trifft sich diese Berufsgruppe sicher mit anderen in der üblichen hohen Gewichtung von Erfahrungswissen. Auch wird entgegen vorherrschender Denkverbote die Bedeutung von Gefühlen bei der Urteilsbildung ohne Einschränkung eingeräumt. Ebenso sichtbar wird aber auch, welche Bedeutung empirisch-systematische Befunde für die Vermittlung haben und dass sie grundlegend, unterstützt durch Übungen, in die Gestaltung von Pflege einzubinden sind. Besonders beachtenswert an diesen Befunden ist aber, dass in der Regel in der Urteilsbildung eine Verschränkung der verschiedenen Wissenszugänge stattfindet. Damit sind Emotionsforschungsbefunde und neurobiologische Befunde aus anderen Forschungskontexten indirekt ebenso bestätigt.

Auch dieses verweist auf die gründliche Arbeit der beiden Autorinnen, die interdisziplinär hoch anschlussfähig sind auch für neue Diskurse.

Das Fallbeispiel im Text zeigt die ganze Herausforderung in der von den Autorinnen angeführten Pflegedidaktik, auch die Forschungsdesiderata kann man nur bestätigen.

Es gibt noch viel zu tun, aber eine große Tür ist geöffnet.

Literatur

Benner, Patricia (1994): Stufen zur Pflegekompetenz. Bern, Göttingen, Toronto, Seattle: Huber

Carper, Barbara (1997): Fundamental Patterns of Knowing in Nursing. In: Nicoll, Leslie H. (Hg): Perspectives of Nursing Theory. Philadelphia, New York: Lippincott: 247-256

Darmann, Ingrid (2000): Kommunikative Kompetenz in der Pflege. Stuttgart: Kohlhammer

Darmann, Ingrid (2004): Didaktik der personenbezogenen Dienstleistung in den Berufsfeldern Gesundheit und Pflege – Theoretische Ansätze, Forschungsergebnisse und Konsequenzen für die Lehrerbildung. In: Fegebank, Barbara/Schanz, Heinrich (Hrsg.): Arbeit – Beruf – Bildung in Berufsfeldern mit personenorientierten Dienstleistungen. Baltmannsweiler: Schneider: 77-94

Darmann, Ingrid (2005 a): Pflegeberufliche Schlüsselprobleme als Ausgangspunkt für die Planung von fächerintegrativen Unterrichtseinheiten und Lernsituationen. In: Pr-Internet, 7. Jg., H. 6: 329-335

Darmann, Ingrid (2005 b): Professioneller Pflegeunterricht. In: Pr-Internet 7. Jg., H. 12: 655-663

Ertl-Schmuck, Roswitha (2000): Pflegedidaktik unter subjekttheoretischer Perspektive. Frankfurt am Main: Mabuse

Ertl-Schmuck, Roswitha/Fichtmüller, Franziska (2009): Pflegedidaktik als Disziplin. Eine systematische Einführung. Weinheim und München: Juventa

Fichtmüller, Franziska (2006): Handlungstheoretische Reflexionsebenen in der Pflegedidaktik – ein Instrument zur Analyse von Handlungsbegriffen in pflegedidaktischen Zusammenhängen. In: Pflege und Gesellschaft (PfleGe) 11. Jg., H. 2: 157-169

Fichtmüller, Franziska/Walter, Anja (2007 a): Pflegen lernen – empirische Begriffs- und Theoriebildung zum Wirkgefüge von Lernen und Lehren beruflichen Pflegehandelns. Göttingen: V&R unipress

Fichtmüller, Franziska/Walter, Anja (2007 b): Eine perspektivverschränkende Forschung über pflegepädagogische Wirklichkeit. In: Gieseke, Wiltrud/Schäffter, Ortfried (Hrsg.): Qualitative Forschungsverfahren in Perspektivverschränkung. Dokumentation des Kolloquiums anlässlich des 60. Geburtstages von Frau Prof. Dr. Wiltrud Gieseke am 29. Juni 2007. Erwachsenenpädagogischer Report Band 11, Berlin: Humboldt-Universität: 72-83

Gahleitner, Silke (2003): growing up and (un)doing gender: Geschlechtsspezifische Sozialisation auf aktuellem Forschungsstand. In: Czollek, Leah C./Weinbach, Heike (Hrsg.): Was Sie schon immer über Gender wissen wollten ... und über Sex nicht gefragt haben. Alice-Salomon-Fachhochschule, Berlin: 73-84

Gieseke, Wiltrud (2007): Das Forschungsarrangement Perspektivverschränkung. In: Gieseke, Wiltrud/Schäffter, Ortfried (Hrsg.): Qualitative Forschungsverfahren in Perspektivverschränkung. Dokumentation des Kolloquiums anlässlich des 60. Geburtstages von Frau Prof. Dr. Wiltrud Gieseke am 29. Juni 2007. Erwachsenenpädagogischer Report Band 11, Berlin: Humboldt-Universität: 10-22

Gieseke, Wiltrud (2001): Perspektivverschränkung. In: Arnold, Ralf/Nolda, Siegfried (Hrsg.): Wörterbuch Erwachsenenpädagogik. Bad Heilbrunn: Klinkhard: 253-254

Greb, Ulrike (2000): Identitätskritik und Lehrerbildung. In: Pr-Internet, 2. Jg., H. 11: 222-229

Greb, Ulrike (2003): Identitätskritik und Lehrerbildung. Frankfurt am Main: Mabuse

Holoch, Elisabeth (2002): Situiertes Lernen und Pflegekompetenz. Bern, Göttingen, Toronto, Seattle: Huber

Holzapfel, Günther (2002): Leib, Einbildungskraft, Bildung. Nordwestpassagen zwischen Leib, Emotion und Kognition in der Pädagogik. Bad Heilbrunn: Klinkhardt

Holzkamp, Klaus (1995): Lernen. Subjektwissenschaftliche Grundlegung. Frankfurt, New York: Campus

Ludwig, Joachim (2000): Lernende verstehen. Lern- und Bildungschancen in betrieblichen Modernisierungsprojekten. Hrsg. Deutsches Institut für Erwachsenenbildung. Bielefeld: Bertelsmann (Theorie und Praxis der Erwachsenenbildung)

Neuweg, Georg Hans (2001): Könnerschaft und implizites Wissen. Münster: Waxmann

Olbrich, Christa (1999): Pflegekompetenz. Bern, Göttingen, Toronto, Seattle: Huber
Piechotta, Gudrun (2000): Weiblich oder kompetent? Der Pflegeberuf im Spannungsfeld von Geschlecht, Bildung und gesellschaftlicher Anerkennung. Bern, Göttingen, Toronto, Seattle: Huber
Remmers, Hartmut (2000): Pflegerisches Handeln. Wissenschafts- und Ethikdiskurse zur Konturierung der Pflegewissenschaft. Bern, Göttingen, Toronto, Seattle: Huber
Schmitz, Hermann (1998 a): Der Leib, der Raum und die Gefühle. Ostfildern vor Stuttgart: Ed. Tertium arcaden
Schmitz. Hermann (1998 b): System der Philosophie. Band III. Der Raum. Teil 2. Der Gefühlsraum. Bonn: Bouvier
Uzarewicz, Charlotte/Uzarewicz, Michael (2005): Das Weite suchen. Einführung in eine phänomenologische Anthropologie für Pflege. Stuttgart: Lucius
Walter, Anja (2006): Die lernfeldorientierte Curriculumentwicklung des Christlichen Verbandes für gesundheits- und sozialpflegerische Bildungsarbeit e.V. in Berlin. In: Pr-Internet, 7. Jg., H. 7/8: 389-397
Wittneben, Karin (2003): Pflegekonzepte in der Weiterbildung für Pflegelehrerinnen und Pflegelehrer. Leitlinien einer kritisch-konstruktiven Pflegelernfelddidaktik. 5., überarb. Aufl., Frankfurt/Main u. a.: Lang
Wittneben, Karin (1991): Pflegekonzepte in der Weiterbildung zur Pflegelehrkraft. Über Voraussetzungen und Perspektiven einer kritisch-konstruktiven Didaktik der Krankenpflege. Frankfurt/Main u. a.: Lang

Ulrike Greb

Die Pflegedidaktische Kategorialanalyse

1. Einleitung

Selbstgesteuertes Lernen, Problembasiertes Lernen, forschendes Lernen, Subjektorientierung, Handlungsorientierung, Lernfeldansatz, Lehr-Lernarrangement, schulnahe Curriculumentwicklung, Qualitätsmanagement. In diesen und ähnlichen Slogans bündeln sich typische Anforderungen an Lehrende und Studierende der beruflichen Fachrichtung Pflege. Sie erfordern Sinndeutung und Stellungnahme, nach Möglichkeit auch eine Orientierung durch die pflegedidaktischen Modelle. In der schulischen Praxis dagegen lenkt weniger die pflegepädagogische Reflexion als vielmehr die effiziente Abwicklung des Tagesgeschäfts die Aktivitäten: Aufrechterhaltung der Alltagsroutinen trotz knapper personeller Ressourcen, Koordination der Fachdozenten und Lernorte, Lernstandsdiagnostik, sozialpädagogische Problembewältigung, Prüfungsorganisation u. a. m. In dieser Parallelwelt interessiert an der Didaktik scheinbar vor allem eines: die *Handlungsentlastung!* Zu beobachten ist das am kollektiven Einzug von ‚Schongangs-Didaktiken' wie Klippert und Meyer, Landwehr oder Grell und Grell. Diesen Verzicht auf das Geschäft der Didaktik krönt aktuell die Suggestion methodischer Selbstläuferprogramme unter dem Primat der ‚Subjektorientierung', die sich vornehmlich in Mediotheken und E-Learning-Modulen in Unterrichtspraxis übersetzten. Kaum ein *pflege*didaktisches Modell, kaum eine wissenschaftliche Begründung und kaum ein bildungskritisches Argument findet da noch Gehör. Und geradezu lebensfremd wirkt der Versuch, auf die Notwendigkeit einer *theoretischen Kategorialanalyse* hinzuweisen. Dennoch wäre gerade sie als bildungstheoretischer Kompass im Kerngeschäft einer professionellen und kollegialen Curriculumentwicklung unverzichtbar.

Im Unübersichtlichen wird die *Unübersichtlichkeit* nicht mehr erkannt und verstetigt sich hinter dem Rücken der Subjekte. Ein wahres Dickicht pädagogischer Anforderungen wächst den Lehrenden über den Kopf. Je dichter, und je größer die geistige Anstrengung, desto deutlicher tritt ein bildungsfeindliches Klima der Schule ins Bewusstsein, deren Kräfte zehrender Alltag den nötigen Freiraum für Bildungsprozesse verwehrt und den Willen zur stetigen Fortbildung bricht. Ein Instrument für die theoretische Kategorialanalyse hätte diese Situation in die Reflexion aufzunehmen, sie selbst muss Bestandteil des Kriteriensatzes werden, der zur Anwendung kommt.

Nicht Rezepte zur Nachahmung und keine Raster zur geflissentlichen Abarbeitung sind gemeint, sondern ein heterogener Satz an Reflexionskategorien, der trotz (oder gerade) wegen seiner Vorläufigkeit und Unabgeschlossenheit eine Verbindlichkeit im Sinne eines didaktischen Leitfadens behielte. Er hätte eine begriffliche Orientierung für die systematische, gleichermaßen mimetische Erkundung der pflegeberuflichen Eigendynamik zu bieten. Der Text stellt den Entwicklungsstand und Begründungsrahmen eines solchen Kriteriensatzes vor.

Was ist eine pflegedidaktische Kategorialanalyse?

Eine pflegedidaktische Kategorialanalyse ist eine durch *pflegepädagogische Kategorien* gelenkte systematische Analyse und Reflexion von Anforderungen, wie sie beispielsweise durch Bildungspläne und Lernfelder vorgegeben sind. In einer theoretischen Kategorialanalyse werden empirische und fachwissenschaftliche Sachverhalte der Pflege sowie berufliche Handlungserfordernisse mit Hilfe eines pflegeimmanenten Kriteriensatzes in *didaktische Gegenstände* übersetzt (*transformiert*) und auf diesem Weg als Unterrichtsgegenstände bildungstheoretisch fundiert. Im Prozess der Curriculumkonstruktion folgt diese Theoriearbeit einer *Bedingungsanalyse* und korrespondiert mit einer empirischen *Realanalyse*, so dass Qualifikationserfordernisse der pflegerischen Praxis in die Reflexion aufgenommen werden. Das heißt im Umkehrschluss: Ohne fachdidaktische Kategorialanalyse fehlt dem Curriculum der *bildungstheoretische Maßstab* und den Fachinhalten ihre originäre pflegedidaktische Bestimmung. Es besteht dann die Gefahr einer rein *affirmativen Abarbeitung* von Lernfeldvorgaben oder der unmittelbaren *Ableitung* von Lerninhalten und Zielen aus der beruflichen Praxis – also einer Deduktion pädagogischer Normen aus der Empirie.

Warum eine bildungstheoretische Legitimation?

Wenn im Folgenden ein bildungstheoretisches Verfahren als unterstützendes Element der curricularen Arbeit erörtert und schließlich mit guten Gründen für die akademische Lehrerbildung eingefordert wird, knüpft sich an die Frage nach den *guten Gründen* sogleich die Frage: *„Warum Bildung?"*. Was spricht dafür, entgegen dem berufspädagogischen Mainstream, in der beruflichen Fachrichtung Pflege an einer bildungstheoretischen Didaktik festzuhalten? Eine Antwort gebe ich auf der Basis von vier Hypothesen. Sie begründen die Notwendigkeit, Prozessen einer kritischen Bildung Raum zu geben:

- An der Bildung der Pflegenden entscheiden sich wesentlich die Voraussetzungen und Möglichkeiten für eine human organisierte Pflege.
- Die neue Ausbildungsnorm, professionelle Pflege, stützt sich auf Hermeneutische Fallkompetenz. Ihr sind kritische Bildungsprozesse immanent.

- Pflegerische Ziele wie Erhaltung der Selbstpflegefähigkeit und Mündigkeit der Pflegebedürftigen erfordern ein an Bildung orientiertes pflegepädagogisches Handeln der Pflegenden.
- Die durch fremdes Leid bestimmte Eigenlogik der Pflege bedarf eines erfahrungsbezogenen erkenntnistheoretischen Zugangs, der kritische Bildungsprozesse impliziert.

Das *Instrument* für die theoretische Kategorialanalyse ist das *Strukturgitter*. Mit seiner Hilfe wird der pflegedidaktische Kriteriensatz gewonnen. Deshalb steht das Strukturgitter im Mittelpunkt meiner Ausführungen und soll auch der Form nach den Leser durch den Text geleiten. Zur *ersten Orientierung* stelle ich seine Entwicklung aus dem Kontext des bildungstheoretischen Strukturgitteransatzes (Blankertz) vor (2). Eine *Übersicht* zum Aufbau des Strukturgitters mit einer Erläuterung der erkenntnis- und bildungstheoretischen Begründung folgt im Textabschnitt (3). In Abschnitt (4) wird ein *erweiterter Entwurf des Strukturgitters* eingeführt, der gemeinsame Merkmale von Pflege- und anderen Gesundheitsfachberufen thematisiert und aktuell an der Universität Hamburg erprobt wird.

2. Das Strukturgitter für die Pflege: Entstehung

2.1 Der Strukturgitteransatz

Die Wurzeln des *Strukturgitteransatzes* reichen bis in die 1960er Jahre zurück. Georg Groth und Adolf Kell, Mitglieder der Arbeitsgruppe um Herwig Blankertz, entwickelten seinerzeit am Institut für Wirtschaftspädagogik der Freien Universität Berlin eine erste *didaktische Matrix*. Sie diente der mittelfristig angelegten fachdidaktisch orientierten Entwicklung von Lehrplänen (vgl. Blankertz 1971: 10). Mit ihrer Hilfe konnten die *didaktischen Begründungszusammenhänge* für die Arbeitslehre übersichtlich und systematisch zusammengestellt werden. In den 1970er Jahren wurde dieser Ansatz im Kontext der wissenschaftlichen Begleitung des Modellversuchs Kollegstufe NRW unter Leitung von Herwig Blankertz zum Strukturgitter weiterentwickelt und evaluiert. Die *Münsteraner Arbeitsgruppe Didaktik* vervollkommnete schließlich ihren Ansatz zu einer didaktisch-curricularen Struktur von Kernelementen für die Integrierte Sekundarstufe II.

2.2 Erste pflegedidaktische Matrix

Der Entwurf für eine *pflegedidaktische Matrix* entstand zwischen dem SoSe 1995 und dem WiSe 1997/98 im berufsbegleitenden Weiterbildungsstudiengang LGW an der Universität Osnabrück. Dieser universitäre Studiengang wurde 1981 zur akademischen Qualifizierung für Lehrer an Schulen des Gesundheitswesens eingerichtet. Er war eine erste Antwort auf die Verwissenschaftlichung der Pflege in Deutschland. Die *Verankerung der Pflegewissenschaft* in der etablierten Wissenschaftslandschaft erforderte eine *Strukturanalyse der Pflege* und die hinreichende *Abgrenzung ihres Gegenstandes* zur Begründung einer eigenen Disziplin. Parallel stand in den pädagogischen Lehrveranstaltungen die Entwicklung fachdidaktisch orientierter Lehrpläne und Unterrichtseinheiten im Mittelpunkt von Lehre und Forschung. Hier wurde neben einem bildungs- und erkenntnistheoretischen Anschluss an etablierte Theorien und Modelle der Erziehungswissenschaft eine (Hochschul-)Didaktik für die Lehrerbildung in der Pflege gesucht (vgl. Greb 2003: 16-39, 75-93; 2008 b: 33-50).

Die Erschließung pflegeimmanenter Strukturen begann mit der Rekonstruktion des „Metaparadigmas der Pflege", eine damals international debattierte Strukturanalyse der Pflege. Sie bestand aus den vier Begriffen *Person, Gesundheit, Umwelt* und *Pflege* in einem vordefinierten Wechselverhältnis, das wir grafisch in eine Matrix übersetzten. Aus der Kritik des Metaparadigmas (Greb 1997) resultierten die ersten Kategorien einer didaktischen Matrix: *Krankheitserleben* (Gesundheit und Umwelt), *Individuum* (Person), *Interaktion* und *„Helfen"* als pflegerischer Handlungstypus. Die vierte Säule des Metaparadigmas, die „Pflege" selbst, wurde also nicht mehr als einer der vier Begriffe des „Metaparadigmas der Pflege" definiert, sondern als *das Ganze* aufgefasst, als komplexes Handlungssystem im gesellschaftlich vermittelten Zusammenhang. Weil uns die Pflege nur in dieser *vermittelten Gestalt* zugänglich ist, wurde der Referenzrahmen um die gesellschaftliche *Institution Gesundheitswesen* und um *die gesundheitspolitisch-ökonomische Perspektive* dieser Makroebene erweitert. Das war ein entscheidender Schritt in der Pflegedidaktik. Bislang wurden die erkenntnistheoretischen und gesellschaftlichen Vermittlungsprozesse, die immer schon vorausgehen und diese konstituieren, für die Prozesse der didaktischen Vermittlung selbst noch nicht thematisiert.[1]

In dieser Situation erwies sich die Systematik der *didaktischen Matrix*, wie sie Herwig Blankertz für die Curriculumentwicklung in der beruflichen Bildung vorgeschlagen hatte[2], zunehmend als hilfreiche Konstruktion in der

---

1 Die erkenntnistheoretischen Tiefenschichten des Vernunft- und Vermittlungsproblems fanden seinerzeit durch die Schrift *Vermittlung als Gott* (1986) von Christoph Türcke Eingang in unsere Arbeit (vgl. Greb 2003: 23-25, 96 f.).

2 Blankertz' Beschreibung des bildungsökonomischen Forschungsproblems aus dem Jahr 1971 zeigt zur Situation der Pflegepädagogik in den 90er Jahren verblüffende Parallelen auf: Zum ersten Mal in der Geschichte des Schulwesens „sollen Innovationen wissenschaftlich bis ins einzelne geplant, sollen schulorganisatorische Änderungen unter Berücksichtigung aller Bedingungsfaktoren und Nebenwirkungen berechnet, sollen neue Unterrichtsgebiete durch vorgängige Theorien, gesichert durch Experiment und Erfolgskontrolle, eingeführt werden. Für die Lösung solcher Aufgaben aber müsste eine konstruktive Lehrplantheorie zur Verfügung stehen (...) und ein konstruktives Verfahren zur Entwicklung von Fachdidaktiken, nicht nur eine Beschreibung dessen, wie sich in einer langen Unterrichtspraxis das Selbstverständnis eines bestimmten Faches ausgebildet hat" (Blankertz 1971: 8 f.).

Hochschuldidaktik: In der Matrix ließ sich die gesellschaftsspezifische Struktur der Pflege differenzierter als im Metaparadigma aufspannen und zudem bildungstheoretisch auswerten. So entstand im Verlauf der sechs Semester in einem Wechselspiel von Analyse und Konstruktion der erste pflegedidaktische Kriteriensatz. Wir setzten ihn einerseits *pflegewissenschaftlich* ein, zur Analyse von Pflegetheorien, Interviews, Narrativa, empirischen Pflegestudien und andererseits *pflegedidaktisch* in der Analyse und Planung mehrstündiger Unterrichtseinheiten — zunächst aber noch nicht in der Curriculumentwicklung.

2.3 Von der Matrix zum Strukturgitter

Die Matrix veränderte sich in diesem Prozessstadium von Semester zu Semester. Orientierten wir uns in der Analyse *gesellschaftlicher Vermittlungsprozesse* zu Beginn, wie Gösta Thoma (1971) für den politischen Unterricht, an der Gesellschaftstheorie und den „Erkenntnisleitenden Interessen" von Jürgen Habermas, so fanden wir recht bald in der *Älteren Kritischen Theorie* eine gehaltvollere Erklärung, insbesondere für die leibliche Dimension in pflegerischen Erkenntnisakten, die wir hier konsequent im Kontext eines allumfassenden *Verblendungszusammenhangs* zu denken hatten. Von hier aus schien uns die gesellschaftliche Vermittlung der pflegerischen Praxis, der Warencharakter der Pflege, die Entfremdung des Leibes, ein problematischer Erfahrungsverlust und die soziale Relevanz der Mimesis viel deutlicher in den Blick zu geraten. Insgesamt traten die Spannungsfelder beruflich organisierter Pflege wesentlich schärfer hervor. Wir fanden zwar auch im Modell des kommunikativen Handelns von Habermas eine in ihrer Radikalität kaum zu überbietende Theorie sozialer Reflexion. Doch fehlte uns hier ein *Konzept zur Kritik latenter, struktureller Gewalt*. Dem räumt der Ansatz *verständigungsorientierter Anerkennung,* mit seinem angeschlossenen Theoriegebäude einer dualistischen *Trennung von System und Lebenswelt,* keinen Platz mehr ein.[3]

Auf der Basis der Älteren Kritischen Theorie kristallisierte sich das Potential der Matrix zur Anleitung *mikrologischer* Studien mehr und mehr heraus, um die *Eigendynamik der Pflege* fachdidaktisch zu erschließen und ihre

---

[3] Vgl. Greb 2003: 50-65, 141-147. Gerhard Bolte interpretiert Habermas' methodologische Apparatur als einen „Schutzfilter" gegenüber Adornos theoretischem Pessimismus. Gegenüber Adornos unbestechlichem Blick auf den *Bann* der Verhältnisse vermittle Habermas' Konzept der Lebenswelt eine Atmosphäre zwangloser Mitmenschlichkeit, so dass man sich bei der angedachten Möglichkeit einer friedlichen Koexistenz von Demokratie und Kapitalismus psychisch *und* moralisch entlastet fühle, weil man von den methodischen Übertreibungen, mittels derer Adorno und Horkheimer zum Kern der Dinge vordringen, verschont bleibe (vgl. Bolte 1989: 14). Kurz: Aus der Perspektive der älteren Kritischen Theorie betrachtet, wirkt Habermas' *Theorie des Kommunikativen Handelns* wie eine Verharmlosung des Status quo.

Tiefenstrukturen in (oberflächlich) ähnlichen Phänomenen aufzufinden. Daraus entstand langfristig ein heuristisches Instrument, das für die Dynamik pflegeberuflichen Handelns *offen* bleibt (Abb. 1). Mit seiner Hilfe wurden *Konflikte* und *Dilemmata* begrifflich zugespitzt zum Ausgangspunkt von Bildungsprozessen. Der Begriff „Pflege" entstand in diesem Arbeitsprozess als *Konstellation,* eine in sich *widersprüchliche Figur*, die sich mit Hilfe des Strukturgitters übersichtlich darstellen ließ.

Abb. 1: Das Basisstrukturgitter Pflege in der Hochschuldidaktik

		Ältere Kritische Theorie und Kritische Bildungstheorie (Adorno, Heydorn, Blankertz ...)		
© Dr. Ulrike Greb		Berufliche Pflege im Bezugssystem von Tausch und Herrschaft		
		Hermeneutische Fallkompetenz		
	Perspektiven: Zentrale Medien:	I. **Individuum** leibgebundene Perspektive	II. **Interaktion** humanitär-moralische Perspektive	III. **Institution** politisch-ökonomische Perspektive
Pflegewissenschaft	1 Krankheitserleben Behindertsein Altwerden Sterben	1.I Leiderfahrung und Leibentfremdung	1.II Mimesis und Projektion	1.III Individualität und Standardisierung
	2 Helfen Prävention Curation Rehabilitation	2.I Beziehung und Methode	2.II Selbstbestimmung und Fremdbestimmung	2.III Tradition und Emanzipation
	3 Gesundheitswesen Einrichtungen Finanzierung Bürokratie	3.I Individuum und Organisation	3.II Humanisierung und Sozialtechnologie	3.III Rentabilitätsanspruch und soziale Gerechtigkeit

In diesem Entwicklungsgang erhielt auch das Strukturgitter in der Münsteraner Tradition eine neue Gestalt und einen etwas anderen Funktionsradius. Seine neue Gestalt zeigt sich insbesondere in einem Kriteriensatz von *paarig angelegten Kategorien* (in neun Feldern) zur themenbezogenen *dialektischen Reflexion objektiver Widersprüche*. Diese Abweichung resultiert weitgehend aus meinem Anliegen, eine *negative,* in jeder Hinsicht unabgeschlossene Didaktik zu entwerfen, das sich unter dem Einfluss der *Negativen Dialektik* Adornos herausgebildet hatte.[4]

---

4 In Adornos Vorlesungen findet sich die wohl kürzeste Version einer Erläuterung zur *Negativen Dialektik*: Es handelt sich um eine Philosophie, „die nicht den Begriff der Identität von Sein und Denken voraussetzt (...), sondern die gerade das Gegenteil, also das Auseinanderweisen von Begriff und Sache, von Subjekt und Objekt, und ihre *Unversöhntheit artikulieren* will. Wenn ich dabei den Ausdruck Dialektik gebrauche (...), dann meine ich dabei die *Fiber des Denkens*, seine innere Struktur: die Art in der

Später erwies sich das Strukturgitter auch als ein bildungstheoretisches Korrektiv und eine reflexive Antwort auf die neuen lernfeldgestützten Rahmenlehrpläne der KMK. Blankertz' Definition der Strukturgitter lässt solche Möglichkeiten zur Modifikation ausdrücklich zu:

„Es handelt sich um Kriterienkomplexe, mit deren Hilfe vorgegebene, inhaltlich bestimmte Zumutungen zu Lerngegenständen, zu Unterrichtsinhalten strukturiert und qualifiziert werden, weiterhin auch vorliegende komplexe Unterrichtsinhalte (Unterricht, Lehrbücher, Richtlinien usw.) beurteilt und mit Bestimmtheit kritisiert werden können. Strukturgitter leisten also das, was früher ein einziges, in seinen Aspekten schwer durchschaubares Auswahl- und Konstitutionskriterium, nämlich ‚Bildung' leisten sollte. Ihm gegenüber haben Strukturgitter jedoch zwei Vorzüge: Einerseits sind sie auf den jeweiligen Unterrichtsbereich hin differenziert und implizieren die jeweilige wissenschaftsdidaktische Fachstruktur, andererseits legen sie ihre normativen Voraussetzungen ausdrücklich offen, während sich im Bildungsbegriff bis in die heutige Zeit unausgewiesene Ideologien konservieren konnten. Didaktische Strukturgitter sind also weder Lerninhalte noch Lernziele, sondern Kriterien für deren Beurteilung in analytischer oder konstruktiver Absicht. Daraus geht aber klar hervor, dass die Strukturgitter nur ein Moment im Problemzusammenhang von Curriculumentwicklung sein können." (Blankertz 1974: 19 f.)

Der Kriteriensatz des Strukturgitters kann also gleichermaßen zur Entscheidung über Bildungsinhalte wie zur pflegedidaktischen Ausrichtung der *Sachanalyse* (z. B. in der *Thematischen Strukturierung* von Klafkis Perspektivenschema) herangezogen werden. Im Prozess der Curriculumentwicklung leisten die Reflexionskategorien eine berufliche Spezifizierung kritischer Bildungsprozesse, sofern sie sorgfältig aus der immanenten Struktur und Funktion ihres Gegenstandsbereiches gewonnen werden. In seiner jetzigen Form transformiert der Kriteriensatz die Pflege in einen didaktischen Gegenstand und wird zugleich, als pflegeberufliche Übertragung des Bildungsbegriffs, zum pädagogischen Maßstab in didaktischen Entscheidungsprozessen.

3. Das Strukturgitter für die Pflege: Aufbau

Als Grafik bildet das pflegepädagogische Strukturgitter ein erziehungswissenschaftliches Theoriegebäude ab. In dieser Funktion weist es eine *paradigmatische,* eine *legitimatorische* und eine *pragmatische* Strukturebene aus. Oftmals wird es allerdings auf ein *„zweidimensionales Raster reduziert, und aus dessen oberflächlicher Erscheinung werden Nutzen und Funktion kurzschlüssig abgeleitet. So wie bei einem technischen Gerät, das*

---

der Begriff (...) sich bewegt, nämlich auf sein Gegenteil, das Nichtbegriffliche, hin." (Adorno 2003: 15 ff., Hervorhebung U. G.)

nur ein paar Knöpfe hat, aber eine komplizierte Gebrauchsanweisung. Niemand liest sie, weil es doch einfacher scheint, die Funktionen durch Ausprobieren herauszufinden".[5] Dabei bleiben dem *User* gerade seine theoretischen Wurzeln in ihrer Verflechtung von Fachwissenschaft, Bildungstheorie und Sozialphilosophie verborgen und die pädagogisch-didaktischen Folgerungen für den Verwendungszusammenhang unklar und folgenlos. Das Strukturgitter wird dann als *Raster*, nicht als *Transformationsgrammatik* gelesen und schwer verständlich bleibt, *wozu* es eines derart aufwändigen Ansatzes überhaupt bedarf. Um diese Zusammenhänge besser zugänglich zu machen erläutere ich im folgenden Abschnitt den Aufbau des Strukturgitters entlang einer *Benutzeroberfläche* (Abb. 2). Dabei werden häufig gestellte Fragen aufgenommen und die wichtigsten Begriffe eingeführt:

Abb. 2: Aufbau des Strukturgitters: Benutzeroberfläche

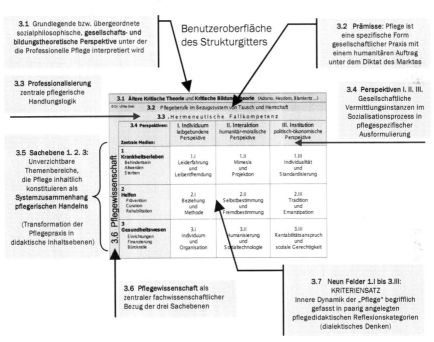

Wer legt die Gitterstruktur fest? Die innere Vernetzung des Strukturgitters entsteht durch eine didaktische *Verknüpfung von Subjekt- und Systembezug*. Insofern wird sie einerseits durch den Systemzusammenhang pflegerischen Handelns festgelegt (*horizontal*) und andererseits durch die subjektbezoge-

---

5 So die Erfahrung von Kirsten Barre in einer Befragung bei Doktoranden und Studierenden im didaktischen Hauptseminar im März 2008 zu Arbeits- und Vermittlungsproblemen im Zusammenhang mit dem Strukturgitter; kirstenbarre@web.de.

ne pädagogische Betrachtungsweise (*vertikal*), genauer: durch ein Bildungs- und Erkenntnisinteresse, das sich als ein gesellschaftlich vermitteltes weiß. Die *horizontalen Zeilenkategorien* (3.5) der drei Sachebenen: Krankheitserleben, ›Helfen‹, Gesundheitswesen, beziehen sich auf die Vergesellschaftung beruflichen Pflegehandelns mit seiner bezugswissenschaftlichen Erschließung und Legitimation durch die Pflegewissenschaft (3.6). Die pädagogische Perspektive ist im Strukturgitter *vierfach* ausgewiesen; d.h. auf den Theorieebenen (3.1 bis 3.4) wird der pädagogische Auftrag unterschiedlich zu interpretieren sein. Die *vertikalen Spaltenkategorien* repräsentieren den Bildungsanspruch des Subjekts in leibgebundener, humanitär-moralischer und gesundheitspolitisch-ökonomischer Perspektive.

3.1 Gesellschafts- und bildungstheoretische Perspektive

Ältere Kritische Theorie

Kritische Theorie bezeichnet sich als „kritische" gegenüber der „Traditionellen Theorie" (Horkheimer 1988), an der sie das Auseinandertreten von empirischer Forschung und philosophischer Reflexion kritisiert und insbesondere die *Ideologie der Wertfreiheit* beanstandet. Kritisiert wird ein systemfunktionaler Wissenschaftsbetrieb, der seine Selbstvergewisserung vernachlässigt und die bloße Tatsachenforschung fetischisiert (*identifizierendes Denken*). Damit steht der Mainstream wissenschaftlichen Denkens in der Kritik, der nahezu vollständig von der naturwissenschaftlich-mathematischen Methode beherrscht wird – insofern sie der Intention folgt, das Messbare unter Kontrolle zu bringen und logisch konsistente Ursache-Wirkungs-Definitionen in eindeutige Protokollsätze zu fassen, welche die Wirklichkeit *fixieren* und schließlich selbst eine Art kontrollierter Realität konstruieren.[6]

Demgegenüber erklären kritische Theoretiker die Entstehung und Verwendung wissenschaftlicher *Theorien als Momente des gesellschaftlichen Produktionsprozesses*. Aus ihrer Sicht sind die Wissenschaften nicht kontextunabhängig, sondern selbst Anteil eines allumfassenden Bezugssystems. Diese Prämisse ist für die Konstruktion eines (pflege)didaktischen Begrün-

---

6 Würde die Pflegewissenschaft soziale Verhältnisse anhand solcher Protokollsätze erklären, bliebe sie in der Erkenntnis ihrer empirischen Randphänomene stecken, statt die inneren Widersprüche der Pflege zu enträtseln, die sich hinter den scheinbar eindeutigen Sachverhalten verbergen. Die Folge wäre, dass sie sich mit einer unreflektierten Praxisorientierung und der bloßen Beschreibung von Tatsachen begnügen würde, ohne über die dahinter stehenden Zwecke nachzudenken, die doch stets mit handfesten politischen, ökonomischen und ideologischen Interessen verbunden sind. So würde sie ihre Möglichkeiten verspielen, die Praxis der Lebenswirklichkeit partiell humaner zu gestalten. „In der Unparteilichkeit der wissenschaftlichen Sprache", schreibt Adorno in der *Dialektik der Aufklärung*, „hat das Ohnmächtige vollends die Kraft verloren, sich Ausdruck zu verschaffen" (Adorno 1981, GS Bd. 3: 39).

dungsrahmens von großer Tragweite. Denn wir gehen hier von der Annahme aus, dass gesellschaftliche Formen der Herrschaft die objektive Welt und die Welt der Sprache prägen, dass in diesem Bezugssystem jegliche Erfahrung und jeder Erkenntnisprozess immer schon *sozial vermittelt* ist. Aus diesem Grund versuchen kritische Theoretiker die historisch-ökonomische Bedingtheit ihrer theoretischen Entwürfe zu ergründen und die vielfältigen *gesellschaftlichen Einflüsse* auf die Themenwahl, Fragestellung, Methodologie und vor allem auf die Frage nach der Verwendung ihrer Ergebnisse in die selbstkritische Reflexion aufzunehmen.

Mit der gesellschafts- und bildungstheoretischen Perspektive des Strukturgitters behalten Pflegedidaktiker die gesellschaftlichen Strukturen im Blick, die den Subjekten und der pflegeberuflichen Handlungssystematik *vorgelagert* sind. Um sie theoretisch aufzuklären folgen sie, gemäß der Anzeige *„Ältere Kritische Theorie und Bildungstheorie (Adorno, Heydorn, Blankertz)"*, grundsätzlich einer negativen Dialektik.[7] An dieser Stelle gehen auch Begriffe wie *„verwaltete Welt"*, *„Bann der Verhältnisse"* oder *„Verblendungszusammenhang"* in die pflegedidaktische Reflexion ein. Was ist darunter zu verstehen? Adorno und Horkheimer entfalten den Gedanken der „verwalteten Welt" geschichtsphilosophisch an der Dialektik von Mythos und Aufklärung. Insbesondere in der *Dialektik der Aufklärung* beschreiben sie die Aporie, dass sich die Menschen qua Aufklärung über die äußere und innere Natur zwar befreien, aber schon in diesem Befreiungskampf mit den Werkzeugen einer naturwissenschaftlich-mathematisch-technischen Rationalität ein scheinbar objektives Gehäuse errichten, in das sie sich inzwischen selbst eingesperrt haben: die *zweite Natur*. Hermetisch dicht, einem mythischen Bann nicht unähnlich, wirkt die von Menschen gemachte *Kultur* wie ein Verhängnis, ein Naturgesetz. Doch dieser „Verblendungszusammenhang" der *zweiten Natur* ist hausgemacht: „Aufklärung ist totalitär wie nur irgendein System", schreiben die Autoren der *Dialektik der Aufklärung* (Adorno 1981, GS Bd. 3: 41). Das heißt, dass uns die Beherrschung der Natur durch Arbeit, im Zuge des wissenschaftlich-technischen Fortschritts, mit der Freiheit in der Gesellschaft unabwendbar auch neue Formen latenter struktureller Gewalt beschert. Dabei werden die menschlichen Subjekte auf die Funktion ihrer „disziplinierten Selbsterhaltung ebenso reduziert wie die Welt auf das in der wissenschaftlichen Erkenntnis begriffene ‚Ding'. Nichts anderes als ‚rational' gelten zu lassen, darin besteht der ‚totalitäre Charakter' der Aufklärung" (Schäfer 2004: 73).

---

7 Negative Dialektik und Kritische Theorie bezeichnen annähernd das gleiche. Wie aber Adorno in seiner Vorlesung zur Negativen Dialektik ausführt, „mit dem einen Unterschied, dass Kritische Theorie ja eben wirklich nur die subjektive Seite des Denkens, also eben die Theorie bezeichnet, während Negative Dialektik nicht nur dies Moment angibt sondern ebenso *auch die Realität, die davon getroffen wird*; also dass der Prozess nicht nur ein Prozess des Denkens sondern (…) zugleich ein Prozess in den Sachen selber sei (Adorno 2003: 36 f., Hervorhebung U. G.).

Der Versuch, die gesellschaftlichen Bedingungen pflegerischen Handelns (*didaktischer Sachzusammenhang*) aufzuklären, ist deshalb bildungstheoretisch und berufspolitisch unverzichtbar, um die zentralen Widersprüche und inneren Dynamiken der Pflege aus der Vermittlung mit den gesellschaftlichen *Makro*-Strukturen rekonstruieren zu können. Der *Lernfeldansatz* (KMK-Handreichung) fordert hier zu Recht eine didaktische Dimension, in der die gesellschaftlichen Prozesse und Probleme, die eine berufliche Handlungssituation konstituieren, in jedem Lernfeld thematisiert werden sollen.

Freilich gibt der Lernfeldansatz die gesellschaftstheoretische Basis dieser Reflexion nicht vor, sondern überlässt die Wahl einer paradigmatischen Position den akademisch ausgebildeten Pädagogen, die sie mit der Entscheidung für ein pflegedidaktisches Konzept treffen. Das hier vorgestellte Instrument zur pflegedidaktischen Kategorialanalyse orientiert sich an der *Älteren Kritischen Theorie der Frankfurter Schule* und damit an einem aus der marxistischen Tradition stammenden gesellschaftskritischen Ansatz. Er hat die Besonderheit, dass Gesellschaftstheorie als Erkenntniskritik vorgetragen wird, bzw. Erkenntnistheorie als Gesellschaftskritik, „weil die Momente, welche die Realität als antagonistische Realität prägen, die gleichen sind, welche auch den Geist, den Begriff also, zu seinen immanenten Widersprüchen verhalten." (Adorno 2003: 21)[8] Der Bildungsprozess ist darauf ausgerichtet, diese *immanente Kritik* zu leisten.

Bildung als pädagogischer Maßstab

„Der kapitalistische Supermarkt, auf den sich die Bildung hin entwickelt, braucht keine Diener des Geistes, sondern Leute, die die Kasse reparieren können." (Heydorn 1972: 52)

Der folgende Exkurs führt in den Problemgehalt des Bildungsbegriffs ein. Nicht mit der Absicht zu einer abschließenden Definition zu kommen, sondern um deutlich zu machen, in welchem Argumentationsrahmen der Bildungsbegriff als pädagogischer Maßstab didaktisch berücksichtigt wird. Die Zwischenüberschriften orientieren sich an häufig gestellten Fragen.

Bildung und Lernen

Lerntheorien machen Aussagen über die Beziehung des Menschen zur Welt auf einer psychologischen Erklärungsebene. Ihre Leistung besteht vor allem darin, Gesetzmäßigkeiten zu erforschen und Typen menschlichen Lernens

---

8 Mit der Bezeichnung „antagonistische Realität" verweist Adorno auf unsere Gesellschaft, die durch das Motiv des Profits, auf dem sie gründet, am Leben erhalten und zugleich gespalten wird. Das gesamte ökonomische System könne sich beispielsweise nur dadurch erhalten, dass unablässig ein großer Teil des Sozialprodukts auf Vernichtungsmittel (z. B. atomare Aufrüstung) verwandt werde (vgl. Adorno 2003: 20).

zu erfassen[9]. Im Gegensatz zu Lernen ist Bildung kein psychologischer, sondern ein pädagogischer und bildungspolitischer Begriff. Während am Lernen vor allem Prinzipien und Regeln möglichst stabiler Verhaltensänderung interessieren, zielt Bildung auf den Menschen als Gattungswesen. *Der Mensch selbst ist der wirkliche Gegenstand der Bildung, seine Mündigkeit ist Selbstfindung.*[10] Einen griffigen Einstieg in die gegenwärtige Rezeption des Begriffs gestattet die Analyse von Ludwig Pongratz: *Bildung und Alltagserfahrung*.

„Bildung birgt die verschollene Erinnerung an eine befreite Menschheit in sich, an erfüllte Individualität, an die Versöhnung von Individuum und Gattung. Begriffe wie Spontaneität, Reflexivität, Differenz, Kritik und Autonomie stecken das Feld ab, innerhalb dessen sich Bildungstheorie einstmals konstituierte. Die Aufnahme dieser kritischen Momente des Bildungsdenkens bleibt unter den Bedingungen der gegenwärtigen Gesellschaft ein ebenso schwieriges wie notwendiges Unterfangen. Das bedeutet: Bildungstheorie ist nur noch in kritischer Rückwendung auf die gesellschaftlichen Ursachen ihres eigenen Verfalls zu haben. Und Bildung selbst wird dabei notwendig zu einem Gegenbegriff. Er markiert eine Leerstelle pädagogischer Theorie und Praxis, ein Negativum, das seiner Verwirklichung harrt." (Pongratz 1988: 294)

Der gesellschaftliche Verfall der Bildungsidee ist also kein Grund, den Begriff pädagogisch ad acta zu legen. Im Gegenteil. Wir betrachten die gegenwärtige Bildungspraxis im Spiegel seines unerfüllten Anspruchs, ohne die ‚Leerstelle' mit scheinbar messbaren Ersatzkriterien auszufüllen.

In der Pflegedidaktik ist der Bildungsbegriff weitgehend durch die Bildungstheoretische Didaktik Wolfgang Klafkis als ‚kategoriale Bildung' repräsentiert, die die Traditionslinien formaler und materialer Bildung zusammenführt: „Bildung ist kategoriale Bildung in dem Doppelsinn, dass sich dem Menschen eine Wirklichkeit ‚kategorial' erschlossen hat und dass eben damit er selbst – dank der selbstvollzogenen ‚kategorialen' Einsichten, Erfahrungen, Erlebnisse – für diese Wirklichkeit erschlossen worden ist." (Klafki 1963: 43) In die Entwicklung des Strukturgitters ging Klafkis Bildungsbegriff in der Interpretation von Winfried Marotzki ein. Seine Lesart

---

9 Der Behaviorismus z. B. erklärt außengesteuerte Lernprozesse als Verhaltensänderung, Lernen als Reaktion des Individuums auf Umweltreize. Kognitivistische und konstruktivistische Ansätze gehen dagegen von selbstgesteuerten aktiven Lernprozessen aus. Kognitivistische Lerntheorien untersuchen die innere Steuerung: Kognitive Strukturen des Wissenserwerbs, Informationsverarbeitung und Entscheidungsvorgänge, während der Gegenstand konstruktivistischer Ansätze subjektive Interpretationen und Konstruktionen sind.

10 Das ist es, führt Liessmann mit Bezug auf Humboldt aus, was das Streben des Menschen überhaupt auszeichnet. „Dem Begriff der Menschheit in unsrer Person (…) einen so großen Inhalt, als möglich, zu verschaffen". Für Humboldt „war Bildung schlicht die ‚letzte Aufgabe unseres Daseyns'" (Liessmann 2006: 55).

‚kategorialer Bildung' prägt die *lernpsychologische Dimension der Perspektivenübernahme* im Strukturgitter (3.1 bis 3.3). Sie basiert auf einer Rekonstruktion des *Lernebenenmodells* von Gregory Bateson, der insgesamt fünf Lernebenen (0–IV) unterscheidet. Bateson beschreibt die *Modi der Erfahrungsstrukturierung* als „Gewohnheiten, den Strom der Erfahrung so zu interpunktieren, dass er die eine oder andere Art der Kohärenz annimmt" (Bateson 1942: 224, zit. in Marotzki 1990: 33). In der pflegeberuflichen Sozialisation beispielsweise werden durch solche kulturspezifischen Interpunktionen *berufstypische Rahmungen* erlernt. Sie strukturieren die tägliche Pflege-Erfahrung, geben vor, wie eine Mitteilung verstanden wird und etablieren dauerhafte kognitive Schemata (Lernebenen 0–I). Werden solche beruflichen Routinen überschritten, kann es auf der Lernebene II gelingen die Interpunktionsprinzipien selbst zu verändern. Dann begreifen und beeinflussen die Lernenden den *Modus* der Erfahrungsstrukturierung, und wir sprechen vom *Lernen lernen*. Solche „Lernprozesse, die sich auf die Veränderung von Interpunktionsprinzipien von Erfahrung und damit auf die Konstruktionsprinzipien der Weltaufforderung" (Marotzki 1990: 41) beziehen, so dass sich die Orientierungsgewohnheiten verändern, nennt Marotzki *Bildungsprozesse*. Der sich in dieser Weise verändernde *Weltbezug* verändert den *Selbstbezug*:

> „Indem das Subjekt sich zur Welt kategorial anders verhalten kann, kann es sich auch zu sich selbst anders verhalten und umgekehrt. Ich spitze diesen Sachverhalt zu einer dialektischen Denkfigur wie folgt zu: Indem das Subjekt sich selbst in einer anderen Weise transparent macht, macht es sich die Welt auf andere Weise zugänglich. Und: Indem sich das Subjekt die Welt auf andere Weise zugänglich macht, macht es sich auf andere Weise sich selbst transparent. Welt- und Selbstbezug bilden in diesem Sinne das dialektische Zentrum von Bildungsprozessen." (Marotzki 1990: 43)

Bildung und Berufsbildung

Bildung kann nur im Medium des Berufs zum Abschluss gebracht werden. So lautet die Hauptthese von Herwig Blankertz. Sein Bildungsbegriff wird eher in der berufs- und wirtschaftspädagogischen als in der pflegepädagogischen Tradition rezipiert. Auf der Basis seiner historisch-systematischen Analysen hatte Blankertz das Missverhältnis zwischen der Bildungs*idee* und ihrer Verwirklichung (*Institutionalisierung*) durch die Jahrhunderte erforscht und im Kollegschulkonzept die berufspädagogischen Konsequenzen daraus gezogen: die *Integration von beruflicher und allgemeiner Bildung*[11].

---

11 Im Kollegschulkonzept (1972) wurde die bildungstheoretisch begründete Integration allgemeiner und beruflicher Bildung schulorganisatorisch umgesetzt. Das heißt, die gymnasialen und beruflichen Bildungsgänge der Sekundarstufe II wurden zu Schulen mit unterschiedlichen fachlichen Schwerpunkten zusammengeführt, so dass in

Das Korrektiv einer rein an ihrer *Nützlichkeit* ausgerichteten Berufsbildung (*Humankapital*) fand Blankertz im Bildungsbegriff des Neuhumanismus: Wilhelm von Humboldt markiere in seiner aporetischen Formulierung von der „höchsten und proportionirlichsten Bildung der Kräfte zu einem Ganzen" zugleich den unauflöslichen Widerspruch zwischen der beruflichen *(Spezial)Bildung* und dem Recht auf *universelle Bildsamkeit* eines jeden Menschen.[12] Er habe die Crux des *modernen Individuums* im Spannungsverhältnis von Identität und Heterogenität der Anforderungen, die Dialektik von Bildung und Herrschaft, schon früh thematisiert.

Ende der 1960er Jahre schloss sich Blankertz der Kritischen Theorie an. Für seine Theorie der beruflichen Bildung rezipiert er insbesondere die *Dialektik der Aufklärung* und interpretiert Humboldts Bildungsbegriff unter dem Einfluss von Adornos *Theorie der Halbbildung*: Indem die antinomisch gefasste Bildungsidee mit ihrer kritischen Wendung gegen Vergesellschaftung und Entfremdung zugleich auf die Arbeits- und Lebenssituation der preußischen Ständegesellschaft antwortete, habe der Bildungsbegriff deren Herrschaftsstruktur assimiliert und sein Scheitern in statu nascendi schon angelegt. Vor diesem Hintergrund formuliert Blankertz 1975 drei bildungstheoretische Forderungen an berufliche Ausbildungskonzeptionen:

„1. Der Mensch ist Zweck, nie bloßes Mittel, d.h., die Ausbildung darf den Menschen nicht als bloße Arbeitskraft verfügbar machen wollen. Als pädagogische Veranstaltung ist die Berufsausbildung so anzulegen, dass sie zugleich etwas für die Personwerdung des Menschen leistet. Dieser Satz lässt sich in einem zweiten näher bestimmen:
2. Die Ausbildung muss in einem Bereich erfahrbarer Sinnhaftigkeit erfolgen. Damit wird nicht auf ein vorindustrielles Berufsverständnis rekurriert. Die soziale Mobilität als Folge des technisch-ökonomischen Fortschritts wird für immer mehr Menschen ein Arbeitsleben bedingen, das kein Berufsbewusstsein im überlieferten Sinne mehr durch den Handlungsvollzug stiftet. Aber dann bedeutet das Postulat

---

NRW und Hessen neue Bildungsgänge mit doppelqualifizierendem Abschluss entstanden (beruflicher Abschluss und Abitur).
12 Unter den Bedingungen moderner Arbeitsteilung vereint Humboldt in dieser Bildungsidee zwei gänzlich unverträgliche Bildungskonzepte: Je *höher* der Grad der individuellen Bildung in einem bestimmten Gebiet, um so einseitiger (*unproportionirlicher*) sind die Kompetenzen ausgeprägt und umgekehrt. Je vielfältiger die Tätigkeiten auf verschiedenen Gebieten entwickelt werden, um so geringer ist die *Höhe* und der Grad ihrer individuellen Ausbildung. „Der wahre Zweck des Menschen – nicht der, welchen die wechselnde Neigung, sondern welchen die ewig unveränderliche Vernunft ihm vorschreibt – ist die höchste und proportionierlichste Bildung seiner Kräfte zu einem Ganzen. Zu dieser Bildung ist Freiheit die erste und unerlässliche Bedingung. Allein außer der Freiheit erfordert die Entwickelung der menschlichen Kräfte noch etwas andres, obgleich mit der Freiheit eng verbundenes, Mannigfaltigkeit der Situationen. Auch der freieste und unabhängigste Mensch, in einförmige Lagen versetzt, bildet sich minder aus" (Humboldt 1792, Bd. 1: 64).

der ‚erfahrbaren Sinnhaftigkeit' eben dieses, dass zentral zur pädagogisch geplanten Berufsausbildung gehört, was vordem das Leben selbst leistete: Die partielle Identifikation des Menschen mit seiner Arbeit. Nur insofern und insoweit dies gelingt, wird die dritte Forderung realisierbar sein, nämlich

3. Ausbildung und Bildung als Einheit zu fassen. Neuere Überlegungen zum Beruf in unserer Zeit deuten darauf hin, dass die Destruktion der im überlieferten Berufsbegriff implizierten Merkmale dem nicht nur entgegenstehen, sondern gerade umgekehrt eine neue Möglichkeit eröffnen." (Blankertz 1975: 291)

Bildung und Subjekt

Aktuell zeigt sich die *Crux des modernen Individuums* wie im Beitrag eines ZEIT-Dossiers vom August 2008: *Das gecoachte Ich*[13]. „Nie war das Individuum freier und zugleich in seiner Freiheit gefangener als heute. Sein Bezugsrahmen ist eine Welt ohne Grenzen. Es muss permanent seine Exzellenz nachweisen, wird unablässig beobachtet und bewertet, ist auf sich allein gestellt, muss ständig wählen und entscheiden. Die Gefahr zu scheitern ist so groß wie die soziale Norm, es nicht zu dürfen." In der Ideologie des flexiblen Menschen im flexiblen Kapitalismus wird die Freiheit zum Zwang eines goldenen Käfigs. Obgleich in ständiger Bewegung wird der moderne Mensch sein Gefühl des Ungenügens nicht los, weil es um Anforderungen geht, die schlichtweg nicht mehr einlösbar sind (Ulrich Bröckling). In seiner heiklen Lage verquicken sich die vielfältigsten Anforderungen: „Eigenverantwortung, lebenslanges Lernen, ständige Fortbildung, Selbstmanagement und das aeorodynamische Prinzip aus Fitness, Schlankheit, Jugendlichkeit und Mobilität." (DIE ZEIT, Nr. 35 vom 21.08.08, 15 ff.)

Dass die Menschen in dieser Situation den Blick für sich selbst verlieren, schreibt Pongratz, liegt auf der Hand. Ohnmachts- und Nichtigkeitserfahrungen wecken tiefsitzende, frühe Ängste. „Keiner weiß mehr, wer er ist. Jeder erfährt seine Spurlosigkeit und Wirkungslosigkeit." (Pongratz 1988: 305) Der psychische Repressionsdruck, den die Alltagswelt hochtechnisierter Industriegesellschaften erzeugt, ruft Schutzmechanismen auf den Plan: frühe, primär-narzisstische Einstellungen und Praktiken. Das moderne Individuum vermag sich unter dem Zwang existentiell unsicherer Verhältnisse nur noch durch eine *übermäßige narzisstische Besetzung der eigenen Person* zu retten. Das war, im Rückbezug auf Freud, auch Adornos Diagnose

---

13 Weil der Druck der Wirtschaft in den letzten zwanzig Jahren so eminent gestiegen ist, dass die Individuen in einen Sog der permanenten Selbstoptimierung geraten sind, hat sich offenbar ein eigener Berufsstand der *Ausbildung der menschlichen Kräfte zu einem Ganzen* angenommen: Der Coach. Coaching, nicht zu verwechseln mit Therapie, Beratung oder Training, unterstützt die Selbststeuerungsfähigkeit des Einzelnen im permanenten Veränderungs- und Perfektionierungsprozess, der längst alle Lebenslagen erfasst hat.

und die Begründung seines Theorems der *Sozialen Kälte*: Unabdingbare Voraussetzung für das Leben des Einzelnen ist die „Kälte", das „Grundprinzip der bürgerlichen Subjektivität" (Adorno 1970, GS Bd. 6: 356). Persönliche Wünsche, Leidenschaften und Interessen zu verfolgen, impliziert das weitgehende Ausblenden der Umstände und das Absehen von den Bedingungen des eigenen Lebens unter Bedingungen des sich gesellschaftlich weiter fortschreibenden Unglücks. Der gesellschaftlich erzwungene Egoismus geht also zu Lasten des Sozialen. Zugunsten der Selbsterhaltung muss das fremde Leid ausgeblendet werden. So entsteht ein Klima der sozialen Kälte, in dem auch *Pflege* langfristig einfriert.

Unter solchen Einsichten stellt sich die Frage nach den Bildungsmöglichkeiten des *empirischen* Subjekts gänzlich neu. Die Originalität und Identität, die jeder einzelne möglicherweise für sich erreichen könnte, wird im Prozess der Selbsterhaltung geopfert und im universellen Klima sozialer Kälte, steht die Sensibilität und Fähigkeit überhaupt Erfahrungen zu machen *grundsätzlich* zur Disposition, also auch die *leibliche* Qualität der Erfahrung im pflegeberuflichen Erkenntnisprozess.[14] Entgegen der Gepflogenheit berufspädagogischer Konzeptionen, ein potentiell leistungsstarkes, aufgeklärtes, selbstgesteuertes und flexibles Subjekt vorauszusetzen, gehen wir im Kontext der Kritischen Theorie von einem schwachen, durch die kapitalistisch-globalinvasive Produktionsweise aufgeriebenen, *narzisstisch beschädigten* Individuum aus – mit allen Konsequenzen für die Pflegepädagogik und das Legitimationsproblem einer Bildung zum Widerspruch im Klima von Existenzangst und flexiblen Anpassungsforderungen.

Halbbildung und Unbildung

Mit dem Begriff der *Halbbildung* beschreibt Adorno die prekär gewordenen Bildungsverhältnisse der Nachkriegszeit, die Interdependenz von Bildung, Kultur und Gesellschaft unter entfremdeten gesellschaftlichen Verhältnissen. Entscheidend ist sein Ergebnis zum Funktionswandel von Bildung unter den Imperativen des Marktes: Bildung wird als Voraussetzung für den beruflichen und gesellschaftlichen Aufstieg instrumentalisiert. An die Stelle einer angemessenen kontinuierlich reflektierenden Aneignung der Sache (*Anstrengung des Begriffs*), tritt stupide Informiertheit und ‚Bescheidwissen'. Das suggeriert dem Individuum eine *Verfügungsgewalt* über den Gegenstand, ohne dessen Eigengesetzlichkeit geistig durchdrungen zu haben. Insbesondere in der beruflichen Bildung erfährt ‚Bildung' nur dann eine Wertschätzung, wo sie entweder unmittelbar verwertet werden kann oder zumindest kostenneutral nicht weiter stört. Darin meldet sich der *Herr-*

---

14 Vertiefend hierzu Gruschka (1994) sowie die „Kälte Studien" in der *Pädagogischen Korrespondenz,* Zeitschrift für kritische Zeitdiagnostik in Pädagogik und Gesellschaft. Hrsg. vom Institut für Pädagogik und Gesellschaft e.V, Wetzlar: Büchse der Pandora.

schaftsgestus identifizierenden Denkens an und der gänzliche Abschied von einer Bildungsidee der menschlichen Selbstfindung.

Der Wiener Sozialphilosoph Konrad Paul Liessmann sieht die Abkehr von der Idee der Bildung nirgendwo deutlicher als in den Zentren der Bildung selbst. „Die seit geraumer Zeit betriebene Umstellung sogenannter Bildungsziele auf Fähigkeiten und Kompetenzen (*skills*) ist dafür ein prägnanter Indikator. Wer Teamfähigkeit, Flexibilität und Kommunikationsbereitschaft als Bildungsziele verkündet, weiß schon, wovon er spricht: von der Suspendierung jener Individualität, die einmal Adressat und Akteur von Bildung gewesen war." (Liessmann 2006: 71) Tatsächlich aber wird den Individuen schon die Voraussetzung zur Autonomie real verweigert. Diese Verweigerung wird von einem Bildungsbegriff, der das Versprechen jener Individualität konserviert, ideologisch verschleiert.

(Halb-)Bildung führt demnach, kontraproduktiv, zu jener Verdinglichung des Bewusstseins, vor der Bildung eigentlich bewahren soll (Adorno 1972, GS 8: 112). Sie bezeichnet den Weg *misslungener Erfahrung*, denn sie *löscht* die ‚wahrnehmende und erkennende Differenziertheit' im Subjekt, so dass dem Halbgebildeten das Fremde nicht mehr als das *Fremde* in den Blick kommt. Für die Erkenntnisgewinnung in pflegerischen Beziehungen ist das verheerend. Nicht nur, dass die differenzierte Reflexion eingeebnet wird, der Erfahrungsverlust wird quasi simultan durch gesellschaftliche Stereotypien kompensiert: „Wer der Kontinuität von Urteil und Erfahrung enträt, wird von solchen Systemen mit Schemata zur Bewältigung der Realität beliefert, welche an diese zwar nicht heranreichen, aber die Angst vorm Unbegriffenen kompensieren." (Adorno 1972, GS Bd. 8: 116f.) Im Einklang mit dem Status quo verbürgt die eigene Auffassung Orientierung und Sicherheit.

Liessmann (2006) aktualisiert Adornos Analyse der Halbbildung und radikalisiert sie zu einer *Theorie der Unbildung*. Sie zeichnet ein düsteres Bild: Die Idee der Bildung habe in jeder Hinsicht aufgehört, eine regulative Funktion zu erfüllen. Was die Bildungsreformer aller Richtungen eint, schreibt Liessmann, ist ihr Hass auf die traditionelle Idee von Bildung.

„Dass Menschen ein zweckfreies, zusammenhängendes, inhaltlich an den Traditionen der großen Kulturen ausgerichtetes Wissen aufweisen könnten, das sie nicht nur befähigt, einen Charakter zu bilden, sondern ihnen auch ein Moment von Freiheit gegenüber den Diktaten des Zeitgeistes gewährt, ist ihnen offenbar ein Greuel. Gebildete nämlich wären alles andere, als jene reibungslos funktionierenden flexiblen, mobilen und teamfähigen Klons, die manche gerne als Resultat von Bildung sähen.
Wer sich auf der Höhe der Zeit wähnt, spricht deshalb heute nicht mehr von Bildung, die sich immer an einem Individuum und der Entfaltung seiner Potentiale orientierte, sondern von ‚Wissensmanagement'. Nicht um Bildung geht es, sondern um ein Wissen, das wie ein Rohstoff pro-

duziert, gehandelt, gekauft, gemanagt und entsorgt werden soll, es geht (...) um ein flüchtiges Stückwerkwissen, das gerade reicht, um die Menschen für den Arbeitsproßeß flexibel und für die Unterhaltungsindustrie disponibel zu halten" (Liessmann 2006: 52 f.).

Bildung und Lehrerbildung
Wie sieht dann aber zwischen kulturindustrieller Anpassung und Widerspruch im Bildungsprozess eine *pädagogische* Antwort für die *Lehrerbildung* aus? Möglicherweise nur noch so, wie es ein geflügeltes Wort von Max Horkheimer nahe legt: *Wir müssen theoretische Pessimisten sein und praktische Optimisten, das Schlimmste befürchten und unser Bestes geben!* Auch Adorno spricht sich letztlich für das Festhalten an der Vernunft bzw. einer aktiven Vernunftkritik aus. Denn ‚das Schlimmste' wäre ein getrübtes Bewusstsein, das sich überhaupt nicht mehr über die Unvernunft bloßer Machtkonstellationen zu erheben getraute, die unwidersprochene Steigerung aller kalkulierbaren Herrschaftsmittel auf Kosten des Zwecks der vernünftigen Einrichtung der Menschheit. Nicht ein Zuviel an Rationalität sei das Problem der verwalteten Welt, sondern ein *Zuwenig an Rationalität*. Nicht die Vernunft als solche habe das Leiden und Unheil über die Welt gebracht, sondern die unablässige Rücksicht auf bestehende positive Verhältnisse und Gegebenheiten (vgl. Adorno 1977, GS 10.2: 610 f.).

Adorno und der Bildungstheoretiker Heydorn setzen ganz auf die *Erziehung der Erzieher*. Beide erhoffen sich von aufgeklärten Lehrern eine maßgebliche Beeinflussung des ‚kulturellen Klimas', Gegenentwürfe zur ‚sozialen Kälte'. Ihre Zielvorstellung bleibt der mündige Einzelne und das probate Mittel dazu eine demokratische Erziehungspraxis. Die Praxis selbst muss daher als der eminent theoretische Begriff wieder in den Blick genommen werden, der sie immer war. Exemplarisch in schulischen Bildungsprozessen, die selbst eine Quelle von Unmündigkeit sind, soll die Zerreißprobe bestanden werden; das bedeutet, die dialektische Spannung vor Ort auszuhalten, sie als Repräsentant gesellschaftlicher Praxis zu begreifen und sich für den Widerspruch stark zu machen.[15] Heydorn bleibt dabei, den Menschen für seine Universalität zu bilden – nicht trotz, sondern wegen der gegenwärtigen Bedingungen: „Das alte Postulat wird mitten in den gesell-

---

15 „Die Lernleistung, die von der Schule verlangt wird, muss auch dann erbracht werden, wenn ihre menschenfeindliche Absicht offenliegt, weil sich der erreichte Stand einer Zivilisation über sie objektiv niederschlägt. (...) Die geforderte Lernleistung enthält die formalen Elemente dieser Prozesse; wer sie nicht beherrscht, kann ihnen keinen neuen qualitativen Inhalt verleihen, er bleibt an der Grenze der Subkultur. Eben dieser Widerspruch muss ausgehalten werden; (...) Bildung löst den Befreiungsprozess über ihren Zusammenstoß mit der objektiven Zivilisation einer Zeit aus. (...) So wird sich auch der Lehrer zunächst seiner Entfremdung unterwerfen müssen, als technisierter Zubringer für eine menschenfeindliche Produktion." (Heydorn 1972: 142 f.)

schaftlichen Prozess gesetzt und ihm widerspruchhaft verbunden. Unter der Bedingung der kapitalistischen Kulturliquidierung wird Bildung zur Universalität die universelle Kultur zum Gegenstand des Bedürfnisses machen" (Heydorn 1972: 150). Einen ergänzenden Hinweis auf die subjektive Bedingung für diesen (Wieder)Belebungsversuchs einer „Bildung zur Universalität" finden wir in Adornos Essay *Philosophie und Lehrer*:

> „Denn Bildung ist eben das, wofür es keine richtigen Bräuche gibt; sie ist zu erwerben nur durch spontane Anstrengung und Interesse, nicht garantiert allein durch Kurse, und wären es auch solche vom Typus des Studium generale. Ja, in Wahrheit fällt sie nicht einmal Anstrengungen zu sondern der Aufgeschlossenheit, der Fähigkeit, überhaupt etwas Geistiges an sich herankommen zu lassen und es produktiv ins eigene Bewußtsein aufzunehmen, anstatt, wie ein unerträgliches Cliché lautet, damit bloß lernend, sich auseinanderzusetzen. Fürchtete ich nicht das Mißverständnis der Sentimentalität, so würde ich sagen, zur Bildung bedürfe es der Liebe; der Defekt ist wohl einer der Liebesfähigkeit." (Adorno 1977, GS 10.2: 485)[16]

3.2 Pflegeberufe im Bezugssystem von Tausch und Herrschaft

Aktuell reibt sich die Berufsgruppe in einem Spaltungsprozess auf: Während insbesondere die klinische Pflege nach hergebrachtem Muster weitgehend abhängig im Sinne eines medizinischen Hilfsberufs agiert und so auch honoriert wird, hat ein beruflicher Emanzipationsprozess den Anschluss an die internationale Pflegewissenschaft gefunden und als Antwort auf neue Aufgabenfelder ein gänzlich *neues Berufsbild professioneller patientenorientierter Pflege* hervorgebracht, das sich jedoch aufgrund traditioneller Strukturen in Pflegepraxis und Gesundheitswesen kaum durchsetzt. Dirk Axmacher (1991) beschrieb diese Situation beruflicher Identitätsentwicklung von ihrer subjektiven Seite und seine berühmt gewordene Formel von der „Heimatlosigkeit der Pflege" hat ihre Gültigkeit keineswegs eingebüßt: Statt mit obligatorischem Lehrbuchwissen sehen sich die heutigen Pflegeexperten mit einer Flut gleichermaßen unverbindlicher, alternativ zu handhabender Pflegetheorien und Pflegeforschungsergebnissen konfrontiert, die sich nicht unmittelbar in Praxis übersetzen lassen. Damit zerbrechen zwar nicht unbedingt „die beruflich-ausdifferenzierten Rezepte, Techniken und Handlungsstrategien in der Krankenpflege, wohl aber ihr identitätsstiftender, Verhaltenssicherheit garantierender Zusammenhang in der ‚sozialen Konstitution' des Berufs, das also, was einen ‚Beruf' gegenüber einem bloßen Bündel subjektiv angeeigneter und verfügbarer Qualifikationselemente auszeichnet" (Axmacher 1991: 12). Dennoch zielt der Erkenntnisprozess in

---

16 Zur pädagogischen Erläuterung der Quellentexte (*Dialektik der Aufklärung, Negative Dialektik, Theorie der Halbbildung*) empfiehlt sich Alfred Schäfer (2004).

der Kategorialanalyse nicht auf die Gewinnung positiven Pflegewissens. Auch über eine schlechthin ‚gute Pflege' als Bildungsziel wird keine Aussage gemacht. Intendiert ist vielmehr eine Reflexion ihrer Vergesellschaftung, um zu benennen, *worin die Pflege ihrem eigenen Begriff einer patientenorientierten, individuellen Pflege* widerspricht (*bestimmte Negation*).

Vor dem Hintergrund der Älteren Kritischen Theorie wird die gegenwärtige Gestalt der Pflege als eine spezifische Form *gesellschaftlicher Praxis* im Bezugssystem von Tausch und Herrschaft erörtert, in dem sich die Pflege als humanitäre Tätigkeit realisiert. Die immanente Kritik orientiert sich dabei (erkenntnistheoretisch) an einer *negativen Dialektik* (3.1), d.h. einer Dialektik der *Nichtidentität*.[17] In solchen Reflexionen wird von voreiligen Synthesen, von deduktiven Ableitungen und Subsumtionen gänzlich abgesehen. Hier stehen gedankliche Experimente im Vordergrund. Mit Hilfe des Strukturgitters wird der Versuch unternommen die gesellschaftspraktische Einbindung der Pflege und die gesellschaftliche Vermittlung ihrer Erkenntnisformen zu begreifen. Insbesondere im Prozess der Aufklärung über sich selbst, in ihrer Verwissenschaftlichung, ist die Pflege mit den Einsichten der *Dialektik der Aufklärung* konfrontiert. Im gegenwärtigen Trend zur Privatisierung des Gesundheitswesens, zur Verbetriebswirtschaftlichung und Computerisierung ihrer Organisationsformen läuft sie Gefahr, ihre fortschrittlich-schöpferische Potenz zu verlieren und eine kritische Form der Pflege*bildung* gegen deren soziale Funktionalisierung einzutauschen.[18]

Alfred Schäfer verweist mit Nachdruck auf diese überindividuelle Zwangslage in beruflichen Bildungsprozessen: Die Bildung des Subjekts vollzieht sich in einem historischen Prozess, in dem die Tauschwertorientierung zunehmend alle Lebensbereiche durchdringt. In der Ausbildung werden die Individuen zu autonomen, scheinbar selbstbestimmten Warenbesitzern und Bildungsinhalte zu tauschbaren systemkonformen Gütern verdinglicht, indes die *Erfahrung,* die nötig wäre, um diesen Zwangszusammenhang zu durchbrechen, durch eben diese Sozialisationsform systematisch verhindert wird. „Paradox formuliert: Die Bedingungen jener Erfahrung, in der sich das Subjekt nun autonomisiert, verhindern die Möglichkeit einer Erfahrung, in der das Subjekt eben diese Autonomisierung als Selbstverlust begreifen

---

17 Zur erkenntnistheoretischen Begründung vgl. Greb 2008a: 59-73; 2008b: 50-63. Im Versuch, die Unversöhntheit von Sache und Begriff *dialektisch* zu artikulieren (vgl. Fn 4) rückt der Begriff des *„Widerspruchs"* ins Zentrum: Zum einen als *Widerspruch gegen den Identitätszwang,* der durch die Formen unserer Logik auf das Denken ausgeübt wird und zum anderen als Widerspruch in den Sachen selbst, als *Widerspruch im Begriff.* Damit ist gemeint, dass der Begriff in Widerspruch zu der mit ihm gemeinten Sache gerät, insofern stets hinter der Sache, die er bezeichnet, zurückbleibt, aber als *Begriff* (Theorie) über sie hinausweist (vgl. Adorno 2003: 17-23).

18 Vgl. dazu auch Hülsken-Giesler 2008, insbesondere Teil II, *7. Maschinisierung der Pflege: Computerisierung und Professionalisierung:* 283 ff.

könnte" (Schäfer 1989: 57). Dieser problematische *Erfahrungsverlust* kann deshalb als Bedingung von Pflegebildung nicht außer Acht gelassen werden und wäre als Prüfstein der Bildungskritik heranzuziehen.[19]

Auf diesen Stufen der Reflexion (3.1 und 3.2) werden die *normativen Dimensionen* professioneller Pflege kritisch gewürdigt, deren Pflegeethos sich im Paradigma von der *patientenorientierten individualisierenden Pflege* ausspricht. Es soll sich bildungspraktisch in der Entwicklung einer *hermeneutischen Einzelfallkompetenz* realisieren.

3.3 Hermeneutische Fallkompetenz

In der Pflegepädagogik ist hier ein Bezug auf Habermas' Begriff der *Erkenntnisleitenden Interessen* üblich. Erkenntnisleitende Interessen bezeichnen universelle, anthropologische Motive der *Erkenntnisgewinnung*, die sich aus den soziokulturell gebundenen Lebensformen notwendig ergeben, weil alle Auseinandersetzung des Menschen mit der Natur, mit der Welt, grundsätzlich im Rahmen instrumenteller *und* kommunikativer Handlungsmodi stattfindet. Der Prozess der menschlichen Selbsterhaltung ist demnach *nicht nur durch Arbeit, sondern immer auch durch Sprache vermittelt*. Diese Dimension findet ihren Ausdruck in einem *praktischen* Erkenntnisinteresse. Es ist durch hermeneutische Rationalität (Interaktion) *und* kommunikatives Handeln gekennzeichnet (vgl. Habermas 1973: 76 und 243 f.).

Hermeneutische Fallkompetenz bedarf der Fähigkeit generalisiertes, also *zeitenthobenes* Wissen auf stetig wechselnde Situationen *in der Zeit* personenbezogen anzuwenden. Im Professionalisierungsprozess der Pflegeberufe avanciert sie zur Berufskompetenz, um den pflegerischen Situationen in ihrer jeweiligen Kontingenz und Individualität gerecht zu werden. Damit rückt die *strukturelle Ambivalenz* zwischen universellem Regelwissen und dem Verstehensprozess in der Sprache und Logik des Einzelfalls ins Zentrum von Bildungsprozessen.[20] Michael Haas (2005), der diese Anforderung für die Altenpflege untersucht, verweist speziell auf die Ausbildung von *hermeneutisch-analytischer* und *taktisch-rhetorischer* Kompetenz (Badura).

> *„Hermeneutisch-analytische Kompetenz* bezeichnet die Fähigkeit, Informationen des Interaktionspartners in einer Interaktionssituation ‚richtig' aufnehmen zu können, sie zu transformieren und darauf aufbauend eigene Informationen zu erzeugen. Nur mit Hilfe dieser Prozesse können Kommunikationspartner die Gegenstände ihrer Kommunikation kompetent bewältigen und sowohl sich selbst als auch ihre Beziehung zum jeweils anderen einschätzen. Grundvoraussetzung hierfür sind *linguistische*

---

19 Vgl. Greb 2003: 30-64; 75 ff.; 2005: 70 ff.
20 Vgl. Dewe/Ferchoff (1988): 135-157; Darmann-Fink/Böhnke/Straß (2008).

Kompetenzen, etwa die Verbalisierungsfähigkeiten, Schreib- und Lesefertigkeiten einer Person.
Unter ‚*Taktisch-rhetorischer Kompetenz*' versteht Badura die Befähigung, eigene Kommunikationsziele und Interessen in einer Interaktionssituation durchsetzen zu können. Voraussetzung dafür ist das ‚richtige' Situationsverständnis, das durch hermeneutische Arbeit gewonnen wird. Mit Hilfe ‚gesprächstaktisch-persuasiver Verbalstrategien', also besondere Kommunikationsverfahren und ‚Techniken', sollen die gewonnenen Informationen umgewandelt und für die Durchsetzung eigener Ziele nutzbar gemacht werden." (Haas 2005: 30 f.)

Diese personalen Voraussetzungen für die Gestaltung von Kommunikationsprozessen können sich gegenseitig kompensieren. Ein Mangel an hermeneutischer Kompetenz kann durch rhetorisches Geschick ausgeglichen werden und umgekehrt. Ursula Rabe-Kleberg (1996) bezeichnet die Besonderheiten dieser neuen professionellen Interaktionsform mit dem Handlungstyp *Helfen*: „Personale Dienstleistungsarbeit ist in mehrfacher Hinsicht von Ungewissheit gekennzeichnet. Als Arbeit von geringer Standardisierung und unstetiger Belastung, als eine Arbeit, für die ein Überschuss an Qualifikationen in Reserve gehalten werden muss, für die stetig neue Kompetenzen generiert werden müssen, ist sie angemessen nur unter den Bedingungen professioneller Arbeit zu leisten. (…) Nun findet professionelles Handeln aber nicht im gesellschaftsfreien Raum statt. Es ist in unterschiedliche Bezüge und Strukturen eingebunden: es ist als soziales dem Handlungstyp Helfen zugeordnet und als berufliches der Frage nach der Kontrolle des Handelns ausgesetzt." (Rabe-Kleberg 1996: 296 f.)

Mit der hermeneutischen Fallkompetenz ist in jedem Falle der Anspruch verbunden, die *Subjektbezogenheit* eines jeden Wahrnehmens und Wahrhabens *methodisch zu beachten,* weil die Realität des Wahrgenommenen ganz Unterschiedliches bedeuten kann – so wissen wir zum Beispiel um die Existenz gewisser *Nebenrealitäten*, wie die so genannten ‚Übergangsobjekte' im Kindesalter, das Weltverhältnis im Traum oder im Durchgangssyndrom nach einer OP. Es ist darum besonders mit Blick auf die Pflege von Kindern oder von Menschen mit psychischen Störungen zu beachten sowie in der kultursensiblen Pflege. Die im Strukturgitter angelegte *Mehrperspektivität* ist ein Versuch, diesen Anspruch durch die Interpretation der *Realität* aus belangvollen Perspektiven didaktisch einzulösen. Wenngleich die „Realitätsprüfung" so komplex ist, dass es für ihr Gelingen streng genommen gar keine Kriterien geben kann; dem Fremden sind wir durch den Schleier sinnlicher Wahrnehmung verborgen und uns selbst durch die Schranken zum Unbewussten.[21]

---

21 Die „*Realitätsprüfung*" (Freud) vereinigt zwei recht unterschiedliche Funktionen: „eine grundlegende, deren Aufgabe es ist, das nur Vorgestellte von dem Wahrge-

3.4 Berufliche Sozialisation und Mehrperspektivität

Im Rückbezug auf die pädagogischen Perspektiven 3.1 bis 3.3 steht nun die Frage im Raum, wie sich gesellschaftliche Strukturen in die Mikrostruktur des Pflegens hinein verlängern. Und umgekehrt, welchen Einfluss Pflegehandeln auf seine strukturellen Voraussetzungen hat. Wir nähern uns damit dem heißen Kern der Berufspädagogik: der *Vergesellschaftung der Jugend im Medium der Arbeit* bzw. des Berufs.

Verlaufen die Vermittlungslinien durch gesellschaftliche *Institutionen* (z. B. Kirche, Bildungs-, und Gesundheitssystem), in welchen sich historische Strukturen und Postulate in typischen *Interaktionsprozessen* manifestieren, so formen sie auf diesem Wege die Pflegepraxis und sozialisieren die beteiligten Einzelnen zu *Individuen*. Im Erleben der Pflegenden konkretisieren sich solche gesellschaftlichen Strukturen als Sachzwänge des Gesundheitswesens, als strukturelle Paradoxien, als berufliche Spannungsfelder oder ‚Pflegeprobleme' und gar nicht selten als persönliche Konflikte. Wir treffen damit erneut auf die Brisanz *gelingender Erfahrung*, die nun hier als Maßstab der Kritik vorauszusetzen wäre, doch angesichts objektiver Bedingungen nur partiell zu ermöglichen scheint (vgl. Greb 2004: 132 f.; 15 ff.).

Diese geringe Chance soll didaktisch ergriffen werden. Es ist der Versuch, sich die eigene soziale (berufliche) Vermitteltheit reflexiv zu vergegenwärtigen und die Grenzenlinien persönlicher Erfahrung zu ertasten. Im Strukturgitter spiele ich die soziologischen Perspektiven *Institution, Interaktion, Individuum* durch, die als *Kanäle* gesellschaftlicher Vermittlungsprozesse in der beruflichen Sozialisation erfahrungsbildend wirken, und benenne sie mit Bezug auf das pflegeberufliche Handeln *fachdidaktisch*: Die Perspektive des Individuums wird mit Blick auf das „Krankheitserleben" als *leibgebundene* Betroffenenperspektive (I) versinnlicht und unter *Genderaspekten* interpretiert. Die Perspektive der pflegeberuflichen Interaktion konkretisiere ich gemäß dem pflegerischen Handlungstypus „Helfen" (vgl. Rabe-Kleberg) als eine *humanitär-moralische* Perspektive, denn das Pflegeethos leitet die berufliche Interaktion und kann sich nur handelnd in ihr realisieren (II). Die institutionelle Interpretation der Pflege erfordert im Bedingungsgefüge des „Gesundheitswesens" den Nachvollzug einer *gesundheitspolitisch-ökonomischen* Perspektive (III).

---

nommenen zu unterscheiden und so die Differenzierung der Innenwelt von der Außenwelt herzustellen, die andere, die darin besteht, das objektiv Wahrgenommene mit dem Vorgestellten zu vergleichen und dessen eventuelle Entstellungen zu *berichtigen*" (Laplanche/Pontalis 1982: 434 f.). Das Widersinnige am Realitätsprinzip im Kapitalismus ist aber, dass die Realität, mit der sich der Einzelne zu arrangieren hat, eine ‚verrückte' ist und *Realitätstüchtigkeit* deshalb auch die Akzeptanz des nicht zu Akzeptierenden bedeutet (vgl. auch Greb 2004, insbesondere 139-146).

Die drei fachdidaktischen Perspektiven werden im Systemzusammenhang pflegerischen Handelns *immanent* bestimmt. Darüber hinaus können im curricularen Prozess themenspezifisch weitere Perspektiven einbezogen werden, z. B. die Perspektive von Angehörigen und der Berufsgruppen im multiprofessionellen Team. Im Ausprobieren möglichst vieler Sichtweisen und Aspekte wird die Widerständigkeit der Sache *erfahrbar*; das relativiert den Verfügungsanspruch und hemmt borniertes Selbstverständnis.

Wenn in dieser Intention von einer *Perspektivenübernahme* gesprochen wird, ist damit der Vollzug *zweier gegenläufiger Bewegungen* gemeint: Einerseits ein *Abstandnehmen von sich selbst* mit der Verlagerung des Bezugszentrums in das Begegnende hinein. So tritt an die Stelle einer ausschließlichen Subjektzentrierung eine Objektzentrierung: das ‚*Seinlassen des Seienden*'. Andererseits das ‚*Hereinspielen-Lassen fremder Perspektiven*' in die eigene Wahrnehmungs- und Erfahrungsorganisation. Die Einübung solcher *Perspektivenbeweglichkeit* und einer gewissen *Selbstaufgabe* als Bedingung der Selbsterfahrung betrachten wir als didaktische Voraussetzung für das Denken in Konstellationen.[22]

I. Individuum: leibgebundene Perspektive

Der Ausdruck *Leib* meint den gespürten Körper mit seiner seelischen Qualität, wie er uns ausschließlich in der persönlichen Betroffenheit leiblicher *Selbsterfahrung* ohne Vermittlung durch Andere oder diagnostische Apparate gegeben ist. Der historisch jüngere Begriff Körper, der sich erst im 18. Jahrhundert etablierte, bezeichnet denselben Körper in der *Fremdwahrnehmung*, wie er z. B. den Pflegenden erscheint, medizinisch erforscht und von außen manipuliert wird. Im Begriff ‚Somatik' sind Leib und Körper gewissermaßen *aufgehoben*. Die Doppelheit dieses Begriffs entspricht der *Doppelheit des Leibes* selbst, wie Bernhard Waldenfels mit Bezug auf Husserl herausstellt. Es werden nämlich nicht zwei Substanzen unterschieden, sondern *zweierlei Sichtweisen*: „Der Leib taucht somit zweimal auf, einmal als *fungierender* Leib. Er fungiert als Medium, z. B. in der Bewegung als Sichbewegender, er fungiert als Wahrnehmungsorgan, als das Hier, von dem aus ich wahrnehme – all diese Momente betreffen den fungierenden Leib, sofern er innerhalb der Erfahrung der Dinge, der Welt, der Anderen und meiner selbst auftritt. ‚Fungieren' bedeutet: er leistet etwas, spielt eine Rolle, ist Bedingung für etwas. Der Leib ist das *Medium*, in dem eine Welt als solche auftritt. In der naturalistischen Einstellung hingegen wird der Leib als *Körperding* genommen, als etwas, das in der Welt vorkommt wie ein Ding." In dieser Sichtweise betrachten wir uns selbst und die Anderen „als

---

22 Vgl. Greb 2004: 12 f.; Greb 2008 b: 90-93. In der *Negativen Dialektik* spricht Adorno von einer *kontemplativ-passiven* Haltung des Subjekts im ‚verweilenden Blick des Gedankens', eine wache Aufmerksamkeit im ausreichend langen und geduldig *Auf-sich-einwirken-Lassen* der Sache.

ein Etwas, das bestimmte Prozesse durchläuft oder bestimmte Zustände aufweist. Ich oder die Anderen werden hier in Form einer distanzierten Beobachtung erfasst. Diese Beobachtung ist nicht mit einem Lebensprozess, sondern mit einer Naturtechnik verbunden. – In der personalistischen Einstellung geht es um *jemanden,* in der naturalistischen Einstellung geht es um *etwas*" (Waldenfels 2000: 248 f.).[23]

Im Begriff der Doppelheit des Leibes lassen sich nun die Thesen zur *Dialektik der Aufklärung* konkreter verstehen. Hier spielt die Verschmelzung der technischen Rationalität („naturalistische Einstellung") mit der Rationalität der Herrschaft die entscheidende Rolle. Adorno und Horkheimer kritisieren die Dominanz der technischen Rationalität, in welcher der Leib als bloßes Körperding erscheint. Die technische Rationalität kläre uns zwar über den Körper auf, aber nur um den Preis, dass sie sich *qua Aufklärung* zugleich als Herrschaftsvernunft etabliere. Der Begriff *Entzauberung* versinnbildlicht die Folgen dieses Bildungsprozesses: Die aufgeklärten Menschen entwickeln einen reduzierten Blick auf die äußere wie auf ihre innere Natur; eine Denkweise, die auf Beherrschbarkeit und Ausbeutbarkeit zielt, treibt die zivilisatorische Entzauberung des (beseelten) Leibes voran. Die Autoren sprechen vom *Verstummen* der Natur, als Austreibung des ihr immanenten Wertes und Sinns. Vor diesem Hintergrund fragt Gernot Böhme (2003) in seiner Leibphilosophie, ob die Natur überhaupt noch als eine Grundbestimmung der *conditio humana* angesehen wird und ob wir nicht den „Leib qua Natur" verteidigen müssen, „um die Menschenwürde zu wahren". Diese Frage nach dem Leib als Ort, an dem die Würde des Menschen verletzt, unterminiert und ausgezehrt wird, ist für die Pflege von eminenter Bedeutung und sie stellt sich verschärft seit Beginn der Transplantationsmedizin. Unter der Perspektive schrankenloser Manipulation der menschlichen Natur, so Böhme, habe der Mensch seine Transformation in ein Artefakt auf breitester Front in Angriff genommen (vgl. Böhme 2003: 75 f., 152; Greb 2007).

Für die *leibgebundene Perspektive* im Strukturgitter sind diese Überlegungen konstitutiv. Die leibliche Selbsterfahrung pflegebedürftiger Menschen bestimmt das *Krankheitserleben*, die Erfahrung pflegerischen *Helfens* und die individuelle Relevanz der Angebote des *Gesundheitswesens*. In pflegepädagogischer Betrachtung eröffnen sich an den Schnittstellen zu den drei Sachebenen (vgl. Abb. 1) charakteristische Pflegeprobleme, Beziehungsdynamiken, soziale und logische Widersprüche:

Krankheitserleben. Kategorie 1.1 Leiderfahrung und Leibentfremdung: Dieser Reflexionskategorie liegt die Prämisse zugrunde, dass persönliches Krankheitserleben durch kulturelle und individuelle Entfremdungsprozesse determiniert ist, die das *Leib-Sein* vermitteln oder Zugänge zum Leib ver-

---

23 Vgl. Greb 2003: 62 f., 196-200; Greb 2007: 153 f.

sperren. Die Leiderfahrung kann sich deshalb nur im Prozess der Leibentfremdung äußern. Umgekehrt kann die Leibentfremdung in der Leiderfahrung gebrochen und spürbar werden. Zum didaktischen Gegenstand wird dieses Verhältnis als Schlüsselproblem pflegerischer Bildung, weil sich die individuelle Leiderfahrung nicht ausdrücken lässt, ohne im Medium Sprache erneut einem entfremdenden Abstraktionsprozess zu unterliegen. Nicht selten verwenden pflegebedürftige Menschen *medizinische* Fachbegriffe, um ihr Leid zu beschreiben. Exemplarisch lassen sich in diesem Zusammenhang die Bildungsgehalte *Selbstverborgenheit* und *Introspektionsfähigkeit* erarbeiten (vgl. Greb 2003: 148–175; Greb/Hoops 2008: 146–174).

Helfen. Kategorie 2.1 Beziehung und Methode: Gegenstand des forschenden Lernens wird das pflegerische Hilfsangebot in Prävention, Curation und Rehabilitation aus der leibgebundenen Perspektive pflegebedürftiger Menschen; d.h. die Erwartung an eine persönliche von Empathie getragene Beziehung, die in aller Regel mit einer professionell-methodischen Intervention beantwortet wird. *Empathie und Intervention* setzen sich dabei wechselseitig voraus, insofern pflegerisches Einfühlungsvermögen für einen Fremden sich während der pflegerischen Intervention entwickelt, deren Voraussetzung es bereits sein soll. Mitunter blockiert das professionelle Arrangement dieser Beziehung eine mitschwingende Einfühlung und behindert genau das, was es eigentlich arrangieren möchte. Exemplarisch kann in diesem Zusammenhang das Problem der *Asymmetrie* in pflegeberuflichen Beziehungen und das *Spannungsverhältnis zwischen Fachkompetenz und Laienkompetenz* in den Lernfeldern erarbeitet werden.

Gesundheitswesen. Kategorie 3.1 Individuum und Organisation: Die Beziehung pflegebedürftiger Menschen und deren Angehörige zum Gesundheitswesen ist zwiespältig. Einerseits stehen sie ihm als *Bedürftige* gegenüber, die eine individuell auf ihr Gesundheitsproblem abgestimmte und qualitativ hochwertige Leistung erwarten, andererseits als *Bürger*, die das Gesundheitssystem politisch mit verantworten und dessen Leistungen mit finanzieren. Auf Unverständnis stößt häufig, dass die Angebote des Gesundheitswesens gerade *nicht* individuell zugeschnitten sind, um einer möglichst großen Zahl individueller Bedarfe gerecht werden zu können, und dass sie in der Regel in keinem nachvollziehbaren Verhältnis zur finanziellen Selbstbeteiligung stehen. Doch nur unter dieser Voraussetzung kann derselbe Verwaltungsapparat, der den Betroffenen als *verallgemeinerten Einzelnen* behandelt, zugleich der Garant *individuell angepasster Leistungsprofile* sein. Den Pflegenden kommt hier die Funktion eines Guides zu, denn häufig stehen die Betroffenen mit ihrem individuellen Bedarf einem undurchsichtigen Verwaltungsapparat gegenüber, dem sie die notwendigen Zuwendungen auf bürokratischen Pfaden abringen müssen. Exemplarisch sollte im Pflegeunterricht das Problem der *Intransparenz* der Angebotsstruktur und das *Spannungsverhältnis zwischen Bedürfnis und Verwaltung* am jeweiligen Lernfeldthema erarbeitet werden.

II. Interaktion: humanitär-moralische Perspektive

Die zweite Perspektive ist die *kollektive* Sichtweise der Berufs*gruppe*, wenngleich es sich alltagspraktisch meist um die Beziehung zweier Individuen handelt (*face-to-face, body-to-body*). Pflegende agieren hier in ihrer (Berufs-)*Rolle*. Mit dieser Sichtweise wird das Pflegeverständnis und die Berufsethik in die fachdidaktische Reflexion aufgenommen. Im Kontext der älteren Kritischen Theorie beziehen wir uns in der *humanitär-moralischen* Perspektive auf den „Kategorischen Imperativ", den Adorno aller Erziehung voranstellt: *Dass Auschwitz nicht sich wiederhole.*[24] Dieser Bezugspunkt erscheint den Studierenden heute als wenig zeitgemäß und spricht sie kaum an: „Für die Pflegepädagogik zu weit hergeholt". Doch aus diesem (konkreten) historisch-sozialen Bezug entsteht die moralische Qualität eines nicht hintergehbaren pädagogischen Maßstabs. Was der kritische Bildungsbegriff hier bewahrt, ist die Verschränkung von *Vernunftmoral und Leiblichkeit*. Denn anders als der rein vernünftige Imperativ Immanuel Kants, wird uns dieser Kategorische Imperativ durch ein *reales Gewaltverhältnis* physisch aufgezwungen. Ohne *mimetische Identifikation* mit dem Leiden der Opfer bleibt die reine Vernunftmoral nur eine Idee, eine leere Forderung. Die vernünftige Einsicht in das Barbarische bedarf des leiblichen Mitgefühls – der physische Abscheu im Wissen um den Schmerz des Anderen gibt den entscheidenden Handlungsimpuls. So erwächst aus der Barbarei die Bestimmung moralischen Handelns, wie umgekehrt jede humanisierende Tendenz auch Unmenschlichkeit konkretisiert. Wir erkennen das eine Extrem im Wissen und in der Erfahrung des anderen. Mithin betont Adorno die Notwendigkeit des leiblichen Elements als Ergänzung der Vernunftmoral.

Den Zugang zu dieser These erleichtert die neurobiologische Forschung zum Phänomen der *Spiegelneuronen*. Ihre Ergebnisse belegen eine *physische* Quelle des Mitgefühls. Durch die Spiegelneuronen reagieren wir auf fremden Schmerz als sei es der eigene. Das allein wäre aber noch kein Grund zur Hoffnung auf moralisches Handeln. Als rein physische Einrichtung sind die Spiegelneuronen ‚moralisch blind', sie können ebenso die Lust am Schmerz des anderen auslösen. Zum moralischen Handlungsimpuls tragen sie erst dann bei, wenn eine vernünftige Einsicht und eine gesunde psychische Konstitution zugrunde liegen. Es ist also entscheidend,

---

24 „Hitler hat den Menschen im Stande ihrer Unfreiheit einen neuen kategorischen Imperativ aufgezwungen: ihr Denken und Handeln so einzurichten, dass Auschwitz nicht sich wiederhole, nichts Ähnliches geschehe. Dieser Imperativ ist so widerspenstig gegen seine Begründung wie einst die Gegebenheit des Kantischen. Ihn diskursiv zu behandeln, wäre Frevel: an ihm lässt leibhaft das Moment des Hinzutretenden am Sittlichen sich fühlen. Leibhaft, weil es der praktisch gewordene Abscheu vor dem unerträglichen physischen Schmerz ist, dem die Individuen ausgesetzt sind, auch nachdem Individualität, als geistige Reflexionsform, zu verschwinden sich anschickt." (Adorno 1970, GS Bd. 6: 358)

dass sich im Prozess der Zivilisation und beruflichen Sozialisation (idealistische) moralische Imperative auch leiblich (materialistisch) verankern.

Krankheitserleben. Kategorie 1.II Mimesis und Projektion: Wie empfinden Pflegende fremdes Leid und wie gestaltet sich im Wechselspiel von (*leiblicher*) Selbst- und Fremdwahrnehmung die Kontaktaufnahme? Erkenntnistheoretisch interessiert uns an diesem Verhältnis von Nähe und Distanz, besonders das *Verhältnis von mangelnder Distanz und Entfremdung,* auf das Adorno verweist: „Die Entfremdung erweist sich an den Menschen gerade daran, dass die Distanzen fortfallen. Denn nur solange sie sich nicht mit Geben und Nehmen, Diskussion und Vollzug, Verfügung und Funktion immerzu auf den Leib rücken, bleibt Raum genug zwischen ihnen für das feine Gefädel, das sie miteinander verbindet und in dessen Auswendigkeit das Inwendige erst sich kristallisiert." (Adorno 1951, GS Bd. 4: 45) Bei allem Bemühen, dem Anderen im Verstehensprozess möglichst nahe zu kommen, ist demnach die Wahrung eines *Zwischen*-Raumes entscheidend. Ein unbehelligter Ort der Selbstvergewisserung, an dem es Pflegebedürftigen erlaubt ist, sich in der Pflegebeziehung zu positionieren.

Bedeutsam wird also in diesem *Anerkennungsverhältnis* die Dynamik von Übertragung und Gegenübertragung; in der Sensibilität für die *Übertragung* von Gefühlen, Schmerzen und Ängsten liegt ein professionelles Potential. Hier thematisieren wir in kulturanthropologisch-psychodynamischer Sicht den Einfluss der Mimesis als *Bedingung der Möglichkeit* für den Zugang zum Anderen.[25] Wir gehen von der Prämisse aus, dass menschliche Konstanten und Charakterzüge, die wir in der *Anähnelung* auf vorbewusstem Niveau erfassen, Verstehenszugänge grundsätzlich eröffnen. Mimetische Prozesse aktivieren aber auch psychosomatische Schutzwälle. Insbesondere birgt die *leibliche Nähe* zu schwerer Krankheit, Behinderung oder körperlichem Verfall die Gefahr der Projektion eigener (Todes-)Ängste. Insofern ist die Art und Weise, in der sich Pflegende durch fremdes Leid berühren lassen, maßgeblich von ihrer Selbstwahrnehmung qua Leibentfremdung abhängig. Als epochaltypische Schlüsselprobleme wären die Auswirkungen der *Medikalisierung der Alltagskultur* in pflegeberuflichen Beziehungen und das *Übertragungsverhältnis* zwischen Selbst- und Fremdwahrnehmung[26] am jeweiligen Lernfeldthema zu erschließen.

Helfen. Kategorie 2.II Selbstbestimmung und Fremdbestimmung: Mit dieser Kategorie reflektieren wir didaktisch auf den Prozess der beruflichen Selbstfindung im Netzwerk der Gesundheitsberufe und in Zusammenarbeit mit den

---

25 Zur Bedeutung der *Mimesis* im Verstehensprozess vgl. Hülsken-Giesler 2008, insbesondere Teil I: 39-158; Kapsch 2007; Greb 2003: 55-65, 156, 188, 121-128, insbes. 196-199.

26 Der mimetische Prozess stellt sich auf der Handlungsebene als dialektische Bewegung von *Selbst- und Fremdwahrnehmung* dar. Insofern sollte die Dialektik von Leiderfahrung und Leibentfremdung unter anderen Vorzeichen hier erneut thematisiert werden.

Angehörigen pflegebedürftiger Menschen (*Laienpflege*), von deren Fremdbestimmung die pflegeberufliche Selbstbestimmung wesentlich beeinflusst ist. „Berufe haben keinen technisch-naturgesetzlichen Charakter, sie sind Resultat von Festlegungen und als solche sind sie Gegenstand von Auseinandersetzungen zwischen verschiedenen Interessengruppen mit unterschiedlichen Machtchancen. Berufe sind nicht nur Grundlage sozialer Ungleichheit, sie sind auch Mittel der Reproduktion sozialer Ungleichheit. Wobei die Grenzlinien zwischen verschiedenen Berufen als Trennlinien der Konkurrenz wirken" (Karrer 1995: 45). Im Aushandlungsprozess um die beruflichen ‚Trennlinien' entsteht ein Spannungsfeld von *Teamarbeit und Konkurrenz*, in dem alle zueinander in der Dauersituation der Identitätsbedrohung stehen; d.h. im Anerkennungsverhältnis des multiprofessionellen Teams gewinnt die Pflege ihre *Selbstbestimmung durch die Fremdbestimmung hindurch*.

Im Pflegeunterricht kann das Thema *beruflicher Handlungskompetenz im multiprofessionellen Team* (an dem auch die Angehörigen teilhaben), sowie das *Spannungsverhältnis von Rolle und Person* am jeweiligen Lernfeldthema erarbeitet werden. Diese Bearbeitung der 2. Sachebene des Strukturgitters unter dem Gesichtspunkt der Interaktion deckt sich weitgehend mit dem Themenfeld Nummer 12 der neuen KrPlAPrV (2003): „In Gruppen und Teams zusammenarbeiten". Auf Kompetenz beruhendes Konkurrieren ist inhaltlich durchaus bereichernd und trägt im multiprofessionellen Team zur beruflichen Anerkennung bei. Aber der wirtschaftliche Überlebenskampf zwingt auch zur Ausbreitung pflegerischer Zuständigkeiten ins Terrain der anderen Berufsgruppen und der Laienpflege. Sobald im Team der Wettbewerb dominiert, um die Konkurrenz am Markt zu verdrängen, wird die Ausbildung einer interprofessionellen Kompetenz und das gemeinsame Bemühen um den pflegebedürftigen Menschen wohl eher Schaden nehmen.

Gesundheitswesen. Kategorie 3.II Humanisierung und Sozialtechnologie: In der Reflexion des Gesundheitswesens unter humanitär-moralischen Gesichtspunkten wird die Durchsetzungsfähigkeit des Pflegeethos auf institutioneller Ebene diskutiert. Wie agieren Pflegende in den Einrichtungen des Gesundheitswesens? Wie verhält sich das Pflegemanagement zur Marktförmigkeit der Unternehmen und zur ‚Verrechnung' zwischenmenschlicher Beziehungen? Wann schlägt auch pflegerisches Qualitätsmanagement in Effektivitätsterror um? Die berufspolitischen Ziele der Mitgestaltung des pflegerischen Arbeitsplatzes und der direkten Einflussnahme auf institutionelle *Bedingungen der Pflege* scheint jedenfalls nur mit den Mitteln eines professionellen Pflegemanagements möglich, das selbst wiederum ein sozialtechnologisches Instrument ist. So wächst die Gefahr, dass sich die Pflege im Zuge ihrer Akademisierung immer tiefer in Sozialtechnologie verstrickt.[27]

---

27 Orientiert an einer naturwissenschaftlich-technologischen Rationalität löst *Sozialtechnologie* soziale Probleme *funktionalistisch*, erläutern Arnold Schmieder und Ha-

Am jeweiligen Lernfeld lässt sich das Thema *Pflegemanagement* mit dem Schlüsselproblem von *Politisierung und Verwissenschaftlichung* erarbeiten. Der gesellschaftliche Widerspruch wird evident, wo Konzepte des Pflegemanagements letztlich nur dann funktionieren, wenn sie selbst zum festen Bestandteil jener ökonomisch dominierten Strukturen des Gesundheitswesens geworden sind, die sie menschenwürdig umgestalten wollen. In der fachdidaktischen Reflexion der Versorgungsstruktur des Gesundheitswesens wird insbesondere das spezifische Care- und Case-Management zum Thema.[28] Im Streitgespräch lassen sich die beiden Pole einer Dialektik von *Humanisierung und Sozialtechnologie* methodisch darstellen: *theoretischer Skeptizismus* und resignative Vertagung jeglicher Praxis versus *kritiklose Anerkennung des Bestehenden* und argloser Fortschrittsglaube. Beide Standpunkte sollten am jeweiligen Lernfeldthema nachvollzogen werden (Greb 2003: 112–117).

III. Institution: gesundheitspolitisch-ökonomische Perspektive

Gesellschaftliche Institutionen, wie das Gesundheitssystem, sind Transformatoren zwischen Gesellschaft und Individuum. Sie werden in der Kritischen Theorie als tendenziell *verdinglichende, reflexionshemmende* Instanzen gedeutet. Das Gesundheitswesen regelt die rechtlichen Rahmenbedingungen, verantwortet ökonomische Sachzwänge und politische Mainstreams, durch die gesundheitspolitische und -ökonomische Kalküle den Entscheidungsrahmen beruflicher Handlungssituationen abstecken und in pflegerisches Handeln hineinwirken. Studierende und Auszubildende nehmen deshalb, je nach Thema und Exempel eines Lernfeldes, spezifische Perspektiven von Gesundheitspolitikern, Juristen, Krankenkassenverbänden, Einrichtungsträgern oder Krankenhausleitungen ein. Sie repräsentieren das gesellschaftliche Interesse an der *Gesundheit der Bürger* und an den Gesundheitsberufen, die sie bewahren oder wiederherstellen. Unter diesem Gesichtspunkt interessieren die *messbaren* Größen, die es erlauben, individuelle Gesundheits-, Krankheits-, Behinderungs- und Alterungs-Zustände in ihrem Interventions- und Behandlungsaufwand zu erfassen und die Versorgung der Bevölkerung planbar zu machen. Allgemein verbindliche Bestimmungen regeln, was wünschenswert und angemessen ist, welche Bedarfe institutionell abgefangen werden müssen, letztlich wer *krank ist* und Anspruch hat auf finanzielle Unterstützung und wer so *gesund ist*, dass er für sich selber sorgen kann.

---

rald Kerber: Ihre Konzepte stammen aus praxisorientierter soziologischer (Auftrags-) Forschung. „Als wissenschaftlich angeleitete Methode zur Herstellung sozialer Beziehungen und individueller Orientierungen für vorgegebene Zwecke ist sie ‚Taylorisierung unseres Alltags' (Hartmann) in allen Lebensbereichen und ‚Bürokratisierung der Psyche' (Bruder)." (Kerber/Schmieder 1991: 550).

28 Hülsken-Giesler (2008) untersucht erstmals pflegewissenschaftlich die Rolle der Mimesis in der manageriellen und maschinenlogischen Vermittlung der Pflegepraxis. Zum Thema Reha-, Case-, Disease-Management, vgl. Buchmann (2004).

Dergestalt leistet der *bürokratische Blick* auf das ‚Krankheitserleben' leiblicher Entfremdung Vorschub und setzt die *Medikalisierung der Lebenswelt* administrativ ins Werk: Individuelles ‚Krankheits*erleben*' wird unter normative Fragen von ‚Gesundheit' und ‚Krankheit' subsumiert. Dreh- und Angelpunkt wird deshalb der *Gesundheits*begriff. Bestimmt er Gesundheit als vollkommenes „physisches, psychisches und soziales Wohlbefinden" (WHO), dann bestimmt er zugleich jede Abweichung von dieser Norm als *suboptimales* Leben (Böhme 2003: 242 f.). Wird ‚Gesundheit' zum Maßstab dafür, wie sich Leben *eigentlich* vollziehen sollte, gilt ‚Krankheit' als eine Störung des normalen Lebens, die durch medizinische Maßnahmen therapiert und optimiert, besser noch: durch Früherkennung gar nicht erst auftreten sollte[29]. In solcher Hoffnung auf wirksame präventive Verfahren treffen sich die aktuellen gesundheitspolitischen Bestrebungen mit der pflegerischen Gesundheitsförderung.

Krankheitserleben. Kategorie 1.III Individualität und Standardisierung: Aus gesundheitspolitisch-ökonomischer Sicht interessiert das persönliche Krankheits*erleben* nicht. Entscheidend ist vielmehr das Quantifizierbare, das Gesundheits- und Alterungszustände kontrollierbar, behandelbare Krankheiten und Behinderungen berechenbar und die Versorgung der Gesamtbevölkerung planbar macht. Auf subjektive Leiderfahrung und Bedürfnisse antworten Definitionen, Richtlinien und Gesetze. Mit den hier geforderten Formen der Standardisierung gerät die individuelle Krankheitserfahrung notwendig in Konflikt, wenngleich ihr ohne pflegerisch-medizinische und Verwaltungs*standards* kein individuelles Angebot zuteil werden könnte. Gerade *entindividualisierte* Standards erlauben auch die bestmögliche Versorgung und individuelle Abstimmung der Hilfsangebote, das lässt sich sehr gut an den Pflegestandards zeigen. Ein Schlüsselproblem ist die *Kundensouveränität,* besonders in der *ambulanten* Pflege, die am jeweiligen Lernfeldthema zu erforschen wäre, sowie das *Spannungsverhältnis von Diagnose und Angebot* (vgl. Greb 2003: 201–218).

Helfen. Kategorie 2.III Tradition und Emanzipation: Aus institutioneller Perspektive interessiert das pflegerische Hilfsangebot primär im Lichte der Standes- oder Berufspolitik: Verberuflichung, Professionalisierung und Akademisierung der Pflege. Damit rücken die Berufsgeschichte, traditionelle Pflegemethoden und politische Organisationsformen ins Zentrum der fachdidaktischen Reflexion. Unter diesen Gesichtspunkten zeigt sich, wie sehr die emanzipatorischen Bestrebungen der Berufsangehörigen mit hartnäckigen Traditionen unvermeidbar in Konflikt geraten. Innovationen wären keine ohne ihr Spannungsverhältnis zur vorgängigen Tradition. Bleiben pflegerische Traditionen aus Angst vor der Affizierung des Neuen unerforscht, abgeschnitten wie ‚alte Zöpfe', entfalten auch die Innovationen keinen *emanzipatorischen* Charakter. Umgekehrt bilden sich professionelle Tradi-

---

29 Didaktisch interessant ist der Roman *Corpus Delicti* von Juli Zeh (2009), Schöffling.

tionen nur auf der Basis vorgängiger Innovationen heraus. In der Alltagspraxis wird dieser objektive Widerspruch vor allem von den jüngeren Pflegenden wahrgenommen, die sich in ihrer beruflichen Kreativität durch traditionelle Strukturen blockiert fühlen (Greb 2003: 219-273). Exemplarisch steht die *Verberuflichung* mit der Dialektik von *Professionalisierung und Vergleichgültigung* im Zentrum des Unterrichts, sowie das Spannungsverhältnis von *Effizienz und Nachhaltigkeit*.

Gesundheitswesen. Kategorie 3.III Marktliberalität und soziale Gerechtigkeit: Als neunte Kategorie ist der systemimmanente Widerspruch des Gesundheitswesens in die curriculare Reflexion einzubeziehen. Gemäß seiner Zielsetzung und Funktion soll das Gesundheitswesen die soziale Gerechtigkeit in der Gesundheitsversorgung sicherstellen. Ein Gesundheitswesen im Kontext dezentraler liberalisierter Märkte muss aber zumindest rentabel wirtschaften, um als gesellschaftliche Institution tragbar zu sein. Dieser Konflikt zwischen sozialer Verantwortung und wirtschaftlicher Machbarkeit in einer industrialisierten Massengesellschaft lässt sich nicht grundsätzlich lösen. Zwar stehen den Versicherten medizinische und pflegerische Leistungen auf Kosten der Solidargemeinschaft zu, sofern sie der Gesundheitsförderung, Verhütung, Früherkennung und Behandlung dienen; auch die Absicherung sozialer Risiken durch die Gemeinschaft scheint nach wie vor ein klares Prinzip der Sozialpolitik zu sein. Unklar ist aber der Maßstab, nach dem diese Leistungen als ausreichend, zweckmäßig und wirtschaftlich jedem einzelnen Patienten zuzumessen sind: In der Grauzone zwischen ‚Grundversorgung' und ‚Überversorgung' kollidieren regelmäßig ethische mit wirtschaftlichen Maßstäben; auch verschiedene kulturelle Standards spielen hier eine Rolle. In diesen Ungewissheiten verbirgt sich neben den Möglichkeiten einer fürsorglichen Sozialpolitik auch die Möglichkeit der Willkür des Wettbewerbs und der sozialen Ungerechtigkeit (vgl. Greb 2003: 274–313). Im Pflegeunterricht kann das Problem der *Vernetzung der Dienste* und das Dilemma *von Mündigkeit und Intransparenz* am jeweiligen Lernfeldthema wiederholt bearbeitet werden.

3.5 Zusammenschau der Einzelmomente

Damit sind die Bestimmungsstücke des Strukturgitters angezeigt und die pflegedidaktischen Reflexionskategorien charakterisiert. Alle didaktischen Überlegungen ergeben sich aus der *Eigendynamik der Pflege*. Im gedanklichen Nachvollzug dieser Strukturen nehmen die Lehrenden und Studierenden grundsätzlich eine ideologiekritische Perspektive ein, um die gesellschaftliche Vermittlung der Pflegepraxis zu durchdenken. Dabei können die paarig angelegten Reflexionskategorien in mikrologischen Studien zu Pflegeproblemen die *Verrätselung* der Sache befördern. Mithin ist diese Fassung des Strukturgitters ein didaktischer Versuch, den Unterrichtsgegenstand ‚Pflege' als *Konstellation* zu arrangieren, die uns Rätsel aufgibt. Eine vorrangige Bedeutung gewinnt in solchen Bildungsprozessen die Kritik *identifizierender*

Erkenntnis in Sprache und Erfahrung. Es ist der Versuch, die Lebendigkeit der objektiven Widersprüche in der historisch-gesellschaftlichen Dynamik der Pflege sprachlich, also in Begriffen, zu erhalten und in Form eines dialektischen Kriteriensatzes *als Figur* darzustellen. Die unterschiedlichen Theorieebenen (3.1–3.4) spiegeln unterschiedliche Ebenen der Pflegewirklichkeit, die sich wechselseitig beeinflussen. Erst in ihrer Zusammenschau lässt sich der *gesellschaftliche Verblendungszusammenhang* mutmaßen und möglicherweise durch konkrete Einzelstudien in die *Aporie* treiben.

In dieser mehrschichtigen Betrachtung wird die gesellschaftliche Praxis der Pflege mit ihrem humanen Leitbild im Bezugssystem von Tausch und Herrschaft reflektiert. Dadurch lassen sich in der kasuistischen Lernforschung unter dem Anspruch einer hermeneutischen Fallkompetenz auch jene objektiven *systemimmanenten Widersprüche auffinden und konkret bearbeiten,* die sonst Gefahr laufen, als persönliches Unvermögen einseitig fehl interpretiert zu werden. So lässt sich zum Beispiel ein Großteil des Burnout-Phänomens in der Pflege als ein Versuch des Einzelnen erklären, objektive Widersprüche des Handlungsfeldes in der eigenen Person aufzulösen. *Didaktisch ausgedrückt*: Nur auf diesem Wege, durch die Vermittlungsebenen hindurch, lässt sich das Allgemeine *im* Besonderen aufweisen oder *am* Besonderen rekonstruieren. Die vielschichtige Betrachtung ist ein fachdidaktischer Weg, kritische Bildungsprozesse in Gang zu setzen und ihre Relevanz für professionelles Pflegehandeln auszuweisen.

Mit der Matrix erhalten wir eine *grundsätzlich unabgeschlossene* offene Systematik, die Ziele und Inhalte der Lernfeldvorgaben *pflegedidaktisch* beurteilen und reformulieren hilft, ein Instrument, mit dem die *Verknüpfung* der Lern- und Reflexionsebenen eines Lernfeldes[30] nicht nur handlungsorientiert, sondern auch an Bildungsprozessen orientiert gelingen kann. So dass sich Lehr-Lernarrangements mit Hilfe allgemeindidaktischer Modelle, problemorientierter, erfahrungsbezogener und handlungsorientierter Didaktikkonzepte pflegespezifisch gestalten lassen.

4. Erweitertes Strukturgitter: Gesundheitsfachberufe

An der Universität Hamburg erproben wir derzeit einen Kriteriensatz, der über die Pflegeberufe hinausgehend allgemeinbildende Elemente der beruflichen Fachrichtung Gesundheit bezeichnet. In der Anlage weitgehend iden-

---

[30] Ingrid Lisop und Richard Huisinga (2000: 38 ff.) fassen auf der Basis einer Analyse der KMK-Handreichungen sieben didaktische Dimensionen zusammen, die *in ihrer vollständigen Verknüpfung* ein Lernfeld gestalten: 1. reale gesellschaftliche Prozesse und Probleme, 2. fachwissenschaftliche Relevanzebene, 3. Ebene betrieblicher Gesamtprozesse, 4. Ebene beruflich relevanter Arbeitsoperationen, 5. Ebene der Methoden und Handlungsorientierung, 6. Erfahrungen und Situationen der Lernenden, 7. Ebene der Reflexivität.

tisch mit der Basisversion für die Pflege, enthält dieser Kriteriensatz eine Konkretisierung durch epochaltypische gesundheitsberufliche Schlüsselprobleme und Vorschläge exemplarischer Themen (typische berufliche Dilemmata) in jedem der neun Felder. Die entscheidende Differenz liegt in der Auslegung der ersten und zweiten Sachebene (vgl. Abb. 1 und Abb. 3). Je nach Berufsgruppe steht das persönliche Krankheitserleben mehr oder weniger im Zentrum der Arbeitsprozesse. Häufig geht es in der beruflichen Praxis und im Unterricht eher um medizinische Befunde (z.B. Röntgen-MTA, Zahntechnik, ZfA), um partielle Gesundheitsprobleme oder um Maßnahmen der Gesundheitsförderung (z.B. Häusliche Pflege, Physiotherapie, Ergotherapie). Auch der Handlungstypus *humaner Dienstleistungen* variiert je nach Berufsfeld zwischen primär beratenden, therapierenden oder assistierenden Tätigkeiten. Der Kriteriensatz lässt sich so für Berufsgruppen unterschiedlich zusammenstellen, bzw. je nach Lernfeldschwerpunkt innerhalb eines Rahmenlehrplans abwandeln.

Abb. 3: Erweiterte Fassung des Strukturgitters für die Gesundheitsfachberufe

ÄLTERE KRITISCHE THEORIE		Bezugssystem: Tausch und Herrschaft		
Bildung und Gesellschaft: Gesundheits- und Pflegepädagogik (Blankertz, Heydorn)				
zentrale Medien	Perspektive:	I. Individuum leibgebunden	II. Interaktion humanitär-pragmatisch	III. Institution gesundheitspolitisch-ökonomisch
Krankheitserleben	Thema	Lebensentwurf und Lebensqualität	Selbstwahrnehmung und Fremdwahrnehmung	Diagnose und Angebot
Gesundheitsproblem Befund Befinden	Problem	Introspektionsfähigkeit	Anerkennung	Kundensouveränität
	Reflexion	Leiderfahrung und Leibentfremdung	Mimesis und Projektion	Individualität und Standardisierung
Helfen	Thema	Fachkompetenz und Laienkompetenz	Teamarbeit und Konkurrenz	Effektivität und Nachhaltigkeit
Beratung Therapie Assistenz	Problem	Asymmetrie	Intersubjektivitätsbezogenheit	Professionalisierung
	Reflexion	Beziehung und Methode	Selbstbestimmung und Fremdbestimmung	Tradition und Emanzipation
Gesundheitswesen	Thema	Bedürfnis und Verwaltung	Politisierung und Verwissenschaftlichung	Zuständigkeit und (Selbst)Verantwortung
Strukturen Einrichtungen Finanzierung	Problem	Intransparenz	Management	Vernetzung
	Reflexion	Individuum und Organisation	Humanisierung und Sozialtechnologie	Rentabilität und soziale Gerechtigkeit

(Pflege- und Gesundheitswissenschaften)

5. Eine interdisziplinäre Perspektive – Kommentar von Andreas Gruschka

Erreicht die Kategorialanalyse die Didaktik?

Eine Stellungnahme zu dem fulminanten Entwurf einer didaktischen Konzeption zu schreiben, fällt dem Autor nicht leicht. Er wäre, ginge es um eine juristische Auseinandersetzung, gleich in mehrfacher Hinsicht befangen: als einer der letzten aktiven Hochschullehrer aus dem Münsteraner Arbeitskreis Didaktik und als Verfechter einer „Negativen Pädagogik", beides die Bezugsquellen der fraglichen Konzeption.

Es ist zum Ersten hochgradig irritierend zu sehen, wie ein längst totgesagter oder tot geglaubter Ansatz der bildungstheoretischen Begründung eines Curriculums, nämlich der Strukturgitteransatz, bei der theoretischen Begründung eines neuen, akademisch begründeten Faches wieder entdeckt und in aller Konsequenz durchgestaltet wird.

In einer Zeit, in der der bildungsplanerische Mainstream sich triumphalistisch abgewandt hat von jeder als wissenschaftlich veraltet erkannten bildungstheoretischen Auslegung der Inhalte und er stattdessen zu den Marktbedürfnissen einer globalisierten Nationalwirtschaft mit den hierfür angesagten Kompetenzen direkt vorstößt, solchen, die als Sesam-öffne-dich jeden durch Joker für alles befähigen sollen, unternimmt Ulrike Greb den Versuch, mit einer anspruchsvollen wissenschaftlichen Strukturbildung der „Eigendynamik der Pflege" didaktisch planerisch aufs Ganze zu gehen. Sie will Bildung, dazu auch noch eine negativ dialektische dort einfordern, wo man sie vielleicht am wenigsten vermuten würde, in der Ausrichtung der Pflegeausbildung.

Dieser Mut der Autorin ist umso bemerkenswerter, als sie im vollem Bewusstsein der Schwierigkeit schreibt, für ihre Konstruktion Verständnis zu gewinnen, insbesondere bei denen, für die sie Bildung als Konzept entwerfen will.

Mit der Kombination des Rekurses auf die fachdidaktischen Strukturgitter der Münsteraner Schule sowie die Erkenntnis- und Gesellschaftskritik der älteren Frankfurter Schule reanimiert sie gleich zwei weitgehend verschüttete Traditionslinien des pädagogischen Denkens.

Sofern die Autorin mit ihrem Konzept einen Einspruch gegen die Abwicklung der kritischen Selbstbesinnung ihres akademischen Faches durch die Hinnahme von Gegebenheiten ausdrückt, kann sie meiner unbedingten Zustimmung sicher sein. Sofern mit ihrem Ansatz jedoch ein Anspruch auf eine allgemein gültige Form der Lehre erhoben wird, verunsichert mich doch der kühne Strukturierungszugriff dieses Unternehmens.

Würde sie also mit den von ihr bevorzugten Denkmitteln insbesondere der klassischen Kritischen Theorie allein das Falsche im Wohlgemeinten der

Pflege unbestechlich herausarbeiten, d. h. als erkenntnis- und gesellschaftskritische Erschließung eines Allgemeinen in einem Feld, dem die Klassiker der Theorie nicht ihre Aufmerksamkeit schenkten, so würde damit eine ungemein wichtige Aufklärungsarbeit fortgesetzt, für die es nach meiner außenstehenden Kenntnis nicht viele Vorbilder gibt (Karin Kerstings Dissertation über die Entfaltung von bürgerlicher Kälte während der Ausbildung stellt eine solche Ausnahme dar – vgl. Kersting 2002.).

Aber der Anspruch ist nicht so sehr der einer materialen Analyse des Feldes in der Form, wie die Autorin es gerne mit Fallrekonstruktionen der Praxis für die Ausbildung vorsieht, sie will das Analyseprogramm, als läge es in der Form der „Dialektik der Pflege" bereits vor, direkt in ein allgemeingültiges Lehrkonzept umsetzen.

Ein solcher Primat der Didaktik über die Sache wäre in einer bestimmten, ebenfalls klassischen Tradition nichts Anstößiges, sondern selbst ein pädagogisches Konzept. Ich denke hier an den sokratischen Einspruch gegen die umstandslose Lehrbarkeit von allem und jedem und den Rat, vor der Frage, wie etwas gelehrt werden könne, die zu stellen, was die Sache ist, die gelehrt werden soll. Im „Menon" hat das die Pointe, dass die Klärung der Sache in einem Gespräch zwischen Lehrer und Schüler die gesonderte Lehre der Sache am Ende überflüssig werden lässt.

Mir scheint es aber so zu sein, dass die Pointe der didaktischen Konstruktion nicht in der negativen Didaktik sokratischer Prägung steckt: Analysieren wir die Praxis, so kommen wir bei der Lehre ihres problematischen Seins an! Vielmehr entwirft die Autorin mit Rückgriff auf ein didaktisches Planungsmodell einen Kriteriensatz, der sei es ein Fach, hier die Pflegewissenschaft, sei es einen besonderen Unterrichtsgegenstand oder das ganze Feld der Pflege didaktisch in der Weise zu dimensionieren erlaubt, dass vor allem das negativ Kritische des Gegenstandes unterrichtet werden kann.

Mit dieser wohl unhintergehbaren Absicht – für wen, wenn nicht für Ausbilder in der Pflege sollte sie ein Konzept entwickeln? – stellt sich nicht nur die Frage der theoretischen Konsistenz der kritialen Analyse, sondern manche davon abgeleitete, die auf die Machbarkeit und Umsetzbarkeit der Sache verweist. Auch hierzu hat die Autorin ein Kapitel in ihrer Arbeit reserviert. Aber ich muss gestehen, dass mich diese Erläuterungen mit ihren Stichworten als Platzanweisern am wenigsten überzeugt haben.

Das Problem besteht letztlich in der auch in diesem Fall nicht geklärten Beziehung zwischen einem theoretischen Entwurf zur „Eigendynamik der Pflege" und der Eigendynamik der Ausbildung für die Pflege. Das führt auf die grundlegende Erfahrung mit der originalen Strukturgitteransatz.

In der Münsteraner Arbeitsgruppe um Herwig Blankertz war ich einer der wenigen, der sich dort nicht an einem solchen Gitter versucht hat. Ausschlaggebend dafür war fehlende Gelegenheit und Vorbereitung, aber auch ein mit meiner frühen Adorno-Lektüre eingeimpfter Zweifel über die technologische Substanz, Fragwürdigkeit und Überhebung solcher Kriteriensätze, die nicht bloß Vorgängiges systematisieren und bislang Unbeachtetes erschließen, sondern auch zukünftige pädagogische Praxis entwerfen oder zumindest anleiten wollen.

Die Münsteraner gewannen in den 1970ern jede fachdidaktische Debatte über die notwendige und mögliche Ausrichtung einer mittelfristigen, das Gebot der Wissenschaftspropädeutik aufgreifenden und auslegenden Curriculumentwicklung. Daher rührt auch die zwischenzeitliche Berühmtheit des Ansatzes. Aber in dem Augenblick, in dem wir anlässlich der Realisierung der Kollegschule gezwungen waren, die Strukturgitter in pragmatische Modelle des Unterrichts fortzuschreiben, gelang es nicht, Lösungen vorzulegen, die überzeugten.

Dafür waren zwei Aspekte entscheidend. Zum Ersten entband die Darstellung eines beispielhaften Unterrichtsgegenstandes eine eigene Dynamik der Überfrachtung. Wollte man ernsthaft einen Inhalt durch alle Felder des Gitters ausdifferenzieren – was für sich keine größeren Probleme aufwarf –, so wurde daraus unterrichtsplanerisch schnell die entgrenzte Darstellung von vielfältigen Teilaspekten. Bei fast jedem Inhalt erlebten wir, wie der Rahmen des Fachunterrichts gesprengt wurde. Vordergründig wurde eine Überforderung der Schüler mit zu viel wissenschaftlichen Texten kritisiert, ihr Mangel an Methodenkompetenz zu Bedenken gegeben. In Wahrheit aber lieferte das Gitter bei der Auswahl der konkreten Unterrichtsinhalte kein Kriterium für das mit der Didaktik konstitutiv gegebene Problem, die Sache durch didaktisch abkürzende Repräsentanten den Schülern zugänglich zu machen, damit es im Unterricht „rasch angenehm und doch gründlich" (Comenius) zugeht. Eher glichen die Kursentwürfe einem akademischen Programm für mehrere Semester als einem realisierbaren Entwurf für einen zweistündigen Halbjahreskurses mit 40 Unterrichtsstunden. Von einer Unterrichtsplanung für eine Stunde konnte bei den Gittern eh nicht ausgegangen werden, aber gerade eine solche Planung ermöglicht erst das normale Unterrichten. Und auch der Fluchtpunkt, mit dem Gitter das gesamte Curriculum zu umschreiben, verfing nicht als Lösung, denn auf diese Weise wäre ja gerade die Multiperspektivität der jeweiligen Sache in eine Sequenz von Themen (1–9) wieder aufgelöst worden. Es wäre ein Nebeneinander entstanden und nicht die Entfaltung des Allgemeinen aus dem je spezifischen Inhalt. Kurzum, dem Gitter fehlte – wie übrigens nicht wenigen anderen didaktischen Entwürfen der Zeit – die Verbindung zur notwendig reduzierten Logik schulischen Planens für einen überschaubaren Unterricht. Am Ende schrumpfte die Wirkung der Strukturgitter auf exemplarische Grundbildungskurse, die von den Lehrern mit entworfen und mit der Zeit zu Unterrichtsstandards der Kollegschule wurden. Von einer vollständigen Entfaltung einer Sache über alle Felder des Gitters konnte dabei aber nicht mehr die Rede sein. Immerhin ließen sich so wichtige neue Inhalte schulisch einführen, aber das nur unter Verzicht auf die komplexe Anspruchslogik des Strukturgitters.

Der zweite Grund für die geringe Nachhaltigkeit des Modells liegt in der Dignität der Praxis vor aller Theorie, konkret in der Tatsache, dass die Lehrenden sich weigerten, zum Erfüllungsgehilfen externer Curriculisten zu werden. Sie erkannten sich mit ihrer Positionalität wie auch mit ihren Fachkompetenzen in dem Gitter nicht mehr wieder, nicht alle, aber doch die meisten Lehrenden. Sie wurden somit veranlasst, etwas zu lehren, was sie weder lehren wollten noch lehren konnten. Dem Nicht-Können – so könnte man sagen – wäre noch durch Fortbildung aufzuhelfen gewesen, nicht aber dem Nicht-Wollen. Der in den Strukturgittern erkannte oder auch nur gefühlte Überzeugungsboden der Autoren widersprach demjenigen der Anwender. Früh wurde das Konzept von konservativer Seite als das der „Frankfurter Schule" denunziert und so gerieten selbst die Inhalte unter den Verdacht ideologisch zu sein, die gerade als Ideologiekritik ausgerichtet waren, zu schweigen von diejenigen, die auf eine immanente Darstellung der dominanten Bezugstheorie des Faches ausgelegt waren.

Geht man von dieser Erfahrung zurück zu dem vorliegenden Entwurf, so fällt auf, dass dieser gegenüber den Münsteraner Versuchen ungleich entschiedener vorgeht. Während in den Strukturgittern sowohl die unterschiedlichen übergreifenden Medien des Faches als auch die erkenntnisleitenden Zugänge zum Fach, letztlich also deren Paradigmen ausdifferenziert wurden und insofern die Gitter eine plurale Anlage besaßen, ist dies in Grebs Entwurf nicht mehr der Fall.

Zumindest intentional wird unausgesetzt deutlich gemacht, dass hier nicht ein kontrastives Miteinander und Gegenüber unterschiedlicher wissenschaftlicher Zugangsweisen zur Praxis gelten soll, sondern allein das Erkenntnisinteresse der klassischen Kritischen Theorie. Anderer Theorieimport (etwa Bateson) findet nur dort statt, wo dieser der Autorin mit ihrer Grundintention kompatibel erscheint.

Dies betrifft freilich vor allem die ausgelegte Intentionalität der Kategorien, schon deutlich weniger die als didaktisch herausgestellten Pole, durch die jedes der Felder gekennzeichnet und intern strukturiert werden soll. Die hier sich ergebenden Spannungsverhältnisse lassen sich sachlich betrachtet schlecht bestreiten, in ihnen steckt zu viel „Eigenstruktur der Pflege". Überhaupt nicht mehr positionell festgelegt erscheinen schließlich die Kategorien der Spalten und der Zeilen. Hier handelt es sich um einen leidenschaftslosen Blick auf Dimensionierungen, die auch bei jemandem Zustimmung erwarten lassen, der einen anderen gesellschaftlichen Überzeugungsboden besitzt. Allein die Auswahl und Fokussierung besitzt Positionalität. Traditionell Denkende dürften mit ihrem Bild von der Pflege sich an der eher säkularen Begrifflichkeit stören und deswegen ein anderes Vokabular einklagen, mit dem eine gegenläufige Essentialität der Pflege symbolisiert wird. Ich denke hier an „Dienst und Opfer". Auch könnte man gegen die Kategorien ihre reflexive Übertreibung herausstellen, um damit deutlich zu machen, dass das Programm der Pflege ungleich stärker durch die Systematik des berufsspezifischen Wissen und Könnens bestimmt wird, die der Verfasserin augenscheinlich als bloß abgeleitete Kategorie erscheint oder verdächtig ist, weil sie allein dem instrumentellen Geist verpflichtet ist, den es gerade zu kritisieren gelte. Mit dem primär reflexiven Zugang ließe sich schließlich kritisieren, dass die Bestimmungen, vor allem die Perspektivenspalte unnötig abstrakt ausgefallen seien, während vor diesem Hintergrund die Unbedingtheit der kritischen Haltung wie eine Pathosformel auftrete.

Daran ist zu erkennen, dass die Matrix als solche unterschiedliche Auslegungen erlaubt und dass die Greb'sche Motivierung selbst nur eine der denkmöglichen Deutungen der Kategorientafel darstellt. Mit anderen Worten: Das Strukturgitter stellt einen eher formalen Rahmen dar, den die Autorin mit ihren Auslegungen kräftig material füllt. Die alten Strukturgitter waren insofern wiederum entschiedener, indem sie kategorial dazu veranlassten, den jeweiligen Inhalt nach Maßgabe eines theoretischen praktisch/technischen und emanzipativen Erkenntnisinteresses auszulegen.

Die Gleichzeitigkeit größer Bestimmtheit und Unbestimmtheit im Konzept führt auf einen anderen Punkt. Auch wenn die Autorin immer wieder auf feldspezifische Bedingungen rekurriert, so erscheinen mir doch die Hinweise zu den Grundkategorien vor allem in der Entfaltung der kritischen Perspektive als zu wenig vermittelt mit dem Feld, auf das sich die Kritik bezieht. Die Autorin entfacht ein wahres Feuerwerk an kritischen Bezügen, mit denen sie sich als umfassende Gesellschaftsanalytikerin ausweist, aber man wünschte sich auch zur Verwicklung des Lesers mit dem Anspruch mehr an substanzieller Anstößigkeit, deren sachlicher Gehalt ungleich stärker dazu zwingen würde, die Begrifflichkeit aufzugreifen.

Dieses Missverhältnis zwischen postulierter Sachhaltigkeit und der Argumentation im Übergreifenden und Prinzipiellen wiederholt sich im ausführlichen Exkurs zur Bildung.

Die Verfasserin referiert im Exkurs mit beeindruckender Eloquenz das Erbe der kritischen Bildungstheorie, dem sie sich verpflichtet fühlt. Aber die Hinweise darauf, wie eine solche Bildungstheorie in der Spezifik des Feldes und den dort Arbeitenden den Weg ebnen kann, sind doch spärlich ausgefallen. Diese Kritik sei nicht missverstanden. Die Bezugnahme erscheint mir als kompetent durchgeführt und argumentativ zwingend, aber mit der Benennung der Gefahr der Halbbildung ist diese im Unterricht noch lange nicht gebannt. Allein der Hinweis auf das kasuistische Arbeiten lässt sich als ein Gegengift gegen diese Gefahr lesen.

Meine Befangenheit habe ich in dieser Würdigung besserwisserisch abgearbeitet. Damit droht unterzugehen, was doch die Kritik allererst motivieren konnte, dass Ulrike Greb das Verdienst zukommt, einen pädagogisch kritischen Anspruch nicht nur formuliert, sondern auch so ausbuchstabiert zu haben, dass weiterführende Arbeiten möglich werden. Reine Postulate kann man ablehnen oder ihnen zustimmen, aber letztlich kann man sie mangels Substanz nicht erkenntnisreich kritisieren. Das ist hier anders. Grebs Ansatz hebt sich damit wohltuend von all den gegenwärtigen Curricula ab, die ihren Schreibern ein gutes Gewissen dadurch verschaffen, dass sie alles aufführen, was von außen angesagt wird. Die Vorstellung von der relativen Eigenverantwortung der Pädagogik für ihr Tun lebt aber vom Mut, der Eigenstruktur der Pädagogik als Aufgabe der Bildung und Erziehung zu folgen. Was das für eine kritische Bildung in der Pflege bedeuten kann, lässt sich mit Grebs Kategorialanalyse höchst anregend und aufregend diskutieren. Wer sie dagegen einfach als bloß negative Kritik ablehnt, verspielt mit seiner Abwehr zugleich den Anspruch auf pädagogische Verantwortung.

Literatur

Adorno Theodor W. (GS 1970-1986): Gesammelte Schriften, Herausgegeben von Rolf Tiedemann unter Mitwirkung von Gretel Adorno, Susan Buck-Morss und Klaus Schultz, Frankfurt/Main: Suhrkamp

Adorno Theodor W. (2003): Vorlesung über Negative Dialektik, hrsg. von Rolf Tiedemann, Frankfurt/Main: Suhrkamp

Axmacher, Dirk (1991): Pflegewissenschaft – Heimatverlust der Krankenpflege?, unveröff. Manuskript eines Vortrages vom 11. Februar 1991, Univ. Osnabrück: FB-Sozialwissenschaften

Blankertz, Herwig (1971): Curriculumforschung – Strategien, Strukturierung, Konstruktion. Reihe: neue pädagogische Bemühungen, hrsg. von Werner Loch und Jakob Muth, Bd. 46, Essen: Neue Deutsche Schule Verlagsgesellschaft

Blankertz, Herwig (1974): Fachdidaktische Curriculumforschung – Strukturansätze für Geschichte, Deutsch, Biologie, Essen: Neue Deutsche Schule Verlagsgesellschaft mbH, in der Reihe neue pädagogische Bemühungen, hrsg. von Werner Loch und Jakob Muth, Band 57

Blankertz, Herwig (1975): Berufsbildungstheorie und berufliche Ausbildungskonzeptionen, in: Berufspädagogik. Ansätze zu ihrer Grundlegung und Differenzierung, Köln: Kiepenheuer & Witsch

Böhme, Gernot (2003): Leibsein als Aufgabe. Leibphilosophie in pragmatischer Hinsicht. Kusterdingen: Die Graue Edition

Bolte, Gerhard (Hrsg.) (1989): Unkritische Theorie. Gegen Habermas. Lüneburg

Buchmann, Ulrike (2004): Case Management. Eine Bestandaufnahme in qualifikationstheoretischer Absicht. Frankfurt/Main: GAFB

Darmann-Finck, Ingrid/Böhnke, Ulrike/Straß, Katharina (2008): Fallrekonstruktives Lernen. Ein Beitrag zur Professionalisierung in den Berufsfeldern Pflege und Gesundheit. Frankfurt/Main: Mabuse

Dewe, Bernd/Ferchhoff, Wilfried (1988): Dienstleistungen und Bildung – Bildungstheoretische Betrachtungen über personenbezogene Dienstleistungsberufe. In: Hansmann, Otto/Marotzki, Winfried (Hrsg.): Diskurs Bildungstheorie I: Systematische Markierungen. Weinheim und Basel: Deutscher Studienverlag: 135-157

Greb, Ulrike (1997): ‚Das Metaparadigma der Krankenpflege'. In: Dr. med. Mabuse, Teil 1, 22. Jg., Nr. 109: 60-64, Teil II, Nr. 110: 62-65, Frankfurt/Main
Greb, Ulrike (2003): Identitätskritik und Lehrerbildung. Ein hochschuldidaktisches Konzept für die Fachdidaktik Pflege. Frankfurt/Main: Mabuse
Greb, Ulrike (2004): Erziehung und Paranoia. Eine erkenntniskritische Studie zum Fall Schreber, Frankfurt/Main: Mabuse
Greb, Ulrike (2005): Fachdidaktische Reflexionen. Das Strukturgitter Fachdidaktik Pflege. In: Greb, Ulrike (Hrsg.): Lernfelder fachdidaktisch interpretieren. Werkstattberichte zur Gestaltung von Gesundheits- und Krankheitsthemen im schulischen Bereich. Frankfurt/Main: Mabuse: 45-92
Greb, Ulrike (2006): „Helfen" im Diskurs der Negativen Dialektik – eine Chiffre für pflegerisches Handeln. In: Pflege&Gesellschaft, Zeitschrift für Pflegewissenschaft, 11. Jg., H. 1: 12-16
Greb, Ulrike (2007): Somatik als gesundheitsökonomische Ressource. In: Greb, Ulrike/Schüßler, Ingeborg (Hrsg.): Berufliche Bildung als nachhaltige Ressource – Entwicklung und Entfaltung versus Zurichtung und Vereinnahmung, Frankfurt/Main: G.A.F.B.-Verlag: 143-180.
Greb, Ulrike (Hrsg.) (2008a): Lernfelder fachdidaktisch interpretieren, Werkstattberichte zur Gestaltung von Gesundheits- und Krankheitsthemen im schulischen Bereich, 2. Aufl., Frankfurt/Main: Mabuse
Greb, Ulrike (2008b): Das Strukturgitter für die Fachrichtung Pflege – Entstehungsgeschichte und Begründungszusammenhang. In: Greb, Ulrike/Hoops, Wolfgang (Hrsg.): Demenz – Jenseits der Diagnose. Pflegedidaktische Interpretation und Unterrichtssetting. Frankfurt/Main: Mabuse: 31-103
Greb, Ulrike/Hoops, Wolfgang (Hrsg.) (2008): Demenz – Jenseits der Diagnose. Pflegedidaktische Interpretation und Unterrichtssetting, Frankfurt/Main: Mabuse
Gruschka, Andreas (1994): Bürgerliche Kälte und Pädagogik. Moral in Gesellschaft und Erziehung. Wetzlar: Büchse der Pandora
Habermas, Jürgen (1973): Kultur und Kritik, Frankfurt am Main: Suhrkamp
Haas, Michael (2005): Professionalisierung der Altenpflege. Risiken – Hemmnisse – Chancen. In: Greb, Ulrike (Hrsg.): Lernfelder fachdidaktisch interpretieren. Werkstattberichte zur Gestaltung von Gesundheits- und Krankheitsthemen im schulischen Bereich. Frankfurt/Main: Mabuse: 12-44
Heydorn, Heinz-Joachim (1972): Zu einer Neufassung des Bildungsbegriffs, Frankfurt/Main: Suhrkamp
Horkheimer, Max (1937; 1988): Traditionelle und kritische Theorie. Gesammelte Schriften Bd. 4. Frankfurt/Main: Suhrkamp: 162-225
Huisinga, Richard/Lisop, Ingrid/Speier, Hans-Dieter (Hrsg.) (1999): Lernfeldorientierung. Konstruktion und Unterrichtspraxis, Frankfurt/Main: G.A.F.B
Hülsken-Giesler, Manfred (2008): Der Zugang zum Anderen. Zur theoretischen Rekonstruktion von Professionalisierungsstrategien pflegerischen Handelns im Spannungsfeld von Mimesis und Maschinenlogik, Osnabrück: V&R unipress
Humboldt, Wilhelm von (1792): Ideen zu einem Versuch, die Gränzen der Wirksamkeit des Staates zu bestimmen. Werke in fünf Bänden (1960-1981), hrsg. von Andreas Flitner und Klaus Giel, Darmstadt: Wissenschaftliche Buchgesellschaft
Kapsch, Edda (2007): Verstehen des Anderen. Fremdverstehen im Anschluss an Husserl, Gadamer und Derrida. Berlin: Parodos
Karrer, Dieter (1995): Der Kampf um Unterschiede – Medizinisches Feld und Wandel des Pflegeberufs, in: Pflege, 8. Jg., H. 1: 43-49.

Kerber, Harald/Schmieder, Arnold (Hrsg.) (1991): Handbuch Soziologie. Zur Theorie und Praxis sozialer Beziehungen. Stichwort: „Sozialtechnologie". 2. Aufl., Reinbek bei Hamburg: Rowohlts Enzyklopädie: 550

Kersting, Karin (2002): Berufsbildung zwischen Anspruch und Wirklichkeit. Eine Studie zur moralischen Desensibilisierung. Bern, Göttingen, Toronto, Seattle: Huber

Klafki, Wolfgang (1963): Studien zur Bildungstheorie und Didaktik. Weinheim und Basel: Beltz

KKMK (2007): Handreichung für die Erarbeitung von Rahmenlehrplänen der Kultusministerkonferenz für den berufsbezogenen Unterricht in der Berufsschule und ihre Abstimmung mit Ausbildungsordnungen des Bundes für anerkannte Ausbildungsberufe: http://www.kmk.org/doc/publ/handreich.pdf (23.08.08)

KrPflAPrV (2003): Ausbildungs- und Prüfungsverordnung für die Berufe in der Krankenpflege vom 10.11.2003, BGBl. I: 2263; zuletzt geändert durch Artikel 35 G. v. 02.12.2007, BGBl. I: 2686; Geltung ab 01.01.2004, FNA: 2124-23-1

Laplanche, Jean/Pomtalis, Jean Bertrand (1982): Das Vokabular der Psychoanalyse. 5. Aufl., Frankfurt/Main: Suhrkamp

Liessmann, Konrad Paul (2006): Theorie der Unbildung. Die Irrtümer der Wissensgesellschaft. Wien: Paul Zsolnay

Lisop, Ingrid/Huisinga, Richard (2000): Exemplarik – eine Forderung der KMK-Handreichungen. In: Lipsmeier, Antonius/Pätzold, Günter (Hrsg.): Lernfeldorientierung in Theorie und Praxis. Beiheft 15 zur Zeitschrift für Berufs- und Wirtschaftspädagogik, Stuttgart: 38-53

Marotzki, Winfried (1990): Entwurf einer strukturalen Bildungstheorie. Weinheim und Basel: Deutscher Studien Verlag

Pongratz, Ludwig, A. (1988): Bildung und Alltagserfahrung – Zur Dialektik des Bildungsprozesses als Erfahrungsprozess. In: Hansmann, Otto/Marotzki, Winfried (Hrsg.) (1988): Diskurs Bildungstheorie I: Systematische Markierungen. Rekonstruktion der Bildungstheorie unter Bedingungen der gegenwärtigen Gesellschaft. Weinheim: Deutscher Studienverlag: 293-310

Rabe-Kleberg, Ursula (1996): Professionalität und Geschlechterverhältnis. Oder was ist „semi" an traditionellen Frauenberufen? In: Combe, Arno/Helsper, Werner (Hrsg.): Pädagogische Professionalität. Frankfurt/Main: Suhrkamp: 276-302

Schäfer, Alfred (2004): Theodor W. Adorno. Ein pädagogisches Porträt. Weinheim und Basel: Beltz

Schäfer, Alfred (1989): Verhinderte Erfahrung. Zum Ausgangspunkt der Bildungskonzeptionen Rousseaus und Adornos. In: Hansmann, Otto/ Marotzki, Winfried (Hrsg.): Diskurs Bildungstheorie II: Problemgeschichtliche Orientierungen. Rekonstruktion der Bildungstheorie unter Bedingungen der gegenwärtigen Gesellschaft, Weinheim: Deutscher Studien Verlag: 43-64

Thoma, Gösta (1971): Zur Entwicklung und Funktion eines ‚didaktischen Strukturgitters' für den politischen Unterricht. In: Blankertz, Herwig (1971): 67-96

Türcke, Christoph (1986): Vermittlung als Gott. Lüneburg: zu Klampen

Waldenfels, Bernhard (2000): Das leibliche Selbst. Vorlesungen zur Phänomenologie des Leibes. Frankfurt/Main: Suhrkamp

Renate Schwarz-Govaers

Bewusstmachen der Subjektiven Theorien als Voraussetzung für handlungsrelevantes berufliches Lernen

Ein handlungstheoretisch fundiertes Arbeitsmodell zur Pflegedidaktik

1. Einleitung

In diesem Kapitel wird ein handlungstheoretisch fundiertes Arbeitsmodell zur Pflegedidaktik vorgestellt. Als Einstieg soll die Erläuterung des Titels dienen.

Was bedeutet „Bewusstmachen der Subjektiven Theorien"?
In bildungstheoretischen Konzepten wird seit langem gefordert, das Vorwissen der Lernenden in den Lernprozess zu integrieren. Aussagen wie „den Schüler abholen, wo er steht" oder „neues Wissen an Vorwissen anschließen" versprechen eine günstige Lernmotivation. Wenn wir unter „Vorwissen" das Insgesamt an Wissen, Erfahrung und Empfindung verstehen, das uns nur teilweise als explizites Wissen zur Verfügung steht, dann haben wir es mit „Subjektiven Theorien" zu tun. Sie sind die Summe unseres seit Geburt (und davor) entwickelten Erkenntnis- und Erfahrungsschatzes. Subjektive Theorien befähigen uns zum Handeln und bestimmen unser Denken und Tun. Das Bewusstmachen der Subjektiven Theorien zielt auf das Gesamt an Vorwissen, damit neues Wissen nicht nur an das explizite, gelernte, sondern auch an das implizite, nicht bewusste Wissen angeschlossen werden kann.

Was bedeutet „als Voraussetzung für"?
Subjektive Theorien sind lebenslang erworben und haben sich im Alltag in vielfältigen Situationen bewährt, ohne dass wir uns dessen bewusst sind. Sie sind im Gehirn vielfältig vernetzt und nur schwer veränderbar. Als Voraussetzung für Veränderungen müssen wir sie zuerst bewusst machen. Dies ist vor allem bei beruflichen Lernprozessen erforderlich, zu welchen schon vor der Ausbildung Wissen und Erfahrungen erworben wurden, wie z.B. bei Pflege- und Lehrberufen.

Was bedeutet „handlungsrelevant"?
In unserer Schulzeit haben wir eine Menge „Stoff" gelernt, den wir schnell wieder vergessen haben. Wissen reichte oft nicht lange über Prüfungstermine

hinaus und war im Alltag nicht für das eigene Handeln verfügbar. Wir benötigen aber für den Pflegeberuf Wissen, mit dem wir nicht nur in Prüfungen glänzen, sondern das wir in der Pflege von Patienten einsetzen können.

Was bedeutet „berufliches Lernen"?
Eine Berufsausbildung soll auf berufliches Handeln vorbereiten, das sich in beruflichen Situationen und einem beruflichen Umfeld abspielt. Es macht deshalb Sinn, die Ausbildung an beruflichen Handlungsfeldern und -situationen und nicht an Fächern auszurichten. Der Lernprozess sollte situationsorientiert und anhand von möglichst realistischen beruflichen Problemstellungen gestaltet werden. Eine fächerbezogene Ausbildung birgt die Gefahr, dass das Wissen auch getrennt nach natur-, sozial- und pflegewissenschaftlichen Fächern im Gehirn abgespeichert wird. Dies gilt insbesondere dann, wenn es auch so geprüft wird. In beruflichen Handlungssituationen steht es dann nicht entsprechend vernetzt zur Verfügung.

Die Kultusministerkonferenz (KMK) hat schon 1996 den Lernfeldansatz für die Rahmenlehrpläne der Berufsschulen festgeschrieben. In den neuen Gesetzen für die Pflegeausbildungen von 2003 wird dieser Ansatz vor allem in der Altenpflege adaptiert.

Das „handlungstheoretisch fundierte Arbeitsmodell zur Pflegedidaktik" (Schwarz-Govaers 2005) fördert berufliche Handlungskompetenz. Für eine weiter zu entwickelnde Pflegedidaktik leistet es einen Beitrag für situations- und problemorientiertes Lernen durch das Bewusstmachen von Subjektiven Theorien als Basis von Wissen und Handeln.

2. Forschungsmethoden zur Entwicklung des Modells

Am Weiterbildungszentrum für Gesundheitsberufe (WE'G) befasste ich mich im Rahmen des SRK-Forschungsprojekts zum „Lernen am Arbeitsplatz" mit verschiedenen Lernkonzepten, die berufliches Handeln ins Zentrum stellten (vgl. Brühlmann u.a. 1999). Auf der Suche nach einem geeigneten Lernmodell für die Lernbegleiterinnenschulung stieß ich auf die Literatur von Wahl (1991) zum „Handeln unter Druck. Der weite Weg vom Wissen zum Handeln". Die Ergebnisse seiner Forschungsarbeiten zum Lehrerberuf beeindruckten mich stark. Er zeigte auf, dass Lehrpersonen nach dem Studium häufig die gleichen Handlungsweisen im Unterricht zeigen wie zu Beginn des Lehrerstudiums, obwohl sie theoretisch andere Konzepte gelernt hatten. Das Wissen aus dem Studium fand kaum Anwendung im eigenen Unterricht, auch wenn es in Prüfungen präsentiert war.

Diese Ergebnisse wollte ich für die Pflegeausbildung überprüfen, da für die Krankenpflege ähnliche Erfahrungen vorlagen. Obwohl seit den 1980er Jahren in der Pflegeausbildung sehr viel mehr theoretisches und wissenschaftlich begründetes Wissen gelehrt wurde, änderte sich im Pflegealltag nur wenig (vgl. Schwarz-Govaers 1983). Die Einführung des Pflegeprozesses in den 1980er Jahren war ein gutes Beispiel dafür (vgl. Weltgesundheitsorganisation 1976). Also plante ich 1997 eine Erhebung an einer Krankenpflegeschule.

Nach dem Besuch von Methodenseminaren bei Wahl und einem Pilotversuch begann ich 1998 mit einer Studie zum Erfassen der Subjektiven Theorien von Lernenden der Krankenpflege. Ich wollte herausfinden, wie man vorgehen kann, um einen Zugang zu den Denkstrukturen der Auszubildenden beim Handeln zu erhalten. Als Nebenziel ging es darum, die Erhebungsmethoden und ihren Nutzen für die Lehrerinnenausbildung zu erproben. Im Vordergrund meiner Erhebung stand die Frage nach dem Pflegeverständnis, das im Handeln der Lernenden zum Ausdruck kommt und zwar in einem Vergleich zwischen „Anfängerinnen" im 1. Semester und „Fortgeschrittenen" im 8., dem letzten Semester der Pflegeausbildung in der Schweiz.

Folgende Fragestellungen legte ich der Studie zugrunde:
- Welches Wissen zum Pflegeverständnis bestimmt das praktische Handeln von Lernenden in der Pflegeausbildung?
- Welches Handlungswissen ziehen Lernende zum Beginn und zum Ende der Ausbildung heran, um Pflegesituationen zu bewältigen?
- Ist die Anwendung des Handlungswissens auf subjektive (Alltags-)Theorien oder auf intersubjektive (wissenschaftliche) Theorien zurückzuführen?
- Verändert sich die Auffassung von pflegerischem Handeln (von Situation, Handlung und Ergebnis) aufgrund des in der Ausbildung vermittelten Pflegewissens?

Nach einer Versuchsstudie mit zwei Lernenden und jeweils fünf Situationen startete ich mein Studienprogramm. Es erklärten sich fünf Anfängerinnen und fünf „Fortgeschrittene Anfängerinnen" (vgl. Benner 1994) zur Mitarbeit bereit. Ich konnte sie in jeweils fünf verschiedenen Pflegesituationen beobachten und filmen und anschließend ein halbstandardisiertes Interview als „Strukturierten Dialog" führen. Der Strukturierte Dialog basiert auf dem psychologischen Handlungsmodell nach Wahl (1991). Er enthält Fragen zum Verständnis der zuvor abgelaufenen Situation (Situationsauffassung), zur durchgeführten Handlung (Handlungsauffassung) und zum erwarteten Ergebnis der pflegerischen Handlung (Ergebnisauffassung). Der Strukturierte Dialog erlaubt – durch die Trenntechnik zwischen gelenkter und ungelenkter Introspektion – eine Annäherung an die Subjektiven Theorien der Lernenden.

Die Inhaltsanalyse (nach Mayring 2000) der 50 transkribierten Interviews ergab ein Kategoriengebäude, das unter dem Dach des Handlungsmodells von Situationsauffassung (SA), Handlungsauffassung (HA) und Ergebnisauffassung (EA) jeweils drei Kategorienfamilien subsumierte. Die Kategorienfamilien enthielten jeweils ca. drei bis acht Unterkategorien. Sie sind durch die ca. 2000 Reduktionen aus den Interviews gebildet worden und entsprechen dem inhaltlichen Teil des Modells.

Ein weiterer Zugang zu den Subjektiven Theorien der Lernenden ist durch die Strukturlegetechnik (SLT) möglich. In meiner Erhebung wurden die „Reduktionen" aus den Interviewtexten auf Karten geschrieben. Sie sollten nach den Vorgaben des dazu entwickelten „Leitfadens zur Strukturlegetechnik" auf einem Papier in eine für sie stimmige Struktur gebracht werden. Sie wurden aufgeklebt und mit Symbolen und Pfeilen versehen. Erläuterungen zu den Zusammenhängen zwischen den einzelnen Karten gaben ebenfalls Aufschluss über die eigenen Denkstrukturen. Dies galt insbesondere, wenn die Forscherin selbst auch die Karten nach ihrem Verständnis der Pflegesituation legte. Die Unterschiede in den Strukturbildern konnten verglichen und kommunikativ validiert werden.

Zur Überprüfung der Kategorien erfolgte eine inhaltliche und eine methodische Triangulation.

Überprüfung der Kategorien anhand einer inhaltlichen Triangulation durch wissenschaftliche (intersubjektive) Pflegemodelle.

Zuerst wurden alle aus den Subjektiven Theorien der Lernenden ermittelten Kategorien einer pflegewissenschaftlichen Betrachtung unterzogen und dann exemplarisch auf drei pflegetheoretische Modelle (Roper u. a. 1987, 1993; Peplau 1995; Orem 1997) übertragen. Es konnte gezeigt werden, in welchem Ausmaß und mit welchen Inhalten diese Kategorien in den Pflegemodellen vorhanden waren und gefüllt wurden.

In den zusammenfassenden Strukturbildern zu den Pflegetheorien von Roper u. a., Orem und Peplau spiegelte sich das unterschiedliche Vokabular zu vergleichbaren Begriffen wieder. Die Strukturbilder der Lernenden wurden exemplarisch für jeweils eine Anfängerin und eine Fortgeschrittene zu einem Strukturbild zusammengefasst (aggregiert) und mit den aggregierten Strukturbildern der drei pflegetheoretischen Modellen in Beziehung gesetzt und kommentiert. Hier ließen sich die unterschiedlichen Theoriekonstrukte am besten verdeutlichen.

Die 50 Situationen der Lernenden konnten durch Kurzfallstudien beschrieben und einer Einschätzung anhand der drei exemplarischen Pflegemodelle unterzogen werden. Über eine inhaltliche Analyse wurde ermittelt, ob in den Aussagen zum pflegerischen Handeln wissenschaftliches bzw. gelerntes Pflegewissen zum Vorschein kam. Benners Stufen zur Pflegekompetenz ließen zusätzlich eine Einschätzung der Situationen der Lernenden zu.

Überprüfung der Kategorien anhand einer methodischen Triangulation als „simulierte Handlung".

Im Vergleich zur mündlichen Befragung zeigte eine schriftliche Befragung von Lernenden unterschiedliche Sichtweisen von Anfängerinnen (AF) und Fortgeschrittenen (FG). Eine Klasse von AF und eine Klasse von FG wurde zu einer für beide Gruppen gleichen Pflegesituation befragt, indem ihnen ein Video vorgespielt wurde. In einer verkürzten Variante des Strukturierten Dialogs sollten die Fragen des Handlungsmodells (also zu SA, HA und EA) sofort schriftlich beantwortet werden. Im Klassenzimmer und ohne Handlungsdruck konnten die Subjektiven Theorien hier eher mit den gelernten in Übereinstimmung gebracht werden. Trotzdem kamen sehr persönliche Denkmuster zum Vorschein. Im Unterschied zu den eher idealistischen Anfängerinnen brachten die Fortgeschrittenen ein erweitertes realitätsangepasstes Rollenverständnis zum Ausdruck. Demgegenüber war in der Auswertung der Interviewdaten kein bedeutsamer Unterschied in den Aussagen auszumachen.

Alle Forschungsmethoden können auch im Pflegeunterricht wirksam eingesetzt werden, wie im Weiteren beschrieben wird.

3. Das Arbeitsmodell zur Pflegedidaktik

Das bei Abschluss meiner Forschungs- und Lehrtätigkeit entstandene Pflegedidaktikmodell spiegelt meine bisherigen Erkenntnisse und Erfahrungen. Ich möchte es als heuristisch und vorläufig bezeichnen. Es macht Aussagen über die Lernstrukturen/-inhalte, die Lernprozesse/-phasen und die Lernstrategien/-formen.

Abb. 1: Ein subjekt- und handlungstheoretisch fundiertes Arbeitsmodell zur Pflegedidaktik zu Lernstrategien, Lernstrukturen und Lernprozessen (Schwarz-Govaers 2005: 599)

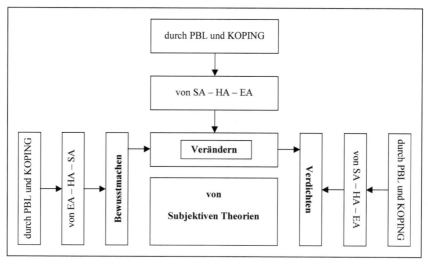

3.1 Die Lernstruktur und Lerninhalte

Die Lernstrukturen und -inhalte konnte ich durch die Forschungsarbeit gewinnen, die durch die Kategorien aus den Interviews anhand des handlungstheoretischen Modells zu Situation-, Handlungs- und Ergebnisauffassung der Pflege ermittelt wurden.

Die Hauptkategorien zur *Situationsauffassung (SA)* sind:

Pflege- und Berufsverständnis (mit den Unterkategorien)
- Deklariertes Pflegeverständnis, Menschenbild, Dienstleistung, Helfen
- Zielvorstellungen/Zielerwartungen der Pflegenden
- Dilemma zwischen Pflegeverständnis, Pflegegestaltung und Umfeld

Pflegebeteiligte und Pflegegestaltung (mit den Unterkategorien)
- Patientenverhalten
- Befund, Befinden, Biographie von Patienten
- Eigenes Verhalten als Lernende
- Eigenes Wissen, Erfahrung, Lernen, Kompetenz als Lernende
- Beziehung zwischen Patienten und Pflegenden

Pflegeumfeld (mit den Unterkategorien)
- Rahmenbedingungen
- Organisationsregelungen
- Zusammenarbeit im Team

Die Hauptkategorien zur *Handlungsauffassung (HA)* sind:

Pflegeprozess (mit den Unterkategorien)
- Informationen sammeln/beobachten
- Informationen einschätzen/diagnostizieren
- Ziele bestimmen/planen
- Pflege durchführen/dokumentieren
- Wirkung beurteilen/Qualität sichern

Pflegefunktionen/-methoden (patientenbezogen) (mit den Unterkategorien)
- Patienten unterstützen oder stellvertretend pflegen
- Patienten aktivieren oder vor Gefahren beschützen
- Patienten Verständnis zeigen/ermutigen/motivieren
- Patienten medizintherapeutisch betreuen
- Patienten informieren/beraten oder anleiten/unterweisen

Pflegefähigkeiten (übergeordnet) (mit den Unterkategorien)
- Einfühlen
- Kommunizieren
- Kooperieren
- Probleme bearbeiten
- Entscheiden
- Analysieren/Begründen
- Reflektieren

Die Hauptkategorien zur *Ergebnisauffassung (EA)* sind:

Gesundheit (mit den Unterkategorien)
- Gesundheitsbewusstsein – Gesundheitsvernachlässigung
- Wohlbefinden – Unwohlsein
- Zufriedenheit – Unzufriedenheit

Autonomie (mit den Unterkategorien)
- Selbständigkeit – Unselbständigkeit (Abhängigkeit)
- Sicherheit – Unsicherheit
- Vertrauen – Misstrauen

Bewältigung (mit den Unterkategorien)
- Bedürfnisbefriedigung – Bedürfnis
- Akzeptanz – Abwehr
- Leidensreduktion – Leiden (Schmerz, Angst, Scham)

Abb. 2: Teilmodell A: Lernstruktur/-inhalte mit den Kategorienfamilien zu SA – HA – EA

Situationsauffassung (SA)	Handlungsauffassung (HA)	Ergebnisauffassung (EA)
Pflege- und Berufsverständnis	Pflegeprozess	Gesundheit
Pflegebeteiligte und Pflegegestaltung	Pflegefunktionen	Autonomie
Pflegeumfeld	Pflegefähigkeiten	Bewältigung

Diese induktiv durch die 50 Interviews ermittelten Kategorien lassen sich auch deduktiv in verschiedenen Pflegetheorien nachweisen. Sie bilden bisher nur einen Grundstock und können durch weitere Forschungsergebnisse und neuere Pflegetheorien erweitert werden. Doch haben sich die Hauptkategorien bewährt, die sich in den subjektiven Denkstrukturen von Lernenden im pflegerischen Handeln spiegeln (vgl. Schwarz-Govaers 2005).

3.2 Die Lernprozesse und Lernphasen

Die Lernprozesse und -phasen lassen sich durch das handlungspsychologische Lernmodell nach Wahl (1991) beschreiben. Konstruktivistische Ansätze zum Lernen machen deutlich, dass neues Wissen immer auf vorhandenem aufbaut (z. B. Dubs 1995; Siebert 1996; Mandl/Gerstenmaier 2000). Von Geburt an verknüpfen wir alle neuen Erfahrungen mit vorhandenen Strukturen und bauen dadurch neue oder erweiterte Schemata oder Netzwerke im Gehirn auf. Diese sind umso stabiler, je häufiger die Erfahrungen sich wiederholen und damit gesichert werden. Nach den Ergebnissen der

Neurowissenschaft sind bei der Geburt noch wenige Zellen des Großhirns untereinander vernetzt. Durch Lernprozesse werden die Verbindungen zwischen den Gehirnzellen verstärkt. So entstehen hochkomplexe und zugleich völlig einzigartige biologische Strukturen als physiologische Entsprechung zu den (einzigartigen) Subjektiven Theorien (Wahl 2006: 100). Sie dienen ebenso wie wissenschaftliche Theorien der Erklärung der Welt, der Handhabung und Prognose.

Die am stärksten verdichteten Subjektiven Theorien – Wahl nennt sie Subjektive Theorien kurzer Reichweite – bestimmen unser Handeln und machen uns überhaupt lebens- und handlungsfähig. Doch sind sie sehr schwer veränderbar. Speziell im Pflege- wie auch im Lehrerberuf haben wir im Verlauf unseres Lebens vielfältige Subjektive Theorien entwickelt, die häufig mit denen in der Berufsausbildung gelernten kollidieren. Um sie verändern bzw. mit neuem Wissen anreichern und neu vernetzen zu können, müssen wir sie erst einmal bewusst machen. Dazu dienen verschiedene Konfrontationstechniken, wie z.B. der Strukturierte Dialog. Erst dann erfahren wir, welche Konstrukte in unserem Gehirn zu einem bestimmten Thema oder einer bestimmten Situation vorhanden sind und welche Fragen sich auftun. Das Interesse an neuem Wissen entsteht. Es kann das „alte" ersetzen bzw. verändern oder an das „alte" angehängt werden. Dieser Umlern- oder Veränderungsprozess muss nun noch abgesichert, also durch vielfältige Wiederholungen so verdichtet werden, dass neues Wissen wieder als Subjektive Theorie handlungssteuernd wird und nicht träge – also isoliert – hängen bleibt.

Abb. 3: Teilmodell B: Lernprozesse/-phasen zum Verändern von handlungssteuernden Strukturen und Prozessen

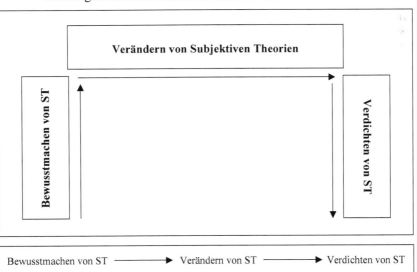

3.3 Die Lernstrategien und Lernformen

Wie schon durch die Lernprozesse zum Verändern der Subjektiven Theorien deutlich wurde, werden hier die Schritte des situations- und problembasierten Lernens (PBL) (vgl. Moust u. a. 1999) aufgenommen. Die 1. Phase des Lernprozesses bezieht sich auf das „Bewusstmachen" der Subjektiven Theorien. Diese erfolgt im PBL durch die Analyse einer möglichst realistischen, betroffenmachenden Berufssituation in der Gruppe. Das Umlernen oder „Verändern" erfolgt als 2. Phase des PBL durch Selbststudium, Vorlesungen und Expertenbefragungen. In der 3. Phase des PBL wird durch die Gruppendiskussion das Gelernte miteinander verglichen, hinterfragt und bewertet. Da dies zum „Verdichten" allein nicht ausreicht, sollten Handlungspläne, Übungsaufgaben und Transferleistungen das Gelernte für die Praxis sichern und damit verdichten. Am erfolgreichsten erweisen sich dafür Partnerübung und Gruppenreflexion wie im Skillslab (Trainingslabor für Fähigkeiten und Fertigkeiten). Danach muss das Handeln allein im Alltag bewältigt werden.

Diese Lernstrategie wird durch KOPING (nach Wahl 1991) unterstützt. Bei der „**K**ommunikativen **P**raxisbewältigung **in G**ruppen" (KOPING) wechseln sich kollektive Informationsphasen mit Phasen der Einzel- und Kleingruppenarbeit zur Verarbeitung von Informationen sowie Tandemarbeit zur Konstruktion und Reflexion von geplantem Handeln ab.

Im Gegensatz zum KOPING nach Wahl erfolgt beim PBL die Informationsvermittlung erst nach der Arbeit in Gruppen und dem Selbststudium, um die Subjektiven Theorien der Lernenden nicht durch die „objektiven" Theorien zu überlagern. Die Tandem- und Kleingruppenarbeit ist vor allem zur Planung und Anwendung des Wissens im Schritt 8 erforderlich. So kann Probehandeln vorbereitet, geübt und in der Praxis realisiert werden.

Abb. 4: Teilmodell C: Lernstrategien/Lernformen von PBL und KOPING

PBL	KOPING
Phase 1: Tutoratsgruppe (Problemanalyse)	Kollektive Informationsphase mit vorgängiger subjektiver Auseinandersetzung
Phase 2: Selbststudium/Plenum (Problembearbeitung)	Evtl. weitere kollektive Informationsphase mit subjektiver Auseinandersetzung
Phase 3: Tutoratsgruppe (Problemverständnis)	Evtl. weitere kollektive Informationsphase mit subjektiver Auseinandersetzung
Dazu: Skillslab mit Einzel-, Partner-, gruppenbezogener Arbeit (Problemlösung)	Kleingruppen- und Tandemarbeit zur Reflexion, Sicherung und Einübung des Gelernten

4. Theoretische Grundlagen

Alle drei Teile des Arbeitsmodells zur Pflegedidaktik werden im Folgenden näher beleuchtet und sowohl theoretisch unterlegt als auch mit praktischen Beispielen versehen (Kap. 5).

4.1 Handlungspsychologische Grundlagen zur Strukturkomponente des Modells

Im Gegensatz zu Tun oder Verhalten wird Handeln in der Wissens- und Handlungspsychologie (z. B. nach Groeben 1986) als zielgerichtet verstanden. Es ist ausgerichtet auf vorweggenommene Zustände, findet in Situationen statt oder orientiert sich an situativen Gegebenheiten. Handeln ist normativ geregelt und als Aktion mit Energieaufwand und Motivation verbunden (vgl. Schwarz-Govaers 2005: 71). Handeln ist also mit Situationen verknüpft, in denen etwas erfahren oder erlebt und auf irgend eine Art reagiert wurde. Durch Wiederholungen sind diese Situationen im Gehirn gut fixiert. Von Geburt an und davor (vgl. Braun/Meier 2006) reagieren wir auf Situationen, die wir wahrnehmen. Bewährt sich die Reaktion, wiederholen wir sie. Die Gehirnforschung (vgl. Spitzer 2002) weist nach, dass im Hypocampus neue Informationen dann gespeichert werden, wenn sie als interessant bewertet wurden. „Geschichten treiben uns um, nicht Fakten" (Spitzer 2002: 35), lautet die Devise, soll unsere schnell lernende Hirnstruktur eine neue Sache aufnehmen.

In der Schule wird häufig theoretisches Wissen „vermittelt", das gespeichert wird ohne Zusammenhang mit seiner Anwendung im Alltag. „Denn sie tun nicht, was sie wissen!" so könnte die Klage vieler Lehrpersonen als Umkehrung eines Bibelspruchs (Lukas 23, 34, nach Wahl 2006) lauten, wenn sie über den Lernerfolg ihrer Schülerinnen reden. Renkl (1996) hat dieses Problem als „träges Wissen" bezeichnet. Das im Unterricht gelernte theoretische Wissen kann wohl in Prüfungen abgefragt werden, wird aber nicht zur Lösung von handlungsrelevanten Problemen herangezogen. Es wird anscheinend in anderen „Schubladen" bzw. Hirnarealen gespeichert.

Auch Lehrpersonen besitzen durch die zumeist dreizehnjährige Schulerfahrung sehr stabile Subjektive Theorien, die sich als resistent gegenüber Veränderungsbemühungen in Aus- und Weiterbildung erweisen. Sie sind biographisch entstanden und haben sich in der Unterrichtspraxis bewährt. Als Beispiel mag der „fragend-entwickelnde Unterricht" angeführt werden, der immer noch den schulischen Unterricht beherrscht (vgl. Haas 1998). Wahl (2006: 9 ff.) bezeichnet ihn als „Osterhasenpädagogik", weil die Lernenden das Wissen suchen müssen, das die Lehrpersonen versteckt haben. Auch Herrmann (2006: 113 f.) beklagt den immer noch vorherrschenden fragend-entwickelnden und lehrerzentrierten Frontalunterricht, der sein eigenes Störungspotential durch Gleichschaltung aller Gehirne selbst produziert. Eine

Lehrperson, die alles vermittelt, betreibt eine bequeme „Kuschelpädagogik" und lässt keine echte Lust am Lernen aufkommen (ebd.: 117).

Wir beobachten eine Kluft zwischen Wissen und Handeln. Unsere theoretisch erworbenen Wissensstrukturen können wohl erweitert und differenziert sein, haben aber kaum Einfluss auf unser Handeln. Diese differenzierten Wissensstrukturen nennt Wahl (2006) *Subjektive Theorien großer bzw. mittlerer Reichweite*. Sie sind leicht verbalisierbar und kognitiv veränderbar. Im Gegensatz dazu enthalten *Subjektive Theorien kurzer Reichweite* handlungsleitende Strukturen. Diese sind durch vielfältige Wiederholungen im Verlauf des Lebens als Situations- und Handlungsabfolgen gespeichert worden. Biographisch erworbene Subjektive Theorien sind wie Expertenwissen organisiert. Man erkennt das Problem und damit zeitgleich auch mögliche Lösungswege. Das erworbene Wissen ist in Form von Prototypen stets wiederkehrender Situationen – verbunden mit bewährten Handlungsmöglichkeiten bzw. Problemlösungen – gespeichert (Wahl 2006: 21 ff.). Subjektive Theorien geringer Reichweite sind wegen ihrer hohen Verdichtung nur schwer zugänglich und während des Handelns kaum veränderbar.

Nach Benner (1994) zeichnet dieses Handeln Expertinnen, als höchster Stufe der Pflegekompetenz, aus. Sie handeln „intuitiv" in einer schwierigen Pflegesituation, ohne es erklären zu können. Durch ihre Erfahrung erinnern sie sich sofort an viele ähnliche Situationen, die zu bestimmten Handlungstypen Anlass gaben und die nun ihr Handeln bestimmen. Die Qualität dieses Expertenwissens liegt in der hochgradigen Integration von Information, die als „Verdichtung" oder „Strukturkomprimierung" bezeichnet werden kann (vgl. Wahl 1991: 50). Diese Strukturkomprimierung ermöglicht, schnell und souverän auf eine Situation zu reagieren. Die richtigen Handlungsmöglichkeiten müssen von Lernenden nicht in jeder Situation neu erfunden werden. Wittneben (1999) kritisiert, dass in der Pflegeausbildung bisher vorwiegend Sach- und Fachwissen vermittelt wurde, das die Lernenden in der Praxis nicht anwenden konnten. „Pflege braucht eine Ausbildung, in der auch anwendungsrelevantes Handlungswissen vermittelt und erworben wird" (Wittneben 1999: 9).

Wenn schon lebenslang berufliche Situationen und Handlungstypen verdichtet wurden, ist es besonders schwierig, diese wieder zu entdichten und damit bewusstseinsfähig und veränderbar zu machen. Neues Wissen „perlt" sozusagen an den stabilen handlungssteuernden Strukturen ab und verändert sie nicht. Auf diese Weise ergibt sich eine Koexistenz verschiedener, z.T. gegenläufiger Strukturen. Um diese einer bewussten Bearbeitung zuzuführen, müssen sie auf eine der Reflexion zugängliche Ebene gehoben werden. Dies kann in schriftlicher oder mündlicher Form – z.B. durch den „Strukturierten Dialog" – geschehen (vgl. Abb. 5). Dabei können die innerpsychischen Strukturen und Prozesse erfragt und kommunikativ validiert werden.

Abb. 5: Modifiziertes Handlungsmodell zur Erfassung handlungssteuernder Strukturen (Subjektiver Theorien) mit Fragen zum Strukturiertem Dialog (vgl. Schwarz-Govaers 2005: 48)

Fragestellungen zur Situationsauffassung (SA)	**Fragestellungen zur Handlungsauffassung (HA)**	**Fragestellungen zur Ergebnisauffassung (EA)**
Situationsbeschreibung (SB): Beschreiben Sie kurz die Situation!	Handlungsbeschreibung (HB): Was haben Sie getan oder würden Sie tun?	Handlungsfolge (HF): Was ist nach Ihrer Handlung passiert oder könnte passieren?
Emotionale Beteiligung (EB): Was empfinden Sie dabei?	Emotionale Beteiligung (EB): Was geht Ihnen dabei durch den Kopf?	(evtl. Emotionale Beteiligung)
Ursachenerklärung (UE): Wie erklären Sie sich die Situation?	Handlungsziel (HZ): Welche Absicht verfolgen Sie/würden Sie verfolgen?	Handlungs-Folge-Erwartung (HFE): Welche Erwartungen hatten/hätten Sie aufgrund Ihrer Handlung?
Situationseinschätzung (SE): Wie schätzen Sie die Situation ein?	Handlungseinschätzung (HE): Wie schätzen Sie die Handlung ein?	Ergebniseinschätzung (EE): Wie schätzen Sie das Ergebnis ein? Was war Ihnen am Wichtigsten?

Für den „Strukturierten Dialog" sind einige Grundsätze wichtig. Sonst besteht die Gefahr, dass die eigenen Subjektiven Theorien, die während einer Handlung eine Rolle spielten, durch nachträgliche bewusste kognitive Konstruktionen überdeckt werden.

Zu beachten sind
- ein möglichst geringer Zeitabstand zwischen beobachtetem und verbalisiertem Verhalten,
- die Konzentration auf eine gemeinsam ausgewählte Episode aus der Pflegesituation,
- Notizen oder Bandaufzeichnungen als Erinnerungshilfe,
- gezielte Fragen zum vollständigen Handlungsablauf (durch Strukturierten Dialog),
- rückformulierende Fragen zur Verständigung und zum Verhindern von nachträglichen Erklärungen und
- Trenn- und Störfragen zur Unterstützung der Selbstkontrolle.

Entscheidend dabei ist das akzeptierende Verhalten der Interviewerin, um dem Rechtfertigungsdruck der Interviewten zu begegnen (vgl. Schwarz-Govaers 2005: 179 ff.).

Das sequentielle Handlungsmodell nach Wahl (1991: 63) ist geeignet, die innerpsychischen Strukturen und Prozesse zu analysieren.

4.2 Handlungspsychologische Grundlagen zur Prozesskomponente des Modells

„Der Weg vom trägen Wissen zum kompetenten Handeln lässt sich in einer entsprechend gestalteten, handlungspsychologisch begründeten Lernumgebung erfolgreich zurücklegen", so Wahl (2006: 16). Wie kann eine solche Lernumgebung aussehen?

Wenn wir davon ausgehen, dass handlungsrelevantes Wissen in Form von Situations- und Handlungstypen gespeichert ist, gilt es, diese bewusst zu machen und mit neuen Situationen und Handlungen zu verknüpfen. Das neue Wissen muss allerdings nicht nur an die vorhandenen Subjektiven Theorien angedockt werden, es bedarf vielseitiger Wiederholungen, um ebenso verdichtet und vernetzt wieder als Subjektive Theorie zur Verfügung zu stehen wie das ursprüngliche Handlungswissen.

Der Lernprozess lässt sich in drei Phasen beschreiben:
1. Bewusstmachen von Subjektiven Theorien
2. Verändern von Subjektiven Theorien
3. Verdichten/Sichern von Subjektiven Theorien

Wahl (2006) nennt sie neu:
1. Lernschritt: Handlungssteuernde Strukturen bearbeitbar machen
2. Lernschritt: Handlungssteuernde Strukturen durch Entwickeln neuer Problemlösungen verändern
3. Lernschritt: Neues Handeln in Gang bringen

Lernphase I: Bewusstmachen der ST (Handlungssteuernde Strukturen bearbeitbar machen)

Das „Bewusstmachen" von Subjektiven Theorien als erstem Lernschritt kann damit beginnen, dass die Lernenden gefragt werden, was sie zu einem Thema wissen oder schon erlebt haben. Das ist der allseits bekannten pädagogischen Regel geschuldet, den Schüler dort abzuholen, wo er steht. Dies erlaubt ein Anknüpfen von neuem Wissen an vorhandenes, sichert aber noch keine Veränderung. Erst wenn wir die handlungssteuernden Strukturen und Prozesse innerhalb eines Themas einer Bearbeitung zugänglich machen, können Veränderungen in Gang gesetzt werden. Dazu werden die handlungsleitenden Subjektiven Theorien geringer Reichweite durch Formen des Bewusstmachens, Problematisierens und Konfrontierens auf die reflexive Ebene subjektiver Theorien größerer Reichweite gehoben. Mildere Zugänge sind z.B. die Selbstreflexion, die Selbstbeobachtung oder der Perspektivenwechsel. Dadurch können die eigenen Gedanken und Gefühle zu einer Situation „entdichtet" (Wahl 2006: 29) und Handlungssteuerungen durchschaut werden. Stärkere Formen der Konfrontation mit den eigenen Subjektiven Theorien können durch die Szene-Stop-Reaktion bzw. „Simulierte Handlung" oder die Struktur-Lege-Technik (vgl. Wahl 1991, in Schwarz-Govaers 2005) zu einem Thema oder einer Situation gewählt werden. Am stärksten wirken Rückmeldungen durch Beteiligte wie TandempartnerIn, ExpertIn oder Betroffene nach einer selbst erlebten Situation.

Der „Pädagogische Doppeldecker" ist eine weitere Form des Bewusstmachens (Wahl 2006: 62 ff.). Er bedeutet, dass ich das, was ich unterrichte, auch lebe. Viele Pädagogen sind in der Lage, z. B. komplexe Konzepte des selbstorganisierten Lernens den Studierenden per PowerPoint zu vermitteln, haben aber größte Schwierigkeiten, selbst Formen des handlungsorientierten Unterrichts anzuwenden. Der Doppeldecker lässt sich auch im Pflegeunterricht einsetzen. Dann werden nicht nur die Subjektiven Theorien der Lernenden bewusst gemacht, sondern es werden auch den PatientInnen eigene Vorstellungen zu ihrer Gesundheit zugestanden. Das Bewusstmachen der Subjektiven Theorien zusammen mit den zu Pflegenden ermöglicht eine Korrektur ihrer Gesundheitsauffassung und Gesundheitsförderung. Dies gelingt nach Darmann (2002: 88) nur, wenn die subjektiven Wertpräferenzen des Patienten berücksichtigt werden. Der Auftrag zur Gesundheitsförderung (vgl. KrPflG 2003) wäre damit durch eine wirksame Komponente zur Veränderung von Gesundheitsverhalten erweitert.

Lernphase II: Verändern der ST (Handlungssteuernde Strukturen durch Entwickeln neuer Problemlösungen verändern)
Im 2. Lernschritt erfolgt das „Verändern" der Subjektiven Theorien anhand von geeigneter Literatur. Das Selbststudium sollte ergänzt werden durch die Informationsaufnahme anhand klar strukturierter, übergeordneter Vorlesungen und Expertengespräche. Dabei gilt es, einen Austausch zwischen den eigenen Subjektiven Theorien und wissenschaftlichen Theorien herzustellen. Entscheidend ist dabei immer wieder, die eigenen Subjektiven Theorien – z. B. anhand von Lernfragen –, mit den wissenschaftlichen Antworten in Beziehung zu setzen, um ein erweitertes semantisches Netzwerk im Gehirn aufzubauen. Denn das Gehirn ist immer auf der Suche nach Erlernbarem und versucht ständig, Neues mit bereits Bekanntem zu verbinden (vgl. Braun/Meier 2006: 104 ff.). Es ist auf Sozialverhalten ausgerichtet und mit Emotionen verknüpft. So sind alle Formen aktiven Lernens geeignet, die semantischen, emotionalen und prozeduralen Gedächtnisnetzwerke zu erweitern, wie z.B. Methoden des „Wechselseitigen Lehren und Lernen" (WELL) (vgl. Huber 2004), Tandem- oder Kleingruppenarbeit und die Strukturlegetechnik. Dabei sollten Lernlücken geschlossen, der Lernzuwachs gesichert sowie der Lernprozess und das Lernergebnis reflektiert werden.

Lernphase III: Verdichten der ST (Neues Handeln in Gang bringen)

Im 3. Lernschritt erfolgt das „Verdichten" des Gelernten, um die Subjektiven Theorien größerer Reichweite in neue handlungssteuernde Strukturen und Prozesse zu überführen (ST kurzer Reichweite). Dabei können modellhafte Präsentationen, Berichte, Videos oder gelungene Handlungen bei Hospitationen das „gute Bild" einer anzustrebenden Handlung vermitteln (Wahl 2006: 34). Entsprechend diesem Bild lassen sich Handlungen planen, bei denen die neuen Wissensstrukturen für konkrete Situationen eingesetzt und geübt werden. Im Tandem bieten sich verschiedene Trainingsvarianten wie Rollenspiel, Simulierte Handlung, Szene-Stop-Reaktion und Micro-Acting für reale Anwendungssituationen an (nach Möglichkeit mit simulierenden Patienten und Videoreflexion wie im Skillslab). Damit wird professionelles Handeln in Gang gesetzt, indem die entwickelten Problemlösungen in (neue) handlungsleitende Strukturen überführt werden, die es erlauben, im Praxisfeld unter Druck situationsadäquat zu reagieren (ebd.: 35).

Abb. 6: Lernprozesse/-phasen beim „Bearbeiten von Subjektiven Theorien"

	Lernprozesse beim Bearbeiten von ST
1. Lernphase	Bewusstmachen von ST (Handlungssteuernde Strukturen bearbeitbar machen)
2. Lernphase	Verändern von ST (Handlungssteuernde Strukturen durch Entwickeln neuer Problemlösungen verändern)
3. Lernphase	Verdichten und Sichern von ST (Neues Handeln in Gang bringen)
Transferphase	Problemlösung/Probehandeln mit KOPING: Einzel-, Partner-, gruppenbezogene Arbeit

4.3 Handlungspsychologische Grundlagen zur Strategiekomponente des Modells

Die *Lernstrategie* ist eng mit dem *Lernprozess* und der *Lernstruktur* verknüpft und z. T. schon dort beschrieben. Die Lernschritte der „innovativen Lernumgebung" von Wahl werden in dem von mir beschriebenen Modell mit den Lernschritten des problembasierten Lernens (PBL) verbunden. Problembasiertes Lernen wird hier im Sinne der Begründer aus Kanada (Barrows 1968, Universität McMaster in Hamilton) verwendet (vgl. Barrows/Tamblyn 1980). Es wurde für die Medizinerausbildung entwickelt, die nicht nur theoretisches Wissen, sondern als Handlungswissenschaft auch auf handelndes Wissen ausgerichtet sein sollte (vgl. Gräsel/Mandl 1993). PBL geht von einer problemhaltigen Situation aus, bevor neue Inhalte erarbeitet werden, im Gegensatz zum problemorientierten Lernen (POL), bei dem das Problem auch in der Mitte oder am Ende eines Lernprozesses stehen kann. Die 1974 neu gegründete Universität Maastricht übertrug das kanadische Lernmodell des PBL mit dem „triple jump" auf den Maastrichter „Seven jump" (vgl. Moust u. a. 1999). Beide haben Einzug in Studiengänge Nordeuropas gehalten, teilweise auch in den USA, in Afrika und Asien. In der Schweiz und in Deutschland sind vor allem in medizinischen Studiengängen PBL-Anteile enthalten. Für die Pflegeausbildung wurde in Zürich ab 2000 ein PBL-Modellcurriculum nach holländischem Vorbild von mir mit entwickelt und ab 2004 erprobt (Careum Fachstelle PBL für Gesundheitsberufe 2004). Inzwischen (2008) wenden in der Schweiz fast alle Pflegeausbildungen Teile des PBL und Skillslab an. Der „Siebensprung" des problembasierten Lernens findet in unterschiedlichen Lernsettings und Schritten statt (vgl. u. a. van Meer 1994, Schwarz-Govaers 2005). Ebenfalls von mir wurde ein achter Schritt für die Verdichtungsphase bzw. das Skillslab eingeführt (Schwarz-Govaers 2003).

PBL-Phase I: Problemanalyse
(„Bewusstmachen von ST" = PBL-Schritte 1–5)

Die Phase I dient dem Bewusstmachen der Subjektiven Theorien zu einem Thema. Dies wird in eine für die Lernenden bedeutsame und neugierig machende Lernsituation eingebettet. Es kann sich dabei um eine berufliche Konflikt- oder Dilemmasituation handeln, aber auch als Bild, Text oder Film einen „kognitiven Konflikt" (Landwehr 1994) oder „Neuigkeitsdetektor" (nach Spitzer 2002) auslösen. Da Lernprozesse ohne Kontext (Situationen, Geschichten) wenig erfolgreich sind, schließen Lernsituationen an Bekanntes an, enthalten aber noch genügend Offenheit, um Fragen auszulösen. Denn nur aus Kontexten werden im Gehirn Regeln und Muster extrahiert, die dann für kognitive Verstehensprozesse zur Verfügung stehen (kontextloses Auswendiglernen wird rasch wieder vergessen; vgl. Herrmann 2006: 120). Deshalb ist zu beachten, dass der Aktualisierung des eigenen Vorwissens und der Hypothesenbildung genügend Zeit eingeräumt werden, bevor die zu bearbeitenden Lernfragen (Lernziele) festgelegt werden. Je mehr Vorwissen bereits vorhanden ist, desto besser ist die Anschlussfähigkeit. Existiert kein Vorwissen oder bestimmter Bedeutungskontext im Gehirn, dann findet keine Bedeutungskonstruktion statt (Roth 2006: 51 ff.). Lernen als Kommunikationsprozess ist auch nach Erkenntnissen der Neurodidaktik (Herrmann 2006: 15) am erfolgreichsten in und durch Gruppen und ermöglicht zugleich optimale Individualisierung. „Denn bei einer persönlichen Involviertheit werden stärker (…) limbische Strukturen und Teile des Stirnhirns (…) angesprochen und damit aktiviert, was zu einer tieferen Verarbeitung der Inhalte führt" (Brand/Markowitsch 2006: 74).

Als *Lernstrategie* erfolgt *b*eim PBL die Phase 1 in einer Gruppe von 8 bis 12 Personen. Sie wird von einer TutorIn begleitet und dauert je nach Erfahrungshintergrund zwischen 45 und 90 Minuten. Zuerst werden undeutliche

Termini und Begriffe geklärt, um von einem gemeinsamen Verständnis ausgehen zu können (Schritt 1). Dann werden die zentralen Fragestellungen bzw. das Problem zu einer Lern- oder Handlungssituation bestimmt, um die Grenzen des Themas abstecken zu können (Schritt 2). Als 3. Schritt soll das Problem aufgrund von Vorwissen im Brainstorming erklärt bzw. analysiert werden, um die eigenen bisherigen Vorstellungen und Erfahrungen bzw. Subjektiven Theorien zu aktivieren und bewusst zu machen. Diese Erklärungen müssen in Schritt 4 hinterfragt, systematisiert und in Aussagen bzw. Hypothesen zusammengefasst werden, um Zusammenhänge oder Gegensätze aufzuzeigen und Unklarheiten deutlich zu machen. Daraus können als 5. Schritt Lernziele oder Lernfragen formuliert werden, um Hypothesen zu überprüfen und das Wissen festzulegen, das noch fehlt und bearbeitet werden soll.

PBL-Phase II: Problembearbeitung
(„Verändern von ST" = PBL-Schritt 6)

Die Phase II dient dem Beantworten der Lernfragen und spielt sich vorwiegend im Einzelstudium ab. Das neue Wissen findet Anschluss an das Vorwissen und wird dadurch besser behalten.

Problembasiertes Lernen gründet auf ein konstruktivistisches Lernverständnis, wie es in verschiedenen pädagogischen Ansätzen beschrieben ist (vgl. Gerstenmaier/Mandl 1995). Nach Simons (1992) und Mandl (vgl. Mandl/ Reinmann-Rothmeier 1999) soll der Lernprozess nicht nur konstruktiv, sondern auch aktiv, selbstgesteuert, situativ sowie sozial gestaltet werden. Wissen ist aus konstruktivistischer Perspektive keine Kopie der Wirklichkeit, sondern eine Konstruktion von Menschen. Deshalb kann Wissen nicht übertragen werden, es muss im Gehirn eines jeden Lernenden neu geschaffen werden (Roth 2006: 49). In konstruktivistischen Lernumgebungen konstruieren die Lernenden ihr Wissen aus komplexen, realistischen Problemen in authentischen Situationen (Dubs 1995).

Das „Verändern von ST" findet in individueller aktiver Informationsbearbeitung statt. Für das Einzelstudium sollte je nach Zielsetzung und Aufgabenkomplexität 2 bis 8 Stunden reserviert werden. Die Lernenden studieren in einer IT-Studienlandschaft oder bei sich zu Hause. Während dieser Phase sollte eine Vorlesung und – je nach Bedarf – eine oder mehrere ExpertInnenbefragungen zum Thema angeboten werden. Hier sind kleine Sandwichs angemessen, wie Phasen der subjektiven Auseinandersetzung mit Partnern und Phasen der Vermittlung im Plenum. Die gesammelten und bearbeiteten Informationen tragen dazu bei, die Lernfragen beantworten zu können, eigenen Unklarheiten nachzugehen und neue Erkenntnisse zu gewinnen.

Phase III: Erweitertes Problemverständnis
(„Verdichten von ST" = PBL-Schritt 7)

In der Phase III trifft sich die Lerngruppe wieder, um ihre aufgrund der Lernfragen erarbeiteten Ergebnisse auszutauschen, kritisch zu überprüfen und zu sichern. Anstatt arbeitsteiliger Präsentationen durch die Lernenden können Formen des „Wechselseitigen Lehrens und Lernens" („WELL" nach Huber 2004) oder das „Gruppen-Puzzle" (Aronson u. a. 1978) zum Austausch und zur Überprüfung des Erarbeiteten eingesetzt werden. Durch Partnerarbeit oder Rollenspiele lassen sich Inhalte verstärkt reflektieren und sichern. Ein Rückblick auf die ursprüngliche Aufgabenstellung zwingt zur Überprüfung der neuen Erkenntnisse und des veränderten Problembewusstseins. Zum Schluss wird der Lernprozess beurteilt, um die Lernergebnisse, die Lernorganisation und die Zusammenarbeit in der Gruppe bestätigen oder verbessern zu können (Evaluation von Struktur, Prozess und Ergebnis).

Transferphase: Probehandeln (Schritt 8)

Handlungskonzeptionen, Anwendungs- und Übungsaufgaben dienen dazu, das neue Wissen zu verdichten und unter vielfältigen Perspektiven zu erproben wie im Skillslab bzw. in der Lernwerkstatt vorgesehen (Schritt 8). Dieser Schritt verbindet das neu Gelernte mit Handlungsanweisungen, die im Übungsraum erprobt werden können und auf reale Situationen im Berufsalltag vorbereiten. Damit besteht die Chance, neues Handeln in der Praxis weiter zu festigen und dadurch wieder verdichtete Prototypenstrukturen von Situation und Handlung zu erhalten.

Die *Lernstrategie* des Wahl-Modells mit dem Sandwichprinzip und KOPING betont die individuellen aktiven Lernphasen. Diese werden wie bei einem Sandwich zwischen die Vermittlungsphasen geschoben (= kleiner Sandwich). Die Vermittlung bezieht sich auch auf Bewusstmachungsstrategien, bevor neue Theorien angeknüpft werden. Daran schließen sich KOPING-Phasen an, in denen in Kleingruppen ein Erfahrungsaustausch zum Gelernten und eine Problembestimmung stattfindet (**Ko**mmunikative **P**raxisbewältigung **in G**ruppen). In Tandems werden diese Probleme dann einer Lösung zugeführt und in der Praxis umgesetzt (= großes Sandwich), bevor wieder neue Vermittlungsphasen mit kleinem Sandwich erfolgen.

Beim problembasierten Lernen kommt im Unterschied dazu die Vermittlungsphase erst dann, wenn die Subjektiven Theorien zu einer Situation oder einem Thema in der Gruppe elaboriert wurden. Diese Abfolge erleichtert ein Anknüpfen von neuem Wissen an eigenes Vorwissen. Wenn zuerst das Expertenwissen vermittelt wird, besteht die Gefahr, dass die eigenen Konstruktionen neben dem neuen Wissen bestehen bleiben. Meistens nimmt man diese schnell an, weil die Informationen überzeugend sind.

Wahl hält das Einschieben von individuellen Lernphasen zur Auseinandersetzung mit den vermittelten Inhalten für zwingend erforderlich und in der

Schul- wie Hochschullandschaft noch für keineswegs selbstverständlich (Wahl 2006: 98). Die Individualität von Lernprozessen erfordert zwingend Phasen der selbständigen Auseinandersetzung mit neuem Wissen in eigenem Tempo. Beim Sandwichprinzip werden diese Phasen regelmäßig eingeschoben.

Abb. 7: Lernstrategien/-formen im PBL (erweitert)

1. PBL-Schritt 1-5	Tutoratsgruppe
2. PBL-Schritt 6	Selbststudium/Plenum/Tandemarbeit
3. PBL-Schritt 7	Tutoratsgruppe
Schritt 8: Skillslab mit Orientierungs-, Übungs- und Beherrschungsphase (Abb. 8)	KOPING: Einzel-, Tandem-, gruppenbezogene Arbeit

Auch im Skillslab sind die Lernschritte von der Orientierungsphase über die Übungs- bis zur Beherrschungsphase bestimmt. „Das Skillslabor ist eine der Berufsrealität nachempfundene Lernumgebung. Es ermöglicht, komplexes berufliches Handeln und Verhalten in einem konstruierten Setting zu üben und verschiedene Handlungsalternativen auszuprobieren. Die Aneignung der Skills erfolgt in drei Lernphasen und sechs Lernschritten" (Riedo 2006: 41). Wir haben für das Züricher PBL-Curriculum die drei Phasen des Skillslab mit den sechs Schritten des Modells der „kognitiven Berufslehre" (Collins u. a. 1989) verbunden: ‚Modeling' in der Orientierungsphase, ‚Coaching', ‚scaffolding', ‚articulation' in der Übungsphase, ‚reflection' und ‚exploration' in der Beherrschungsphase.

Abb. 8: Lernstrategien/-formen im Skillslab
 (nach Ludwig 2004; Riedo 2006; Schwarz-Govaers 2005: 107 f.)

1. Orientierungsphase im Skillslab	2. Übungsphase im Skillslab	3. Beherrschungsphase im Skillslab
Kognitives Kennenlernen der zu erwartenden Handlung oder Fähigkeit mit theoretischer und praktischer Demonstration (modeling)	Angeleitetes und selbstständiges Üben mit Integration der motorischen, sozialen und kognitiven Fähigkeiten durch das Probehandeln mit „Simulationspatienten" oder Rollenspielen (coaching, scaffolding und articulation)	Wird in der Prüfungssituation bei Simulationspatienten gezeigt, in der die Koordination verschiedener Handlungsabläufe in den Handlungsdimensionen kognitiver, affektiver, sozialer und psychomotorischer Art gefordert ist. Danach kann die begleitete Anwendung der Handlung in der Praxis erfolgen (reflection und exploration).
Einzelarbeit	Gruppen- u. Tandemarbeit	Einzelarbeit

Ich sehe die Lernumgebung beim problembasierten Lernen als gelungene Synthese von aktivem Lernen und inhaltlicher wie lernstrategischer Orientierung. Dazu muss klar sein, dass die Rahmenziele, -inhalte und -vorgaben beim PBL zu Beginn eines komplexen Lernprozesses, wie z. B. in einem Lernmodul im Sinne eines „Advance Organizers" formuliert sind (vgl. Ausubel bei Wahl 2006: 139 ff.). Die Problemaufgaben beziehen sich trotz Offenheit auf die Zielvorgaben; eine lernstrategische Orientierung erfolgt durch klare Regeln für den Wechsel von Gruppen- und Selbstlernprozessen. Wird PBL im Sinne von Wahl verstanden, erhält es eine hilfreiche lernpsychologische Begründung, die viele Missverständnisse und Kurzschlüsse aus dem Weg räumt. Denn durch problembasiertes Lernen können in besonderer Weise Subjektive Theorien bewusst gemacht, verändert und verdichtet werden.

5. Pflegedidaktische Handlungsfelder

5.1 Die Anwendung des Arbeitsmodells zur Pflegedidaktik im Unterricht

Im beruflichen Lernen finden die handlungstheoretischen *Strukturen*, die lerntheoretischen *Prozesse* wie auch die didaktisch-methodischen *Strategien* als die drei Teile des Modells einzeln oder gemeinsam Anwendung.

Die handlungstheoretischen Lernstrukturen

Die handlungstheoretischen Strukturen des sequentiellen Handlungsmodells zeigen sich in allen Berufssituationen. Sie können nach den Inhalten zur Situations-, Handlungs- und Ergebnisauffassung analysiert werden. Die Hauptkategorien und Unterkategorien lassen sich auch auf andere Gesundheitsberufe übertragen. Es macht Sinn, auch im Unterricht die Themen nach dem Verständnis von Situation, Handlung und Ergebnis (SA, HA und EA) zu reflektieren, weil unser Handlungswissen in dieser Form gespeichert ist. Diese Reflexion kann zu Beginn eines neuen Themas erfolgen, indem mit einer beruflichen Situation zum Thema gestartet wird. Das kann durch eine schriftliche Befragung oder ein mündliches Gespräch erfolgen.

Entsprechend dem „Strukturierten Dialog" (vgl. Abb. 5) können die Lernenden Erklärungen und Empfindungen zur Situation formulieren, dazu folgt eine individuelle oder kollektive Einschätzung der Situation (Fragen zur Situationsauffassung). Ebenfalls haben die Lernenden Vorstellungen, wie sie in der Situation reagieren und welche Absichten sie damit befolgen würden (Fragen zur Handlungsauffassung). Eine Einschätzung der Handlung kann zeigen, wie viel Unsicherheit und Unwissen, Angst oder Abwehr vorhanden ist. Hier besteht genügend Anlass zum Formulieren von Lernfragen, speziell wenn auch noch geklärt wird, wie unterschiedlich die Erwartungen an die Folgen ihres Handelns sind (Fragen zur Ergebnisauffassung). Anstelle eines vorgegebenen, schriftlich formulierten oder auf Video gezeigten Situationsbeispiels können die Lernenden auch eigene Situationen zu dem gewählten Thema assoziieren. Dies sollte allerdings zuerst schriftlich in Einzelarbeit anhand der Fragen zum Handlungsmodell erfolgen. Anschließend kann es in Partnerarbeit ausgetauscht, dann auf Karten reduziert in einer Gruppenarbeit als Strukturbilder zusammengefasst und im Plenum diskutiert werden. Lernbedarf entsteht dadurch auf jeden Fall. Der gleiche Lernprozess kann auch zum Verdichten des Gelernten und zur Überprüfung dienen. Dazu werden die gleichen Fragen in gekürzter Form verwendet.

Die lerntheoretischen Prozesse

Die lerntheoretischen Prozesse zum „Bewusstmachen – Verändern – Verdichten" sind durch die Inhaltsanalyse schon in Gang gesetzt. Damit neues Handlungswissen nicht isoliert in einzelnen „Schubladen" abgespeichert wird und damit träge bleibt, ist es wichtig, die eigenen Vorstellungen zum Handeln erst einmal bewusst zu machen, insbesondere bei Themen, zu denen sich schon Handlungskonstruktionen im Verlauf des Lebens oder des Berufs verdichtet haben. Sind zu einer Situation *Subjektive Theorien größerer Reichweite* vorhanden, können sie durch Gruppendiskussionen verbalisiert, miteinander verglichen und Korrektur- bzw. Ergänzungsbedarf bestimmt werden. Die vorhandenen Schemata im Gehirn werden erweitert (assimiliert) oder verändert (akkomodiert).

Die handlungsleitenden Strukturen im Gehirn, also *Subjektive Theorien kurzer Reichweite*, bedürfen häufig eines erweiterten Einsatzes, um sie bewusst zu machen. Reicht das Verbalisieren in der Gruppe nicht aus, sind schriftliche Brainstormings in Einzelarbeit auf Karten oder Zetteln ein möglicher Schritt. Verschiedene weitere Konfrontationstechniken zum Bewusstmachen der ST lassen eine Selbstreflexion oder Selbstbeobachtung zu. Das kann durch Perspektivenwechsel, Szene-Stopp-Reaktion oder Feedback durch Tandempartnerin, Kleingruppe oder Expertinnen angeregt werden. Lernende sind wegen der damit verbundenen Verunsicherung auf ein tragfähiges soziales Netzwerk angewiesen, das die Motivation zum Bewusstmachen der Subjektiven Theorie aufrecht erhält. Diese Verunsicherung löst Fragen aus, die einer Bearbeitung der Subjektiven Theorie zugänglich sind.

Neues Wissen kann nun in die entdichteten Netzwerke eingeflochten werden, sei es in Einzelarbeit durch Lektüre, Internet und Video oder durch Vorlesungen und Expertenbefragung. Dabei müssen die eigenen Subjektiven Theorien immer wieder mit den neuen Theorien in Beziehung gebracht und überprüft werden. Tandempartnerinnen und Kleingruppen können diesen Lernprozess ergänzen, aber nicht ersetzen. Das neu konstruierte Wissen bedarf vielfältiger Verdichtungsformen durch Vorausplanungen von Handeln, Simulationstechniken, Transferübungen und ein kontinuierliches Feedback, bis es in der Praxis den Handlungsablauf steuert.

Die didaktisch-methodischen Lernstrategien

Die Unterrichtsstrategien orientieren sich an den Schritten des PBL und an den Phasen zum Verändern von ST (Wahl 2006: 29 ff.). Innerhalb oder zwischen den einzelnen Phasen können Einzel-, Tandem- oder Gruppenarbeit eingeschoben werden. Die sozialen Netzwerke der „Kommunikativen Praxisbewältigung in Gruppen" (KOPING) sind bedeutsam, um den Umlernprozess zu sichern. Diese Unterstützung ist durch PBL ebenfalls gewährleistet.

Ein PBL-Block oder PBL-Modul beginnt mit einer Einführung in die zentralen Inhalte, in die anzustrebenden Kompetenzen und in die Modulorganisation. Die Lernenden werden nacheinander mit verschiedenen Lernaufgaben konfrontiert. Das können Situationsbeschreibungen sein, die die Auseinandersetzung mit einem beruflichen Problem oder einer thematischen Fragestellung verlangen. Die Phasen des Bewusstmachens der Subjektiven Theorien und des Verdichtens finden beim PBL in Gruppen statt, die Phase des Veränderns oder Umlernens durch selbstorganisiertes Lernen. Vorlesungen und Expertenbefragungen dienen ebenso wie der viel geschmähte Frontalunterricht der individuellen Informationssammlung und der Beantwortung der eigenen Lernfragen.

Eine den Lernprozess begleitende Tutorin macht auf Unstimmigkeiten aufmerksam, sollten sie nicht von der Gruppe kommen. Sie bedürfen einer nochmaligen Bearbeitung. Wenn die Tutorin die Fehler korrigiert und schnell noch einen Input nachschiebt, dann kann mit ziemlicher Sicherheit angenommen werden, dass die Lernenden ihren Suchprozess in der zweiten Phase abkürzen, denn „der Lehrer wird's schon richten!". Für die Tutorin besteht die eigentliche Herausforderung darin, diesen Balanceakt durchzuhalten, wann und in welcher Form bzw. Fragestellung einzugreifen ist.

Nach der dritten Phase sind die Subjektiven Theorien erweitert oder korrigiert, doch ist noch nicht sicher, ob sich das neue Denken im Handeln zeigt. Deshalb sind zwingend die Lernstrategien des Transfers zu beachten, die beim PBL durch das Skillslab oder bei Wahl durch die KOPING-Phasen gewährleistet sind. Im Skillslab können die handlungsrelevanten Fähigkeiten und Fertigkeiten durch Arbeitsbücher, audiovisuelle Medien oder eine Trainerpräsentation noch einmal bewusst gemacht werden. Sie können mit einer Tandempartnerin anhand von Checklisten geübt, als Planungshandeln in einer Simulation mit anderen Lernenden oder mit Simulationspatienten ausgeführt und durch Videofeedback in der Gruppe reflektiert und ggf. korrigiert und gefestigt werden. Aber auch dann bedürfen sie noch der weiteren Sicherung im Praxisalltag, um wirklich so weit verdichtet zu sein, dass sie auch unter Druck das Handeln bestimmen.

5.2 Die Anwendung des Arbeitsmodells in der Pflegepraxis

Die drei Phasen des Lernprozesses sind auch für die Pflegepraxis bedeutsam. Sind die Lernbegleiterinnen oder Anleiterinnen geschult, so können z. B. spezielle Themen des Praktikumfeldes, die im schulischen Curriculum zu kurz kommen, mit den Lernenden bearbeitet werden. An einem Praxislerntag mit Lernenden verschiedener Ausbildungsstufen kann eine Lernaufgabe so gestellt werden, dass ihnen unterschiedliches Lernmaterial zur Verfügung gestellt wird, das sie im Selbststudium erarbeiten können. Die Diskussion der Ergebnisse führt zu einer Bereicherung für alle Ausbildungsstufen und verknüpft für alle neues Wissen mit Handeln durch die Anwendung des Gelernten, sei es am Krankenbett oder bei bestimmten speziellen Techniken.

Im beruflichen Alltag sind Lernbegleiterinnen gefordert, die nicht einfach die neuen Handlungen in der Pflege vormachen und zum Nachmachen auffordern. Sie sollten mit den Lernenden zusammen deren subjektive Vorstellungen zu einer Handlung erfragen und reflektieren, bevor sie die neuen oder „richtigen" Lösungswege aufzeigen oder entwickeln lassen. Hier ist das Modell des Cognitive Apprenticeship (Collins/Brown u. a. 1989) hilfreich. Die Phase des „Modeling" verlangt zwingend eine gemeinsame Situationsklärung. So können falsche, unvollständige Konstruktionen und Handlungsmuster bewusst gemacht werden und bleiben nicht als gut verdichtete Handlungstypen unkorrigiert bestehen. Wir wissen, dass sie unter Druck wieder zum Vorschein kommen, es sei denn, die neuen Handlungen finden durch vielseitige, kontrollierte Wiederholungen und Sicherungsstrategien genügend Vernetzung und Stabilität. Hier haben die Methoden des „Coaching" und „Scaffolding" ihren Platz, die durch klare Rahmenvorgaben begleiten und sichern, bevor durch „Artikulation", „Reflektion" und „Exploration" (Besprechen, Reflektieren und Erproben) die Verdichtung und damit die Automatisierung erfolgen kann. Ein Skillslab bzw. eine Lernwerkstatt in der Praxis leistet auf jeden Fall einen bedeutsamen Beitrag zur Sicherung des Gelernten.

5.3 Die Anwendung des Arbeitsmodells in der Innerbetrieblichen Fortbildung

Kontinuierliche Fortbildung im eigenen Berufsfeld wird als bedeutsamer Faktor zur Qualitätssicherung in der Pflege, aber auch zum eigenen Berufserhalt gesehen. Innerbetriebliche Fortbildungen (IBF) bieten Mitarbeiterinnen die Möglichkeit, sich über die neuesten Erkenntnisse des Berufs und der Techniken des Betriebs zu informieren. Diese Maßnahmen sollten aber auch zur Qualitätssicherung und zur Entwicklung einer lernenden Organisation beitragen. Für die Durchführung von Innerbetrieblichen Fortbildungsmaßnahmen sind meist Pflegeexpertinnen und Dozentinnen aus verschiedenen beruflichen Fachrichtungen verantwortlich. In der Praxis vermitteln sie häufig in längeren Vorträgen ihre gesammelten Erkenntnisse und lassen oftmals trotz großem Interesse erschöpfte Teilnehmerinnen zurück.

Zusammen mit diesen Pflegeexpertinnen können neue Formen des Lernens entwickelt werden, gleichgültig, ob die IBF über Mittag in 45 Minuten stattfindet oder für einen Tag oder für ein Jahresprogramm geplant ist. Denn wenn neue Erkenntnisse und Theorien nur dann in die eigenen Handlungsstrukturen und -prozesse integriert werden, wenn sie mit den vorhandenen verknüpft wurden, dann sollten sie in allen Bildungsmaßnahmen, also auch in der Innerbetrieblichen Fortbildung, Beachtung finden (vgl. Schwarz-Govaers 2005: 582). Statt eines Vortrags mit anschließender Diskussion – oft mühsam, da nur wenige reden – bringt das Arbeitsmodell zum Verändern von Subjektiven Theorien alle Teilnehmerinnen zu aktiver Auseinandersetzung mit dem Thema. Auch von 45 Minuten können fünf Minuten abgezweigt werden. Sie werden als Einstieg genutzt, zur Analyse der eigenen Vorstellungen und Gedanken zum Thema, um sie anschließend mit einer Nachbarin auszutauschen. Fragen, die sich daraus ergeben, können auf Karten geschrieben und aufgehängt oder bei großen Gruppen einfach genannt und auf Flipchart notiert werden. Nach zehn bis fünfzehn Minuten kann sich der Vortrag anschließen, der nicht zwingend auf die Fragen Antwort gibt, aber alle veranlasst, genau zuzuhören. Nach 15 bis 20 Minuten – länger sollte ein Vortrag ohnehin nicht dauern – können dann die Fragen besprochen werden, entweder zuerst mit der Partnerin oder gleich im Plenum. Was in dieser Diskussion nicht geklärt werden kann, bedarf einer weiteren, möglichst eigenständigen Recherche. Das hält das Interesse am Thema wach. Die häufig für den beruflichen Alltag nachgewiesene Unwirksamkeit von Fortbildungen kann so gravierend verbessert werden (vgl. Heinrich/Kraatz 2001 oder das Nationale Forschungsprojekt 33 der Schweiz zur „Wirksamkeit der Bildungssysteme", z.B. Schöni/Wicki 1995). Wenn mehr Zeit für die Fortbildung zur Verfügung steht, gelten alle für den Unterricht beschriebenen Methoden.

5.4 Die Anwendung des Arbeitsmodells bei der Curriculumentwicklung für die Berufsausbildung

Das Arbeitsmodell kann als eine Antwort auf die Empfehlungen der KMK (Kultusministerkonferenz 1991; 2000) für eine lernfeldbasierte Berufsausbildung betrachtet werden. Hier wie dort ist der Ausgangspunkt des Lernens eine Lernsituation, die exemplarisch möglichst authentische Handlungssituationen des Berufs abbildet. Diese werden laut KMK aus den zentralen Handlungsfeldern des Berufs ermittelt und als schulisch aufbereitete, didaktisch begründete Lernfelder mit handlungsorientierten Lernsituationen bearbeitet.

Die Konstruktion des Curriculums verläuft in ähnlichen Phasen wie für das Lernfeldkonzept beschrieben (vgl. Schwarz-Govaers 2006). Zuerst müssen die Problem- oder Handlungsfelder und die Erwartungen an den Beruf bzw. an die zu erreichenden Kompetenzen am Ende einer Ausbildung bestimmt werden. Dabei sind inhaltliche Entscheidungen über die exemplarische und die grundlegende Gegenwarts- wie Zukunftsbedeutung (Klafki, nach Bader 2003) zu treffen. Daraus entstehen Themenblöcke – oder eben Lernfelder –, die in eine Abfolge gebracht, mit Kompetenzen, Lerninhalten und Fachgebieten beschrieben und dem Zeitkontingent und den möglichen Lernstrategien zugeordnet werden. Zuletzt sind für jeden Themenblock Lernsituationen zu gestalten, deren *Lernstrukturen und -inhalte* sich durch eine Analyse nach dem sequentiellen Handlungsmodell bestimmen lassen (mit SA, HA und EA). Die *Lernprozesse* des „Bewusstmachens – Veränderns – Verdichtens" sichern durch die *Lernstrategien* des problembasierten Lernens mit KOPING-Elementen einen handlungs- und situationsorientierten Zugang.

In einem problembasierten Curriculum ist der *Lernprozess* als handlungs- bzw. problembasiert vorgegeben. Die einzelnen Themenblöcke bauen aufeinander auf, um das jeweils Gelernte durch die folgenden Lernaufgaben und Module zu festigen. Zu Beginn eines Themenblocks bzw. Lernfeldes wird eine Einführung gegeben, in der die zu entwickelnden Kompetenzen veranschaulicht und deren Prüfungsrelevanz aufgezeigt werden. Für jedes Modul sollte die Prüfungsform angegeben sein und mit den Prinzipien des problembasierten Lernens übereinstimmen. So ist der Rahmen oder das „Spielfeld" im Sinne eines „advance organizer's" (nach Ausubel, in Wahl 2006: 139 ff.) abgesteckt, innerhalb dessen sich der Lernprozess abspielen soll. Wahl weist auf die besondere Bedeutung einer früh („in advance") im Lernprozess vermittelten Experten-Struktur („organizer") oder einer „im Voraus gegebenen Themenvernetzung" hin.

Die *Lernstrategien* bei einem konsequent geplanten PBL-Curriculum geben eine klare Zeitstruktur und Sozialform vor. Dabei lassen sich ein bis zwei Lernaufgaben pro Woche mit den Schritten 1 bis 5 in der Tutoratsgruppe, Schritt 6 in Einzelarbeit und Plenum, evtl. noch in Partnerarbeit und Schritt 7 wieder in der Tutoratsgruppe durchführen. Dazu kommt möglichst immer der Schritt 8, der Transfer im Skillslab, der die Sozialformen von Einzel- oder Partnerarbeit sowie die Arbeit in der Lerngruppe erfordert. Bei zwei Lernaufgaben pro Woche stehen 1½ bis 2 Tage für PBL (Schritt 1 bis 7) und ½ bis 1 Tag für das Skillslab (Schritt 8) zur Verfügung. Zu Beginn der Ausbildung sollte eher mehr Zeit für das Skillslab eingeplant werden. Werden mehrere kleine Sandwichs in die einzelnen Phasen eingebaut, dann halte ich eine Lernaufgabe pro Woche mit einem Wochenthema für angemessen. Problembasiertes Lernen lässt sich je nach Thema und Handlungsrelevanz auch mit zeitlich variablen Phasen gestalten. Hierfür sind größere Planungseinheiten mit weniger Lernaufgaben im Curriculum vorzusehen.

Kritiker bezweifeln, dass die Lernenden mit den Lernaufgaben das lernen, was sie sollen, wenn die Lernziele für die einzelnen Lernaufgaben nicht benannt sind und die Tutorin nicht laufend eingreift. Kennen die Lernenden

den Rahmen oder das „Spielfeld", in dem sie sich frei bewegen können, dann kann die Gruppe sich selbst steuern. Die Regeln sind bekannt, die Zeit begrenzt, auf „Spielrandübertretungen" oder „Fouls" achtet die Tutorin. Sie wird eingreifen, wenn z. B. eine Idee von jemand abgewertet wird bzw. wenn Themen für eine Lernaufgabe diskutiert werden, die erst in einem späteren Modul zum Tragen kommen. Zweifel meldet auch Dubs (2000, in Darmann 2002: 87) an, der eine durchgängig an handlungs- und problemorientierten Lernfeldern ausgerichtete Unterrichtsplanung in Frage stellt. Er schlägt sowohl interdisziplinäre als auch disziplinorientierte Lernfelder vor, die aber nach Darmann (2002: 88) ebenfalls anhand von „disziplinären" Problemstellungen zu erarbeiten sind, um träges Wissen zu vermeiden. Denn „ein sich in Lernsituationen auf Inhalte von Handlungssituationen beziehender Unterricht impliziert unvermeidlicherweise eine Fächerintegration, da Unterrichtsfächer in der Berufswirklichkeit nicht in ihrer Reinheit und Abgegrenztheit auftreten" (Wittneben 2002: 32).

5.5 Die Anwendung des Arbeitsmodells in der Hochschullehre

An den meisten Hochschulen finden gelegentlich Vorlesungen und Seminare statt, die für die einzelnen Studierenden frustrierend sind und wirkungslos bleiben. Neue Theorien und vermittelte Fakten müssen notiert, gelernt und in Prüfungen möglichst vollständig als Wissen wieder parat sein. In erziehungswissenschaftlichen Lehrveranstaltungen wird über wirksame Lernmethoden referiert, aber die Dozentinnen wenden diese Erkenntnisse nicht selbst an.

Schon Reinhard Tausch (Tausch/Tausch 1979) berichtete in den 1970er Jahren über die enttäuschenden Evaluationsergebnisse zum Lehrerverhalten bei seinen Hamburger Studentinnen. In Prüfungen konnte hervorragend über Lehrerverhaltenskonzepte zu „Achtung, Echtheit und Empathie" referiert werden, aber im Unterrichtsverhalten war davon nichts zu erkennen. Auch Mandl/Gerstenmaier (2000) sowie Gräsel/Mandl (1993) zeigten in verschiedenen Forschungsstudien an der Universität München auf, dass Studentinnen ihr erworbenes Wissen nicht anwenden können. In der Medizinerausbildung konnten die Studierenden ihr theoretisches Wissen zum Erstellen einer angemessenen Diagnose nicht genügend nutzen. Auch BWL-Studierende taten sich schwer, ihr vorhandenes wirtschaftliches Wissen umzusetzen und erzielten bei Tests schlechtere Ergebnisse als Pädagogik-Studierende. Wahl selbst hat diesen Frust als Pädagogiklehrer beklagt, wenn trotz eines begeisterten Feedbacks nach Lehrveranstaltungen keine entsprechend positiven Verhaltensweisen in der Praxis der Lehrpersonen nachzuweisen sind. Er betont, dass die subjektive Zufriedenheit und der empfundene Lernzuwachs einer Aus-, Fort- oder Weiterbildung kein taugliches Maß für deren Effektivität sei (Wahl 2006: 13).

Nach meinen eigenen Erfahrungen zeigt Wahl das auch in Vorlesungen mit bis zu 300 Studenten und Studentinnen. Da sollten z. B. jeweils in 3-er Gruppen Karten mit Begriffen zum Thema „Motivation" geordnet und gegenseitig erklärt werden. Dabei kamen die verschiedensten Annahmen zum Ausdruck, die Wahl dann entsprechend in seine Vorlesung einbezog (vielfältige weitere Formen sind beschrieben in Wahl 2006). Bei einem Vortrag vor ca. 400 Eltern- und LehrervertreterInnen gelang es Wahl, das ganze Plenum durch Abstimmungskarten, Fragebögen und andere Aktivitäten in den Lernprozess einzubeziehen. Er machte deutlich, dass Lernprozesse wesentlich auf dem aufbauen, was an Wissen bereits vorhanden ist, wie Ergebnisse der neueren Hirnforschung besagen (vgl. Helmke 2002: 190 ff.). Nach Wahl (in Büsche 2005) steht es schon in der Bibel: „Dem der hat, dem wird gegeben, ..." (Matthäus 13,12). Wo im Gehirn schon Verbindungen bestehen, bilden sich auch noch weitere aus.

Als Lehrbeauftragte berichteten mir Pflegepädagogik-Studierende von ähnlichen Erfahrungen. Sie waren vorwiegend PowerPoint-Vorträgen ausgesetzt. Auch die Seminare dienten weniger der Auseinandersetzung in der Gruppe, sondern der weiteren Präsentation von Themen, die als Referate an die Studierenden verteilt wurden. Diese werden dann mit großem Aufwand vorbereitet, bleiben aber, wenn nicht didaktisch aufbereitet, für die Zuhörenden häufig unzugänglich.

Nach dem hier beschriebenen Arbeitsmodell zur Pflegedidaktik habe ich meine Lehrveranstaltungen anders gestaltet. Ich steige in jedes Thema mit einer realistischen, die Studierenden betroffen machenden Situation ein. Nach gemeinsamer Sammlung des Vorwissens bzw. der eigenen Subjektiven Theorien zur Situation können Fragen zu Lerndefiziten, Meinungsverschiedenheiten und persönlichen Interessen formuliert und dann erst einmal in Einzelarbeit beantwortet werden. Material steht genügend zur Verfügung und Internet und Bibliothek können zu Rate gezogen werden. Manchmal werden nur einzelne Fragen mit verschiedener Literatur bearbeitet, manchmal alle Fragen, aber dafür mit den gleichen Texten. Nach 1 bis 2 Stunden kann eine erste gemeinsame Auseinandersetzung über das erworbene Wissen stattfinden und ein Bezug zu den vor der Bearbeitung formulierten Aussagen hergestellt werden. Manchmal ergänze ich das Selbststudium noch durch eine kurze Präsentation. Auch ohne eine Einführung ins PBL finden die Prozesse und Strategien des handlungstheoretischen Lernmodells Anwendung. Als Konsequenz muss ich selbst die Gesprächsleitungs- und Protokollantinnenrolle übernehmen.

Um in das problembasierte Lernen einzuführen, sollten bei mehr als 15 Studierenden möglichst zwei Gruppen gebildet werden, Die zweite Gruppe beginnt z. B. eine Stunde später mit den Schritten 1–5. Dies konnte ich auch bei einer Semesterprüfung zum Seminar „Handlungsorientierter Unterricht und problemorientiertes Lernen" realisieren, wie dieser kleine Bericht aus der Praxis zeigt. Er lässt sich gut auf Unterrichtsveranstaltungen übertragen:

Die Prüfung fand für 21 Studierende in drei Gruppen statt. Wir hatten die gleichen Unterrichtszeiten wie für die Lehrveranstaltung: 8.45 bis 16.45 Uhr. Die erste Gruppe begann um 8.45 Uhr mit der Situationsanalyse (Schritt 1–5 des PBL) zu einer Lernaufgabe, die zweite um 10.00 Uhr und die dritte um 11.15 Uhr. Die erste und zweite Gruppe konnten sich jeweils schon in den Nebenraum verziehen, in dem eine Reihe von Büchern und Artikeln auflag, die sie nur z. T. kannten. Nach zwei Stunden Selbststudium (Schritt 6 des PBL), bei dem sie auch eigene Unterlagen benützen („Open book") oder miteinander reden konnten und einer Stunde Mittagspause, erfolgte die Auseinandersetzung mit den Ergebnissen (Schritt 7 des PBL: in der 1. Gruppe um 13 Uhr, Gruppe 2 um 14.15 Uhr, Gruppe 3 um 15.30 Uhr). Dabei dienten die letzten 15 Minuten jeweils der gemeinsamen Evaluation der ausgehandelten Kriterien zur Fach-, Sozial- und Methodenkompetenz. Dabei bezog sich die Fachkompetenz auf die inhaltliche Lösung bei einer Strategieaufgabe zum „handlungsorientierten Unterricht", während durch die Kriterien zur Sozial- und Methodenkompetenz die Fähigkeiten des Umgangs mit der Gruppe und die Handhabung des PBL einzuschätzen waren. Sie konnten das im Seminar Gelernte und Eingeübte erfolgreich umsetzen. Sie erklärten hinterher, es habe auch noch Spaß gemacht!

5.6 Die Anwendung des Modells in der Lehrerinnenausbildung

Die Lehrerinnenausbildung für Pflegeberufe ist inzwischen vorwiegend auf die Hochschule verlagert und ist eigentlich mit dem Handlungsfeld „Hochschule" abgedeckt. Doch die Lehrpersonen stehen vor einer besonderen Herausforderung. Wollen sie das hier beschriebene Modell in der Pflegeausbildung anwenden, werden sie nicht nur mit den Subjektiven Theorien der Lernenden zum Pflegen, sondern auch mit ihren eigenen Subjektiven Theorien zum Lehren konfrontiert.

Wir haben im Unterricht unserer gesamten Schulzeit – verstärkt durch vielfältige Wiederholungen – die Strukturen und Prozesse des Lehrerverhaltens im Gehirn als Subjektive Theorien abgespeichert. Auch wenn wir Lehrkonstrukte von höherem Abstraktionsniveau gut beschreiben und verändern können (also ST größerer und mittlerer Reichweite), so haben sich die handlungsrelevanten wiederkehrenden Situationen der Lehrpersonen, die wir erlebten, als ST kurzer Reichweite, stark verdichtet und kommen automatisch im Handeln wieder zum Vorschein – auch wenn wir das gar nicht bewusst entschieden haben. Also müssen in der Lehrerinnenausbildung nicht nur die eigenen Konzepte zum Pflegen erweitert und evtl. korrigiert werden, sondern auch die ST zum Lehren und Lernen.

Dazu eignet sich das sequentielle Handlungsmodell mit einem „Strukturierten Dialog" zum Bewusstmachen der eigenen Konstrukte zum Unterrichten. Studierende oder Lehrpersonen in Fortbildung können eigene Situationen aus ihrem selbst gehaltenen oder erlebten Unterricht beschreiben oder eine vorgegebene Unterrichtssituation per Video oder als Schriftstück bearbeiten. Als Alternative zum schriftlichen Fragebogen mit anschließender Tandemarbeit habe ich gute Erfahrungen mit Partnerinterviews gemacht: Eine Person erinnert sich an eine Unterrichtssituation, die besonders schwierig oder auch gut gelungen war, und beantwortet die Fragen der Partnerin zum Strukturierten Dialog (vgl. Abb. 5). Diese wiederholt die Antworten in Kurzform (paraphrasiert) und trägt die Antworten in den Fragebogen ein. Möglicherweise formulieren beide gleich gemeinsam die Hauptaussage dazu und schreiben diese auf Zetteln oder Karten (als Reduktion). Nachdem auch die Partnerin eine Situation erzählt hat, dazu befragt wurde und Karten bzw. einen ausgefüllten Fragebogen erhalten hat, können sich beide an das Gestalten ihres Strukturbildes anhand der Strukturlegetechnik machen.

Die Hauptaussagen (Hypothesen) zu den eigenen Strukturbildern lassen sich am besten in der Diskussion mit der Partnerin formulieren und auf Karten schreiben. Sie stellen eine Art „Diagnose" dar, die z. B. in „wenn …, dann …"-Formulierungen Klarheit über die eigenen Vorstellungen zu gelungenen oder misslungenen Unterrichtssituationen verschaffen (z. B. „wenn ich den Lehrstoff fragend erarbeite, dann melden sich immer die selben Schülerinnen"). Diese verschiedenen Aussagen können in der (Groß-) Gruppe miteinander verglichen und Fragestellungen dazu formuliert werden, wie z. B. „wie kommt es, dass wenn …, dann das … passiert". Finden sich alle mit ihren Aussagen in den Fragen wieder, kann in Einzelarbeit das Studium von entsprechenden Theorien und Texten erfolgen, das mögliche Antworten auf die Fragen gibt. Ein Vortrag kann diese Arbeit ergänzen. Die gemeinsame Auseinandersetzung mit den gefundenen Antworten in der (Groß-)Gruppe ermöglicht nun ein Umlernen der Subjektiven Theorien.

In der daran anschließenden Einzel- oder besser Tandemarbeit werden nun Formulierungen überlegt, welche Veränderungen das zuvor entwickelte Strukturbild nach den neuen Erkenntnissen erfahren sollte. Der Rückblick auf die zuvor beschriebene Situation erlaubt ein verändertes Problemverständnis und eine Neuplanung. Beim Planungs- und Probehandeln von Unterrichtsbeispielen sind wir im Schritt 8 des PBL angelangt, bei dem möglichst das Tandem zur gegenseitigen Unterstützung und Korrektur eingesetzt wird, bevor im realen Handeln der Einzelperson die neu gewonnenen Erkenntnisse eine weitere Verdichtung erfahren. Dazu ist es hilfreich, wenn mehrere schulische Praktika im Studium eingebaut sind und durch Beobachtung und Feedback sich die neuen Verhaltensweisen festigen können.

Auch im Studiumsalltag können die neuen Erkenntnisse gesichert werden, indem in den geforderten Referaten die neuen Subjektiven Theorien nach diesem Modell eingeübt werden. Das Referat beginnt nach einem Themenüberblick als „Advance Organizer" mit einer Situationsbeschreibung und einer Einzelarbeit und Fragensammlung, bevor mit dem eigenen Vortrag gestartet wird (vgl. Kapitel Hochschullehre).

6. Pflegedidaktische Forschungsfelder und Ausblick

Die pflegedidaktischen Forschungsmöglichkeiten beziehen sich auf die Pflegeausbildung in Schule und Praxis wie auch auf die Pflegelehrerinnenausbildung.

Meine Forschungsarbeit zum pflegerischen Handeln in der Praxis bei Lernenden der Pflegeausbildung diente als Pilotstudie, um in ersten Versuchen den Rahmen zu erkunden, wie und was zukünftige PflegelehrerInnen während des Studiums oder im Beruf über die Wirkung des Lehrens erfahren können. Wenn wir davon ausgehen müssen (vielfach belegt, u. a. Mandl/Gruber 1983; Wahl u. a. 1983; Dann u. a. 1987; Gräsel 1997; Haas 1998; Girke 1999), dass die gelernten Theorien in der Ausbildung zwar behalten und in der Prüfung präsentiert werden, aber wenig im Handeln zum Tragen kommen, dann müssen wir dies auch durch Forschung verstärkt für den Bereich der Pflege überprüfen und gegebenenfalls verbessern.

Mit meinen Daten konnte ich die Ergebnisse aus der Lehrerforschung nicht widerlegen, aber auch nicht vollständig bestätigen. Allgemein gültige Aussagen waren nicht möglich, da die Anzahl der Studienteilnehmerinnen zu gering, die Pflegesituationen zu unterschiedlich und der Zeitraum für eine Langzeitstudie zu kurz bemessen war. Dennoch lässt die Studie eine zentrale Aussage zu: Während bei den Lernenden kurz vor dem Examen kein allzu großer Lernzuwachs durch den theoretischen Unterricht nachzuweisen war, gab es doch Veränderungen, die stärker auf die Internalisierung von gelebten Praxistheorien hindeuten. Wir können also davon ausgehen, dass die Praktika, die ja laut EU-Übereinkunft mindestens 50% der Ausbildung ausmachen, die Subjektiven Theorien im Handeln (unter Druck) eher verändern als die in der Schule gelernten Theorien. Ich betrete kein Neuland, wenn ich deshalb eine bessere Vernetzung von schulischer und praktischer Ausbildung fordere.

Alle neueren fachdidaktischen Konzepte (z.B. Ertl-Schmuck 2000; Oelke/Scheller/Ruwe 2000; Darmann 2005; Fichtmüller/Walter 2007), Curricula (z.B. Oelke/Menke 2002), die gesetzlichen Bestimmungen mit den Vorgaben zur Anleiterqualifizierung (Bundesgesetzblatt 2003) und neuere Lehrbücher (z.B. Oelke 2007; Müller 2007; Walter 2007) arbeiten in diese Richtung. Als Vorteil für die Pflegeausbildung erweist sich die stärkere Verknüpfung von schulischen und praktischen Anteilen im Verlauf der Ausbildung, was zu Veränderungen der Subjektiven Theorien führt. Demgegenüber setzen sich frühe Praktika während der Lehrerinnenausbildung erst sehr zögerlich durch. Das Erlernen von wissenschaftlichen, intersubjektiven Theorien muss also zwingend mit realistischen Praxissituationen verbunden werden, um handlungsleitende Subjektive Theorien zu verändern.

Im deutschsprachigen Raum werden für die Pflegeausbildung handlungs- und situationsorientierte Lernformen gefordert. Mit dem hier beschriebenen handlungstheoretisch fundierten Arbeitsmodell zur Pflegedidaktik besteht die Chance, durch klare Vorgaben den problemorientierten Unterricht in seinem ursprünglichen, konstruktivistischen Sinne einzusetzen. Nur wenn problemorientiertes Lernen nicht nur als Unterrichtsmethode zur Gruppenaktivierung, sondern als Unterstützung der eigenständigen Konstruktion von Wissen gesehen wird, finden wir nicht nur wissenschaftliche Theorien in Prüfungen präsentiert, sondern auch veränderte handlungsleitende Theorien, die im Beruf gelebt werden können.

7. Eine interdisziplinäre Perspektive – Kommentar von Diethelm Wahl

Das Problem. Lehr-Lern-Prozesse in unserer bildungsbewussten Gesellschaft sind wenig wirkungsvoll. Es ist ein schlimmer Aberglaube, zu hoffen, dass sich vermitteltes Fachwissen durch – wo eigentlich ablaufende? – wunderbare Prozesse automatisch in kompetentes Expertenhandeln verwandelt. Auf diesem nicht durchschauten Irrtum beruht fälschlich ein Großteil dessen, was wir als Unterricht, Fortbildung oder Studium bezeichnen. Dies ist um so erstaunlicher, als es neben dieser von vielen Lehrenden „gefühlten" Unwirksamkeit zahlreiche wissenschaftliche Belege dafür gibt (vgl. Wahl 2006, 9 ff.), dass vermitteltes Wissen „träge" ist (Renkl 1996). Damit ist gemeint, dass wider besseren Wissens (Barth 2002) nach biografisch erworbenen, schwer veränderbaren, zugleich aber wenig professionellen Handlungsmustern in der konkreten beruflichen Praxis agiert wird.

Renate Schwarz-Govaers (2005) hat in ihrer beeindruckenden Dissertation gezeigt, dass es herkömmliche pflegedidaktische Formen nur unzureichend vermögen, den weiten Weg vom Wissen zum Handeln erfolgreich zu unterstützen. Was ist der Grund? Ganz einfach und eigentlich trivial. Menschliches Handeln wird nicht nur durch Wissen gesteuert. Neben dem Wissen gibt es eine große Zahl weiterer Prozesse, die für unser Tun verantwortlich sind. Dazu gehören die drei großen G: Gewohnheiten, Gefühle und Gedanken. *Gewohnheiten* sind nicht einfach bloße Automatismen. Vielmehr stellen sie ein äußerst wertvolles und zugleich komplex organisiertes Ergebnis biografischer Erfahrungen dar. Obwohl der Strom des Lebens ständig neue Situationen mit sich führt, so dass Philosophen wie Heraklit sagen: „Du steigst nie zweimal in den gleichen Fluss – panta rhei", schaffen wir es dennoch, Ähnlichkeiten und Wiederholungen zu erkennen, sozusagen vertraute „Badeszenen" (Aebli 1980: 83) zu identifizieren. Ergebnis sind „unscharfe" prototypische Schemata. Es gibt also nicht nur eine physikalische Unschärferelation in Heisenbergs quantenphysikalischer Auffassung, sondern es gibt auch eine psychologische Unschärferelation. Diese besteht darin, dass unsere Situations- und Handlungsschemata nicht nur einen gewissen Abstraktheitsgrad aufweisen, sondern zwingend aufweisen müssen. In einem ersten, schnell ablaufenden und teils impliziten Prozess, vergleichen wir die neue Situation mit allen uns bekannten unscharfen „Badeszenen". In einem zweiten Prozess suchen wir passende Antworten auf die Situation, was ebenso schnell wie implizit abläuft. Dieser komplizierte Prozess erfordert erhebliche kognitive Arbeit, weil ständig das Neue mit dem Bekannten verglichen werden muss und weil ständig geprüft werden muss, ob die blitzartigen Einschätzungen der Realität angemessen sind. *Gefühle* sind mit dem ablaufenden Geschehen fest verbunden. Sie sind an der Bewertung der Situation und der Bewertung passender Reaktionen beteiligt. Ihre Funktion entspricht dem Stellen von Weichen. Emotionen legen uns wegen ihrer globalen Beschaffenheit nahe, wie wir Situationen zu verstehen haben. Wegen ihres antreibenden Charakters drängen sie uns zu bestimmten Aktionen.

Gedanken haben bei diesem Geschehen nicht nur eine einordnende und auswählende, sondern vor allem eine überwachende Funktion. Sie prüfen, ob unser Handeln dazu geeignet ist, unseren kurz- wie langfristigen Zielen näher zu kommen. Würde das Aufnehmen von Wissen das Handeln ändern, so müsste es die drei großen G modifizieren: es müsste die Struktur der Situations- und Reaktionsprototypen verändern, es müsste die damit verflochtenen Gefühle verändern und es müsste die auf einer hohen Bewusstheitsebene angesiedelte überwachende Handlungsregulation verändern. Und genau dies klappt nicht. Das Aufnehmen von Wissen führt zunächst nur dazu, dass das semantische Netzwerk in unserem Kopf umfangreicher wird. Weitergehende Veränderungen sind nicht ausgeschlossen. Sie erfolgen aber nicht von alleine. Vielmehr bedürfen sie einer wohl begründeten Didaktik.

Eine tragfähige Lösung. Renate Schwarz-Govaers geht bei der Entwicklung ihrer kreativen Pflegedidaktik von den oben skizzierten handlungstheoretischen Überlegungen aus, bleibt dabei aber nicht stehen. Vielmehr gelangt sie durch eine Integration von Problem Based Learning (PBL), gekoppelt mit intensiven Trainingsaspekten zur Veränderung Subjektiver Theorien, zu einer eigenständigen Pflegedidaktik. Das *problembasierte Lernen PBL* bildet das Agieren in der konkreten Praxis nach: Ich werde mit einer Situation konfrontiert und soll diese professionell beantworten. Also muss ich sie zuerst verstehen. Hierzu trägt eine differenzierte gedankliche Auseinandersetzung bei, bei der das Problem möglichst tiefgehend analysiert wird. Zusätzlich benötige ich Vorwissen. Schließlich helfen auch Fragen, die ich mir stelle und Hypothesen, die ich bilde. Im nächsten Schritt muss ich meine Fragen beantworten, meine Kenntnislücken schließen, meine Hypothesen prüfen. Unterstützend wirken Experten, Medien aller Art, aber auch die mit mir lernenden Kolleginnen und Kollegen. Bin ich zu einem Ergebnis gekommen, so fasse ich einen Entschluss und setze diesen in der abschließenden Transferphase in reales Handeln um. Diesen handlungslogischen Ablauf bettet Renate Schwarz-Govaers in den von mir konzipierten *dreischrittigen Lernprozess* zur Modifikation subjektiver Theorien ein (vgl. Wahl 2006). Im ersten Lernschritt geht es darum, das Gefüge aus Gedanken, Gefühlen und Gewohnheiten bei sich selbst zu erkennen – durch sieben verschiedene Formen der Bewusstmachung. Dadurch werden die drei großen ‚G' teilweise außer Kraft gesetzt, mindestens jedoch bearbeitbar gemacht. Im zweiten Lernschritt geht es um die Konfrontation bislang für angemessen gehaltener Alltagstheorien mit wissenschaftlichen Theorien. Dabei ist es interessanter Weise nicht immer so, dass sich die wissenschaftlichen Theorien stets als überlegen erweisen, was die Bewältigung von Praxisproblemen angeht. In etlichen Fällen zeigen sich auch die Schwächen und Ungereimtheiten wissenschaftlicher Theorien, so dass von einem echten Austausch zwischen beiden Arten von Theorien gesprochen werden kann, was erstmals Heckhausen (1975) thematisiert hat. Wichtig beim zweiten Lernschritt ist folglich die Strukturparallelität subjektiver und wissenschaftlicher Theorien, differenziert herausgearbeitet von Groeben und Scheele (1977). Im dritten Lernschritt wird das Gefüge der drei großen G einer systematischen Neu-Konstruktion unterzogen. Das fängt bei den Gedanken an. Hier geht es darum, ein klares Bild der neuen Handlung zu entwerfen und dessen Umsetzung in die Praxis zu planen. Die begleitenden Emotionen werden durch flankierende Maßnahmen wie Stopp-Codes, Stressimpfung oder emotionalen kollegialen Support (vgl. Schmidt 2001) in andere Bahnen gelenkt.

Das Herausbilden neuer Gewohnheiten wird zusätzlich durch Simulationen und Erprobungen unterstützt. Weil in der Pflege professionell ausgeführte Handlungen einen ganz besonders hohen Stellenwert einnehmen, fügt Renate Schwarz-Govaers spezielle Formen des *Trainings* hinzu. Vor allem ist hier das Skills-Lab zu nennen, in dem in vorbildlicher Weise neue Handlungsweisen systematisch trainiert werden. Durch die Kombination von Training, dreischrittigem Lernprozess und problembasiertem Lernen entsteht ein hoch wirksames pflegedidaktisches Verfahren zum Aufbau professioneller Handlungskompetenzen. In Abänderung des Bibelzitates Lukas 23,34 „Denn sie wissen nicht, was sie tun" kann man nun erfreut formulieren: „Sie tun jetzt, was sie wissen!"

Die Umsetzung. Ein kreatives Modell nützt wenig, wenn es nur gelesen wird. Wissen allein hilft nicht! Es muss auch in die Praxis umgesetzt werden. Hier ist zu hoffen, dass es in den nächsten Jahren und sicherlich auch Jahrzehnten gelingt, die Praxis der Pflegedidaktik ganz konkret zu verändern. Wer, wie ich, ständig den Versuch macht, andere Menschen zu neuen didaktischen Konzepten zu (ver-)führen, der weiß, wie schwer und manchmal auch deprimierend dies ist. Betroffen sein sollten alle pflegedidaktischen Handlungsfelder: das Lernen in der Pflegepraxis selbst, die innerbetriebliche Fortbildung, die Curriculumentwicklung und schließlich auch die Lehre an den Pflegehochschulen.

Die Wirkungen. Neue didaktische Entwicklungen sollten nicht nur gedanklich überzeugen, sie sollten sich auch empirisch bewähren. Die Forschung im Bereich der Pflegedidaktik sollte sich deshalb vor allem damit befassen, die Wirksamkeit pflegedidaktischer Innovationen ganz systematisch zu untersuchen. Ganz besonders vielversprechend sind hierbei die Arbeiten von

Susan Rosen aus Düsseldorf, die in ihrer Promotionsaufbaustudienarbeit wie in ihrer noch nicht ganz abgeschlossenen Dissertation untersucht, welche Auswirkungen ein konsequent gegangener dreischrittiger Lernweg auf das Handeln von Lehrenden in der Pflegedidaktik hat.

Renate Schwarz-Govaers hat mit ihrem Beitrag der Pflegedidaktik eine wirkungsvolle, aber zugleich auch anspruchsvolle Richtung gewiesen.

Literatur

Aebli, Hans (1980). Denken: Das Ordnen des Tuns. Band I. Stuttgart: Klett-Cotta
Aronson, Elliot u. a. (1978): The Jigsaw Classroom. Beverly Hills: CA, Sage Publications
Bader, Reinhard (2003): „Lernfelder konstruieren – Lernsituationen entwickeln. Eine Handreichung zur Erarbeitung didaktischer Jahresplanungen für die Berufsschule." In: Die berufsbildende Schule, 55. Jg., H. 7-8: 210-217
Barrows, Howard S./Robyn M. Tamblyn (1980): Problem-based Learning. An Approach to Medical Education. New York: Springer
Barth, A.-R. (2002). Handeln wider (besseres) Wissen? Denken und Handeln von Lehrkräften während des Gruppenunterrichts. Hamburg: Kovac
Benner, Patricia (1994): Stufen zur Pflegekompetenz – From Novice to Expert. Bern: Huber
Brand, Matthias /Markowitsch, Hans J. (2006): Lernen und Gedächtnis aus neurowissenschaftlicher Perspektive – Konsequenzen für die Gestaltung des Schulunterrichts. In: Herrmann, U. (Hrsg.): Neurodidaktik. Weinheim, Beltz: 60-76
Braun, Anna K./Meier, Michaela (2006): Wie Gehirne laufen lernen, oder: „Früh übt sich, wer ein Meister werden will". In: Herrmann, Ulrich (Hrsg.): Neurodidaktik. Weinheim und Basel: Beltz: 97-110
Brühlmann, Jürg u. a. (1999): Lernen in der Pflegepraxis. Bern: SRK
Bundesgesetzblatt (2003): Gesetz über die Berufe in der Altenpflege vom 4.9.2003 sowie Ausbildungs- und Prüfungsverordnung vom 29.11. 2002. Berlin, Bundesministerium für Familien, Senioren, Frauen und Jugend
Bundesgesetzblatt (2003): Gesetz über die Berufe in der Krankenpflege und zur Änderung anderer Gesetze vom 21.7.2003 sowie Ausbildungs- und Prüfungsverordnung für die Berufe in der Krankenpflege vom 19.11.2003. Berlin, Bundesministerium für Gesundheit
Büsche, Jörg. (2005): Wer schon weiß, lernt besser. Südkurier. Tageszeitung: 21
Careum Fachstelle PBL für Gesundheitsberufe (2004): Problem basiertes Curriculum. Zürich: Verlag Careum
Collins, Allan u. a. (1989): Cognitive Apprenticeship: Teaching the Craft of Reading, Writing and Mathemathics. Knowing, Learning and Instruction. L. B. Resnick. Hillsdale: Erlbaum: 453-494
Dann, H. Dietrich u. a. (1987): „Subjektive Theorien und erfolgreiches Handeln von Lehrer/innen bei Unterrichtskonflikten." In: Unterrichtswissenschaft 15. Jg.: 306-320
Darmann, Ingrid (2002): Anforderungen an das ethisch-moralische Wissen in den Fachrichtungen Gesundheit und Pflege. In: Darmann, Ingrid/Wittneben, Karin (Hrsg.) Gesundheit und Pflege: Bildungshaltigkeit von Lernfeldern. Bielefeld: Bertelsmann: 63-74.

Darmann, Ingrid (2005): „Professioneller Pflegeunterricht." In: Pr-InterNet/Pflege-Pädagogik 7. Jg., H. 12: 655-663
Dubs, Rolf (1995): „Konstruktivismus: Einige Überlegungen aus der Sicht der Unterrichtsgestaltung." In: Zeitschrift für Pädagogik, 41.Jg., H. 6: 889-903
Dubs, Rolf (1999): „Scaffolding – mehr als ein neues Schlagwort!" In: Zeitschrift für Berufs- und Wirtschaftspädagogik 95 Jg., H. 2: 163-167
Dubs, Rolf (2000): Lernfeldorientierung: Löst dieser neue curriculare Ansatz die alten Probleme der Lehrpläne und des Unterrichtes an Wirtschaftsschulen? In: Lipsmeier, Antonius (Hrsg.): Lernfeldorientierung in Theorie und Praxis. Wiesbaden, Zeitschrift für Berufs- und Wirtschaftspädagogik: Beiheft 15: 15-32
Ertl-Schmuck, Roswitha (2000): Pflegedidaktik unter subjekttheoretischer Perspektive. Frankfurt/Main: Mabuse
Fichtmüller, Franziska/Anja Walter (2007): Pflegen lernen. Empirische Begriffs- und Theoriebildung zum Wirkgefüge von Lernen und Lehren beruflichen Pflegehandelns. Göttingen: V&R unipress
Gerstenmaier, Jochen/Heinz Mandl (1995): „Wissenserwerb unter konstruktivistischer Perspektive." In: Zeitschrift für Pädagogik, 41. Jg., H. 6: 867-885
Girke, Uwe (1999): Subjektive Theorien zu Unterrichtsstörungen in der Berufsschule: ein Vergleich von Lehrern als Lehramtsstudenten und Referendaren sowie Lehrern im ersten Berufsjahr. Frankfurt/Main: Peter Lang
Gräsel, Cornelia (1997): Problemorientiertes Lernen. Göttingen: Verlag für Psychologie
Gräsel, Cornelia/Mandl, Heinz (1993): „Förderung des Erwerbs diagnostischer Strategien in fallbasierten Lernumgebungen." Unterrichtswissenschaft 21: 355-370
Groeben, Norbert (1986): Handeln, Tun, Verhalten als Einheiten einer verstehend-erklärenden Psychologie – Wissenschaftstheoretischer Überblick und Programmentwurf zur Integration von Hermeneutik und Empirismus. Tübingen: A. Francke
Groeben, Norbert/Scheele, Brigitte (1977): Argumente für eine Psychologie des reflexiven Subjekts. Darmstadt: Steinkopff.
Haas, Anton (1998): Unterrichtsplanung im Alltag: eine empirische Untersuchung zum Planungshandeln von Hauptschul-, Realschul- und Gymnasiallehrern. Regensburg: Roderer
Heckhausen, Heinz (1975). Naive und wissenschaftliche Verhaltenstheorie im Austausch. In: Ertel, Suitbert u.a. (Hrsg.): Gestalttheorie in der modernen Psychologie. Darmstadt: Steinkopff: 106-112
Heinrich, Ruth/Kraatz, Christiane (2001): „Eine empirische Untersuchung über die Motivation von Pflegenden, an Fortbildungsveranstaltungen teilzunehmen." PrInterNet 3. Jg., H. 2: 25 ff.
Helmke, Andreas (2002): Selbstvertrauen und schulische Leistungen. Göttingen: Hogrefe
Herrmann, Ulrich (2006): Gehirnforschung und die neurodidaktische Revision des schulisch organisierten Lehrens und Lernens. In: Herrmann, Ulrich (Hrsg.): Neurodidaktik. Grundlagen und Vorschläge für gehirngerechtes Lehren und Lernen. Weinheim und Basel: Beltz: 111-144
Herrmann, Ulrich (2006): Gehirngerechtes Lehren und Lernen: Gehirnforschung und Pädagogik auf dem Weg zur Neurodidaktik? In: Herrmann, Ulrich (Hrsg.): Neurodidaktik. Weinheim und Basel: Beltz: 8-15
Huber, Anne A. (Hrsg.). (2004): Kooperatives Lernen – kein Problem. Effektive Methoden der Partner- und Gruppenarbeit. Leipzig: Klett

Kultusministerkonferenz (1991): Rahmenvereinbarung über die Berufsschule (Beschluss der KMK vom 14./15.3.1991). Bonn: KMK

Kultusministerkonferenz (2000): Handreichungen für die Erarbeitung von Rahmenlehrplänen der KMK für den berufsbezogenen Unterricht in der Berufsschule und ihre Abstimmung mit Ausbildungsordnungen des Bundes für anerkannte Ausbildungsberufe, Fassung vom 15.9.2000. Bonn: KMK

Landwehr, Norbert (1994): Neue Wege der Wissensvermittlung: ein praxisorientiertes Handbuch für Lehrpersonen in der schulischen und beruflichen Aus- und Fortbildung. Aarau: Sauerländer

Ludwig, Iris (2004): Das Skillslab im Lichte aktueller Entwicklungen im Bereich Pflege und Betreuung der Schweiz. Pflege lehren und lernen. Pädagogische und fachdidaktische Impulse zur Ausbildung im Gesundheitswesen. Weiterbildungszentrum für Gesundheitsberufe. Bern: h.e.p.: 89-104

Mandl, Heinz/Gerstenmaier, Jochen (2000): Die Kluft zwischen Wissen und Handeln. Empirische und theoretische Lösungsansätze. Göttingen: Hogrefe

Mandl, Heinz/Huber, Günter (1983): „Subjektive Theorien von Lehrern." In: Psychologie in Erziehung und Unterricht, 30: 98-112

Mandl, Heinz/Reinmann-Rothmeier, Gaby (1999): Unterrichten und Lernumgebungen gestalten. München, LM-Universität: Forschungsbericht Nr. 60[2]

Mayring, Philipp (2000): Qualitative Inhaltsanalyse. Weinheim: Deutscher Studien Verlag

Meer, Kees van (1994): Problemorientiertes Lernen. In: Schwarz-Govaers, Renate (Hrsg.): Standortbestimmung Pflegedidaktik. Aarau: Kaderschule für die Krankenpflege, SRK

Moust, Jos H.u.a. (1999): Problemorientiertes Lernen. Wiesbaden: Ullstein Medical

Müller, Klaus (2007): In guten Händen. Gesundheits- und Krankenpflege/Gesundheits- und Kinderkrankenpflege: Lernaufgaben für die praktische Ausbildung. Berlin: Cornelsen

Oelke, Uta (Hrsg.) (2007): In guten Händen. Gesundheits- und Krankenpflege/Gesundheits- und Kinderkrankenpflege, Band 1. In guten Händen. Berlin: Cornelsen

Oelke, Uta/Menke, Marion (2002): Gemeinsame Pflegeausbildung – Modellversuch und Curriculum für die theoretische Ausbildung in der Alten-, Kranken- und Kinderkrankenpflege. Bern: Huber

Oelke, Uta u.a. (2000): Tabuthemen als Gegenstand szenischen Lernens in der Pflege. Theorie und Praxis eines neuen pflegedidaktischen Ansatzes. Bern: Huber

Orem, Dorothea E. (1997): Strukturkonzepte der Pflegepraxis. Berlin: Ullstein Mosby

Peplau, Hildegard E. (1995): Interpersonale Beziehungen in der Pflege: ein konzeptueller Bezugsrahmen für eine psychodynamische Pflege. Basel: Recom

Renkl, Alexander (1996): „Träges Wissen: Wenn Erlerntes nicht genutzt wird." Psychologische Rundschau, 47: 78-92

Riedo, Pia (2006): „Curriculum-Entwicklung: Aufwärts in der Schweiz – Problembasiertes Lernen." In: Padua 1. Jg., H. 3: 38-45

Roper, Nancy u.a. (1987/1993): Die Elemente der Krankenpflege: ein Pflegemodell, das auf einem Lebensmodell beruht. Basel: Recom

Roth, Gerhard (2006): Warum sind Lehren und Lernen so schwierig! In: Herrmann, Ulrich (Hrsg.): Neurodidaktik. Weinheim und Basel: Beltz: 49-59

Schmidt, Eva M. (2001): Mit Social Support vom Wissen zum Handeln – Die Wirkung „Kommunikativer Praxisbewältigung in Gruppen" (KOPING) auf den Lernprozess von Erwachsenenbildern. Aachen: Shaker

Schöni, Walter/Wicki, Martin (1995): Bildungsbedarf und Bildungsarbeit im Firmenvergleich, Teil III des Gesamtberichts zu „Wirksamkeit betrieblicher Ausbildung in der Industrieproduktion". Projekt im Rahmen des NFP 33. Basel/Zürich, Nationales Forschungsprogramm Schweiz

Schwarz-Govaers, Renate (1983): „Von einem krankheitsorientierten zu einem patientenorientierten Krankenpflegeunterricht. Ansätze zu einer Neukonzeption des Unterrichtsfaches Krankenpflege an Krankenpflegeschulen." In: DKZ 36. Jg., H. 6 und 7: Teil 1: 1-15, Teil 2: 1-11

Schwarz-Govaers, Renate (2003): „Problemorientiertes Lernen – neuer Wein in alten Schläuchen oder eher alter Wein in neuen Schläuchen?" In: PrInterNet/ PflegePädagogik 5. Jg., H. 12: 36-45

Schwarz-Govaers, Renate (2005): Subjektive Theorien als Basis von Wissen und Handeln. Ansätze zu einem handlungstheoretisch fundierten Pflegedidaktikmodell. Bern: Huber

Schwarz-Govaers, Renate (2006): „Lernfeld- und problemorientiert prüfen – Prüfungen in einem lernfeld- und problemorientierten Curriculum." In: PrInterNet/PflegePädagogik 8. Jg., H. 12: 655-664.

Siebert, Horst (1996): Didaktisches Handeln in der Erwachsenenbildung. Didaktik aus konstruktivistischer Sicht. Neuwied: Luchterhand

Simons, P. Robert J. (1992): Lernen, selbständig zu lernen – ein Rahmenmodell. In: Mandl, Heinz/Friedrich, Helmut F. (Hrsg.): Lern- und Denkstrategien. Analyse und Intervention. Zürich: Hogrefe: 251-264

Spitzer, Manfred (2002): Lernen. Gehirnforschung und die Schule des Lebens. Heidelberg: Spektrum

Tausch, Reinhard/Tausch, Anne-Marie (1979): Erziehungspsychologie. Begegnung von Person zu Person. Göttingen: Hogrefe

Wahl, Diethelm (1991): Handeln unter Druck: Der weite Weg vom Wissen zum Handeln bei Lehrern, Hochschullehrern und Erwachsenenbildnern. Weinheim: Deutscher Studien Verlag

Wahl, Diethelm (2006): Lernumgebungen erfolgreich gestalten. Vom trägen Wissen zum kompetenten Handeln. Bad Heilbrunn: Klinkhardt

Wahl, Diethelm u. a. (1983): Naive Verhaltenstheorie von Lehrern: Abschlussbericht eines Forschungsvorhabens zur Rekonstruktion und Validierung subjektiver psychologischer Theorien. Oldenburg: Universität Oldenburg, Zentrum für pädagogische Berufspraxis

Walter, Anja (Hrsg.) (2007): In guten Händen. Gesundheits- und Krankenpflege/ Gesundheits- und Kinderkrankenpflege – Lernsituationen, Band 1. Berlin: Cornelsen

Weltgesundheitsorganisation (1976): Nursing Process, Workbook. Regional Office for Europe. Kopenhagen: WHO

Wittneben, Karin (1999): Pflegeausbildung im Spannungsfeld von Pflegepraxis, Pflegewissenschaft und Didaktik. In: Koch, Veronika. (Hrsg.): Bildung und Pflege. 2. Europäisches Osnabrücker Kolloquium. Bern: Huber: 1-13

Wittneben, Karin (2002): Entdeckung von beruflichen Handlungsfeldern und didaktische Transformation von Handlungsfeldern zu Lernfeldern – Ein empirischer Zugriff für Bildungsgänge in der Pflege. In: Darmann, Ingrid/Wittneben, Karin (Hrsg.): Gesundheit und Pflege: Bildungshaltigkeit von Lernfeldern. Bielefeld: Bertelsmann: 19-36

Roswitha Ertl-Schmuck und Franziska Fichtmüller

Theorien und Modelle der Pflegedidaktik – Synopse, Diskussion und Resümee

1. Analyse und kritische Reflexion

Nachdem die Autorinnen ihre jeweilige Theorie resp. ihr Modell zum Ausdruck gebracht haben und diese aus interdisziplinärer Perspektive kommentiert wurde, würdigen wir abschließend die einzelnen Beiträge, indem wir sie einer pflegedidaktischen Analyse und Reflexion unterziehen. Dazu fragen wir nach den theoretischen Bezügen, die der jeweiligen Theorie resp. dem Modell zugrunde liegen, den zentralen Elementen, der inneren Logik sowie der Gegenstandsbestimmung und den Spannungsgefügen. Darüber hinaus reflektieren wir Chancen und Grenzen der einzelnen Denkansätze.[1] Anschließend eröffnen wir eine Diskussion, in der die Theorien und Modelle miteinander gleichsam ins Gespräch kommen. Dabei heben wir ausgewählte Aspekte, die den jeweiligen Denkansätzen eine besondere Gestalt geben, hervor. Mit einem Resümee und Desideraten für Forschung schließen wir den Band.

1.1 Eckpunkte der Interaktionistischen Pflegedidaktik – Analyse und Reflexion der Arbeit von Ingrid Darmann-Finck

Ingrid Darmann-Finck, Hochschullehrerin für das Arbeitsgebiet „Pflegewissenschaft mit dem Schwerpunkt pflegetherapeutische Grundlagen und ihre pflegedidaktische Vermittlung" an der Universität Bremen, widmet sich in ihrem Beitrag der Entwicklung einer Interaktionistischen Pflegedidaktik.

Vor ihrer Professur war Darmann-Finck wissenschaftliche Assistentin im Lehramtstudiengang Gesundheit an der Universität Hamburg, wo Karin Wittneben die Professur inne hatte. Dies wird deshalb erwähnt, da in Darmann-Fincks Veröffentlichungen die Nähe zu den pflegedidaktischen Überlegungen Wittnebens erkennbar ist.

Das Thema Bildung steht bei Darmann-Finck zentral. Mit ihrer qualitativ-heuristischen Forschungsstudie generierte sie zentrale Kategorien zur pfle-

---

[1] Die hier aufgeführten Kriterien der Analyse und pflegedidaktischen Reflexion werden im Text jeweils kursiv gesetzt.

gerischen Kommunikation. Diese Erkenntnisse führten zur Erarbeitung einer situations- und erfahrungsorientierten pflegedidaktischen Konzeption (Darmann 2000), umrahmt mit der Bildungstheorie von Klafki. In der Fortführung ihres Ansatzes nutzt sie Ergebnisse einer weiteren empirisch-qualitativ angelegten Forschungsstudie zur Lehrerinnen-Schülerinnen-Interaktion im Pflegeunterricht. In dieser identifiziert sie drei Bildungskonzepte, die von ihr als „Regelorientierung", „Fallorientierung" und „Meinungsorientierung" beschrieben werden. Sie kritisiert das diesen Konzepten zugrunde gelegte funktionale Verständnis von Bildung, in dem Bildungspotenziale des Fallverstehens und die dem pflegerischen Handeln immanenten Widersprüche nicht genutzt werden. Anschließend integriert sie Erkenntnisinteressen, die perspektivgebend für Bildungsprozesse sein sollen. Ihr Anliegen ist, dass im Pflegeunterricht nicht lediglich tradiertes Regelwissen bearbeitet wird, sondern darüber hinaus und vor allem wissenschaftsbasierte Begründungen, hermeneutisches Fallverstehen und Verständigung sowie kritische Reflexionsfähigkeit gelernt werden können.

Analyse

Die Grundannahmen und *theoretischen Bezüge* werden über die Bildungstheorie Klafkis, die Bildungsgangdidaktik (Meyer 2008), den Symbolischen Interaktionismus (Blumer 1973), die Strukturtheoretische Handlungstheorie (Oevermann 1996), die Persönlichkeitstheorie von Freud, die Erkenntnisinteressen von Habermas sowie eine kritische Theorie der Pflegewissenschaft (Friesacher 2008) expliziert.

Zentrales *Element* ihres Ansatzes ist die pflegedidaktische Heuristik. Ausgehend von Schlüsselproblemen aus dem pflegeberuflichen Alltag werden mittels der heuristischen Matrix bildungshaltige Inhalte ermittelt. Die Systematik der Heuristik spannt sich in einer Art Strukturgitter auf. Auf der horizontalen Ebene nimmt Darmann-Finck die erkenntnisleitenden Interessen von Habermas (technisches, praktisches und emanzipatorisches) auf. Diese werden mit der vertikalen Ebene, den für pflegerische Situationen konstitutiven Perspektiven (Pflegende, Patientin/Angehörige, Institution, Pflegerisches Handeln) verknüpft. Damit weisen die inneren Felder (insgesamt 12), die sich aus der Verknüpfung der vertikalen und horizontalen Ebene ergeben, unterschiedliche Zielperspektiven auf. Während auf der Ebene des technischen Erkenntnisinteresses ein regelorientiertes Bildungskonzept zum Ausdruck kommt, erfährt die Ebene des praktischen Erkenntnisinteresses eine Steigerung im Sinne des hermeneutischen Fallverstehens und der Verständigung. Hier sind Bezüge zum Symbolischen Interaktionismus erkennbar und nachvollziehbar. Auf der letzten Ebene, dem emanzipatorischen Erkenntnisinteresse, werden gesellschaftliche Widersprüche in der Verschränkung der verschiedenen Perspektiven aufgedeckt. In der Logik der Erkenntnisinteressen von Habermas sind diese Ebenen einleuchtend entfaltet.

Die *Logik* der inneren Felder erschließt sich auf der Zielebene des praktischen Erkenntnisinteresses nicht vollständig. Diese Ebene zielt bei Habermas auf Verständigung, die im Kontext von Begründungen mit dem Ziel der Überprüfung von Geltungsansprüchen und des begründeten Einverständnisses steht. Nach diesem Verständnis erfolgt Verständigung auf der sprachlichen Ebene. Darmann-Finck bezieht sich in ihren theoretischen Bezügen jedoch nicht nur auf die Erkenntnisinteressen von Habermas, sondern auch auf die kritische Theorie der Pflegewissenschaft von Friesacher. In dieser wird die sinnlich-leibliche Ebene als „die pflegerische Domäne" bezeichnet (vgl. Friesacher 2008: 236). Diese sinnlich-leibliche Ebene folgt jedoch nicht aus den Erkenntnisinteressen von Habermas.

Der *Gegenstand* bezieht sich auf ein zentrales Handlungsfeld der Pflegedidaktik, auf die Bestimmung von bildungshaltigen Inhalten für den Lernort Schule. Der Fokus liegt damit auf dem Handlungsfeld der curricularen Arbeit der Lehrenden und dessen Erarbeitung von bildungsermöglichenden Lehr-Lernsituationen. Die Heuristik liefert u.E. Kriterien für die Analyse der pflegeberuflichen Bildungspraxis.

Das *Spannungsfeld* bewegt sich zwischen einem emanzipatorischen Bildungsverständnis sowie kritisch pflegewissenschaftlichen, soziologischen (Symbolischer Interaktionismus) und psychoanalytischen Bezügen (Freud) und gesellschaftlichen Zusammenhängen. Die Pflegebildungspraxis ist indirekt einbezogen, in dem in den je situativen Lehr-Lernprozessen die Deutungen der Beteiligten zum Tragen kommen.

Der *Begriff* „Interaktionistische Pflegedidaktik" steht bei Darmann-Finck zentral. Unsere Lesart und auch die von Meyer (vgl. Kommentar in diesem Band) ist, dass Darmann-Finck Begrifflichkeiten des Symbolischen Interaktionismus übernommen hat. Dennoch steht aus unserer Sicht der Begriff Bildung zentral, denn in der reflexiven Arbeit mit der Matrix sollen Bildungsziele und -inhalte ermittelt werden, die auf eine emanzipatorische Zielsetzung ausgerichtet sind.

Pflegedidaktische Reflexion: Chancen und Grenzen

Die pflegedidaktische Heuristik bietet den Lehrenden einen begrifflichen Rahmen für didaktische Entscheidungen und Begründungen bezogen auf Bildungsziele und -inhalte. Darmann-Finck nimmt dabei auch die Frage nach dem geeigneten Lernort auf, sie unterscheidet zwischen den Lernorten Schule und Betrieb und gibt Hinweise für die methodische Gestaltung von Unterricht. Das emanzipatorische Verständnis kommt im Modus der Widersprüche zum Tragen. In der Folge bedarf bspw. ein Unterricht, in dem die Ebene des technischen Erkenntnisinteresses dominiert, der Begründung.

Irritationen ergeben sich aus dem ungeklärten Verhältnis zwischen den Erkenntnisinteressen von Habermas und dem „Eigenen" der Pflege. Das „Eigene" der Pflege findet sich in den inneren Feldern der Heuristik nur bedingt wieder. Hier unterliegt Darmann-Finck einer rationalistischen Verkürzung des „Eigentlichen" im pflegerischen Handeln. Damit werden wesentliche Inhalte für Pflegebildungsprozesse ausgeblendet. Sie erkennt zwar diese Verkürzung in ihrem Begründungszusammenhang, jedoch hat diese Erkenntnis keine Konsequenz für die Erweiterung der heuristischen Matrix in ihren Tiefendimensionen. Hier sind Lehrende auf weitere pflegedidaktische Ansätze verwiesen.

Ungelöst bleibt die Ebene des technischen Erkenntnisinteresses und seiner Stellung zum pflegerischen Handeln. Nachvollziehbar ist der von Darmann-Finck benannte Vorteil gegenüber dem Bildungskonzept der Regelorientierung. Unbefriedigend vage bleibt der behauptete Anspruch, dass mit Hilfe des „theoretischen" und „empirischen" Wissens „relevante Phänomene" pflegerischer Situationen erklärt werden können, ohne dass Relevanzkriterien benannt werden. Da Darmann-Finck selbst ganz richtig vor einem expertokratischen Pflegeverständnis warnt, ist hier Aufklärung lohnend. Eine kritische Reflexion von wissenschaftlichem Wissen und instrumentellen Verfahren wäre hier vonnöten. Allzu leicht entsteht ansonsten der Eindruck des Niveaustufenaufbaus, dem auch didaktisch zu folgen wäre. Die widersprüchliche Einheit mit der Verschränkungsnotwendigkeit unterschiedlicher Elemente droht dabei verloren zu gehen. Wie oben ist damit die Umsetzung des Verständnisses von pflegerischem Handeln in didaktische Kategorien angesprochen.

Daran anschließend und darüber hinaus sind die Grenzen der heuristischen Matrix darin zu sehen, dass die komplexe Anspruchslogik, die ja in der Heuristik aufscheinen soll, spätestens bei der Entwicklung von Lerninseln über die Aufteilung der Sache in Lernsequenzen, in der einzelne Themenbereiche bearbeitet werden, aufgelöst wird. Wie die Entwicklung einer Lerninsel in ein gesamtes Lernfeld eingebunden werden soll, bleibt offen.

Zu würdigen ist, dass Darmann-Finck den Lehrenden mit der pflegedidaktischen Heuristik ein Analyse- und Reflexionsinstrument bietet, mit dem eine Sensibilisierung für ein emanzipatorisches Verständnis von Pflegebildungsprozessen erfolgen kann. Ihr Ansatz ist vielschichtig und differenziert. Ingrid Darmann-Finck geht auf eine große Breite der von Lehrenden zu verantwortenden didaktischen Entscheidung instruktiv ein.

1.2 Subjektorientierte Pflegedidaktik –
Analyse und Reflexion der Arbeit von Roswitha Ertl-Schmuck

Roswitha Ertl-Schmuck legt mit ihrem Beitrag eine wesentlich überarbeitete Fassung ihrer Subjektorientierten Pflegedidaktik (2000) vor. Ihr Anliegen bleibt dabei, den Subjektbegriff für die Theoriebildung in der Pflegedidaktik zu rekonstruieren und ihn als unhintergehbaren disziplinären Begriff zu begründen. Wesentlich beeinflusst ist sie durch Erhard Meuelers subjektorientierte Erwachsenenbildung. Ihre Veröffentlichung 2000 wurde breit rezipiert und kritisch gewürdigt.² Ausgewählte Kritik aufgreifend und den erweiterten Kenntnisstand der Pflegewissenschaft, Pflegedidaktik und Erwachsenenbildung aufnehmend, arbeitet sie in ihrem jetzigen Beitrag zur subjektorientierten Pflegedidaktik leibliches Handeln und Emotionen als zentrale Lerngegenstände heraus.

Roswitha Ertl-Schmuck promovierte mit ihrem pflegedidaktischen Forschungsgegenstand in der Erwachsenenbildung und ist als Wissenschaftlerin in der beruflichen Didaktik der Berufsfelder Pflege und Gesundheit tätig. Darüber hinaus sind es immer wieder pflegewissenschaftliche Forschungsgegenstände um das Thema Interaktion, die ihre Aufmerksamkeit binden.

Analyse

Die w*issenschaftlichen Bezüge* sind vielfältig. Ertl-Schmuck bezieht sich auf das Autonomiekonzept von Kant, das Subjekt als „Ensemble gesellschaftlicher Verhältnisse" bei Marx und Engels, das „beschädigte Subjekt" bei Horkheimer und Adorno, die psychodynamische Theorie Freuds, auf poststrukturalistische und systemtheoretische Positionen u. a. von Luhmann, um die wechselvolle Geschichte der Subjektentwicklung nachzuzeichnen. Es sind im Wesentlichen zwei Vertreter der Disziplin Erwachsenenbildung, nämlich Erhard Meueler und Günther Holzapfel, von denen sie sich anregen und beeinflussen lässt. Beide stehen in der Tradition der Kritischen Theorie. Erhard Meuelers Rezeption des Subjektkonzepts für die Erwachsenenbildung erweitert Ertl-Schmuck um eine eindringliche Rehabilitation von Leib, Einbildungskraft und Emotion. Dazu greift sie auf Günther Holzapfels Rezeptionen historisch-soziologischer Studien zur Rehabilitierung der Einbildungskraft (Kamper), zur Relativierung der Kant'schen Vernunftkonzeption mit dem Stichwort „Das Andere der Vernunft" (Böhme und Böhme), auf anthropologische Arbeiten zum „Sinnenbewusstsein" (zur Lippe) bis hin zu Grundlagen der Gestalttherapie (Petzold) zurück. Darüber hinaus wird die Pflegewissenschaft als Bezugswissenschaft hineingenommen. Roswitha Ertl-Schmuck rezipiert hier im Wesentlichen Hartmut Remmers. Die *Elemente* des Ansatzes sind folgende: Ertl-Schmuck führt mit ihrer subjektorientierten Pflegedidaktik einen dialektisch begründeten Subjektbegriff als grundlegenden pflegedidaktischen Begriff ein. Danach ist das Subjekt immer beides: unterworfen und frei. Diese Grundlegung wird von ihr in den „Merkmalen einer subjektorientierten Pflegedidaktik" aufgenommen und entfaltet:

- Subjekt, Lernen und Bildung,
- Pflegerisches Handeln,
- Leibliche Sensibilisierung (leibliches Handeln und Emotionen) als Lehr- und Lerngegenstand,

---

2 Vgl. u. a. Bögemann-Großheim 2001, Fichtmüller/Walter 2007: 88 ff.

- Lehr- und Lernsubjekte (Aneignung statt Vermittlung, Aushandlungsprozesse).

Den Lernbegriff bestimmt sie nicht näher.

Auch wenn Ertl-Schmuck diese Merkmale egalitär als zentral kennzeichnet, sind doch zwei Gruppen auszumachen. Mit Subjekt, Bildung und Pflegerisches Handeln sind *grundlegende Begriffe* inhaltlich bestimmt. Leibliche Sensibilisierung, Aneignung und Aushandlungsprozesse liegen auf einer anderen Ebene. In ihnen sind *Elemente* eines pflegedidaktischen Modells erkennbar, ohne das der Anspruch auf ein vollständiges Pflegedidaktikmodell gestellt wird. Anliegen ist es, Akzente da zu setzen, wo ein gravierender Mangel ausgemacht wird. Und so dekliniert Ertl-Schmuck über den Handlungsbegriff, über Bildung und Pflege, was die Anerkennung des Subjekts als leibgebundenes Sein für pflegedidaktische Auswirkungen zeitigen muss.

Die *Konsistenz* der von Ertl-Schmuck vorgelegten subjektorientierten Grundlegung ist in den ausgeführten Elementen offensichtlich. Sowohl die grundlegenden Begriffe *pflegerisches Handeln* und *Bildung* werden vom dialektischen Subjektbegriff her inhaltlich bestimmt, als auch die Elemente eines subjektorientierten pflegedidaktischen Verständnisses von Lehr-Lerngegenständen und Lehr-Lernsubjekten. Diese Konsistenz muss sich entsprechend in der weiteren Ausarbeitung noch erweisen.

Auf welchen Ausschnitt des *Gegenstandes* der Pflegedidaktik fokussiert der Beitrag? Die subjektorientierte Pflegedidaktik Ertl-Schmucks lässt sich durch die inhaltliche Auslegung der grundlegenden Begriffe Subjekt, Bildung und Pflegerisches Handeln in allen Handlungsfeldern aller Ebenen[3] der Pflegedidaktik sowohl kritisch-reflexiv als konstruktiv einsetzen. Mit ihrem Entwurf für Lehr-Lerngegenstände und dem Verständnis von Lehr-Lernsubjekten ist es geeignet, sowohl in Schulentwicklungs- und Curriculumprozessen als auch im Handlungsfeld Lehr-Lernsituationen gestalten konzeptionelle und reflexive Wirkungen zu entfalten.

Eckpunkte eines *Spannungsgefüges* sind die Erziehungswissenschaft, insbesondere Erwachsenenbildung, und die Pflegewissenschaft. Indirekt sind Pflege- und Pflegebildungspraxis über die konsequente Grundlegung im Subjekt mit den je subjektiven Erfahrungen hineingenommen.

Pflegedidaktische Reflexion: Chancen und Grenzen des Modells

Roswitha Ertl-Schmuck bietet mit ihrer subjektorientierten Pflegedidaktik den notwendigen Widerhaken für eine allzu schnelle und allzu leichtfüßige Rezeption konstruktivistischer Ansätze in der Pflegedidaktik. Die Bestimmung des Subjekts mittels eines dialektischen Subjektbegriffs und der Be-

---

3 Vgl. Ertl-Schmuck/Fichtmüller 2009: 20.

tonung des Leibs macht den Blick frei für widersprüchliche Erfahrungen in Pflege- und Lehr-Lernprozessen und bewahrt vor verkürzten technologischen Lehr-Lernkonzepten, mittels derer Herrschaftsverhältnisse verschleiert werden, was gerade in der Pflegebildung seine unseligen – wenn auch oft praxistauglichen – Wirkungen von der Ebene der Lehr-Lernprozessgestaltung bis in die Ebene der Pflegeprozessgestaltung entfaltet.

In der in diesem Beitrag dargelegten Überarbeitung – oder sollte treffender von einem neuen Ansatz gesprochen werden – bleibt jedoch auch vieles offen. Gerade die Vielschichtigkeit pflegerischen Handelns mit den daraus erwachsenen vielschichtigen Lernanforderungen ist von Ertl-Schmuck nicht weiter ausgearbeitet. Und so bleibt zu wünschen, dass Roswitha Ertl-Schmuck an diesem Ansatz dran bleibt und für die zentralen Handlungsfelder *Lehr-Lernsituationen gestalten* und *Curriculumentwicklung* ihre subjektorientierte Pflegedidaktik weiter ausarbeitet.

1.3 Pflege gestalten lernen – pflegedidaktische Grundlagenforschung – Analyse und Reflexion der Arbeit von Franziska Fichtmüller und Anja Walter

In der Lehrerinnenbildung für die Berufsfelder Pflege und Gesundheit tätig, motiviert Franziska Fichtmüller und Anja Walter Anfang der 2000er Jahre die geringe empirische Wissensbasis in der Pflegedidaktik zu ihrer breit angelegten empirischen Grundlagenforschung. An Krankenpflegeschulen, in der Pflegepraxis und einer Lernwerkstatt forschen sie zum Lernen und Lehren von beruflichem Pflegehandeln. Die Zugänge zum Forschungsfeld sind breit angelegt und beziehen sich auf Beobachtungen von Situationen in der pflegeberuflichen Praxis, in Lehr-Lernprozessen am Lernort Schule, auf Interviews mit Lehrenden, Anleitenden und Lehrenden sowie Lerntagebücher, die die Lernenden führten. Ihnen geht es um ein Wahrnehmen dessen, was wie gelernt und gelehrt wird. Ihre deskriptive Forschung bringt empirisch verankerte pflegedidaktische Begriffe und eine Theorie über Lernprozesse in der Pflegepraxis, einem noch wenig erforschten Realitätsausschnitt, hervor.

Beide Autorinnen sind nach einer Pflegeausbildung und Berufstätigkeit in der Pflege als Lehrerinnen für Pflege tätig, bevor sie Pflegepädagogik studieren und ihr Interesse für die Lehrerinnenaus-, -fort- und -weiterbildung geweckt ist. Ihre Themen und Fragen bewegen sich im Kontext des Lernens und Lehrens in der Pflege- und Lehrerinnenbildung.

Analyse

Mit dem gewählten Forschungsdesign der Grounded Theory folgen Franziska Fichtmüller und Anja Walter einem phänomenologischen und hermeneutischen Ansatz. In ihrem konsequent induktiven Vorgehen beruht ihre theoretische Sensibilität für die empirischen Daten auf eigenen Berufserfahrungen in der Lehrerinnenbildung und *theoretischen Ansätzen*, vornehmlich Neuweg (Polanyi), Holzkamp, Remmers und Carper.

Elemente der Theorie sind die empirisch generierten Kategorien zu den Lerngegenständen und den das Lernen und Lehren beeinflussenden Elementen. Diese sind unterschiedlich komplex und sind entsprechend für sich stehende Ergebnisse der Forschung.[4] Herausgelöst aus dem Zusammenhang der Theorie *Pflege gestalten lernen in der Pflegepraxis* bilden einzelne dieser Konzepte selbst narrow range theories[5].

Folgende Kategorien bilden die Elemente der gegenstandsbezogenen Theorie *Pflege gestalten lernen in der Pflegepraxis:*

- „Pflegerische Einzelhandlungen lernen" und
- „Arbeitsablaufgestaltung lernen".
- „Aufmerksam-Sein lernen" und
- „Urteilsbildung lernen".

Der diesen Kategorien umfassende Begriff ist „Pflege gestalten lernen". Darüber hinaus werden querliegende Kategorien formuliert, die Einfluss auf alle Konzepte nehmen. Das sind:

- Theorie-Praxis-Verhältnis,
- Kondensstreifen des Wissens,
- Modellpersonen oder zur Wirksamkeit erlebten Pflegehandelns,
- die Position als Lernende und
- die Lernatmosphäre.

Die Theorie bildet mit den drei Lernmodi

- Lernen über integrierendes Handeln,
- Lernen über Handlungsproblematiken mit der Antwort Lernstrategien und
- Lernen über Handlungsproblematiken mit der Antwort exkludierendes Weiterhandeln,

wesentliche Elemente des komplexen Wirkgefüges von Lernen und Lehren beruflichen Pflegehandelns in der Pflegepraxis ab.

---

4 Das spiegelt sich eindrücklich in der – umfangreichen – Veröffentlichung (Fichtmüller/Walter 2007). Hier nehmen diese Forschungsergebnisse den größten Teil der Darstellung ein (vgl. dazu ebd.: 205-658).
5 Dieser englische Terminus wird dem deutschen situationsspezifisch vorgezogen, da mit dem Begriff Situation zurecht konkrete soziale Gegebenheiten verbunden werden. Wenn hier bspw. die Kategorie „Theorie-Praxis-Verhältnis" genannt wird, geht es um einen narrow – einen engen und auch speziellen Fokus, unter dem Situationen wahrgenommen und mittels dieses Konzeptes resp. dieser Theorie wahrgenommen, analysiert und/oder reflektiert sowie Handlungsentwürfe konzipiert werden können.

Die innere *Konsistenz* erschließt sich in der Veröffentlichung von 2007 deutlicher als in dem in diesem Band vorgelegten Aufsatz. Der qualitative Sprung von den einzelnen Kategorien hin zur Theorie lässt sich nach einem intensiven Textstudium gedanklich nachvollziehen. Klar wird in dem hier vorgelegten Beitrag, wie die einzelnen Elemente der Theorie definiert sind und wie sie zueinander in Beziehung gesetzt werden. Die Fallgeschichte illustriert dies.

Welcher Ausschnitt des *Gegenstandes* der Pflegedidaktik wird in dieser Studie fokussiert? Aus dem komplexen Gegenstand der Pflegedidaktik interessiert die Forscherinnen die implizite und explizite Ausgestaltung der Lehr-Lernprozesse an den wichtigsten Lernorten der Pflegeausbildung, um Wirkzusammenhänge darin aufzudecken. Dazu müssen sie die Komplexität der Praxis wahrnehmen, analysieren und in Begriffe fassen. Mittels des gewählten Forschungsdesigns erfolgt diese Reduktion unter der Voraussetzung der Dignität der Praxis.

Eckpunkte des von ihnen aufgemachten *Spannungsgefüges* der Pflegedidaktik sind vornehmlich[6] lerntheoretische, pflegewissenschaftliche und – gewichtig – die Pflegebildungspraxis an verschiedenen Lernorten. Gesellschaftliche Bezüge kommen vermittelt über die subjektwissenschaftliche Grundlegung Holzkamps in den Blick.

Pflegedidaktische Reflexion: Chancen und Grenzen des Modells

In der *Theorie Pflegen gestalten lernen in der Pflegepraxis* werden pädagogische Verlaufsprozesse frei gelegt, die bislang in ihrer Komplexität und ihren Widersprüchlichkeiten im Verborgenen blieben. Die Stärke liegt in der Erhellung der Subjektstandpunkte der Lehrenden und Lernenden. Hier wird die Tragfähigkeit der Holzkampschen Theorie resp. Begriffe deutlich. Das didaktische Handeln der Lehrenden wird ebenso forschungsmethodisch eingefangen wie die Lernprozesse der Lernenden, und beide in dem nicht auflösbaren Zusammenhang zwischen den Spezifika der pflegeberuflichen Lerngegenstände und den Lehr- und Lernprozessen. Dieser Zusammenhang ist mit den Forschungsergebnissen eindrücklich aufgezeigt. Die Ergebnisse eröffnen pflegedidaktische Perspektiven für die Ausgestaltung von Lehr-Lernprozessen. Lehrende am Lernort Schule und Anleitende in der Pflegepraxis werden über die aus der Empirie generierten pflegedidaktischen Begriffe für bestimmte Phänomene im Kontext des Lehrens sensibilisiert. Die begriffliche Schärfe lenkt die Aufmerksamkeit auf das, was in der Pflegebildungspraxis tatsächlich ist.

---

6 Darüber hinaus speist sich ihre theoretische Sensibilität auch aus pflegedidaktischen sowie berufs- und erwachsenenbildnerischen Ansätzen (vgl. Fichtmüller/Walter 2007: 79 ff.). Diese sind jedoch im Forschungsverlauf für die Analyse der empirischen Daten weniger bedeutsam.

Erhellend sind die Ausführungen zu den Lernmodi. Diese geben u. a. Aufschluss über die Bedeutung von fremdinduziertem Lernen, bei dem Lernende von Lehrenden neue bisher unbekannte Bedeutungshorizonte erfahren, die ihnen aus unterschiedlichen Gründen nicht zugänglich waren. Hier wird deutlich, dass fremdinduzierte Handlungsproblematiken Lernen ermöglichen und über kooperative Lehr-Lernverhältnisse Lerngegenstände in ihrer Tiefendimension bearbeitet werden können. Lehren im Sinne von Intervenieren erhält damit eine Wertschätzung. Damit gehen die Ergebnisse über die Überlegungen Holzkamps hinaus.

Fremdinduzierte Handlungsproblematiken benötigen jedoch einen bildungstheoretischen Reflexions- und Begründungsrahmen, um bestehende Machtverhältnisse zwischen Lehrenden und Lernenden wahrzunehmen und zu reflektieren. Hier sind die Grenzen der vorliegenden Forschungsstudie zu sehen. Eine explizit bildungstheoretische Grundlegung wird vermisst. Sie bleibt in dieser empirisch deskriptiven Arbeit unterschwellig. Hier bedarf es der Rahmung bildungstheoretisch fundierter Konzepte, um Bedeutungskonstellationen, die u. a. Macht- und Herrschaftsstrukturen einschließen, zu erhellen.

Die von den beiden Forscherinnen vorgelegte Studie ist eine der wenigen pflegedidaktischen Arbeiten, in denen die Pflegebildungspraxis empirisch deskriptiv erfasst wird. Die pflegedidaktische Begriffs- und Theoriebildung könnte sich damit als ein neuer Strang im pflegedidaktischen Diskurs erweisen.

1.4 Die Pflegedidaktische Kategorialanalyse – Analyse und Reflexion der Arbeit von Ulrike Greb

Ulrike Greb, Hochschullehrerin in der Lehrerinnenbildung für Berufliche Schulen (Fachrichtung Gesundheit[7]), widmet sich in ihrer Arbeit der theoretischen Kategorialanalyse, mittels derer eine professionelle pflegedidaktische Curriculumentwicklung gesichert werden kann. Mithin geht es Greb um eine pflegedidaktische Generierung und Legitimation von Lehr-/Lerninhalten für die Pflegeausbildung. Dabei ist ein kritisches Bildungsverständnis in der Pflegebildung leitend, da unumgänglich, so ihre These. Ihr Ansatz bietet sowohl pflegewissenschaftliche Reflexions- und Analysekriterien als auch einen konzeptionellen Ansatz für pflegedidaktische Handlungsfelder. Greb weist dabei eindringlich darauf hin, dass das Strukturgitter nicht als Analyseraster, sondern als Transformationsgrammatik in An-

---

7 Entgegen der Differenzierung der Kultusministerkonferenz (KMK) in das Berufsfeld „Gesundheit und Körperpflege" und Berufsfeld „Pflege", werden im Studiengang „Lehramt an der Oberstufe/Berufliche Schulen, Fachrichtung Gesundheit" an der Universität Hamburg alle Gesundheitsfachberufe in die Fachrichtung Gesundheit einbezogen.

spruch zu nehmen ist. Es ist ein unabgeschlossenes Projekt, eine *negative Didaktik*.

Erste Arbeiten mit diesem Ansatz gehen auf das Ende der 1990er Jahre zurück, ihre Dissertation erschien 2003. Seitdem arbeitet sie vor allem mit Studierenden an und mit der Kategorialanalyse und differenziert diese für bestimmte pflegerische Handlungsfelder wie bspw. die psychiatrische Pflege oder Intensivpflege. In regelmäßigen Abständen veröffentlicht sie dazu und stellt sich so einer breiten fachlichen Öffentlichkeit (u. a. 2005, 2008).

Analyse

Die Negative Dialektik (Adorno), mithin die Ältere Kritische Theorie, und die daraus hervorgegangene kritische Bildungstheorie (Heydorn, Blankertz) bilden die Stützpfeiler des Ansatzes von Greb. Pflegewissenschaft wird explizit als zentraler fachwissenschaftlicher Bezug benannt, erscheint jedoch weniger als ein Stützpfeiler und mehr als eine Frucht dieses Ansatzes. So setzt Greb am Metaparadigma der Pflege an, verwirft es teilweise und erweitert es. Es erfolgt eine eigenständige Annäherung an Pflege. Dazu führt sie zentrale Begriffe (Leib, Beziehung u. a. m.) ein, die sie unter Bezugnahme auf Phänomenologie und kritische Gesellschaftstheorie bestimmt.

Das Strukturgitter enthält *Elemente* auf unterschiedlichen Ebenen, gemäß der Logik didaktischer Strukturgitter. Wesentlich ist bei Greb, im Unterschied zu Blankertz, dass mit dem Strukturgitter Konstellationen entstehen, keine positiven Bestimmungen.

Von innen her gelesen sind die kleinsten Elemente neun paarig angelegte pflegedidaktische Reflexionskategorien (Leiderfahrung und Leibentfremdung, Selbst- und Fremdbestimmung, Humanisierung und Sozialtechnologie, u. a. m.). Mit ihnen werden, so der Anspruch, die für berufliches Pflegehandeln wesentlichen gesellschaftlichen Widersprüche aufgespürt und frei gelegt. Diese Elemente sind begründet und nachvollziehbar aus den zentralen Medien resp. Sachebenen der Pflegewissenschaft (Krankheitserleben, Helfen, Gesundheitswesen) in der Verschränkung mit den für pflegeberufliches Handeln in gesellschaftlichem Systemzusammenhang zentralen Perspektiven (Individuum, Interaktion und Institution) generiert. Zentrale Medien resp. Sachebenen (3.5) sowie die Perspektiven (3.4) können entsprechend als Elemente einer übergeordneten Ebene gelesen werden. Mit den in der Abbildung (Abb. 2, S. 131 in diesem Band) als halbe Rahmung erscheinenden Aufschriften (3.1, 3.2, 3.3, 3.6) sind die Grundannahmen und theoretischen Bezüge kenntlich gemacht.

Mit der Curriculumentwicklung wird auf einen Bereich des *Gegenstandes* der Pflegedidaktik fokussiert. Darüber hinaus beansprucht Greb, mit dem Strukturgitter genuin pflegedidaktische Analysekriterien für mikrologische Analysen pflegerischen Handelns, wie es in Geschichten, in Lehrplänen, in Handlungssituationen fixiert ist, anzubieten.

Welches *Spannungsgefüge* wird aufgespannt? Gesellschaftliche Zusammenhänge, Pflegewissenschaft und Bildungstheorie bilden die Eckpunkte, zwischen denen die Pflegedidaktik sich mit dem Grebschen Ansatz konkretisiert. Pflegeberufliche und pädagogische Praxis sind als Bezugspunkte nicht einbezogen.

Der Strukturgitteransatz bei Greb ist *bildungstheoretisch* ausgerichtet. Im Verständnis von Blankertz „Bildung im Medium des Berufs" zielen Pflegebildungsprozesse auf Gesellschafts- und Wissenschaftskritik, auf die Entfaltung einer kritischen Vernunft, die sich selbst kritisiert und an ihrem eigenen Maßstab misst.

Pflegedidaktische Reflexion: Chancen und Grenzen des Modells

Mit dem Bezug auf die Ältere Kritische Theorie der Frankfurter Schule will der Kriteriensatz des Strukturgitters eine Analyse und Konstruktion von Bildungsinhalten leisten, etwas, das vor allem in der Umsetzung des Lernfeldansatzes innerhalb der Pflegebildung dringend erforderlich ist. Die Stärken des Entwurfs von Ulrike Greb liegen eindeutig in einer ideologiekritischen Reflexion. Im instruktiven Beitrag von Andreas Gruschka werden einige Begrenzungen aufgezeigt, die hier nicht wiederholt werden müssen.

Eine aus unserer Sicht zentrale Schwierigkeit des Ansatzes von Greb formuliert Gruschka pointiert, wenn er auf die „nicht geklärten Beziehung zwischen einem theoretischen Entwurf zur ‚Eigendynamik der Pflege' und der Eigendynamik der Ausbildung für die Pflege" hinweist. Dieser Aspekt soll hier aufgenommen und pflegedidaktisch weiter begründet werden. Wir folgen Greb darin, dass mit ihrem Strukturgitter eine (ideologie-)kritische und pflegeimmanente Reflexion von Ausbildungsinhalten, besonders die im Rahmen des Lernfeldkonzeptes generierten, überhaupt erst durchführbar wird. Sobald jedoch der Wirkungsraum von der Ebene der Reflexion hin zur Ebene der Konstruktion erweitert werden soll, stellen sich Probleme ein. Der Duktus prinzipieller Gegenbewegung gegen eine positive Bestimmung berufsspezifischen Wissens erschwert zumindest die Konstruktion von Ausbildungsinhalten, die mit zur Herausbildung einer professionellen Handlungskompetenz beitragen können. Was als „empirische Randphänomene" diskreditiert wird, eine immer auch notdürftige Begriffsbildung, ist unseres Erachtens zu Ausbildungszwecken unumgänglich. So zeigt bspw. das empirisch generierte Konzept *pflegerische Einzelhandlungen* (Beitrag von Fichtmüller/Walter in diesem Band) deutlich auf, welche Vielschichtigkeit von Zugangsweisen zum Anderen in der pflegerischen Interaktion, welche Vielschichtigkeit von Handlungsverständnissen pflegerischen Handelns in aller Widersprüchlichkeit miteinander vereint werden müssen. Es werden pflegedidaktische Begriffe angeboten und auch Grenzen der Explizierbarkeit mit ihren Auswirkungen auf Lehren und Lernen aufgezeigt.[8]

---

8 Vgl. Fichtmüller/Walter 2007: 356-359.

Dieses berufsspezifische Wissen ist mit dem Kriterienansatz – auch wenn die Kriterien berufsspezifisch begründet werden – jedoch nicht zu generieren. Die Widersprüche pflegerischen Handelns sind bei Greb ausschließlich in Reflexionskategorien gefasst, die sich aus der kritischen Gesellschaftstheorie herleiten. Anders gewendet: es bleibt zu viel Pflegedidaktisches im Selbstverständlichen, folgt man Grebs Ansatz. Die ganze vielschichtige pflegerische Intervention mit ihren komplexen und *in sich* widersprüchlichen Anforderungen an Lernende wird pflegedidaktisch nicht aufgenommen.[9]

Berufliche Tüchtigkeit, d. h. „die Praxis der Lebenswirklichkeit" über eigenes Tun auch zu *re*produzieren wird als Anspruch aufgegeben, da kritikwürdig. Es braucht jedoch beides: Mündigkeit und berufliche Handlungsfähigkeit. Konkret: Die Widersprüche der Pflegepraxis, die begrifflich in den neun dialektischen Reflexionskategorien übersetzt werden können, sind pflegedidaktisch höchst relevant. Darüber hinaus gilt es, die von Greb als bloße Oberfläche und „empirische Randphänomene" diskreditierten Phänomene ebenso ernst zu nehmen.

So wesentlich der Greb'sche Ansatz für eine unhintergehbar bildungstheoretische Reflexion von Lernfeldern ist, hierin findet er eine kritische Grenze. Diese Grenze ist zu lesen als ein Verwiesen sein des Ansatzes auf eine weitergehende pflegedidaktische Bearbeitung. Unseres Erachtens bietet sich hier die empirische Arbeit von Fichtmüller/Walter (2007) an, die wiederum auf bildungstheoretisch fundierte konzeptionelle Folgerungen noch wartet.

1.5 Ein handlungstheoretisch fundiertes Arbeitsmodell zur Pflegedidaktik – Analyse und Reflexion zum Modell von Renate Schwarz-Govaers

Renate Schwarz-Govaers entwickelt ihr handlungstheoretisch fundiertes Arbeitsmodell zur Pflegedidaktik in der Zeit von 1998 bis 2003, gegen Ende ihrer über dreißigjährigen Berufstätigkeit (Schwarz-Govaers 2005: 15). Sie war (und ist) in der Lehrerinnenbildung für Pflegeberufe tätig, überwiegend in der Schweiz, aber auch in Deutschland und weiteren Ländern. In ihrer langjährigen Tätigkeit ist sie vor allem mit Veröffentlichungen zum Fachdidaktikmodell Pflege Aarau, an dessen Entwicklung in den frühen 90er Jahren sie maßgeblich beteiligt war, und zum Problemorientierten Lernen in der Pflegebildung hervorgetreten.

---

9 Damit behaupten wir nicht, dass es einen gleichsam gesellschaftlich nicht durchformten Kern pflegerischen Handelns gäbe, wie es bspw. mit dem Konzept „Pflegerische Einzelhandlungen" letztlich suggeriert wird. Die gesellschaftliche Bedingtheit wird gleichsam quer gelegt zu dem hier erinnerten Phänomen einer Vielschichtigkeit und anderen Widersprüchlichkeit pflegerischer Handlungen.

Ihr Anliegen mit dem hier dargelegten Arbeitsmodell ist die wirksame Ausbildung beruflicher Handlungskompetenz durch situations- und problemorientiertes Lernen, wobei im Anschluss an Diethelm Wahl (1991) das Bewusstmachen von subjektiven Theorien als Basis von Wissen und Handeln als wesentlich angesehen wird.

Die Grundannahmen ihres Forschungs- und Entwicklungsprogramms können wie folgt zusammengefasst werden: Subjektive Theorien befähigen uns zum Handeln und bestimmen unser Denken und Tun. Voraussetzung für Veränderungen von subjektiven Theorien ist ihr Bewusstwerden. Dies ist vor allem bei beruflichen Lernprozessen erforderlich, zu welchen schon vor der Ausbildung für den Beruf relevantes Wissen und Erfahrungen erworben wurden, wie z. B. bei Pflege- und Lehrberufen. Wissen ist dann anwendungsrelevant, wenn es kontextualisiert erworben wird.

Ihre Forschungstätigkeit lässt sich grob zweiteilen: Eine empirische Studie zum Erfassen der subjektiven Theorien von Lernenden der Krankenpflege bildet den ersten Teil. Im zweiten Teil entwickelt sie ihr Modell. Basierend auf der empirischen Studie und dem Handlungsmodell von Wahl macht es Aussagen über die „Lernstrukturen/-inhalte", die „Lernprozesse/-phasen" und die „Lernstrategien/-formen".

Analyse

Renate Schwarz-Govaers lässt ihre berufsbiografisch erworbenen Erkenntnisse und Erfahrungen in das Pflegedidaktikmodell münden (2005: 599). Zudem arbeitete sie empirisch mit einem qualitativen Forschungsansatz (Mayring 2000) und der Strukturlegetechnik (Scheele/Groeben 1988). Ihre Empirie und ihr Modell sind handlungstheoretisch mit dem Ansatz von Diethelm Wahl (1991) unterlegt. Damit basiert ihr Modell auf einem kognitionspsychologischen und konstruktivistischen Unterbau, der sich konsequent durch ihr Denken zieht. Das handlungstheoretische Modell von Wahl steht der älteren Handlungsregulationstheorie nahe.[10] Um diesen zentralen wissenschaftlichen Bezug gruppiert sie Einzelbefunde aus der populären Hirnforschung (Spitzer).

Zentrale *Elemente* des Modells sind:

A. Ein Prozessmodell zur Veränderung von Subjektiven Theorien (Bewusstmachen, [Um-]Lernen und Verdichten),
B. das handlungstheoretische Strukturmodell (sequentielles Handlungsmodell nach Wahl mit Situations-, Handlungs- und Ergebnisauffassung) und das

---

10 So bezieht sich Schwarz-Govaers in ihren handlungstheoretischen Überlegungen u. a. auf Miller/Galanter/Pribam (1973); Hacker (1982, 1998), die ein sequentielles Handlungsmodell vertreten mit vorgelagerter Zielsetzung und entsprechenden Rückkopplungsmechanismen (vgl. Schwarz-Govaers 2007: 130 ff.).

C. Handlungsmodell Pflege, welches das handlungstheoretische Strukturmodell mittels empirisch und pflegewissenschaftlich generierter Konzepte berufsspezifisch konkretisiert (vgl. Schwarz-Govaers 2005: 597).[11]

Diese werden in drei „Teilmodellen" neu verortet, miteinander in einen Zusammenhang gesetzt und um ein folgerechtes lehr-lernmethodisches Vorgehen erweitert:

1. Lernstruktur und -inhalte (später als Strukturkomponente bezeichnet)
  • Situationsauffassung, Handlungsauffassung und Ergebnisauffassung

2. Lernprozess und -phasen (später als Prozesskomponente bezeichnet)
  • Subjektive Theorien bewusst machen, verändern, verdichten

3. Lernstrategien und -formen
  • Schritte des situations- und problembasierten Lernens (PBL)
  • „Kommunikative Praxisbewältigung in Gruppen" (KOPING)

Die in der Darstellung des Modells gewählte Weise – theoretische Grundlagen, Beschreibungen und Umsetzungsbeispiele werden parallel dargelegt – ermöglicht sicher ein schulpraxisnahes Lesen, erschwert unseres Erachtens jedoch die Analyse der *Konsistenz* und inneren Stimmigkeit des Modells.

Während die drei Elemente des Modells nachvollziehbar bestimmt sind und in den Teilmodellen erkennbar werden,[12] bleibt die innere Logik der drei Teilmodelle durch die gewählten Oberbegriffe unklar. Struktur und Inhalt sowie Prozess und Phasen sind keine Synonyme. Sie nebeneinander zu stellen bedeutet, es den Lesenden zu überlassen, eine Beziehung zwischen den Begriffen herzustellen. So ließe sich erschließen, dass die Lerninhalte in diesem Modell strukturell erfasst sind – mittels des handlungstheoretischen Modells nach Wahl (Element B) – und konkretisiert für das Berufsfeld Pflege (Element C), dass ein phasenhaftes Verständnis vom Lernprozess vorliegt (Element A) und dass Strategien und Formen von Lernprozessen[13] irgendwie unterschieden und doch ähnlich sind. Das dritte Teilmodell lässt sich als konsequente Fortführung konstruktivistischer Grundannahmen ver-

---

11 Die Empirie bildet den Hauptteil ihrer Dissertation, der dem Beitrag in diesem Band zugrunde liegt. Er wird in diesem Beitrag jedoch inhaltlich wenig ausgeführt. Entsprechend wird er von uns in die Analyse nur an markanten Stellen hinzugezogen und entsprechend gekennzeichnet. So wollen wir sichern, dass die Leserinnen und Leser der Analyse auch auf der Grundlage des von Schwarz-Govaers gewählten Ausschnittes kritisch folgen können.

12 Element A findet sich im Teilmodell 2 und erfährt eine lehr-/lernmethodische Konkretisierung in Teilmodell 3. Elemente B und C sind in Teilmodell 1 wiederzufinden.

13 Im eigentlichen Sinn und zur Abgrenzung der handlungspsychologisch basierten Vorstellung vom wirksamen Lernen müsste treffender von Lehr-Lernprozessen gesprochen werden.

stehen. Hier werden zwei Unterrichtsmethoden[14] oder methodische Groß-
formen (Meyer 1987) präferiert und verabsolutiert. Obwohl im Modell
(Abb. 1, S. 170) nicht erkennbar, ist aus den Erläuterungen von einer dem
Modell innewohnenden Notwendigkeit der „Lernstrategien/-formen" POL
und KOPING zu schließen (vgl. Schwarz-Govaers 2005: 589).

Abgesehen von dieser unbefriedigenden Begriffsarbeit sind die Elemente
durch das Modell in einen konsistenten Zusammenhang gebracht.

Welchen Ausschnitt des *Gegenstandes* der Pflegedidaktik bedient das Modell? Mit diesem Modell wird auf handlungswirksames Lehren und Lernen
fokussiert. Entsprechend werden über Lernphasen und -formen sowie Lerninhalte Aussagen getroffen. Im Zentrum des Modells stehen kognitionspsychologisch geprägte Vorstellungen vom Lernen und ein entsprechendes
Lehr-/Lernarrangement.

Welches *Spannungsgefüge* wird aufgespannt? Pflegedidaktisch wird ein
konstruktivistisches Verständnis von Lernen als ein Eckpunkt gesetzt. Die
Empirie in ihrer Verlängerung um Pflegetheorien könnte als ein zweiter
Eckpunkt verstanden werden. Dagegen spricht indessen ein gewichtiger
Aspekt: Was zur Erforschung Subjektiver Theorien von Lernenden diente,
wird – lediglich vermittelt über ausgewählte grand theories der Pflege aus
den 50er bis 70er Jahren des 20. Jahrhunderts, die fünf Funktionen der
Pflege[15] und allgemein gehaltene Statements zu Veränderungen in der Pflege[16] – als Lerninhalt gefasst. Schwarz-Govaers sieht diesbezüglich selbst
einen Weiterentwicklungsbedarf (2005: 599)[17]. Zieht man also konsequent
diesen nur dürftig entwickelten berufsspezifischen und pflegewissenschaftlich begründeten Eckpunkt ab, bleibt es bei einem handlungstheoretisch
fundierten Modell für die methodische Gestaltung von Lehr-Lernprozessen.

Pflegedidaktische Reflexion: Chancen und Grenzen des Modells

Mit ihrem Modell reagiert Schwarz-Govaers auf ein drängendes Problem
(nicht nur) der beruflichen Bildung: die Kluft zwischen Wissen und Handeln. Mit ihren handlungstheoretischen Grundlegungen im Rahmen des
Programms der Subjektiven Theorien greift sie in der Problembearbeitung

---

14 Der Begriff *Unterrichtsmethode* wird verwendet, um ein Wiederkennen zu erleich-
tern. Von Unterricht im klassischen Sinn geht Schwarz-Govaers nicht aus. Sie
spricht von Lernumgebungen oder „Lernsettings" (2005: 589).
15 Vgl. dazu Schwarz-Govaers/Mühlherr 2004: 31 f.
16 So stellt Schwarz-Govaers beispielsweise fest, dass in der Situationsauffassung Rahmenbedingungen vernachlässigt werden, dass neue Aufgaben in der Kooperation mit
anderen Berufsgruppen liegen oder dass die Pflegeaufgaben besonders in diagnostischen und evaluativen Aspekten des Pflegeprozesses liegen werden (2005: 597 f.).
17 So endet ihre Dissertation mit dem Satz: „Die Schlüsselkonzepte für die Pflege weiter zu erforschen und in die Pflegeaus- und -weiterbildungen zu integrieren sollten
weiterhin das Ziel sein." (Schwarz-Govaers 2005: 599)

jedoch nicht weit genug aus und bietet einen Teilbereich für das Ganze an. Pflegerisches Handeln ist mit handlungsregulationstheoretischen Beschreibungen nicht hinreichend erfassbar[18] und muss entsprechend mit diesem Ansatz verfehlt werden. Zudem ist es unkritisch gegenüber Wissenschaft und Gesellschaft. Auch mit Blick auf den Entstehungszeitraum Ihrer Arbeit bleibt zu konstatieren, dass sie hinter den in der Beruflichen Bildung bereits rezipierten bildungstheoretischen Mindestforderungen und handlungstheoretischen Erweiterungen zurückbleibt.

Wesentlich erscheint eine weitere Begrenzung: dieses Modell ist im eigentlichen Sinn kein *Pflegedidaktik*modell, sondern eine lehr-lerntheoretische Grundlegung. Folgt man dieser Grundlegung, verhilft es zur begründeten Planung von Lehr-Lernprozessen bezogen auf das Lernen selbst, bietet aber keine Horizonte für *Bildung*sprozesse und nur unzureichende für eine *pflegedidaktisch* begründbare Lerninhaltsauswahl. Besonders letzteres soll noch einmal knapp unterlegt werden. Die Konzepte des Handlungsmodells speisen sich aus einer qualitativen empirischen Forschung, deren Konzeptgenerierung stark von vorgängigen pflegewissenschaftlichen Theorien und den Erfahrungen der Forscherin gespeist ist. Weder die pflegeberufliche Praxis resp. berufswissenschaftliche Überlegungen, noch ein über die kognitiven Prozesse (häufig tauchen nur noch „Gehirne" auf) hinausgehender Blick auf das lernende Subjekt ermöglichen es, pflegedidaktisch zu entwickeln, begründen, reflektieren oder zu legitimieren. Mit diesem Modell, welches hervorragend zum Lernfeldkonzept passt und Problemlösungen für das so wesentliche Phänomen des „trägen" Wissens anbietet, werden Probleme des Lernfeldkonzeptes, insbesondere die Frage nach der Sicherung von Bildungsansprüchen, verstärkt.

Wird dieses Modell jedoch eingebettet in übergeordnete pflegedidaktische Theorien (bspw. Darmann, Ertl-Schmuck, Greb) *punktuell* und pflegedidaktisch *begründet* eingesetzt, kann es seine Stärken entfalten und Lehrenden und Lernenden eine einträgliche Bildungspraxis erbringen.[19]

---

18 Vgl. die Ausführungen Heiner Friesachers zum Pflegerischen Handeln im Band 1 (Ertl-Schmuck/Fichtmüller 2009: 69 ff.), oder bspw. die Kriterien zur Analyse von Handlungsbegriffen in pflegedidaktischen Zusammenhängen (Fichtmüller 2006).
19 Die Begrenzungen und Chancen des Konzeptes Selbstorganisiertes Lernen, wie sie inzwischen in zahlreichen Veröffentlichungen diskutiert werden (vgl. die pflegedidaktisch motivierten Kritiken von Ertl-Schmuck 2007; Fichtmüller/Walter 2007: 150f.; Remme 2002), müssen für den Ansatz von Schwarz-Govaers in den Blick genommen werden. Punktuell bedeutet also, entsprechend bei den Stärken Problembasierten Lernens (kognitive Lerninhalte) anzusetzen, ohne dieses Konzept zu generalisieren. Erfahrungsorientierte Methoden sind in der Pflegebildung wesentlich zum Erwerb bspw. hermeneutischer Kompetenzen und zum Sensibilisieren für eigene Emotionen und Haltungen (vgl. bspw. Oelke/Scheller/Ruwe 2000).

2. Diskussion

In der folgenden Diskussion wollen wir die einzelnen Theorien und Modelle miteinander ins Gespräch bringen. Diese kann an der Stelle nicht in aller Ausführlichkeit erfolgen; lediglich punktuell heben wir Markierungen hervor. Wir sind der Auffassung, dass die Disziplin durch die Vielfalt und unterschiedlichen paradigmatischen Positionen Gestalt annimmt. Sie können in pflegedidaktischen Diskursen offen gelegt, in Verbindung gesetzt und relevant gemacht werden. In diesem Verständnis ist die nachfolgende Diskussion geführt worden.

Bei den Ausführungen von Renate Schwarz-Govaers stellen wir uns die Frage, ob ihr Ansatz gar als Antipode zum Grebschen gelesen werden kann? Jedenfalls wird bei Schwarz-Govaers auf jeglichen Bildungsanspruch verzichtet und auf die Veränderung Subjektiver Theorien – bezogen auf pflegefachliche Belange i. e. S. – über Lernen und Lehren gesetzt. Die Begründungen für Bildung, wie sie in Band 1 dargelegt sind und wie sie Ulrike Greb in ihrem Beitrag in diesem Band (S. 124 ff.) noch einmal mit Nachdruck aufführt, leisten die notwendige Kritik am Beitrag von Schwarz-Govaers.

Diskreditiert werden die im Ansatz von Schwarz-Govaers fraglos vorausgesetzten „objektiven Theorien", mittels derer die subjektiven Theorien angereichert oder ersetzt werden. Dagegen wird eine *Konstellation* angeboten, ein Begriffsnetz, indem sich nicht nur gesellschaftliche Bedingungen gleichsam verfangen, sondern auch der potentielle Lerngegenstand Pflege fassbar wird, ohne der Verführung einer – lediglich scheinbaren – Identität von Begriff und Sache zu erliegen.

Grebs Kritik und Warnung vor einem unkritischen Bildungsbegriff, vor einer lediglich auf Qualifikation ausgerichteten didaktischen Zielstellung, muss gegen das Modell von Schwarz-Govaers angeführt werden. Dieses Modell kann ohne eine entsprechende theoretische Rahmung zu einer Verfestigung der herrschenden Zustände und Ideologien führen und das Bewusstsein paralysieren (vgl. Greb 2003: 118).

Während Roswitha Ertl-Schmuck die Subjektperspektive als Ausgangs- und Bezugspunkt für die Pflegedidaktik wählt, setzt Ulrike Greb die Subjektperspektive immer schon in den Zusammenhang mit der Systemperspektive, der Vergesellschaftung beruflichen Pflegehandelns. Beide ziehen aus der Subjektperspektive den Bildungsanspruch und begründen diesen zudem durch die der Pflege inhärenten Ansprüche an hermeneutische Kompetenz. Auch, wenn der Subjektbegriff unterschiedlich hergeleitet wird – bei Greb über den Subjektbegriff bei Adorno, bei Ertl-Schmuck über verschiedene subjektphilosophische Ideen – beziehen sich beide auf einen dialektisch begründeten Subjektbegriff und verweisen darauf, dass es eine absolute Autonomie nicht geben kann. Damit setzen sie sich von unkritischen Rezeptionen konstruktivistischer Ansätze ab, in denen vielfach das „Unterworfensein" verschleiert wird.

Dennoch wird die Ideologiekritik bei Ertl-Schmuck nicht absolut gesetzt, wie dies in der Denkbewegung von Greb zum Ausdruck kommt. Um als Pädagogin handlungsfähig zu sein, kommt Ertl-Schmuck nicht umhin, Annahmen dazu zu formulieren, wie in organisierten Lehr-Lernprozessen bildungsermöglichende Gelegenheiten inhaltlich, methodisch und sozial initiiert werden können. Die Aufforderung zur Gestaltung der eigenen Lebenswelt und pflegeberuflichen Arbeitswelt steht hier zentral. In diesem Verständnis ist Ideologiekritik wesentlich, um die subtilen Zwangsmechanismen der Gesellschaft reflexiv in den Blick zu nehmen und Gestaltungsspielräume auszuloten. Sie bleibt jedoch nur *eine* Perspektive.

Die Beiträge von Ingrid Darmann-Finck und Ulrike Greb weisen auf den ersten Blick viele Gemeinsamkeiten auf. Beide Autorinnen sind der Kritischen Theorie verbunden. Dennoch kommt bei Greb über den Subjekt- und Erfahrungsbegriff von Adorno auch die leibliche Perspektive in den Blick, die bei Darmann-Finck mit Bezug zu den Erkenntnisinteressen von Habermas (jüngere Kritische Theorie) vernachlässigt wird. Die leibliche Perspektive wird über den pflegewissenschaftlichen Bezug (Friesacher) hineingenommen, ohne jedoch ausreichend im Ansatz integriert zu sein. Wäre es eine Bereicherung, diesen in die heuristische Matrix aufzunehmen? Darüber könnten die inneren Felder eine Differenzierung und Tiefendimension erfahren, in der leibliche Momente als bildungsermöglichende Inhalte in den Blick kommen.

Aber nicht nur hier sind Unterschiede zu konstatieren. Greb bezieht sich in ihrem theoretischen Begründungsrahmen explizit nicht auf die jüngere Kritische Theorie, die mit dem Namen Habermas verbunden ist. Das Konzept der Lebenswelt von Habermas erscheint Greb als eine „Verharmlosung des Status quo", das eine „Atmosphäre zwangloser Mitmenschlichkeit" vermittle (vgl. Greb in diesem Band S. 124 ff.). Führen damit die Erkenntnisinteressen von Habermas, die Darmann-Finck in ihrer Matrix als Zielperspektive aufnimmt, zu einer Verharmlosung gesellschaftlicher, i. e. S. pflegeberuflicher Verhältnisse? Wird damit die angedachte emanzipative Zielperspektive doch wieder verfehlt? Unseres Erachtens ja, denn in der Matrix fehlen hierzu Kriterien. Dagegen wird bei Greb ein Begriffsnetz angeboten, in dem auch eine kritische Reflexion über Wissenschaft und Technologie als Instrumente gesellschaftlicher Herrschaft als potentielle pflegeberufliche Lerngegenstände fassbar werden.

Für weiterführend halten wir eine Diskussion der empirisch ermittelten Lerngegenstände im Rahmen des Strukturgitters. Ist es möglich, die empirisch deskriptiv ermittelten Lerngegenstände im Rahmen des Strukturgitters in bildungsermöglichende Inhalte zu transferieren? Ist es nötig? Unseres Erachtens wäre es das, da doch die Empirie aufzeigt, was es – auch – zu lernen gilt, um den Pflegeberuf ausführen zu können. Und was es gegebenenfalls zu verlernen gilt, weil es, nimmt man diese Studie ernst, derzeit gelernt wird. Der Facettenreichtum der empirischen sozialen Lehr-Lernwelt im Kontext pflegeberuflichen Handelns am Lernort Betrieb würde damit nicht verfehlt werden. So könnte der Ansatz von Ulrike Greb eine kritische Revision erfahren. Wobei uneingelöst bleibt, inwiefern aus dieser komplexen Bearbeitung über die Notwendigkeit, curriculare Bausteine zu generieren und damit Ausschnitte zu wählen, wiederum Verkürzungen zustande kommen (vgl. Gruschkas grundsätzlich zu nennende Kritik an den Strukturgittern).

3. Zusammenfassung und Desiderata

Nachdem die Modelle und Theorien einzeln gewürdigt und punktuell miteinander diskutiert wurden, wird mit dieser Zusammenfassung der Fokus wieder erweitert. Was lässt sich für die Disziplin Pflegedidaktik aus den obigen Ausführungen konstatieren? Welche Gegenstandsfelder sind bisher bearbeitet worden, welche führen ein Schattendasein? Welche wissenschaftlichen Bezüge werden für den disziplinären Zugang zum Gegenstand als wesentlich angesehen? Welche Schwerpunkte sollten in der zukünftigen Forschung und Lehre gelegt werden?

Doch zunächst soll aus den Kommentaren in *interdisziplinärer Perspektive* ein Aspekt hervorgehoben werden: die Würdigung der Wissenschaftler der Rezeption aus den Bezugsdisziplinen Allgemeine Didaktik, Berufsbildung und Erwachsenenbildung. Wahrzunehmen ist eine nicht lineare Übertragung ausgewählter Ansätze, sowie der genuin pflegedidaktische Zugriff und eine entsprechende Einbindung in eigenständige Überlegungen. Und der Hinweis, die mit bestimmten Anleihen verbundenen Schwierigkeiten achtsamer aufzunehmen und nicht schlicht zu tradieren. Die Kommentare aus interdisziplinärer Perspektive waren mehrheitlich kritisch-konstruktiv und sind für den internen Diskurs äußerst instruktiv. In ihrer teils intensiven Besprechung der einzelnen Beiträge stehen sie für sich.

Im ersten Band dieser Reihe kennzeichneten wir das Selbstverständnis der Pflegedidaktik u. a. über ein *Spannungsgefüge* aus den Praxisfeldern von Pflege und Pflegebildung sowie relevanter Bezugswissenschaften, namentlich mindestens Pflegewissenschaft, Erziehungswissenschaft und Gesellschaftswissenschaft (Ertl-Schmuck/Fichtmüller 2009: 30ff., 46). In der Gesamtschau der Beiträge in diesem Band wird dies unterstrichen. Wird nämlich das Spannungsgefüge zur einen oder anderen Position hin restlos aufgelöst, resultieren Verkürzungen, die auch durch eine noch so differenzierte Ausarbeitung nicht mehr eingeholt werden können.

Die theoretischen Bezüge und *wissenschaftstheoretischen* Verortungen weisen bezeichnende Gemeinsamkeiten auf, geben sie doch Hinweise auf das Selbstverständnis der Disziplin. Zugleich ist – über einen der sechs Ansätze – eine Spannbreite zu konstatieren, die ausgedehnter kaum sein könnte. Von der Negativen Dialektik über Habermas verbunden mit phänomenologischen Denkansätzen mit einem entsprechenden mehrdimensionalen und vielschichtigen Aufschluss des Lehr-/Lerngegenstandes pflegerisches Handeln bis hin zu Zugriffen, die naturwissenschaftlichen Ansätzen nahe stehen und einer nahezu eindimensionalen Handlungsauffassung. Kennzeichnend ist ein Nebeneinander von Hermeneutik, Phänomenologie, dialektischen Wissenschaften mithin Kritischer Gesellschaftstheorie, und empirisch-analytischen Wissenschaften.

In den hier vorgestellten Ansätzen geht es meist um die Pflegeausbildung, dort häufig um den Lernort Schule; um Wissen, Haltungen und Kompetenzen zur hermeneutischen und ideologiekritischen Analyse vorgefundener Verhältnisse. Es werden jedoch auch die Lehrerinnenbildung und die hochschulische Pflegebildung beachtet. Vereinzelt wird ein Fokus über Lernortgrenzen hinweg gewählt.

Bei den betrachteten *Gegenstandsbereichen* finden wir mit einem differenziert ausgearbeiteten Orientierungs-, Begründungs- und Reflexionsrahmen und zwei differenziert ausgearbeiteten Entwürfen einen Schwerpunkt auf dem Handlungsfeld Curriculumentwicklung, mithin der bildungstheoretischen Legitimation und Konstruktion von Lehr-/Lerninhalten. Zwei Ansätze fokussieren mit Lehr-Lernprozessen die Mikroebene, jedoch in nahezu konträren Ausrichtungen. Theoriebildend in der Beschreibung der eine, handlungsanweisend der andere. Dieser hätte auch dem dritten Band zugeordnet werden können, vielleicht sogar müssen. Konzeptionelle pflegedidaktische Ansätze, insbesondere für die Mikroebene, sind Inhalt des dritten Bandes. Dort wird auch zu analysieren sein, inwiefern diese Ansätze auf pflegedidaktische Theoriebildung rekurrieren und/oder welche theoretischen Bezüge zur Entwicklung und Legitimation gewählt werden. Auch wird im folgenden Band genauer untersucht werden, inwieweit es pflegedidaktische Evaluationsforschung gibt und welche Aussagen von dort aus zu treffen sind.

Nur einer der Ansätze verzichtet darauf, den *Leib* als unhintergehbaren pflegedidaktischen Bezug zu kennzeichnen. Auch das *Subjekt* spielt in unterschiedlichen Nuancen in fast allen Ansätzen eine wichtige, teils die zentrale Rolle.

Die *Bildung*stheoretischen Grundlagen, sofern vorhanden, beziehen sich auf unterschiedliche Auffassungen. Mit Bezug auf Klafki stehen die Bildungsziele wie Mündigkeit und Emanzipation durch die Fähigkeit der Selbstbestimmung, Mitbestimmung und Solidarität zentral. Bei Heydorn kommt die subversive Kraft des Widerspruchs durch die kritische Selbstbildung in den Blick. Holzapfel nimmt die vernachlässigte Kategorie der Leibperspektive in den Bildungsbegriff auf.

Außer bei dem empirisch deskriptiven Zugang und bei einem der normativen Zugänge steht Bildung demnach zentral. Das Aufdecken von pflegeimmanenten Widersprüchen und kritische Urteilsfähigkeit sind nahezu Wesensmerkmale. Komplex angelegte empirische Studien müssen erhellen, inwieweit hier Kritik- *und* Handlungsfähigkeit ausgebildet werden.

Pflege wird unterschiedlich bestimmt, auch wenn die Bestimmung als professionelles Handeln mit doppelter Handlungslogik mehrheitlich geteilt wird. Dabei wird mehrheitlich neben Beziehungsaspekten der Leibbezug als wesentlich für pflegerisches Handeln hervorgehoben und die gesellschaftliche Gebundenheit kritisch hineingenommen. Pflege als Lern- und Lehrgegenstand wird in den normativen Theorien sowie den empirisch-deskriptiv generierten Kategorien als mehrschichtig und bezogen auf die Handlungsanforderungen in sich widersprüchlich gekennzeichnet.

Diese normativ-didaktische resp. deskriptiv-analytische Auffächerung des Lehr- und Lerngegenstandes in den vorliegenden Ansätzen bleibt jedoch noch insofern unbefriedigend, als dass das Problem ungelöst bleibt, wie denn nun dieser Lerngegenstand über die Ausbildungsjahre hinweg erlernt werden kann, ohne in Einzelaspekten auseinander zu fallen. Die empirisch-deskriptive Studie gäbe zahlreiche Hinweise für ein Gegensteuern und Bestärken bereits praktizierten Lehrens und Lernens, die Interaktionistische Pflegedidaktik bietet ebenso wie das Strukturgitter schon jetzt Ansatzpunkte.

Die Beachtung von *Genderaspekten* und Verwendung einer *inklusiven Sprache* sind noch mangelhaft zu nennen. Hier besteht drängender Handlungsbedarf.

Alles in Allem erscheint uns eine fundierte, kritische und kreative pflegedidaktische Arbeit mit diesen Ansätzen als wesentlich. Professionelles Lehrendenhandeln erfordert eine fundierte Kenntnis dieser Theorien, um sie in Schulentwicklungsprozessen, in Curriculumentwicklung inklusive der Entwicklung von Lernsituationen resp. umfassender und begrenzter Unterrichtseinheiten sowie Lernortdifferenzierung und -kooperation bis hin in die Gestaltung sowie Evaluation von pädagogischen Situationen, der Selbstreflexion der Lehrenden und der bildungspolitischen Einmischung und Gestaltung – kurz in den verschiedenen pflegedidaktisch relevanten Handlungsfeldern belehnen zu können. In Interventions- und Evaluationsstudien sowie in weiteren deskriptiven Studien sind Erkenntnisse über Folgen einer solchen Arbeit systematisch zur Kenntnis zu nehmen. Von dort aus sind weitere vielversprechende Impulse für die Entwicklung der Pflegedidaktik zu erwarten. Diese Forderung muss sich in Lehre und Forschung an den Hochschulen ebenso niederschlagen wie in hochschulischen Weiterbildungsangeboten für Lehrende. Solange nicht auch in der pflegedidaktischen Praxis an den beruflichen Schulen pflegedidaktische Theorien zur Konzeption, Reflexion und vor allem Legitimation für Lehr-/Lernarrangements hinzugezogen werden, laufen Bemühungen einzelner Hochschulen in der Lehrer(grund)bildung noch allzu leicht ins Leere.

Für die künftige Forschung wurden in den Einzelbeiträgen hinreichend Akzente gesetzt. Im Resümee ist dringend weitere Grundlagenforschung als auch i.e.S. anwendungsorientierte Forschung notwendig. Der Gegenstandsbereich der Pflegedidaktik harrt weiterer – induktiver und deduktiver – wissenschaftlich-systematischer Ausdifferenzierung. Die oben eingeforderte Evaluationsforschung darf sich nicht den Mühen der Entwicklung eines gegenstandsangemessenen Forschungsstudiendesigns entziehen.

Dazu sind aus unserer Sicht Graduiertenprogramme einzurichten. Die Forschung in der Pflegedidaktik war bisher noch zu sehr von einzelnen Qualifikationsarbeiten abhängig. Damit konnte zwar, wie der vorliegende Band zeigt, beträchtliches für die pflegepädagogischen Praxisfelder und die Disziplinentwicklung geleistet werden, allerdings sind die Grenzen ebenso deutlich zu erkennen. Neben Diplomarbeiten und Promotionen sind übergreifende Forschungsprogramme zu entwickeln. In der Entwicklung ist die interdisziplinäre Perspektive gemäß dem vielschichtigen Gegenstand beizubehalten.

Quer zu all diesen Desiderata steht der Wunsch nach einem belebten und belebenden Diskurs zwischen den in der Pflegedidaktik wissenschaftlich Tätigen untereinander sowie zwischen allen auf den unterschiedlichen Handlungsfeldern Tätigen. Die wissenschaftliche Beschäftigung mit der Pflegedidaktik ist letztlich nur ein Handlungsfeld der Pflegedidaktik *neben* den anderen. Dazu gehört als Grundvoraussetzung, einander wahrzunehmen. Dies wiederum bedeutet zweierlei, erstens: zu veröffentlichen (schriftlich oder in Vorträgen u. Ä.) und sich damit der kritischen Betrachtung zu stellen. Zweitens zu lesen und oder zu hören und kritisch in der (Fach-)Öffentlichkeit dazu Stellung zu beziehen. Nur so wird sich die Disziplin Pflegedidaktik substantiell entwickeln und ihren zahlreichen Aufgaben gerecht werden können.

Literatur

Blumer, Herbert (1973): Der methodologische Standpunkt des symbolischen Interaktionismus. In: Arbeitsgruppe Bielefelder Soziologen (Hrsg.): Alltagswissen, Interaktion und gesellschaftliche Wirklichkeit, Bd. 1. Reinbek: Rowohlt: 80-146

Bögemann-Großheim, Ellen (2001): Buchrezension zu Roswitha Ertl-Schmuck: Pflegedidaktik unter subjekttheoretischer Perspektive. In: Pflege & Gesellschaft, 6. Jg., H. 2: 64-65

Darmann, Ingrid (2000): Kommunikative Kompetenz in der Pflege. Stuttgart: Kohlhammer

Ertl-Schmuck, Roswitha (2007): Selbstbestimmt lernen: eine Theorie-Praxisreflexion. In: Falk, Juliane/Keuchel, Regina (Hrsg.): Moderne Pflegeausbildung. Bildungstheoretische Orientierungen und bewährte Praxisbeispiele für den Unterricht. Weinheim und München: Juventa: 28-38

Ertl-Schmuck, Roswitha (2000): Pflegedidaktik unter subjekttheoretischer Perspektive. Frankfurt/Main: Mabuse

Ertl-Schmuck, Roswitha/Fichtmüller, Franziska (2009): Pflegedidaktik als Disziplin. Eine systematische Einführung. Weinheim und München: Juventa

Fichtmüller, Franziska (2006): Handlungstheoretische Reflexionsebenen in der Pflegedidaktik – ein Analyseinstrument. In: Pflege & Gesellschaft, 11. Jg., H. 2: 157-169

Friesacher, Heiner (2008): Theorie und Praxis pflegerischen Handelns. Begründung und Entwurf einer kritischen Theorie der Pflegewissenschaft. Göttingen: V&R unipress

Fichtmüller, Franziska/Walter, Anja (2007): Pflegen lernen. Empirische Begriffs- und Theoriebildung im Wirkgefüge von Lernen und Lehren beruflichen Pflegehandelns. Göttingen: V&R unipress

Greb, Ulrike/Hoops, Wolfgang (Hrsg.) (2008): „Demenz" – jenseits der Diagnose. Pflegedidaktische Interpretation und Unterrichtssetting. Frankfurt/Main: Mabuse

Greb, Ulrike (Hrsg.) (2005): Lernfelder fachdidaktisch interpretieren. Werkstattberichte zur Gestaltung von Gesundheits- und Krankheitsthemen im schulischen Bereich. Frankfurt/Main: Mabuse

Greb, Ulrike (2003): Identitätskritik und Lehrerbildung. Ein hochschuldidaktisches Konzept für die Fachdidaktik Pflege. Frankfurt/Main: Mabuse

Mayring, Philipp (2000): Qualitative Inhaltsanalyse. Weinheim: Deutscher Studien Verlag

Meyer, Hilbert (1987): UnterrichtsMethoden. I: Theorieband. 5. Aufl., Frankfurt/Main: Cornelsen Verlag Scriptor

Meyer, Meinert A. (2008): Unterrichtsplanung aus der Perspektive der Bildungsgangforschung. In: Meyer, Meinert/Hellekamps, Stephanie/Prenzel, Manfred (Hrsg.): Perspektiven der Didaktik. Wiesbaden: VS Verlag für Sozialwissenschaften: 117-137

Oelke, Uta/Scheller, Ingo/Ruwe, Gisela (2000): Tabuthemen als Gegenstand szenischen Lernens in der Pflege. Theorie und Praxis eines neuen pflegedidaktischen Ansatzes. Bern: Huber

Oevermann, Ulrich (1996): Theoretische Skizze einer revidierten Theorie professionalisierten Handelns. In: Combe, Arno/Helsper, Werner (Hrsg.): Pädagogische Professionalität. Frankfurt/Main: Suhrkamp

Remme, Marcel (2002): Kritik konstruktivistischer Ansätze in der Pflegepädagogik. PrInterNet, 4. Jg., H. 12: 249-262

Scheele, Brigitte/Groeben, Norbert (1988): Dialog-Konsens-Methoden zur Rekonstruktion Subjektiver Theorien: Die Heidelberger Struktur-Lege-Technik (SLT), konsensuale Ziel-Mittel-Argumentation und kommunikative Fluss-Beschreibung von Handlungen. Tübingen: Franke

Schwarz-Govaers, Renate/Mühlherr, Lilli (2004): Das Fachdidaktikmodell Pflege. In: WE'G Weiterbildungszentrum für Gesundheitsberufe (Hrsg.): Pflege lehren und lernen. Pädagogische und fachdidaktische Impulse zur Ausbildung im Gesundheitswesen. Bern: h.e.p.verlag.ag: 19-43

Schwarz-Govaers, Renate (2005): Subjektive Theorien als Basis von Wissen und Handeln. Ansätze zu einem handlungstheoretisch fundierten Pflegedidaktikmodell. Bern: Huber

Wahl, Diethelm (1991): Handeln unter Druck: Der weite Weg vom Wissen zum Handeln bei Lehrern, Hochschullehrern und Erwachsenenbildnern. Weinheim: Deutscher Studien Verlag

Anhang: Theorien und Modelle im Überblick

Begründungslinien Autorin/Werk	Methodische Vorgehensweise Deduktiv/induktiv/ deskriptiv/normativ	Wissenschafts- theoretische Verortung	Theoretische Bezüge	Wesentliche Elemente	Pflegedidaktisches Handlungsfeld
Darmann-Finck, Ingrid: Eckpunkte einer Interaktionistischen Pflegedidaktik (in diesem Band)	Empirisch-deskriptiv (Grounded Theory) und deduktiv-normativ	Phänomenologisch/ hermeneutisch	– Bildungstheorie Klafkis – Bildungsgangdidaktik (Meinert A. Meyer) – Symbolischer Interaktionismus (Blumer) – Strukturtheoretische Handlungstheorie (Oevermann) – Persönlichkeitstheorie (Freud) – Erkenntnisinteressen (Habermas) – Kritische Theorie der Pflegewissenschaft (Friesacher)	Pflegedidaktische Heuristik: Horizontale Ebene – technisches – praktisches – emanzipatorisches Erkenntnisinteresse Vertikale Ebene – Perspektiven – Pflegeperson – Patient/Angehörige – Institution/Gesellschaft – Pflegerisches Handeln Pflegeberufliche Schlüssel- probleme Hermeneutisches Fallverstehen Verständigung	Curriculare Arbeit der Lehrenden und deren Erarbeitung von bildungs-ermöglichenden Lehr-Lernsituationen
Ertl-Schmuck, Roswitha: Subjektorientierte Pflegedidaktik (in diesem Band)	Deduktiv-normativ	Hermeneutisch	– Zugänge über Kant, Marx/Engels, Adorno/ Horkheimer, Freud, poststrukturalistische und systemtheoretische Positionen – Subjektorientierter Ansatz der Erwachsenenbildung (Meueler) – Holzapfels Zugänge zu Leib, Emotionen und Einbildungskraft – Bildungsbegriff im Kontext der Kritischen Theorie (Meueler und Holzapfel)	– Dialektisch begründeter Subjektbegriff impliziert Lernen und Bildung – Pflegerisches Handeln – Leibliche Sensibilisierung (leibliches Handeln, Emotionen) als Lehr-Lerngegenstand – Lehr-Lernsubjekte (Aneignung statt Vermittlung, Aushandlungsprozesse)	Reflexionsrahmen für pflegedidaktische Handlungsfelder auf allen Ebenen (Mikro-, Meso- und Makroebene)

Fichtmüller, Franziska/Walter, Anja: Pflege gestalten lernen – pflegedidaktische Grundlagenforschung (in diesem Band)	Empirisch-deskriptiv Grounded Theory, Perspektivverschränkung (Gieseke)	Phänomenologisch-hermeneutisch	Theoretische Sensibilität: – Lehr-lerntheoretische Position Neuweg (Polanyi) – Subjektwissenschaftliche Lerntheorie (Holzkamp) – Leib, Emotion, Einbildungskraft (Holzapfel) – Pflegewissenschaftliche Zugänge (Carper, Benner, Olbrich, Remmers)	Theorie zum Lernen in der Pflegepraxis. Kemkategorie: Pflege gestalten lernen Subkategorien: – Pflegerische Einzelhandlungen lernen – Arbeitsablaufgestaltung lernen – Aufmerksam-Sein lernen – Urteilsbildung lernen (Lerngegenstände) Drei Lernmodi, diese stehen in einem Wirkgefüge von: – Erwartungshorizont – Pflege gestalten und – Gegenstandsaufschluss – Handlungsproblematik – Antworten und – Reflektieren Querliegende Kategorien: – Theorie-Praxis-Verhältnis – Modellpersonen – Kondensstreifen des Wissens – Position als Lernende – Lernatmosphäre	Als Grundlagenforschung insb. für die Handlungsfelder Gestaltung von Lehr-Lernsituationen und Lehrerinnenbildung relevant. Beitrag zur Entwicklung und Begründung von Curricula für schulische und betriebliche Bildungsprozesse

Greb, Ullrike: Die Pflegedidaktische Kategorialanalyse (in diesem Band)	Deduktiv-normativ	Ältere Kritische Theorie Ideologiekritik	Ältere Kritische Theorie (Adorno)
			Kritische Bildungstheorie (Heydorn, Blankertz)
			Strukturgitteransatz (Blankertz)
			Didaktik-Kritik (Türcke)
			Berufspädagogik (Lisop/Huisinga)
				Bildung
				Identitätskritik
				Widerspruch als Differenzerfahrung
				Subjekt-Objekt-Verhältnis
				Hermeneutische Fallkompetenz
				
				Strukturgitter. Konstellationen:
				Horizontale Ebene:
				  – Krankheitserleben
				  – Helfen
				  – Gesundheitswesen
				Vertikale Ebene:
				  – Individuum
				  – Interaktion
				  – Institution
				Verschränkung des Subjekt- und Systembezugs
					LehrerInnenbildung
					Curriculumentwicklung
					Entwicklung von Lehr-Lernsituationen

Schwarz-Govaers, Renate: Bewusstmachen der Subjektiven Theorien als Voraussetzung für handlungsrelevantes berufliches Lernen – ein handlungstheoretisch fundiertes Arbeitsmodell zur Pflegedidaktik (in diesem Band)	Empirisch-normativ	Hermeneutisch	Handlungstheoretische Modelle (Miller u.a., Hacker, Kaminski, Wahl) Wissenstheoretische Modelle (Gerstenmaier/Mandl, Piaget, Wahl) Pflegetheorien (Roper u.a., Orem, Peplau)	Elemente: – Prozessmodell zur Veränderung von Subjektiven Theorien – Handlungstheoretisches Strukturmodell (sequentielles Strukturmodell nach Wahl) – Handlungsmodell Pflege welches das handlungstheoretische Strukturmodell mittels empirisch und pflegewissenschaftlich generierter Konzepte berufsspezifisch konkretisiert Teilmodelle: – Lernstruktur/-inhalte – Lernprozess/-phasen – Lernstrategien/-formen	Lehr-Lernarrangement für LehrerInnenaus-, fort- und weiterbildung Lehr-Lernarrangement für Pflegeaus-, -fort- und -weiterbildung Lehr-Lernarrangement für Hochschule

Anhang: Weitere pflegedidaktische Arbeiten im Überblick[1]

Begründungslinien Autorin/Werk	Methodische Vorgehensweise Deduktiv/induktiv/ deskriptiv/normativ	Wissenschafts- theoretische Verortung	Theoretische Bezüge	Wesentliche Elemente	Bezug zu pflegedidaktischen Handlungsfeldern
Holoch, Elisabeth (2002): Situiertes Lernen und Pflegekompetenz. Bern u.a.: Huber	Deduktiv-empirisch (Evaluationsforschung)	Hermeneutisch-phänomenologisch	– Pflegetheorien (Peplau, Orlando, Benner, Watson&Lea, Martinsen) – Moralentwicklung (Kohlberg und Gilligan) – Pflegekompetenz (Benner, Raven und Rolfe) – Tätigkeitstheorie Lejont'ev, Wygotskis Theorie von ‚Lernprozesssen als sozialen Prozess' und Laves Konzept der ‚legitimen peripheren Partizipation'	Situiertes Lernen Drei Modelle: – Narrativa zu Fürsorgesituationen – Das Erstgespräch als Lernsituation – Interaktion in komplexen Pflegesituationen	Lehr-Lernarrangement Lernortkooperation
Kersting, Karin (2002): Berufsbildung zwischen Anspruch und Wirklichkeit. Eine Studie zur moralischen Desensibilisierung. Bern u.a.: Huber	Empirisch	Hermeneutisch	– Kritische Bildungstheorie (Gruschka) – Metapher der Kälte (Adorno/Horkheimer, Gruschka)	Kategorien: – fraglose Übernahme – Ahnung von Kälte – Täter und Opfer durch objektiv Kälte verursachende Strukturen – Verdrängung falscher Praxis – Virtuelle Auflösung, definitorische Auflösung und fallweises Aussteigen – Idealisierung falscher Praxis – Kompensation für falsche Praxis – Individuelle Auflösung – Reflektierte Hinnahme Kälteelipse	Beitrag zur Curriculumentwicklung

[1] In diesem Überblick erfolgt kein Anspruch auf Vollständigkeit. Beiträge aus einschlägigen Zeitschriften und veröffentlichte Curricula für die Pflegeausbildungen wurden nicht aufgenommen. Stand der Analyse: Januar 2009

Keuchel, Regina (2005): Bildungsarbeit in der Pflege. Bildungs- und lerntheoretische Perspektiven in der Pflegeausbildung. Lage: Jacobs-Verlag	Deduktiv-normativ	Hermeneutisch	Konstruktivismus (Arnold/ Siebert) Anthropologische Annahmen (Meueler, Heidegger) Postmoderne Ansätze (Stichwort: Radikale Pluralität)	Konzept der innovativen Lernkultur umfasst – Bildung und – Lernen	Curriculumentwicklung Schul- und Qualitätsentwicklung
Oelke, Uta/Scheller, Ingo/ Ruwe, Gisela (2000): Tabuthemen als Gegenstand szenischen Lernens in der Pflege. Theorie und Praxis eines neuen pflegedidaktischen Ansatzes. Bern u.a.: Huber	Deduktiv-normativ	Hermeneutisch	Kritisch-konstruktive Erziehungswissenschaft (Klafki, Lempert) Erfahrungsbezogenes Lernen (Scheller) Körperarbeit, Gefühlarbeit (Strauss u.a., Badura, Mischo-Kelling, Wittneben, Benner, Gröning)	– Macht/Ohnmacht – Gesellschaftliche Tabuthemen – Erfahrungsbezug – Szenisches Lernen – Szenisches Spiel	Gestaltung von Lehr-Lernsituationen Lehrerinnenbildung
Roes, Martina (2004): Wissenstransfer in der Pflege. Neues Lernen in der Pflegepraxis. Bern u.a.: Huber	Implementationsforschung (Rogers) mit responsiver konstruktivistischer Evaluation (Beywl)	Phänomenologisch-hermeneutisch	Dezentrale Bildungskonzepte (Dehnbostel, Pätzold) Wissen und Können (Benner, Büssing, Neuweg, Hacker) „Exklusive Wissensbasis" (Carper) Beobachtendes und experimentelles Lernen (Kolb) Reflexion (Argys, Schön) Dialektisches Verhältnis und Machtbeziehung (Foucault)	Anerkennungsverhältnisse zwischen den an der Ausbildung Beteiligten (empirisch) Modelle: – „Praxisanleiter anders gedacht" – „Lerninsel-Konzept" – dezentraler Lernraum – Lernortkooperation	Lernortkooperation Betriebliche Ausbildung
Stemmer, Renate (2001): Grenzkonflikte in der Pflege. Patientenorientierung zwischen Umsetzungs- und Legitimationsschwierigkeiten. Frankfurt/Main: Mabuse	Empirisch-deskriptiv	Phänomenologisch-hermeneutisch Transzendentalkritik	Skeptisch-transzendentalkritische Pädagogik (Fischer, Ruhloff)	Sexualität in der Pflege – der Umgang mit Grenzen Subkategorien: – Grenzverläufe und -übergänge zwischen Pflegenden als Personen und Sexualität – Grenzverläufe und -übergänge zwischen dem Berufsfeld Pflege und Sexualität	Beitrag zur Curriculumentwicklung

Die Herausgeberinnen und Autorinnen

Ertl-Schmuck, Roswitha, Dr. phil., Diplom Pädagogin, ist wissenschaftliche Mitarbeiterin im „Lehramtsbezogenen Bachelor-/Master-Studiengang an berufsbildenden Schulen, Berufliche Fachrichtung Gesundheit und Pflege" an der Technischen Universität Dresden. Ihre Arbeits- und Forschungsschwerpunkte: Lehrerinnenbildung in den Berufsfeldern Gesundheit und Pflege, Weiterentwicklung der Disziplin Pflegedidaktik hin zu einer Berufsfelddidaktik, Entwicklung subjektorientierter Ansätze in Lehr-Lern- und Pflegeprozessen.

Fichtmüller, Franziska, Dr. phil., Diplom-Pflegepädagogin, war wissenschaftliche Mitarbeiterin im Studiengang „Lehramt an beruflichen Schulen/Berufliche Fachrichtung Pflegewissenschaft"/„Bachelor-Studiengang berufliche Bildung: Pflegewissenschaft" an der Universität Osnabrück sowie im Studiengang Medizin-/Pflegepädagogik und Pflegewissenschaft an der Charité Berlin. Ihre Arbeits- und Forschungsschwerpunkte: Lehrerinnenbildung in den Berufsfeldern Pflege und Gesundheit, pflegedidaktische Forschung, Weiterentwicklung der Disziplin Pflegedidaktik hin zu einer Berufsfelddidaktik, Handlungstheoretische Grundlagen der Pflegedidaktik.

Darmann-Finck, Ingrid, Dr. phil., ist Professorin für Pflegewissenschaft an der Universität Bremen, im Institut für Public Health und Pflegeforschung Abteilung 4: Qualifikations- und Curriculumforschung. Ihre Arbeits- und Forschungsschwerpunkte: (Weiter-)Entwicklung einer Pflegedidaktik, Qualifikations-, Curriculums- und Unterrichtsforschung in der Beruflichen Fachrichtung Pflege.

Greb Ulrike, Dr. phil., MA Päd., ist Professorin für Berufspädagogik mit dem Schwerpunkt Didaktik der Beruflichen Fachrichtung Gesundheit an der Universität Hamburg, Institut für Berufs- und Wirtschaftspädagogik der Fakultät Erziehungswissenschaft, Psychologie und Bewegungswissenschaft. Ihre Arbeits- und Forschungsschwerpunkte: Lehrerbildung, Hochschuldidaktik, Bildungsforschung, Entwicklung fachdidaktischer Kriteriensätze im Strukturgitteransatz („Dialektik, Deutung, Didaktik") und Bildung für eine nachhaltige Entwicklung („GInE").

Schwarz-Govaers, Renate, Dr. rer. soc., Diplom Pädagogin, ist selbständige Beraterin für Pflegepädagogik. Ihre Arbeitsschwerpunkte: Entwicklung von handlungsorientierten Curricula für Berufsausbildungen und Studiengänge im Gesundheitswesen sowie Unterstützung von Schulteams bei der Umsetzung von situations- und problemorientierten Unterricht.

Walter, Anja, Dr. phil, Diplom-Pflegepädagogin, ist Beraterin für Curriculumentwicklung, Dozentin für Berufliche Didaktik sowie Herausgeberin und Autorin von Schulbüchern in den Berufsfeldern Gesundheit, Pflege und Soziales.